国家示范性高职院校汽车类规划教材
——任务驱动式项目教材

汽车使用与技术管理（第2版）

杨柏青 主　编
王　娜　赵天文　代丽丽 副主编
刘　革　赵有文 主　审

内容简介

"汽车使用与技术管理"是汽车检测与维修技术专业的主干课程之一,是学习国外先进职业教育理念后实施课程开发的配套教材。本书根据教育部国家示范性课程建设重点项目"汽车检测与维修技术专业人才培养方案"与课程标准,安排了汽车配置评价、汽车运用评价、新车启用、汽车运行材料合理选用、汽车维修管理、汽车的合理使用、汽车公害控制、汽车安全使用、汽车更新与评估、车辆基础管理10个学习任务,通过以上任务的学习,学生能够学会正确选择、使用、维护、配置评价、运用效果评价汽车的基本方法,熟知汽车技术管理的业务。

本书可作为汽车检测与维修技术、汽车运用与维修技术等专业的教材,也可作为专业技术人员的工具书及培训参考用书。

图书在版编目(CIP)数据

汽车使用与技术管理/杨柏青主编. —2 版. —北京:北京大学出版社,2012.3
(国家示范性高职院校汽车类规划教材·任务驱动式项目教材)
ISBN 978-7-301-20124-4

Ⅰ. ①汽… Ⅱ. ①杨… Ⅲ. ①汽车—使用—高等职业教育—教材 ②汽车—技术管理—高等职业教育—教材 Ⅳ. ①U471

中国版本图书馆 CIP 数据核字(2012)第 016071 号

书　　　名:	汽车使用与技术管理(第 2 版)
著作责任者:	杨柏青　主编
策 划 编 辑:	温丹丹
责 任 编 辑:	温丹丹
标 准 书 号:	ISBN 978-7-301-20124-4/U·0069
出 版 发 行:	北京大学出版社
地　　　址:	北京市海淀区成府路 205 号　100871
电　　　话:	邮购部 62752015　发行部 62750672　编辑部 62765126　出版部 62754962
网　　　址:	http://www.pup.cn
电 子 信 箱:	zyjy@pup.cn
印 刷 者:	三河市博文印刷有限公司
经 销 者:	新华书店
	787 毫米×1092 毫米　16 开本　18.25 印张　443 千字
	2005 年 8 月第 1 版
	2012 年 3 月第 2 版　2017 年 10 月第 6 次印刷　总第 12 次印刷
定　　　价:	36.00 元

未经许可,不得以任何方式复制或抄袭本书之部分或全部内容。
版权所有,侵权必究
举报电话: 010-62752024　电子信箱: fd@ pup.pku.edu.cn

前　言

"汽车使用与技术管理"是用科学的方法对汽车使用的全过程进行有效的、综合性管理的应用性课程。随着汽车工业的飞速发展，汽车保有量的逐年增加，新技术、新工艺得到大量应用。一方面，汽车后服务技能型人才的需求量迅速增长；另一方面，汽车作为高科技产品，对后服务人才规格提出了更高的要求，教材作为课程建设的重要资源，必须及时得到补充和更新。为此，针对教育部国家示范性课程建设重点项目，北京大学出版社特委托黑龙江农业工程职业学院编写了这套汽车检测与维修技术专业规划教材。

《汽车使用与技术管理》自 2005 年正式出版以来进行了几次小的修改并已经印刷 5 次，本次再版根据教改需要进行了全面修订，主要特点如下。

1. 开发设计融入了行业、企业的元素，职业针对性强。本书的编审组由高职院校的专业带头人、黑龙江省维修与检测行业协会的技术权威及企业的技术总监构成，三方共同进行前期策划、编写方案设计，由汽车服务企业技术权威审定。

2. 采用汽车使用与技术管理工作当中的任务为基本单元，以完成岗位典型任务为目标，将知识点和技能点穿插其中。专业知识的学习、实践技能操作训练、职业素质的形成均通过在学习性工作任务的完成中来实现。

3. 为了适应高职双证书专门人才培养需要，将行业职业认证内容及行业新标准融入教材，增设真实案例及课后学习训练内容，以利于学生理解掌握所学知识。

本书由黑龙江农业工程职业学院杨柏青担任主编，王娜、赵天文、代丽丽担任副主编，黑龙江省汽车维修与检测行业协会常务副会长刘革、运通丰田汽车销售服务有限公司技术总监赵有文担任主审。具体编写分工如下：赵天文编写第 1～3 章、杨柏青编写第 4 章、王娜编写第 5～7 章、代丽丽编写第 8～10 章。

本书在编写过程中，参阅了最新国家标准、大量的相关文献，在此，编者对原作者表示真诚的谢意。由于编者水平有限，本书难免有疏漏和不足之处，敬请读者批评指正。

编　者

2012 年 1 月

目 录

第1章 汽车配置评价 …………… 1
学习目标 ………………………………… 1
1.1 汽车基本性能评价 ………………… 1
1.2 汽车安全性能评价 ……………… 10
学习训练 ……………………………… 16

第2章 汽车运用评价 ………… 18
学习目标 ……………………………… 18
2.1 汽车选配 ………………………… 18
2.2 汽车运用评价 …………………… 23
学习训练 ……………………………… 51

第3章 新车启用 ……………… 53
学习目标 ……………………………… 53
3.1 新车入户手续的办理 …………… 53
3.2 车辆购置附加税的办理 ………… 57
3.3 汽车保险的办理 ………………… 59
3.4 车辆定损与理赔 ………………… 64
3.5 新车的验收 ……………………… 65
3.6 新车的启用 ……………………… 68
3.7 汽车的保修索赔服务工作 ……… 70
3.8 汽车召回制度简介 ……………… 72
学习训练 ……………………………… 73

第4章 汽车运行材料的合理选用 …… 75
学习目标 ……………………………… 75
4.1 车用燃料的合理选用 …………… 75
4.2 车用润滑油料的选用 …………… 93
4.3 汽车油料管理及节油 ………… 117
4.4 汽车辅助工作液的选用 ……… 122
4.5 汽车轮胎的合理选用 ………… 133
学习训练 …………………………… 144

第5章 汽车维修管理 ………… 146
学习目标 …………………………… 146
5.1 汽车维修制度 ………………… 146
5.2 汽车维修制度的主要内容 …… 149
5.3 汽车维修组织 ………………… 155

5.4 汽车维修管理 ………………… 158
5.5 TACT（业务标准系统）在汽车服务
　　企业中的应用 ……………… 163
学习训练 …………………………… 173

第6章 汽车的合理使用 ……… 174
学习目标 …………………………… 174
6.1 汽车走合期的使用 …………… 174
6.2 汽车在低温下的使用 ………… 177
6.3 汽车在高温下的使用 ………… 183
6.4 汽车在高原和山区的使用 …… 187
6.5 汽车在恶劣道路条件下的使用 … 191
6.6 案例 …………………………… 194
学习训练 …………………………… 196

第7章 汽车公害控制 ………… 197
学习目标 …………………………… 197
7.1 汽车排放污染控制 …………… 197
7.2 汽车噪声污染和控制 ………… 202
7.3 汽车电波污染控制 …………… 214
7.4 中美日欧的排放标准 ………… 215
学习训练 …………………………… 218

第8章 汽车安全使用 ………… 219
学习目标 …………………………… 219
8.1 道路交通事故危害及预防 …… 219
8.2 机动车运行安全技术条件 …… 225
8.3 汽车安全行驶与日常维护 …… 233
8.4 高速公路的安全行驶 ………… 237
学习训练 …………………………… 242

第9章 汽车更新与评估 ……… 243
学习目标 …………………………… 243
9.1 汽车使用寿命 ………………… 243
9.2 汽车损耗 ……………………… 247
9.3 汽车更新 ……………………… 248
9.4 汽车评估 ……………………… 251
学习训练 …………………………… 257

第 10 章　车辆基础管理 ………………… 259

　　学习目标 ……………………………… 259
　　10.1　车辆技术管理概述 ……………… 259
　　10.2　车辆技术档案 …………………… 262
　　10.3　车辆技术状况分级与评定 ……… 263
　　10.4　车辆技术经济定额与管理 ……… 273
　　10.5　车辆停驶、封存与租赁 ………… 275
　　10.6　车辆的改装与改造 ……………… 276
　　10.7　车辆的折旧、更新与报废 ……… 277
　　学习训练 ……………………………… 282

附录　车辆技术档案 ……………………… 283

参考文献 …………………………………… 286

第1章 汽车配置评价

学习目标

通过本章的学习,学生可熟知汽车的基本性能和安全性能,并依此对汽车及其技术状况进行科学的判断和评价;同时,为后续课程学习汽车的选型、配备、正确使用、合理维护、科学检测、及时修理、适时报废和更新奠定基础。

1.1 汽车基本性能评价

1.1.1 汽车结构特征参数

汽车结构特征的参数是指车辆总体尺寸、形状、质量、空间特征及相关的技术参数。

1. 整车尺寸

整车尺寸主要包括车辆的外廓尺寸(如车辆的长、宽、高)、轴距、轮距、前悬、后悬等,汽车整车尺寸如图1-1所示。

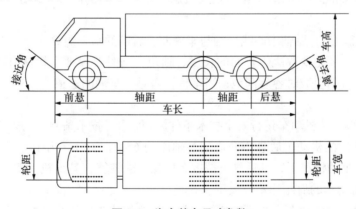

图1-1 汽车整车尺寸参数

① 车长。垂直于车辆纵向对称平面,并分别抵靠车辆前后最外端突出部位的两平面间的距离。

② 车宽。平行于车辆纵向对称平面,并分别抵靠汽车两侧最外端突出部位(不包括后视镜,主位灯等的伸出宽度)的两平面间的距离。

③ 车高。车辆无装载量时,最高点与汽车支撑平面间的距离。

车辆超长、超宽、超高对行驶安全都会带来不安全因素。例如,有些车辆因超高,在通过立交桥洞或涵洞时,车辆上部与桥顶部相撞,造成车毁人亡的重大事故。因此,对车辆的外廓尺寸必须予以限制(见表1-1)和严格检验。

表 1-1　汽车外廓尺寸限值表

车辆类型	长（m）	宽（m）	高（m）
载货汽车（包括越野汽车）	≤12	≤2.5	≤4
整体式汽车、整体式无轨电车	≤12	≤2.5	≤4①
单铰接式客车、单铰接式无轨电车	≤18	≤2.5	≤4
半挂汽车列车	≤16.5	≤2.5	≤4
全挂汽车列车	≤20	≤2.5	≤4
四轮农用运输车	≤5.5	≤2	≤2.5
三轮农用运输车	≤4	≤1.5	≤2
两轮摩托车	≤2.5	≤1.0	≤1.4
边三轮摩托车	≤2.7	≤1.75	≤1.4
正三轮摩托车	≤3.5	≤1.5	≤2.0
轻便两轮摩托车	≤1.8	≤0.8	≤1.1
轻便三轮摩托车	≤2.0	≤1.0	≤1.1
轮式拖拉机车组	≤10②	≤2.5	≤3
手扶拖拉机车组、手扶变型运输机	≤5	≤1.7	≤2.2

① 定线行驶的双层客车高度限值为 4.2 m。

② 对标定功率大于 58 kW 的车组长度限值为 12 m，高度限值为 3.5 m。

④ 轴距。车辆相邻轴中心线的水平距离。

⑤ 轮距。车辆同一轴的两车轮与地面接触面中心之间的距离，多个车轮的轮距按中心点处确定。

⑥ 前、后悬。前、后轴中心线分别与车辆前、后端的水平距离。

车辆后悬的长度主要取决于货厢的长度、轴距，同时要保证车辆具有适当的离去角。后悬不宜过长，否则上坡时容易刮地；当车辆转弯时，车辆的通道宽度过大，容易引起交通事故。

GB 7258—2004《机动车运行安全技术条件》（简称《技术条件》）规定：客车及封闭式车厢（或罐体）的机动车后悬不允许超过轴距的 65%。对于专用作业车和轮式专用机械车，在保证安全的情况下，其后悬可按客车后悬要求核算，其他机动车后悬不允许超过轴距的 55%。机动车的后悬均不应大于 3.5 m。

注意：对于多轴机动车，其轴距按第一轴至最后轴的距离计算（对铰接客车按第一轴至第二轴的距离计算），后悬从最后一轴的中心线往后计算。对于客车，后悬以车身外蒙皮尺寸计算，如果后保险杠突出于后背外蒙皮，则以后保险杠尺寸计算，不计后尾梯。

2. 汽车质量和质量利用系数

汽车质量是汽车自身质量和承载能力的量度，是车辆设计和使用中的重要参数，它可评价汽车轻量化的水平，同时又是车辆核载的依据。

（1）质量参数

① 整车整备质量。汽车装备齐全（包括燃油、润滑油、冷却水、备用胎和随车工具等）时的总质量。

② 最大总质量。汽车满载时的总质量。

③ 最大装载质量。最大总质量与整车整备质量之差。
④ 最大轴载质量。汽车单车轴所承受的最大总质量。
⑤ 最大轮胎载质量。汽车单只轮胎所承受的最大总质量。

(2) 质心参数

① 质心水平位置。汽车质心相对前后轴的位置。
② 质心高度。质心相对汽车支持水平面的位置。

(3) 质量利用系数

载货汽车的整备质量利用系数是指汽车最大设计装载质量与汽车整备质量之比。

质量是评价汽车质量利用系数或其他指标的基本参数，在设计或评价汽车时，一般轻型货车利用系数为 0.8～1.1，中型货车为 1.35 左右，轿车为 180～240 kg/人；一般客车为 65～160 kg/人。而质心是评价汽车稳定性的重要结构参数，质量与质心参数都将影响汽车的使用性能。例如，东风 EQ1092 型载货汽车的整备质量为 4 100 kg，最大设计装载质量为 5 000 kg，则有

$$汽车的整备质量利用系数 = 5\,000/4\,100 = 1.22$$

汽车整备质量每减少 100 kg，可节省燃油 0.2～0.3 L/100 km。为进一步节省燃油，在 21 世纪，汽车质量轻量化将继续发展，其主要途径是扩大超轻高强度钢板、铝合金、镁合金、塑料和陶瓷等材料的应用。

3. 车辆通过性参数

① 最小离地间隙。汽车除车轮外的最低点与路面之间的距离 C（mm）。
② 接近角。汽车前端下部最低点向前轮外缘引出的切线与地面的夹角 α（°）。
③ 离去角。汽车后端下部最低点向后轮外缘引出的切线与地面的夹角 γ（°）。
④ 纵向通过半径。在汽车侧视图上做出的与前、后车轮及两轴间中间轮廓线相切圆的半径 R_1（mm）。纵向通过半径表示汽车能够无碰撞地越过小丘、拱桥等障碍物的轮廓尺寸，纵向通过半径越小，通过性越好，如图 1-2 所示。

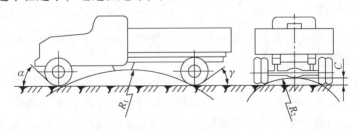

图 1-2 车辆通过参数

⑤ 横向通过半径。在汽车后视图上做出与左、右两车轮轮胎内侧及底盘最低处相切圆的半径 R_2（mm）。
⑥ 最小转向半径。转向盘转到极限位置时，外侧车轮轨迹上的切点到转向中心的距离。最小转向半径是汽车机动性的重要指标，它表征汽车在最小面积内的回转能力和通过狭窄地带或绕过障碍物的能力。

4. 风阻系数

风阻系数是指空气与汽车以一定的相对速度流过车身表面轮廓时所受到的阻力大小的

量度。风阻系数越小,汽车行驶中的空气阻力就越小。

5. 汽车容载量

(1) 容载量及其评价指标

汽车的容载量是指一次所能运载货物的数量或乘客人数。载客汽车乘坐人数的核定方法有以下几种。

① 辆乘坐人数的核定。汽车乘坐人数可以按车辆的载质量、坐垫长度和站立者面积进行核载。通常汽车是以 1 t 折合 15 人;长途客车允许每人带 10 kg 行李,1 t 折合 13 人。按坐垫长度,考虑人的特点,每 400 mm 核定 1 人。按站立面积核载时,城市公共汽车及无轨电车为 0.125 m^2 核定 1 人,其他允许有站立乘客的客车为 0.15 m^2 核定 1 人;卧铺客车的每个铺位核定 1 人。

② 驾驶室乘坐人数的核定。驾驶室只有一排座位,其宽度大于或等于 1.2 m 的核定为 2 人;大于或等于 1.65 m 的核定 3 人;车长小于或等于 6 m 的机动车驾驶室,内部宽度大于或等于 1.55 m 的核定 3 人。对于双排座,前排座位按单排座的核定方法核定;后排座按每 400 mm 核定一人进行核定。

(2) 容载质量利用率和单位容积装载质量

对载货汽车常用容载质量利用率作为评价容载量利用程度的指标,即载货汽车的容载质量的利用率 = 可能装载质量/最大设计装载质量,可能装载质量与国家有关法规对车辆装载的规定、货物的种类和特性有关。为了保证车辆正常可靠的运输,散装货物在车厢内的装载高度应低于栏板高度约 50 mm,成包货物则允许高出栏板高度约 100 mm。

汽车的最大设计装载质量与车厢的有效容积之比,称为载货汽车的单位容积装载质量,单位为 t/m^3。它反映为保证汽车最大设计装载质量得到充分利用时货物应有的最小密度。凡运送的货物密度大于载货汽车的单位容积装载质量时,则实际装载质量可达到最大设计装载质量。

1.1.2 汽车动力性

汽车的动力性是指汽车在良好路面上直线行驶时,由汽车受到的纵向外力决定的、所能达到的平均行驶速度。

动力性是汽车的重要指标之一,动力性的好坏是决定汽车运输效率的主要因素。

在汽车行驶中,发动机发出的有效转矩经变速器、传动轴、主减速器、差速器、半轴传给驱动车轮。此时作用于驱动轮上的转矩产生对地面的圆周力,则地面对驱动轮的反作用力为汽车的驱动力。

1. 直接评价指标

汽车动力性采用汽车发动机在额定扭矩(最大扭矩)和额定功率(最大功率)时的驱动轮输出功率作为评定指标。

2. 间接评价指标

① 比功率。汽车的比功率直接影响汽车的动力性和经济性,不少国家规定了汽车的比功率值。

汽车的比功率是汽车发动机的标定功率与汽车总质量之比,即比功率是单位总质量的汽车所具有发动机的标定功率。汽车列车的比功率为牵引车的发动机标定功率与列车总质量之比。按有关标准规定，在核定标准功率时汽车按 15 min 持续功率计。

GB 7258—2004《机动车运行安全技术条件》规定：三轮汽车、低速货车及拖拉机运输机组的比功率不应小于 4.0 kW/t，除无轨电车外的其他机动车的比功率不允许小于 5.0 kW/t。

② 汽车最高车速。汽车在水平混凝土或沥青路面上行驶所能达到的最高车速。设计确定的汽车最高车速受汽车用途和道路状况的限制，一般高于道路上允许的最高车速，能否达到设计的最高车速，与汽车的技术状况有关。

③ 加速时间。汽车的加速能力常用原地起步加速时间和超车加速时间表示。它对汽车平均驾驶车速有很大影响。对轿车来说加速能力是最重要的。

汽车原地加速时间是指汽车由第一挡或第二挡起步，并以最大的加速度且选择恰当的换挡时刻逐步换至最高挡后，加速到某一预定的距离或车速所需的时间。超车加速时间是指以最高挡或次高挡行驶的汽车，加速到某一预定的距离或车速所需要的时间，超车加速通常采用直接挡加速，因而称超车加速为直接挡加速。加速时间短，则加速性能好。

④ 汽车的最大爬坡能力。包括汽车爬陡坡的能力和爬长坡的能力两种。汽车爬陡坡的能力是指汽车满载时，在良好的路面上以 1 挡行驶，所能克服的最大坡度。在山区一般坡度路段上可以二挡通过，最大坡度路段可用一挡起步。

载货车一般要求能爬坡度为 30% 的爬坡能力；越野车在坏路或无路地带行驶，一般要求爬坡度为 60% 左右的爬坡能力；轿车通常在良好的路面上行驶，一般不要求其爬坡能力，但轿车发动机功率大，加速性能好，其爬坡能力也相当好。汽车爬长坡能力是指汽车在表面平整、坚硬、干燥、连续坡长为 8~10 km、上坡路段占 90%、最大坡度不小于 8% 的坡道上，汽车的通过能力。通过测试汽车动力性、发动机和传动系统的热状态以及燃料消耗等方面的性能来评价。

1.1.3 汽车燃料经济性

1. 评价指标

汽车燃料经济性是汽车的一个重要评价指标，它能直接反映燃料消耗多少，是评价汽车运输成本的重要因素。

① 单位里程的燃料消耗量。评价汽车燃料经济性的指标主要是用一定行驶里程的燃料消耗量或一定燃料消耗量能使汽车行驶的里程。

在我国和欧洲国家，燃料经济性指标单位为 L/100 km，即汽车行驶 100 km 所消耗燃料的升数，其数值越大，汽车燃料经济性越差。

② 单位运输工作量的燃料消耗量。又称比燃料耗量，通常由汽车单位里程的燃料消耗量指标除以其满载行驶的总质量来确定，单位为 L/（100 t·km）。

③ 消耗单位燃油所行使的里程。消耗单位燃油所行驶里程的评价方法，主要是美国采用的，其单位是 MPG 或 mile/USgal，指的是每消耗 1 加仑燃油能行使的英里数（1 mile = 1.61 km，英国 1 UKgal = 4.546l，美国 1 USgal = 3.785 L）。其数值越大，汽车燃油经济性越好。

2. 测定方法

测定燃料经济性的方法有不控制的道路实验、控制使用因素的道路实验、道路循环实验和循环台试法（底盘测试机上进行）。其中，单位里程的燃料消耗量目前有四种测定方法：直接挡全油门加速燃料消耗量实验、等速行驶燃料消耗量实验、多工况燃料消耗量实验和限定条件下的燃料消耗量实验。由于汽车运行、使用状况的不同，通常通过不同的测定方法测定燃料消耗，再考虑使用的特殊性，进行燃料消耗的综合评价（具体参照 GB/T 12545—2001）。

1.1.4 汽车使用方便性

汽车使用方便性是一项综合使用性能，它是指汽车在结构上为使用者提供的各种条件的方便性。

① 操纵轻便性。驾驶员在操作过程中具有较小的劳动强度，包括操纵力和操作频度等。

GB 7258—2004《机动车运行安全技术条件》规定：汽车列车和轮式拖拉机运输机组在平坦、干燥的路面上直线行驶时，挂车后轴中心相对于牵引车前轴中心的最大摆动幅度，对铰接列车、乘用车列车和中置轴挂车列车不应大于 110 mm，对其他列车不应大于 220 mm。其他机动车直线行驶时，其前后轴中心的连线与行驶轨迹的中心线应一致。

从汽车结构方面说，离合器、转向系统、制动系统采用助力装置，可明显减小驾驶员的操纵力。汽车转向桥轴载质量大于 4 000 kg 时，必须采用转向助力装置。

② 最大续驶里程。处于最大总质量状态的汽车保持经济车速行驶，即使下坡也不得空挡滑行，用尽燃油箱油料所能行驶的最大里程，单位为 km。例如，东风 EQ1092 型汽车的最大续驶里程为 600 km。

③ 维修性。在规定条件下使用的产品（如汽车、总成等），在规定时间内，按规定的程序和方式，保持或恢复到能完成规定功能的能力。常用评价汽车维修性的标准是维修度、平均修复时间和修复率。

1.1.5 汽车机动性

一般将车辆的机动性包括在通过性之中，车辆的机动性是指车辆在最小面积内活动的能力。它决定了驾驶员为装卸货物而移动车辆，或者在停车场地和维修车间内移动车辆时所需的场地面积、车道宽度以及驾驶员的劳动强度。机动性还影响车辆能够通过狭小弯曲地带或绕开不可越过的障碍物的能力。评定车辆机动性的指标有最小转弯直径、通道宽度和内轮差，如图 1-3 所示。

① 最小转弯直径。分析车辆机动性时，以假设刚性车轮为前提，完全可以满足车辆在实际运行中的要求。车辆转向时，从瞬时转向中心到前外轮轨迹中心线的距离成为车轮的转弯半径，两倍的转弯半径即为转弯直径（用 D 表示）。对一定形式的车辆，轴距 L 是一个不变值。因此，在外轮摆转角 α 达到最大值（$\alpha = \alpha_{max}$）时，转弯直径（用 D_{min} 表示）最小，称为最小转弯直径，也就是转向盘转到极限位置时，外侧转向轮中心平面运动轨迹圆直径，即

$$D_{min} = 2L/\sin\alpha_{max}$$

式中　D_{min}——车辆最小转弯直径；

　　　L——车辆轴距；

　　　α_{max}——车辆转向时外轮最大摆转角。

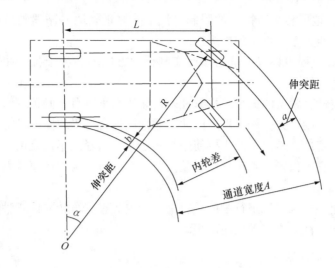

图 1-3　汽车转向时的转弯直径、通道宽度和内轮差

车辆转弯直径越小，车辆转向时所需场地面积越小，车辆机动性越好。GB 7258—2004《车辆运行安全技术条件》规定：机动车的最小转弯直径，以前外轮轨迹中心为基线测量，其值不得大于 24 m。

② 通道宽度。如图 1-3 所示，车辆通道宽度（A）是指车辆外廓最外点的转弯半径与外廓最内一点的转弯半径间的差值，也就是车辆转弯时最小转弯半径减去内后轮轨迹中心线至转向中心的距离，再加上前外轮和后内轮的伸突距（a 和 b）。

车辆通道宽度的大小，决定了车辆在一定摆转角下转弯时所必需的自由空间。车辆的最小转弯直径越小，在转向车轮以最大摆转角转弯时通道宽度也越小。

③ 内轮差。如图 1-4 所示，内轮差是车辆转弯时的内前轮转弯半径与内后轮转弯半径之差。若是拖带挂车则为牵引车的内前轮与挂车的内后轮转弯半径之差。

如果转弯时只注意内前轮通过，而忽视内轮差，就可能造内后轮掉沟或撞击筑物事故（见图 1-4），所以对内轮差也要限制。

GB 7258—2004《机动车运行安全技术条件》规定：当车辆转弯直径为 24 m 时，前转向轴和末轴的内轮差（以两内轮轨迹中心线计）不得大于 3.5 m。检验车辆的机动性，主要检验车辆的最小转弯直径和内轮差。

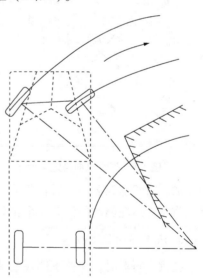

图 1-4　忽视内轮差的情况

1.1.6　汽车操纵稳定性

汽车在行驶过程中，会遇到各种复杂的情况，还要承受来自地面不平、坡路、大风等各种外部因素的干扰。一辆操纵性能良好的汽车必须具备以下能力：

① 根据道路、地形和交通情况的限制，汽车能够正确地遵循驾驶员通过操纵机构所给定的方向行驶的能力，即汽车的操纵性。

② 汽车在行驶过程中具有抵抗力图改变其行驶方向的各种干扰，并保持稳定行驶的能力，即汽车的稳定性。

操纵性和稳定性有紧密的关系。操纵性差，导致汽车侧滑、倾覆，汽车的稳定性就破坏了。如稳定性差，则会失去操纵性。因此，通常统称为汽车的操纵稳定性。

汽车的操纵稳定性，是汽车的主要使用性能之一。随着汽车速度的提高，操纵稳定性越来越显得重要，它不仅影响着汽车的行驶安全，而且与运输生产率及驾驶员的疲劳强度有关。

汽车操纵稳定性是汽车稳定行驶的重要指标，主要有汽车转向回正性能、汽车纵向稳定性、汽车横向稳定性、汽车转向轮的振动等。

1. 汽车转向回正性能

它是评价汽车自动回正能力的指标，按照规定试验时，进行恒定的转向，突然松开转向盘，测量其自动回正到直线行驶的能力。根据车型，一般要对低速回正和高速回正两种情况进行测试。

2. 汽车纵向稳定性

汽车在坡道上行驶时，保持不出现纵向倾覆的能力，称为汽车的纵向稳定性。纵向稳定性取决于汽车纵向的重心位置的配置，汽车重心离地高度越小，至后轴间距越大，则纵向稳定性越好，越不易产生上坡后翻。如图1-5所示，纵向稳定性常用不翻车的最大坡度角来表示，即

$$\tan\alpha_{max} = b/h_g$$

式中　α_{max}——不翻车的最大坡度角；

　　　b——汽车重心与后轴的距离；

　　　h_g——汽车重心高度。

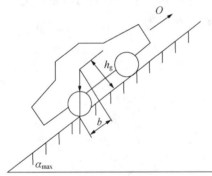

图1-5　汽车纵向稳定条件

若汽车上坡时，未达到不翻车的坡度角就开始打滑，汽车不能爬坡，但不会倾翻，即纵向是稳定的。对于前轮驱动、后轮驱动、全轮驱动的汽车纵向稳定的条件是不相同的，前轮驱动的汽车比后轮驱动的汽车和全轮驱动的汽车的纵向稳定性好。

3. 汽车横向稳定性

指汽车行驶时，保持不侧翻或侧向滑动的能力。汽车行驶时，常受到侧向力的作用、侧向力来自车辆内部或外部，如重力侧向分力、弯道行驶时的离心力、侧向风力、道路产生的侧向冲击力等。当汽车受到的侧向力大于汽车与地面的横向附着力时，汽车将产生侧滑；侧向力的作用也将引起左右车轮径向反作用力的改变，当一侧的径向反作用力变为零时，在侧向力的作用下，可能使汽车产生侧翻。汽车是否发生侧翻与汽车轮距、重心位置、弯道半径、道路横向坡度有关。如图1-6所示，通常汽车的横向稳定性用横向稳定系数表示，即

$$\beta = B/2h_g$$

式中 β——横向稳定系数;
B——轮距;
h_g——重心高度。

横向稳定系数越大,汽车的横向稳定性越好。在使用车辆时,应注意车辆重心的变化,从而掌握其横向稳定性能,提高行驶的安全性。根据《机动车运行安全技术条件》规定,汽车在空载、静态情况下,向左侧和右侧倾斜规定角度不得翻车的条件为:双层客车≤28°;三轮机动车≤25°;总质量为车辆整备质量的1.2倍以下的车辆≤30°;其他机动车辆(两轮摩托车、轻便摩托车及特种车辆除外)≤35°。汽车换向稳定性应在倾斜试验台上测试。

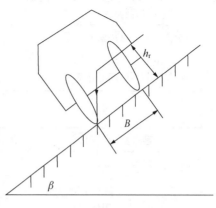

图1-6 汽车横向稳定条件

1.1.7 汽车平顺性

汽车平顺性是指汽车在行驶过程中处于各种力的作用而产生振动的环境下,保证乘员舒适和货物完好的性能。汽车平顺性主要取决于行驶系统中悬架装置的技术性能。它常用人体对振动的生理感受和保持货物的完好程度来评价,有时又称为乘坐舒适性,主要物理量为振动加速度、振动加速度的变化速度和自由振动频率。舒适的振动环境,不仅在汽车行驶过程中很重要,而且可以保证乘客到达目的地时,能以良好的身体和心理状态进行工作。

汽车行驶平顺性,是指汽车在一般行驶速度范围内行驶时,避免因汽车在行驶过程中所产生的振动和冲击,使人感到不舒服、疲劳,甚至损害健康,或者使货物损坏的性能。减少汽车本身的振动和冲击,不仅关系到乘坐的舒适和所运货物的完整,而且关系到汽车的运输生产率、燃料经济性、使用寿命和工作可靠性等。

1.1.8 汽车其他性能

汽车除以上的性能外,还有汽车密封性能、汽车采暖冷气通风性能、汽车可靠性、汽车耐久性等。

1. 汽车密封性能

它是汽车整车质量的一项重要指标。通常从防尘和防雨两方面进行评价。客车防尘密封性主要用防尘密封度来评价,防尘密封度越高,则密封性能越好,客车的防尘密封限值见表1-2,其他具备封闭式车厢的车辆可参照此标准进行评价。汽车防雨密封性是指汽车处于静止状态,在规定的人工淋雨试验条件下,关闭全部门、窗和孔口盖时,防止雨进入车内的能力,常用车内渗水、慢滴和流出情况进行扣分来评价,每出现一次渗水扣1分,每出现一次慢滴扣3分,每出现一次快滴扣6分,每出现一次连续流出扣14分。客车防雨密封性允许值见表1-3,其他车辆的防水密封性可参照执行。

表 1-2 客车防尘密封性指标

车辆类型	密封度（%）	车辆类型	密封度（%）
微型客车、轻型客车	≥95	双门城市客车	≥91
旅游客车	≥94	铰接客车	≥89
长途客车、单门城市客车	≥92		

表 1-3 客车防雨密封性限值

客车类型		限值（分）	客车类型		限值（分）
轻型客车		≥93			
中型客车	旅游客车	≥92	大型客车	旅游客车	≥90
	团体客车	≥90		团体客车	≥88
	城市客车	≥88		城市客车	≥87
	长途客车	≥80		长途客车	≥87
特大型客车	铰接式客车	≥84			

2. 汽车采暖冷气通风性能

采暖性能是指在规定的试验条件下，按规定温度分布和规定时间达到采暖要求的能力。在规定的试验条件下，试验 40 min 应达到：驾驶员、副驾驶员足部温度不小于 15℃；乘客足部温度不小于 12℃；头部温度比足部温度低 2～5℃。汽车冷气系统是在炎热的夏天，车内降温、通风维持舒适环境的重要装置，用相应的试验方法进行评价。

3. 汽车可靠性

汽车的可靠性是指人车系统、总成或零部件的功能在一定时间里的稳定程度。汽车可靠性与汽车使用时间和行驶里程有关。汽车的可靠性可以通过常规可靠性试验或快速可靠性试验进行测定。可靠性评价指标有平均首次故障里程、平均故障间隔里程、当量故障率、千米维修时间、千米维修费用等。

4. 汽车耐久性

它是指汽车在规定的使用和维修条件下，达到某种技术或经济指标极限时，完成原设计功能的能力。通过汽车耐久性试验进行测试，对数据进行整理和统计分析，得出相应的评价指标值。

1.2 汽车安全性能评价

1.2.1 汽车制动性能

汽车制动系统是重要的安全装置，根据《机动车运行安全技术条件》规定，机动车应具有完好的行车制动装置、应急制动功能（三轮汽车除外）和驻车制动装置（两轮摩托车、边三轮摩托车和轻便摩托车除外）。对于行车制动、应急制动和驻车制动都有相应的指标评价。

1. 汽车行车制动与应急制动评价指标

汽车制动性能是指汽车在行驶中，驾驶员具有控制汽车行驶速度、有效减速、停车和下长坡时维持一定速度的能力。应急制动是指行车制动只有在一处管路失效的情况下，驾驶员进行应急控制操作，实现制动，并在规定的距离内停车。汽车行车制动和应急制动性能均可用制动效能、制动效能稳定性、制动方向稳定性进行评价。

（1）制动效能

制动效能是指汽车迅速降低行驶速度直至停车的能力。评价制动效能的指标有制动距离、充分发出的平均减速度（MFDD）、制动力。

① 制动距离。从驾驶员踏下制动踏板到车辆完全停止，车辆所驶过的距离。它是评价汽车制动性能最直观的参数，能较好地反映整车制动性能，是常用的一个评价制动效能的指标。在实际应用时，也可以用制动时间替代制动距离来评价。

② 充分发出的平均减速度（MFDD）。汽车或汽车列车在规定的初速度下，急踩制动踏板时充分发出的平均减速度。它反映在制动过程中汽车速度下降的速率，是制动效能的另一评价指标。制动减速度越大，则制动效果越好。可由式（1-1）计算 MFDD：

$$\text{MFDD} = \frac{v_b^2 - v_e^2}{25.92(S_e - S_b)} \tag{1-1}$$

式中　v_b——机动车的速度，为 $0.8v_o$，v_o 为制动初速度（km/h）；

v_e——机动车的速度，为 $0.1v_o$，v_o 为制动初速度（km/h）；

S_b——在速度 v_o 和 v_b 之间机动车驶过的距离；

S_e——在速度 v_o 和 v_e 之间机动车驶过的距离。

③ 制动力。用制动力来评价汽车制动器性能，揭示了制动产生的真正原因，能很好地对制动系统进行评价。对汽车可以进行空载制动力和满载制动力评价，能对前后轴制动力的合理分配及每轴两轮制动力差进行评价，同时借助这一指标可以分析制动系统的相关特性。

（2）制动效能稳定性

制动效能稳定性是指汽车在高速行驶或下长坡时，经过连续或频繁制动后，制动效能的保持能力。当汽车进行连续或频繁制动时，制动器温度常在 300℃ 以上，从而影响制动器摩擦副，导致摩擦系数下降，这种现象称为制动器的热衰退。制动器的热衰退是目前不可避免问题，技术措施的采用可以降低热衰退。汽车在雨天行驶或制动器中沾有油污，也可使制动器摩擦副的摩擦系数下降，这种现象称为制动器的水衰退。制动效能的稳定性主要是指制动器的热衰退。我国目前尚未有此项指标的测试标准，根据国际标准草案，一般是首先提出试验的条件和制动强度，然后与同样制动强度下的冷制动（制动器温度在 100℃ 以下）效能进行比较，给出一个极限值进行评价。

（3）制动方向稳定性

制动方向稳定性是指汽车在制动过程中，维持直线行驶或按预定弯道行驶的能力。在制动过程中，汽车制动可能产生制动跑偏或制动侧滑两种情况，它们都将使汽车部分或全部失去方向的控制，极易产生交通事故。在交通事故调查中，与侧滑有关的交通事故有 50% 是因制动而产生的。

① 制动跑偏。它是由同轴（特别是转向轴）车轮制动力不相等所引起的，评价这一性能的主要指标是同轴制动力差。差值越小，则制动稳定性越好。

② 制动侧滑。若制动时，车轮制动处于抱死状态，只要有很小的侧向力就会使汽车产生侧滑，汽车运行中侧向力是难以避免的，因此车轮抱死是侧滑的主要原因。车轮抱死与制动器本身、路面的附着系数有关。采用合理的驾驶技术和辅助技术，可减轻甚至避免制动侧滑。驾驶员在制动时，可以采用适当频率反复制动，避免车轮抱死，缓解或消除汽车制动侧滑；安装制动力分配与调节装置或防抱死装置，可使汽车前后轴抱死时间不同或防止抱死，从而减轻或防止汽车制动时侧滑。

《机动车运行安全技术条件》给出了制动的主要指标检验标准，见表1-4～表1-7，它是机动车在平坦、硬实、干燥和清洁的水泥或沥青路面（路面附着系数为0.7）上进行试验。

表1-4　行车制动距离和制动稳定性要求

车辆类型	制动初速度（km/h）	满载检验制动距离要求（m）	空载检验制动距离要求（m）	制动稳定性要求车辆任何部位不得超出的试车道宽度（m）
座位数≤9的载客汽车	50	≤20	≤19	2.5
其他总质量≤4.5t的汽车	50	≤22	≤21	2.5①
汽车列车及无轨电车	30	≤10	≤9	3.0
四轮农用运输车	30	≤9	≤8	2.5
三轮农用运输车	20	≤5	≤4.5	2.3
两轮摩托车	30	≤7	≤6.0	—
边三轮摩托车	30	≤8		2.5
正三轮摩托车	30	≤7.5		2.3
轻便摩托车	20	≤4		—
轮式拖拉机车组	20	≤6.5		3.0
手扶变型运输机	20	≤6.5		2.3

注：1. 满载试验时：气压制动系统——气压表的指示气压应≤额定工作气压；液压制动系统——座位数小于等于9的载客汽车踏板力≤500 N，其他机动车≤700 N。

2. 空载试验时：气压制动系统——气压表的指示气压应≤600 kPa；液压制动系统——座位数小于等于9的载客汽车踏板力≤400 N，其他机动车≤450 N。

① 对总质量大于3.5t并小于等于4.5t和汽车试车道宽度为3 m。

表1-5　行车制动充分发出平均减速度检验标准

车辆类型	制动初速度（km/h）	满载检验充分的平均减速度（m/s²）	空载检验充分发出的平均减速度（m/s²）	制动稳定性要求车辆任何部位不得超出的试车道宽度（m）
座位数≤9的载客汽车	50	≥5.9	≥6.2	2.5
其他总≤4.5t的汽车	50	≥5.4	≥5.8	2.5①
其他汽车、汽车列车及无轨电车	50	≥5.0	≥5.4	3.0

注：1. 满载试验时：气压制动系统——气压表的指示气压应≤额定工作气压；液压制动系统——座位数小于等于9的载客汽车踏板力≤500 N，其他机动车≤700 N。

2. 空载试验时：气压制动系统——气压表的指示气压应≤600 kPa；液压制动系统——座位数小于等于9的载客车汽车踏板力≤400 N，其他机动车≤450 N。

3. 单车制动协调时间对液压制动的汽车应≤0.35 s，对气压制动的汽车应≤0.60 s，列车制动协调时间≤0.8 s。

4. 对空载检验制动性能有质疑时，可在满载下检验。

① 对总质量大于3.5t并小于等于4.5t的汽车试车道宽度为3 m。

表 1-6　行车制动力（台试）检验要求

车辆类型	制动力总和与整车重的百分比（%）		轴制动力与轴荷的百分比（%）	
	空载	满载	前轴	后轴
汽车、汽车列车、无轨电车和农用运输车	≥60	≥50	≥60	—
三轮农用运输车	—	—	—	≥60①
摩托车	—	—	≥60	≥50
轻便摩托车	—	—	≥55	≥50

注：对空载检验制动性能有质疑时，可在满载下检验。
① 空载和满载状态下测试均应满足此要求。

表 1-7　应急制动性能要求

车辆类型	制动初速度（km/h）	制动距离（m）	充分发出的平均减速度（m/s²）	允许操纵力不大于（N）	
				手操纵	脚操纵
座位数≤9 的载客汽车	50	≤38	≥2.9	400	500
其他载客汽车	30	≤18	≥2.5	600	700
其他汽车	30	≤20	≥2.2	600	700

注：对空载检验制动性能有质疑时，可在满载下检验。

2. 驻车制动性能评价指标

驻车制动性能用驻车制动力或坡道驻车固定不动时间来评价。

① 驻车制动力　《机动车运行安全技术条件》规定，当采用制动检验台检验机动车制动力时，机动车空载，乘坐一名驾驶员，使用驻车制动装置，驻车制动力的总和应不小于该车在测试状态下整车质量的 20%，对总质量为装备质量 1.2 倍以下的机动车，此值为 15%。

② 坡道驻车固定不动时间　《机动车运行安全技术条件》规定，在空载状态下，机动车在坡度为 20%（总质量为装备质量的 1.2 倍以下的机动车为 15%）、轮胎与路面间的附着系数≥0.7 的坡道上，驻车制动装置应能保证其正、反两个方向保持固定不动，其时间≥5 min。检验时：若为手操纵，座位数小于或等于 9 的载客汽车应≤500 N，其他车辆应≤700 N。

1.2.2　汽车侧滑性能

汽车行驶时，若车轮处于边滚动边横向滑动的状态，将导致异常磨损，同时影响汽车正常的定向行驶，这种对安全有着重大影响的侧向滑动称为汽车侧滑，评价汽车侧滑性能的指标是汽车转向轮定位参数或侧滑量。

① 汽车转向轮定位参数。汽车转向轮定位参数是评价汽车侧滑的一种方法，因为汽车侧滑产生的主要原因是转向轮定位参数前束和外倾协调关系发生变化引起的，因此，只要定位参数符合生产厂家规定的参数要求，就可以保证汽车侧滑在规定的安全范围内。在应用这组参数作为评价指标时，必须以生产厂家的规定值作为依据。

② 侧滑量。它是一种动态检测汽车侧滑性能的指标。汽车以 4 km/h 以下的速度通过侧滑试验台时，滑板累计的转向轮侧滑的总和，即为侧滑量。根据《机动车运行安全技术条件》规定，转向轮的侧滑量≤5 m/km。

1.2.3 汽车灯光及仪表指示性能

汽车灯光与车速表是汽车行驶的又是一重要的安全装置。车灯的光学参数是否符合要求，直接影响夜间安全行驶速度；而车速表恰是根据路况、安全限速和夜间限速的要求动态监视车速的装置，两者性能不符合要求，是导致交通事故的重要隐患。

1. 车速表

车速表是检测汽车行驶速度的装置，它的主要评价指标是车速表的允许误差。《机动车运行安全技术条件》规定车速表的允许误差为 −5%～+20%，即当实际车速为 40 km/h 时，车速表指示值应为 38～48 km/h。车速表是汽车驾驶员正确操作和安全车速控制的主要依据。

2. 前照灯

对前照灯的主要要求是：在夜间行车时，远光在 100 m 道路范围内，近光在 40 m 范围内，高度为 2～2.5 m 的物体应得到良好的照明，同时使迎面车辆驾驶员及有关行人不产生炫目。因此，前照灯应进行近光和远光评价。

① 近光。对汽车近光配光的要求为：机动车在检验前照灯的近光光束照射位置时，车辆空载，允许乘一名驾驶员。前照灯在距屏幕 10 m 处，光束明暗截止线转角或中点的高度应为 $0.6～0.8H$（H 为前照灯中心的高度），其水平方向位置向左右均不得大于 100 mm。

② 远光。用发光强度和照射位置两指标来评价。根据《机动车运行安全技术条件》规定：前照灯远光光束发光强度应符合表 1-8 的要求。远光光束的调整，要求光束中心离地高度为 $0.85～0.9H$，水平位置要求左灯向左偏不得大于 100 m，向右偏不得大于 170 mm；右灯向左或向右偏均不得大于 170 mm。

表 1-8 前照灯远光光束发光强度要求

检查项目车辆类型		新注册车			在用车		
		一灯制	两灯制	四灯制[①]	一灯制	两灯制	四灯制[①]
汽车、无轨电车		—	15 000	12 000	—	12 000	10 000
四轮农用运输车		—	10 000	8 000	—	8 000	6 000
三轮农用运输车		8 000	6 000	—	6 000	5 000	—
摩托车		10 000	—	—	8 000	—	—
轻便摩托车		4 000	—	—	3 000	—	—
运输用拖拉机	标定功率>18 kW	—	8 000	—	—	6 000	—
	标定功率≤18 kW	6 000[②]	6 000	—	5 000[②]	5 000	—

① 采用四灯制的机动车其中两只对称的灯达到两灯制的要求时视为合格。
② 允许手扶拖拉机车组只装用一只前照灯。

1.2.4 汽车排放及噪声性能

1. 汽车排放性能

根据使用燃料的不同,汽车发动机排出废气的成分也不相同。有害成分的排放量与汽车的技术状态有着密切的关系。这些有害成分排入大气,将产生空气污染,危害生态环境,特别对汽车车内的小气候产生严重污染,对驾驶员、乘员身体产生伤害,甚至危及生命,因此,它是汽车中严格控制的安全指标之一。

① 以汽油为燃料的汽车。燃烧过程排放的主要有害成分为 CO、HC、NO_x、SO_2、CO_2、铅化物和油雾。汽油车急速时,污染较为严重。我国目前仅对污染物中的 CO 和 HC 进行监控和评价。GB 14761.5—1993《汽油车急速污染物排放标准》规定,四行程汽油机在海拔 1 000 m 以下的急速排放值见表1-9。

表1-9 汽油车急速污染物排放标准值

项 目	CO（%）		HC（μL/L）①			
			四冲程		二冲程	
车 别	轻型车	重型车	轻型车	重型车	轻型车	重型车
1995年7月1日以前的定型汽车	3.5	4.0	900	1 200	6 500	7 000
1995年7月1日以前的新生产汽车	4.0	4.5	1 000	1 500	7 000	7 800
1995年7月1日以前生产的在用汽车	4.5	5.0	1 200	2 000	8 000	9 000
1995年7月1日起的定型汽车	3.0	3.5	600	900	6 000	6 500
1995年7月1日起的新生产汽车	3.5	4.0	700	1 000	6 500	7 000
1995年7月1日起生产的在用汽车	4.5	4.5	900	1 200	7 500	8 000

① HC 容积浓度值。

② 以柴油为燃料的汽车。在柴油汽车排放物中含有多种有害成分,但排放物中的 CO、HC 含量比汽油车少得多。它的主要污染物是浓烟,即炭粒悬浮物,尤其以加速过程污物排放最多。在 GB 14761.6—1993《柴油车自由加速烟度排放标准》中规定,以自由加速烟度测量方法进行测量,应满足的标准见表1-10。

表1-10 柴油车自由加速烟度排放标准

车 别	烟度值 FSN
1995年7月1日以前的定型汽车	4.0
1995年7月1日以前的新生产汽车	4.5
1995年7月1日以前生产的在用汽车	5.0①
1995年7月1日起的定型汽车	3.5
1995年7月1日起的新生产汽车	4.0
1995年7月1日起的生产在用汽车	4.5①

① 经国家环境保护局认可的汽车烟度监测人员,可采用目测法测量,烟度值不得超过林格曼2级。

2. 汽车噪声

噪声是指声压等级及频率杂乱无章的声音,也泛指人们不需要、令人烦躁和讨厌的干扰声。噪声是一种不规则或随机的声音信号。汽车发出的噪声可划分为两类：一类是发动机工作和冷却系统工作发出的噪声，另一类是行驶系统工作过程和喇叭发出的噪声。噪声对人的生理、心理会产生较大的影响。人长期工作在较大的噪声环境下，可导致听觉器官损伤，引起神经、心脏、消化等不良，易使人烦躁和疲劳。因此，噪声是汽车使用的不安全因素之一。

《机动车运行安全技术条件》对噪声进行了严格的要求，其主要评价指标为声压级，主要对汽车噪声和喇叭噪声进行评价。汽车加速行驶时，车外噪声应符合 GB/T 1495—2002 标准，见表 1-11，测量方法应按 GB 1496—1979 规定。车内噪声：对于客车，车内最大噪声级不大于 82 dB（A）。机动车应设置喇叭，其性能应可靠，声音悦耳，喇叭噪声应符合 GB 7258—2004 中的规定，城市用机动车喇叭声级在距车前 2 m，离地高 1.2 m 处应为 90～115 dB（A）。驾驶员耳旁噪声应不大于 90 dB（A）。

表 1-11 机动车车外最大允许噪声

机动车种类	车外最大的允许噪声级 dB（A）	
	1985 年 1 月 1 日前生产的产品	1985 年 1 月 1 日起生产的产品
载货货车 8 t≤载质量≤15 t	≤92	≤89
轻型越野车	≤89	≤84
公共汽车 4 t≤总质量≤11 t	≤89	≤86
轿车	≤84	≤82
摩托车	≤90	≤84
轮式拖拉机（44 kW 以下）	≤91	≤86

学 习 训 练

1. 汽车综合性能主要有哪些内容？
2. 什么是车辆的后悬？车辆后悬的大小对其使用有何影响？
3. 解放 CA1091 型载货汽车的整备质量为 4 100 kg，最大设计装载质量为 5 000 kg，求该型汽车的整备质量利用系数。
4. 什么是载货汽车的容载质量利用率和单位容积装载质量？
5. 评定汽车机动性的指标有哪些？其定义如何？
6. 汽车动力性评价指标有哪些？
7. 对于不同类型的汽车，如何进行燃油经济性评价？
8. 什么叫汽车稳定性，重心对汽车稳定性有何影响？
9. 制动效能有哪些评价方法，各有何特点？
10. 灯光发光强度低于标准规定要求，分析对行车安全有何影响？
11. 噪声对人体有何影响，为什么把它列为汽车安全性能指标？
12. 表 1-12 是 2010 款轩逸 1.6XE 舒适版 AT 轿车的参数配置表，对照表 1-12，从表中找出反应该车结构尺寸、动力性、燃料经济性、机动性和操纵稳定性的参数。

表1-12 2010款轩逸1.6XE舒适版AT轿车的参数配置表

最高车速（km/h）	185
官方0-100加速（s）	12.5
实测0-100加速（s）	12.9
实测100-0制动（m）	42.5
实测油耗（L）	8.24
长度（mm）	4665
宽度（mm）	1700
高度（mm）	1510
轴距（mm）	2700
前轮距（mm）	1475
后轮距（mm）	1480
最小离地间隙（mm）	170
整备质量（kg）	1220
最小转弯直径（m）	11.1

第 2 章　汽车运用评价

学习目标

通过本章学习，能对汽车选配、运用条件、运行工况、汽车动力利用及汽车运用效率进行分析评价。应能分析各种运用条件对汽车运输生产的影响；正确地运用相关评价指标，评价汽车运输生产的运用效率；能正确分析各相关因素对汽车平均技术因素的影响，从而找出提高平均技术速度的方法。

2.1　汽　车　选　配

车辆是现代运输企业的主要生产设备，组织运输生产首先要有配备合适的运输车辆。因此，交通运输管理部门应根据当地社会运力、油料供应、运量、运距和道路、气候等社会和自然条件，制定车辆发展规划，合理配置车辆的车型和数量，并做好车辆的分配和投用前的技术准备工作，对运力的增长，进行宏观控制。凡需购置营业性运输车辆的单位和个人，应事先向交通运输管理部门提出申请，经审核批准后，方可购置。未经交通运输管理部门批准购置的车辆，不予签发营运证。

2.1.1　择优选购及合理配置车辆

1. 择优选购车辆

择优选购是根据运输生产需要和运行条件，按照车辆的适应性、可靠性、经济性、维修和供应配件的方便性以及产品质量的优劣等因素，对车辆进行选购。

车辆能适应当地道路、气候等条件，就说明车辆的适应性好；车辆的可靠性一般用其发生故障的平均里程和频率来评价；易于早期发现故障、易于更换或修复损坏的零件，缩短维修时间，减少维修费用都是维修和供应配件方便性好的标志；同类型车的燃油经济性可能会有差异，尽管有时差异很小，但长期积累节约数量也相当可观。因此，对燃油的经济性必须进行比较；车辆使用寿命长显然是产品质量好的重要标志之一。所以，在选购车辆时，应从车辆的售价、适应性、可靠性、维修和配件供应方便性、使用寿命以及燃油经济性等因素综合考虑。

择优选购车辆是关系到运输单位和个人主要生产设备优劣的关键，应进行技术经济论证，避免盲目购置。要从实际出发，按需选购，量力而行，讲究实用、实效，以及尽可能达到少投入多产出、综合经济效益好的目的。

2. 合理配置车辆

合理配置车辆是指运输单位根据其所承担运输任务的性质、运量、运距和道路、气候以及油料供应情况等条件，合理配置车辆，如大、中、小型车辆比例，汽、柴油车比例，通用、专用车比例，等等。通过合理规划，优化车辆构成，充分发挥车辆运力和客量的利用率，满足运输市场的需要。

(1) 配置车辆应考虑的因素

① 配置车辆时，首先应考虑当地运输市场状况，弄清现有在用运输车辆的基本技术状况，使车辆配置有针对性和实用性，使拥有的车型比例适当，不至于造成运力浪费或运力不足。

② 车辆经常行驶的道路条件。道路的通过能力、承载能力、坡度大小、路面质量和转弯半径等，均影响车辆的运行。因此，要注意配置车辆的技术参数是否适应所要行驶的道路条件，否则会影响运输效率。

③ 气候、海拔条件。气候、海拔情况不同，对车辆结构、性能的要求也不同，例如：寒冷地区就应考虑配置启动性能好的车辆，高原地区空气稀薄，应配置动力性能高的车辆或配置装有进气增压发动机的车辆。因此，配置车辆时应充分考虑到本地区的气候、海拔等自然条件。

④ 油料供应情况。车辆在使用中要使用燃油、润滑油、制动液等多种油料，如果某种油料来源困难，就会影响汽车的正常使用，影响车辆的运输效益。故选用新车时（特别是购置进口车时），一定要考虑当地的油料供应情况，是否能满足拟购车使用的需要。

⑤ 车辆使用的经验。在性能先进的前提下，选择新车时应尽量选用本单位熟悉的车型，这样在管理、使用、维修上有较为完整且行之有效的规章制度、技术措施和经验，从而可以避免重新组织技术培训和摸索管理方法。

⑥ 本单位或当地车辆构成情况和维修能力。配置车辆时应考虑当地车辆构成情况，要避免一个地区或一个车队所拥有的车辆车型过杂，以免造成维修配件材料的供应、储备及维修工作的困难。

(2) 车辆配置合理的标志

车辆配置是否合理，主要从以下几方面来进行衡量。

① 车型先进、安全可靠、货物装卸或旅客上下方便。

② 车辆规格齐全，能与当地客货源相适应，且配比合理（吨位大小、座位多少、高中低档次等），吨位利用率和客运量利用率高。

③ 车辆的油耗、维修费用、运输成本低而利润高。

④ 应变能力强，既能完成正常的运输生产任务，又能突出重点，完成特殊任务。

总之，合理配置车辆，对避免运力过剩、提高运输效率、节约能源、降低运输成本、保障安全生产和争取更多的客货源，都起到较大的作用。

(3) 新车的选择

用户在购置新车时，除了要满足上述合理配置外，还应对车型进行选择。选择新车时，一方面考虑车的生产厂家、车的外观；另一方面更重要的是了解汽车的性能，是否能满足用户的要求。选车应遵循由外及内、先静后动的原则。

1) 外观方面

① 观看汽车的外形设计，看它是否与购车者的审美观一致。

② 仔细察看全车车漆，不要忽略车顶，如发现某一部分漆色或厚薄与周围不相吻合，或显现出细微的圈状刮痕，多是受过损伤后经重新喷涂美容所致。

③ 检查前盖、车门及周围框的间隙是否均匀，各钣金配合部位是否到位。试试车门开启是否灵活，关门是否能一步到位，好的车关门时听到的声音较沉闷。

④ 打开发动机盖，先检查水箱补充液、清洗液、动力转向液、制动液、润滑油面是否正常，不正常应怀疑有泄漏。

⑤ 检查车辆配件，诸如电瓶、刮水器、轮胎、油液等耗材，看看是否老化。

⑥ 查看减振器、悬挂等工作情况，可用手大力按动车身一角，松开后，看其弹动次数，在2~3次之间为好。若有条件，最好将汽车举升起来查看一下底盘。

⑦ 查看发动机室、车底边缘是否有贴补痕迹，以防买到事故翻修车。

2）汽车内部

① 查看汽车内部设计与布置是否合理，仪表板上各种仪表应齐全有效，象形图案能准确理解，易于识别。

② 检查各电动设备，如电动窗、电动后视镜、天窗等。

③ 座椅表面应清洁完好，无破损、划伤；座椅调节系统正常准确。

④ 上车坐好，手放在转向盘上，检查离合器踏板、加速踏板、制动踏板。踩下制动踏板，检验制动系统是否漏油。

3）试车了解性能

要了解车辆的性能状况，应亲身试车进行体验。在试开过程中，应从点火、起步到加减挡、加速、转弯、行车制动和驻车制动及全车灯光使用情况等各方面进行查验，了解车辆运行是否正常。

① 启动发动机，聆听转速情况，包括发动机启动是否快捷，运转是否轻快、连续、平稳，有无杂音、异响，怠速运转是否稳定。轻加油门，感受发动机加速响应是否连续，连续加速后怠速仍然应稳定。

② 缓加油门，轻抬离合，车辆起步应平稳。新车换挡可能不十分平顺，但不应发卡、挂不上挡或摘不下挡，齿轮应无异响。低速时轻踩制动踏板，以试验制动力度，制动系统的反应良好。另外可试一下空挡滑行情况，例如以 20 km/h 的车速行驶，平路可滑 50~80 m/h。如果刚一摘挡车子就迅速停下来，就表明行驶运动部件安装调试与润滑不当，如轴承过紧、刹车剐蹭或润滑油凝固等。

③ 试车时，通过上坡，了解汽车的加速和动力性；通过加、减挡位，轻打转向盘，感觉转向系统是否良好，正常行驶时方向应不跑偏，能自动维持直线行驶，转弯后可以基本自行回正；车辆调头，转向盘打到极限时车轮应无异响。

④ 试验高速驾驶情况，感觉高速行驶的稳定性、抓地感，是否有车轮摆动、方向发飘的现象。无其他车辆时，也可试试蛇行，检查车辆的操控性能；还可以按不同车速测试紧急制动的感觉，如分别以 40 km/h、60 km/h、80 km/h 的车速紧急制动，检查制动时方向的稳定性。

4）查看新车手续

检查汽车与其铭牌是否相符：发动机号、车架号、产品合格证及出厂日期。合格证上的号码要与车上的发动机号、车架号一致。从出厂日期上判别其是否为积压车，了解车辆从产到销的时间。另外，车型、功率、座椅数量、发动机等均要求说明书与实物一致。

2.1.2 汽车的价值分析

1. 价值分析的作用

汽车价值分析的作用是：通过对汽车进行价值分析，可以把汽车的使用性能、寿命周期费用与汽车的价值有机地联系起来，使汽车在使用过程中能获得最佳的经济效益。汽车的寿命周期是指汽车从设计、制造、销售、使用直到报废为止的整个过程所经历的时间。在汽车寿命周期的各个阶段，都要耗费一定的费用，这些费用的总和，就是汽车的寿命周期费用。它包括汽车的购置费用和使用费用。

汽车的价值可用式（2-1）表示：

$$V = \frac{F}{C} \tag{2-1}$$

式中　　V——汽车的价值；

F——车辆的功能；

C——寿命周期费用。

由式（2-1）可以看出，提高汽车价值的途径大体上分为两种：一方面可以降低寿命周期费用，另一方面可以提高汽车的功能。这里所说的功能，是指产品的使用性能和质量指标，或其零部件在实现产品使用性能和其他质量特性指标中的作用。

汽车价值分析的核心也就是汽车功能分析，要努力找到其中那些对用户来讲是必要的功能，对于多余的或过高的功能应消除或适当减少，使汽车功能最大限度地满足用户需要，避免因多余的功能而增加用户的负担。例如经常行驶在城市道路和干线公路上的运输汽车，全轮驱动的高越野性为多余的功能，所以吉普车用于一般乘坐车使用是很不合算的。又如普通斜交轮胎，由于功能水平不高，寿命短、油耗高等，这就是汽车速度提高后欠缺的功能，选用具有相应速度等级的子午线胎，可使必要的功能得到完善和提高。车辆的适应好，就是功能既不欠缺，又不多余，选用很适当；汽车的可靠性和维修性，则是要求汽车在其使用期内能够经常保持应有的功能，万一丧失了也能及时得到恢复，这样的汽车的价值才高。

提高汽车价值并不是单纯地强调降低寿命周期费用，也不是片面提高使用性能，而是要求提高使用性能与寿命周期费用的比值。

2. 汽车价值分析

汽车价值分析包括两个方面：新车的价值分析和在用车辆的价值分析。

① 新车的价值分析　购买新车时，应根据运输任务的性质和要求，选择车辆的型号和数量。如满足运输任务的汽车有多种型号，则应对它们进行最低寿命周期费用分析。如图 2-1 所示，由图中可以看出，车辆购置费由高到低的顺序依次是 3、4、1、2 型汽车。虽然 2 型车的购置费最低，但使用费用偏高，所以汽车的寿命周期费用较高。而 4 型车尽管购置费偏高，但是使用费用低，因此，当使用年限在 4 年以上时，选用寿命周期费用低的 4 型车是最佳方案。

当考虑货币的时间价值时，把各年的使用费用按一定的年利率折算成现值，则这四种型号汽车的寿命周期费用如图 2-2 所示。由图中可以看出，当考虑货币的时间价值时，4 型车使用年限在 4 年以上，其寿命周期费用最低，这与图 2-1 的结论是一致的；在第 6 年末，3 型车的寿命周期费用比 2 型车低，这一结论与图 2-1 的结论是不同的。所以，当使用年限较长时，一般应考虑货币的时间价值。

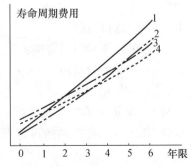

图 2-1　不同车型寿命周期费用

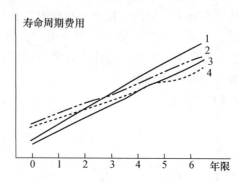

图2-2 当考虑货币和时间价值时，不同车型的寿命周期费用

综上所述，在购置新车时，不但要考虑汽车购置费的高低，还应考虑汽车的使用年限、使用费用和货币的时间价值等因素。

② 在用车辆的价值分析　在用车辆的价值分析主要对车辆在改装、改造、加装附属装置和修理中零部件的更换时进行的价值分析。

为了能够完成某种运输作业，在企业运输车辆无法适应运输作业条件时，有两种方案可供选择。一是购买适应这种运输作业的新车；另一方面对原有的车辆进行改装或改造，使之适应这种运输作业的需要。两个方案哪一个更佳，这就需要对这两个方案进行价值分析比较。分析时，将新车的寿命周期费用和原有车辆的寿命周期费用相加后，与改装、改造车辆的寿命周期费用进行比较，选择寿命周期费用最低的方案。

长途客车有无空调装置对汽车的运输效益有很大影响。有空调装置的客车人们就愿意乘坐，汽车所获得的效益也就越大。对无空调装置的客车增添空调装置，虽然使用费用有所增加，但是汽车的使用性能得到了改善，因而提高了汽车的价值。

另外，通过对同型号的在用车辆的价值分析，还可以间接地反映出在用汽车的合理使用程度。合理使用程度不好的汽车，其寿命周期费用要比合理使用程度好的要高，汽车的价值也低。

3. 车辆投资效果的测算

选配车辆是一项重要的投资决策。在评价和优选投资方案时，应事前对投资效果进行测算，做到先算后买。其方法通常有总算法、投资回收年限法。

① 总算法。总算法是用各方案的投资额及投入使用年限内经营费用的总和来评价方案的优劣，从而确定方案的取舍。其计算式为

$$S = P + C \cdot N$$

式中　S——总费用；
　　　P——基本建设投资额；
　　　C——年经营费用；
　　　N——使用年限。

例1　某运输单位承担的矿石运输任务，有三种投资方案都能形成相同的运力，并能经营10年。三种方案的投资额与年经营费用见表2-1。试分析哪一种方案的投资效果最好。

表 2-1 投资额与年经营费用表

方　　案	投资额（万元）	年经营费用（万元）
电力机车	100	140
中型载货汽车	110	120
重型矿用自卸车	140	110

解：三种投资方案的总费用分别为：

电力机车　　　　　$S1 = 100 + 140 \times 10 = 1\,500$（万元）；

中型载货汽车　　　$S2 = 110 + 120 \times 10 = 1\,310$（万元）；

重型矿用自卸车　　$S3 = 140 + 110 \times 10 = 1\,240$（万元）。

由以上计算结果可知：选用重型矿用自卸车的方案总费用最少，投资效果最好，是最佳方案。

② 投资回收年限法。投资回收年限法是用回收全部投资所需时间（年）的长短来评价和优选方案。投资回收时间的长短，取决于车辆投入营运后年生产的净利润的多少。如果每年偿还额相等或接近相等时，可按式（2-2）计算投资回收期：

$$n = \frac{P}{F} \qquad (2\text{-}2)$$

当 n 满足式（2-2）条件时，方案可行。

式中　n——投资回收期（年）；

　　　P——投资回收总额（万元）；

　　　F——平均每年生产的净利润（万元）；

　　　nb——计划投资回收期（年）。

例 2　某运输个体户计划投资 10 万元购置两辆微型面包车，进行出租营运业务，经测算 5 年内的年平均利润为 3.5 万元，计划在满 5 年时偿还全部投资，试确定该方案的可行性。

解：投资回收期为：$n = \dfrac{P}{F} = \dfrac{10}{3.5} = 2.86$（年）。

因 $n \leqslant nb = 5$（年），所以该方案可行。

例 2 是利用粗略的计算方法，可用于对方案作初步评价。再作进一步评价时，还需计算资金的时间价值。

2.2　汽车运用评价

2.2.1　汽车运用条件

汽车完成运输工作过程是在一定的外界条件下进行的。汽车运用条件是指影响汽车完成运输工作的各种外界条件。它主要包括道路条件、气候条件、运输条件和汽车安全运行技术条件等。而这些条件在汽车运输生产过程中是变化的，它们直接影响运输工作的效益和成本，是制定汽车运用及各项技术经济指标的重要依据和决定因素。

1. 道路条件

道路条件是指由道路状况决定的,并影响汽车运行的因素。它是汽车使用指标好坏的直接影响因素。汽车的结构、运行工况、技术状况都与汽车运行的道路条件密切相关。

道路条件的主要特征指标是车辆的运行速度和通行能力,它们是确定道路等级、车道宽度、车道数、路面强度以及道路纵断面和横断面的主要依据。

道路条件作为汽车运用的最主要条件,将直接影响汽车的技术性能的发挥、运输效果的好坏和运用效率的高低。要获得良好的汽车运用效果,道路条件必须满足以下几项要求。

① 在保证安全行驶的前提下,获得较高的汽车平均技术速度。

② 能满足该地区对此道路所要求的最大通车量。

③ 车辆通过方便,人员乘坐舒适,货物损耗小。

④ 车辆通过此道路的运行材料消耗量少,零部件损坏最小。

影响汽车运用的道路因素主要有道路等级、道路技术特性、道路景观和道路养护质量等。其中,道路等级和道路养护水平对汽车性能的有效发挥影响更大。例如,汽车在良好的路面上行驶,可获得较高的车速和良好的燃料经济性;汽车在崎岖不平的道路上行驶,平均技术速度低,频繁换挡和制动,加剧零部件的磨损,增加油耗和驾驶员的工作强度,加剧汽车行驶系统的损伤和轮胎的磨损。

(1) 道路等级

我国道路根据交通量及其使用任务、性质分为以下五个等级。

① 高速公路。高速公路为专供汽车分向、分车道行驶,并全线控制出入的干线公路。四车道高速公路一般能适应按各种汽车折合成小客车的远景设计年限的年平均昼夜交通量为 25 000~55 000 辆;六车道高速公路一般能适应按各种汽车折合成小客车的远景设计年限的年平均昼夜交通量为 45 000~80 000 辆;八车道高速公路一般能适应按各种汽车折合成小客车的远景设计年限的年平均昼夜交通量为 60 000~100 000 辆。

② 一级公路。一般能适应按各种汽车折合成小客车的远景设计年限的年平均昼夜交通量为 15 000~30 000 辆,为连接高速公路、大城市结合部、开发区经济带以及边远地区干线公路,可供汽车分向、分道行驶,并部分控制出入的公路。

③ 二级公路。一般能适应按各种车辆折合成中型载货汽车的远景设计年限的年平均昼夜交通量为 3 000~7 500 辆,为连接中等城市的干线公路或通往大工矿区、港口的公路,或运输任务繁忙的城郊公路。

④ 三级公路。一般能适应按各种车辆折合成中型载货汽车的远景设计年限的年平均昼夜交通量为 1 000~4 000 辆以下,为沟通县及城镇的集散公路。

⑤ 四级公路。一般能适应各种车辆折合成中型载货汽车的远景设计年限的年平均昼夜交通量为 1 500 辆以下,为沟通乡、村等地的地方公路。

道路等级不同,对路线的行车道宽度、停车视距、最小平面曲线半径、最大纵坡、凸形及凹形竖曲线半径等参数要求也不同,见表 2-2。这些路线参数的取值是在保证设计车速的前提下,考虑到汽车行驶的安全性、舒适性、驾驶员的视觉和心理反应等因素进行选取。道路等级越高,条件越优越,汽车的运用性能和运用效率也就越能得到充分的发挥和提高。

表 2-2 我国各级道路主要技术指标

道路等级		高速公路				一		二		三		四	
计算行车速度（km/h）		120	100	80	60	100	60	80	40	60	30	40	20
车道数		8	6	4	4	4	4	2	2	2	2	1 或 2	
路基宽度（m）	土路肩	0.75		0.75	0.75	0.5	0.75	0.5	1.5	0.75	0.75	0.75	0.50 或 1.50
	右侧硬路肩	3.25 或 3.50		3.00	2.75	2.50	3.00	2.50					
	右侧路缘带	0.75		0.75	0.50	0.50	0.50	0.50					
	行车道	2×15.0	2×11.25	2×7.50	2×7.50	2×7.50	2×7.50	2×7.00	9.00	7.0	7.0	6.0	3.50 或 6.00
	左侧路缘带	0.75		0.75	0.50	0.50	0.50	0.50					
	中央分隔带	3.00 (2.00)		2.00 (1.50)	1.50	1.50	2.00 (1.50)	1.50					
路基总宽（m）	一般值	42.50	35.00	27.50	26.00	24.50	22.50	25.50	22.50	12.00	8.50	8.50	7.50	6.50
	变化值	40.50	33.00	25.50	24.50	23.00	20.00	24.00	20.00	17.00				4.50 或 7.00
最小平曲线半径（m）	极限最小半径	650	400	250	125	400	125	250	60	125	30	60	15
	一般最小半径	1 000	700	400	200	700	200	400	100	200	65	100	30
	不设超高的最小半径	5 500	4 000	2 500	1 500	4 000	1 500	2 500	600	1 500	350	600	150
凸形竖曲线半径（m）	极限最小值	11 000	6 500	3 000	1 400	6 500	1 400	3 000	450	1 400	250	450	100
	一般最小值	17 000	10 000	4 500	2 000	10 000	2 000	45 000	700	2 000	400	700	200
凹形竖曲线半径（m）	极限最小值	4 000	3 000	2 000	1 000	3 000	1 000	2 000	450	1 000	250	450	100
	一般最小值	6 000	4 500	3 000	1 500	4 500	1 500	3 000	700	1 500	400	700	200
最小竖曲线长（m）		100	85	75	50	85	50	70	35	50	25	35	20
行车视距（m）	停车视距	210	160	110	75	160	75	110	40	75	30	40	20
	超车视距							550	200	350	150	200	100
最小缓和曲线（m）		100	85	75	50	85	50	70	35	50	25	35	20
最大纵坡（%）		3	4	5	6	4	6	5	7	6	8	6	9
最小坡长（m）		300	250	200	150	250	150	200	120	150	100	100	60

（2）公路的技术特性

公路技术特性指标在水平面内是曲线段的平曲线半径，在纵断面内是纵坡、纵坡长度、竖曲线半径，在横断面内是车道宽度、车道数的路肩宽度等。

车辆弯道行驶，受离心力的作用可能会引起侧滑，严重时可能翻车，也会恶化车辆的操纵性，降低乘员的舒适性。在小平曲线半径行驶的车辆轮胎侧向变形增大，磨损增加，车辆油耗增加。曲线路段影响驾驶员的视线，夜间行车光照距离在曲线段也比直线段短，对行车安全不利。但直线路段很长时对行车安全也不利，容易产生枯燥感，丧失警惕，所以高速公路都避免采用直长路线型。一般都尽量采用大于或等于表2-2所列最小半径，当条件不许可时，可设超高或缓和曲线。缓和曲线可使作用在汽车上的离心力逐渐变化，以便于驾驶员平缓操纵转向盘转向，保证行车安全。

公路的纵坡使汽车动力消耗增大，燃料消耗增加。另外，公路的凸形变更，也影响驾驶员的视距。《公路工程技术标准》规定了各级公路纵坡的许用值。

路面质量对汽车的运行工况和安全性有重要影响。路面应具有足够的强度、很高的稳定性、良好的平整度以及适当的粗糙度，以保证汽车的附着条件和最小的运行阻力。

路面平整度是路面的主要使用特性之一。它影响汽车运行速度（见图2-3）、动载荷、轮胎磨损、货物完好性及乘员舒适性，从而影响汽车的利用指标和使用寿命。

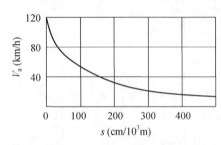

图2-3 汽车运行速度（V_a）和路面平整度（s）的关系

(3) 道路景观

现代道路不仅为汽车运行而修建的，除了要满足交通要求外，还要求线形和谐优美，与环境相互融合。

道路线形的设计准则是根据汽车的动力特性以及舒适安全的要求而确定的，但如果仅按照有关标准和公式设计道路路线，未必会产生所需要的效果。高质量的线形不仅要适应汽车的动力特性，还要满足驾驶员对线形质量的要求。

随着道路等级和车速的提高，要获得最佳的设计效果，应该重视道路的线形要素之间的组合以及路线平纵之间的配合。路线设计的目的就是要使路线各个要素融为一体，使得驾驶员体验到一条在视觉上连续不间断的自由流动、和谐的形体。例如，应避免长直线间夹一段短的圆曲线，应通过缓和曲线从比较平顺的圆曲线逐步过渡到陡的圆曲线。

在道路上以一个较快的速度行驶所感受到的周围景观和在静止状态所看到的不同。人的视觉有这样的几个方面特性。

① 当车速增加时注意力增加，速度越快越要注意前方道路，因此，虽然道路应是丰富多彩，但是，太细的枝节将会分散驾驶员的注意力。

② 车速增加时驾驶员的注意力集中点伸向远方，驾驶员要从足够远的前方观察道路，以便能在必要时，做出回避动作，在行进中从反应到采取制动车辆空驶的距离增加。

③ 车速增加，驾驶员动视减小，视力主要集中在道路的轴线上，如果在这个狭窄的视野中路线的景观不发生变化，例如沿着一条长直线路段行驶，将会使驾驶员变得迟钝，失去对速度的感觉和应变的警觉，从而失去采取回避动作的时间和距离。

④ 车速增加时景观的细微部开始模糊，前面的物体向后飞逝得很快，驾驶员必须向更远处看才能得到清晰的景象，因此，道路景观的细微部对高速行驶的驾驶员已无价值了。

道路的环境应把驾驶员的需要放在首位，即应把驾驶员的视线直接引向道路路线的方向。要将道路的远景和近景互相融合，既要有吸引人的远景，也要有吸引人的近景。依次相接的景观的出现和消失，车辆运行变化的速度、方式以及远近景的配合都是影响道路节奏韵律的要素。在小半径的弯道，景观的变化频繁而强烈，将会加快道路的节奏；在大半径或长直线上宽广不变的远景则会减慢节奏；竖曲线的灵活运用可以充分展示景观，特别是远景很容易获得最佳视觉效果。

(4) 道路养护质量

一般来讲，道路等级越高，路面质量就越好。车辆在良好的道路上行驶可以获得较高的平均技术速度和较低的运行消耗。这不仅可以提高车辆的运用效率，同时也有助于车辆使用寿命的延长。但如果道路的养护工作不及时、养护质量不好或长期不对道路进行养护，其路面质量会越来越差。当车辆在路面质量比较差的道路上行驶时，不仅平均技术速度低、运行消耗高，而且凹凸不平的路面对车辆的冲击振动将严重影响车辆行驶的平顺性和乘坐的舒适性。不仅加剧了行驶机构的损伤和轮胎的磨损，增大零部件冲击载荷；同时由于行驶中换挡、制动次数的增加，将使离合器、变速器、制动装置等磨损过甚，造成车辆早期损坏。

(5) 高速公路使用条件

我国拥有高速公路里程世界第一，高速公路的设计车速一般为 $100 \sim 120 \, km/h$。高速公路与高速运输是密切相关的。高速运输的最显著特点就是运输车辆的持续高速运行。高速运输对汽车的动力性、制动性、操纵稳定性、加速性、舒适性的要求更加严格，许多在普通公路上运行不存在的问题，在高速行驶中却变得至关重要。

据统计，国外高速公路死亡事故率仅为普通公路的 $1/3 \sim 1/2$，一般性事故率是普通公路的 $1/5 \sim 1/3$。而我国情况则相反，1995 年高速公路仅为公路总里程的 0.2%，但交通事故却占 1.5%，死亡人数占 1.36%，直接经济损失占 4.36%。有关资料表明，在高速公路发生的交通事故中，汽车机械故障造成的比例逐年升高。例如在京石高速公路河北段双幅路开通后不到两年的时间里，因机械故障引发的交通事故就达 96 起，其中制动失效和不良的就有 58 起。

① 高速公路行驶的安全条件。为了避免发生追尾事故，车辆间应保持一定的车间距。当车速为 $100 \, km/h$ 时，行车间距应至少为 $100 \, m$；当车速为 $70 \, km/h$ 时，行车间距应至少为 $70 \, m$。在潮湿的路面上行驶时，应保持上述车间距两倍以上。当遇有风、雨、雾或路面积雪、结冰时，应以更低的速度行驶，以保证车辆行驶安全。

高速公路行驶对车速也有限制。因为我国车辆总体技术水平与国外相比有一定的差距，在连续高速行驶条件下容易发生交通事故，故《高速公路交通管理办法》规定，最低车速不得低于 $50 \, km/h$，轿车等小型车辆最高车速不得超过 $110 \, km/h$，大型客车和货车车速不得超过 $90 \, km/h$。也有的高速公路或路段最高车速限制为 $100 \, km/h$、$80 \, km/h$，甚至 $60 \, km/h$。

高速公路行驶的主要问题是安全问题，因此应注意如下事项。

a. 要严格遵守交通法规，按照限速规定行驶。

b. 为了防止汽车在高速公路上发生故障，妨碍交通安全畅通，在进入高速公路前要对汽车的燃料、润滑油、冷却液、转向器、制动器、灯光、轮胎等部件以及汽车的装载和固定情况进行仔细检查，使得车况处于最佳状态。

c. 车辆进入高速公路后，应使得车速达到 $50 \, km/h$ 以上。通过岔道进入高速公路的车辆须在加速车道提高车速，并在不妨碍主车道其他车辆行驶的情况下，驶入主车道。

d. 在正常情况下，车辆应在主车道上行驶，只有当前方有障碍物或需要超越前车时，方可变换到超车道上行驶，通过障碍物或超越前车后，应驶回主车道。不准车辆在超车道长时间行驶或骑、压车道分界线行驶。

e. 为了减少碰撞时的人员伤亡，配有安全带的汽车前排司乘人员应佩戴安全带。货运汽车除驾驶室外，其他部位一律不得载人。大型客车乘客不许站立于车中。

f. 在高速公路行驶时，不允许随意停车。为了防止追尾或侧滑的危险，当汽车发生故障时，不得采取紧急制动。而应立即打开右转向灯，将车停放在右侧紧急停车带或右侧路肩。停车后无关人员应迅速撤至护栏外侧。当故障排除重新行驶时，应及时将车速提高到 50 km/h 以上，然后在不影响其他车辆行驶的情况下驶入主车道。当车辆因故障或事故无法离开主车道时，必须开启车辆危险报警闪光灯，夜间还应开启示宽灯和尾灯，并在车后 100 m 外设置故障警告标志，同时应利用路旁的紧急电话或其他通信设备通知有关管理机构，不得随意拦截车辆。

g. 当交通受阻时，要按顺序停车，等待有关人员处理，不得在路肩上行驶，以免影响救护车、公安交通和管理巡逻车通行。

h. 在高速公路上，车辆不许掉头、倒车和穿越中央分隔带，不许进行试车，也不许在叉道上超车和停车。

i. 当遇有大风、雨、雾或路面积雪、结冰时，要注意可变交通标志或临时交通标志，遵守公安交通和管理部门采取的限速和封闭车道的管制措施。

② 高速公路行驶条件下轮胎的使用。由于子午线轮胎的特点（见第 4 章），在高速公路行驶条件下，应选用子午线轮胎，并且最好选用无内胎轮胎；注意轮胎的花纹；注意轮胎的速度级别；区别轿车轮胎和轻型载重轮胎；注意载重轮胎的层级和负荷；注意轮胎认证权威机构的认可标志；注意轮胎的磨耗、牵引、温度标志和级别。

2. 气候条件

汽车的运用总是在一定的气候条件下进行的，在适宜的气候条件下汽车技术性能得以正常发挥。而在严寒或炎热的季节，汽车技术状况将会下降，甚至难以启动或正常使用。我国地域辽阔、南北气候特点差异较大，一些地区的季节温差和日温差变化也大，这就给车辆的正常使用带来困难。同时也要求车辆的结构及技术性能对温度的适应范围更宽一些。

（1）高温及潮湿环境的影响

① 在炎热的地区或季节，汽车的供油系统因温度高而易产生"气阻"，"气阻"的存在会导致供油系统供油中断，造成发动机熄火，而使车辆无法正常运行。在高温条件下，空气密度低，这会引起发动机进气不足，导致功率下降，油耗上升。

② 由于气温过高，引起发动机水温过高，这会使发动机燃烧不正常，出现早燃或爆燃现象，导致发动机的动力性和经济性下降。此外，高温会导致润滑油的黏度下降，润滑条件变差，加剧发动机的磨损，使发动机的使用寿命缩短。

③ 气温过高，蓄电池内电解液蒸发严重，蓄电池充放电的化学反应剧烈，极板上的活性物质易脱落，造成蓄电池早期损坏。

④ 气温过高，车厢内温度也会很高（尤其是轿车和客车），乘员会感到头晕、发闷，使乘坐舒适性变差，因此，空调已成为汽车不可缺少的必备装置。

⑤ 由于天气炎热，雨水较多，尤其是南方气候潮湿，汽车的零部件易被锈蚀；电气元件因潮湿易引起短路故障，使电气元器件工作不良，导致发动机不能正常工作。此外，由于汽车保有量的增多，尾气排放量的增加，已使大气受到污染，在我国多数地区已出现了酸雨现象，这会进一步加剧汽车零部件的腐蚀，缩短汽车的使用寿命。

(2) 低温及冰雪环境的影响

① 在严寒季节，气温低，燃油的蒸发性下降，混合气混合不够均匀，因而不易形成符合规定要求的混合气，使发动机的油耗增加，尤其是在启动阶段，会导致发动机启动困难。此外，气温低，蓄电池的电解液相对密度下降，内电阻增大，充放电反应变慢，使蓄电池输出的端电压下降，也会导致启动困难。

② 由于气温低，润滑油的黏度增大，其流动性变差，在启动时润滑油到达润滑表面所需时间延长，使需要润滑的表面处于干摩擦或半干摩擦状态，导致机件磨损加剧。另外，由于发动机在低温条件下工作，极易形成酸性物质，造成汽缸壁化学腐蚀磨损。

在冰雪道路上，由于车轮与路面的附着系数低，汽车的驱动轮易打滑，使汽车的通过性能下降。另外，由于附着系数低，汽车在制动时制动距离增加，且易出现制动侧滑或甩尾等现象，使汽车的制动安全性能下降。

③ 为了保证汽车能够正常行驶，不少地区采用撒盐的方法溶化道路上的冰雪，溶化的冰雪被车轮甩到汽车的底盘上，溶解在冰雪中的盐分会腐蚀底盘上的零部件，使汽车的使用寿命缩短。

④ 在冬季，用水作为冷却介质易结冰，轻者堵塞冷却系统的水循环，导致发动机"开锅"，重者易冻裂缸体。因此，需在收车后将车停放在暖库中或每日收车后将水放掉。目前，在"三北"地区绝大多数车辆都采用了防冻液作为冷却介质。

此外，在冬季非金属材料的弹性下降或产生脆裂使其使用寿命下降，导致故障增多。在山区高原，气候多变，空气稀薄，气压下降，水的沸点降低，使车辆动力不足，油耗上升，发动机过热，"气阻"明显。在山区，坡道多而陡，弯又比较急，这会给行车的安全性带来一定的难度。

北方各省气候干燥，尤其是西北地区风沙严重，一日之内温差也大，将导致车辆磨损严重，技术性能难以调整控制，车辆易早期损坏。

不同的气候条件对车辆结构及技术性能提出了不同的要求。尤其是车辆的冷却系统、供油系统、润滑系统、点火系统等应对气候条件有较宽范围的适应性，以使车辆在不同气候条件下正常使用。车辆的使用部门也应根据当地的气候特点合理选用车型，制定相应的技术措施，采用必要的预防措施，或对车辆进行必要的改装、改造，努力减少因气候条件给车辆使用带来困难，做到合理运用，争取最佳经济效益。

3. 运输条件

运输条件是指由运输对象的特点和要求所决定的、影响车辆运用的各种因素。汽车运输可分为货运和客运。货运条件主要包括货物类别、货物运量、货运距离、装卸条件、运输类型和组织特点。客运对汽车使用性能的最基本要求是为乘客提供最佳的方便性。

(1) 货物的类别

货物是指从接受承运起到送交收货人止的所有商品或物资。通常根据汽车在运输过程中的货物装卸方法、运输和保管条件以及批量对货物进行分类。

① 按装卸方法分类。货物按装卸方法可分为堆积、计件和罐装三类。

对没有包装的，用堆积装卸的货物如煤炭、砂、土和碎石等，按体积或质量计量的货物宜于采用自卸汽车运输。

对可计个数，并按质量计量装运的货物，如桶装、箱装、袋装的包装货物及无包装货物采用普通栏板式货车、厢式货车及保温厢式货车运输。

对于无包装的液体货物，通常采用自卸罐车运输。

② 按运输和保管条件分类。按运输保管条件分，货物可分为普通货物和特殊货物。前者是指在运输过程中无特殊要求，可用普通车厢运输的货物。后者是指在运输过程中，必须采取特别措施，才能保证完好无损的承运货物。

特殊货物包括特大、沉重、危险和易腐的货物。特大货物是指标准车厢不能容纳的货物；长型货物通常是指长度超过标准车身长度 1/3 以上的货物。沉重货物是指单件质量大于 250 kg 的货物。危险货物是指在运输和保管过程中，可能使人致残，或破坏车辆、建筑物和道路的货物。易腐货物是指在运输和保管过程中，需专门库房和车辆维持一定温度的货物。

对于运输特殊货物，需要选用大型或专用汽车。但是，汽车总体尺寸受国家标准限制（见国家标准 GB 1589—2004《道路车辆外廓尺寸、轴荷及质量限值》）。

③ 按货物批量分类　按一次托运货物的数量，可分为小批货物和大批货物。小批货物又称为零担货物，如食品、邮件和行李等少量运输的货物。大批货物是指大批量运输的货物，又称大宗货物。

货物批量是选用车辆类型的主要依据。货物运输汽车的车厢构造和尺寸都应同装运的货物相适应。

(2) 货运量

在汽车运输中，完成或需要完成的运输数量称为货运量，通常以吨（t）为计量单位。

在汽车运输中，完成或需要完成的货物运输工作量，即货物的数量和运输距离的乘积称为货物周转量，以吨·千米（t·km）为计量单位。

货运量和货物周转量统称为货物运输量。

按托运货物的批量，货运量可分为零担和整车两类。在我国，凡是一次托运货物在 3 t 以上为整车货物，不足 3 t 为零担货物。需要较长时间和较多车辆，才能运完的整车货物为大宗货物，而短时间内或用少数车辆即能全部运完的货物为小宗货物。

(3) 货物运距

货物运距是货物由装货点至卸货点间的运输距离。货物运距在很大程度上影响运输车辆利用效率指标，并对车辆的结构和性能提出不同的要求。当运距较短时，要求车辆结构能很好地适应货物装卸的要求，以缩短车辆货物的装卸作业时间，提高车辆短运距的生产率。长途运输车辆运输生产率随车辆的速度性能提高和载质量的增大而显著增加（见图 2-4 和图 2-5）。因此，随着运距的增加，要求增加汽车的吨位，但汽车的最大轴重受到国家法规的限制。

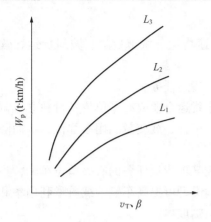

图 2-4 车辆运输生产率（W_p）与车辆的
技术速度（v_T）和行程利用率（β）的关系
（货物运距 $L_3 > L_2 > L_1$）

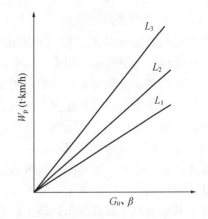

图 2-5 车辆运输生产率（W_p）与车辆载
质量（G_0）和行程利用率（β）的关系
（货物运距 $L_3 > L_2 > L_1$）

（4）货物装卸条件

货物的装卸条件决定了汽车装卸作业的停歇时间、装卸货的劳动量和费用，从而影响汽车的运输生产率及运输成本。运距越短、装卸条件对运输效率的影响越明显，如图2-6所示。

装卸条件受货物类别、运量、装卸点的稳定性、机械化程度以及装卸机械等诸多因素的影响。

一定类别和运量的货物要求相应的装卸机械，也决定了运输车辆的结构特点，如运输土、砂石、煤炭等堆积货物的车辆，要考虑铲斗装卸货物时，货物对汽车系统及机构的冲击载荷，以及汽车的装载质量和车厢容积与铲斗容积的一致，才能保证获得最高的装运生产率。

带自装卸机构的汽车可缩短汽车装卸作业时间，但是，自装卸机构使汽车的成本及卸载质量比相同吨位的汽车的小。实践表明，只有在短运距运输时，自装卸汽车才能发挥其优越性，如图2-7所示。

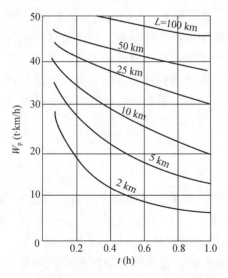

图 2-6 载质量4t货车运输生产率（W_p）与
车辆每运次装卸货停歇时间（t）的关系

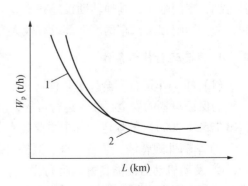

图 2-7 车辆运输生产率（W_p）

1—通用车辆；2—自装卸车辆

(5) 货运类型及组织特点

货物运输有多种分类方法，如短途货运、长途货运、城市货运、城间货运、营运货运、自用货运、分散货运、集中货运等。

自用货运是指车辆拥有单位的车辆完成本单位货运任务。

分散货运是指在同一运输服务区内，若干汽车货运企业或有车单位各自独立地调度车辆，分散地从事货运工作。显然分散货运的车辆、里程、载质量利用率都低，从而降低了汽车运输生产率，增加运输成本。

集中运输是在同一运输服务区内的车辆和完成某项货运任务的有关单位车辆，集中由一个机构统一调度，组织货物运输工作。这种运输类型可提高车辆的载质量利用率和时间利用率，从而有利于提高汽车运输生产率，降低运输成本。

运输组织特点主要取决于车辆运行路线。由于货运任务的性质和特点不同、道路条件不同以及所用车辆类型不同，即使在相同收发货点间完成同样的货运任务，也可采用不同的运行路线方案，并产生不同的运输效益。

货运车辆的运行路线可分为往复式、环形式和汇集式。往复式运行路线是指货运车辆多次重复于两个货运点间行驶的路线。环形式运行路线是指将几个货运方向的运行路线依次连接成一条封闭路线。车辆沿环形式路线运行时，每个运次是运输同一起止点的货物。汇集式运行路线是指车辆沿运行路线各个货运点依次分别或同时装卸货物，并且每运次量都小于一整车时的运行路线。

货运车辆结构应与选用的路线相适应，长运距的往复式运行路线，宜使用速度性能优良、载质量大的汽车列车。为了提高车辆运输的时间利用率，牵引车驾驶室设有卧铺，便于两个驾驶员轮班驾驶，减少因停车休息而延长路线运行时间。也可在中途设站更换驾驶员驾驶。用于环形式或汇集式运行路线的车辆，其载质量应与每运次的运量相适应，其结构还应便于途中装卸货物。

(6) 客运的基本要求

客运分为市内客运和公路客运，各种客运应配备不同结构形式的客车。市区公共客车采用车厢式多站位车身，座位与站位之比为2:1，通道很宽，车门数目多，车厢底板较低。在国外，为方便残疾人轮椅上下，有的车门踏板采用自动升降结构。市区公共汽车为了适应乘客高峰满载的需要，要求有较高的动力性。为了适应城市道路的特点，还要求汽车操纵方便。城间客车要求有较高的行驶速度和旅客乘坐舒适性。通常座位宽大舒适，椅背倾斜可调，车门数少，其他辅助设施齐全。为了适应旅游的需要，高级旅游客车还配备卫生间、微型酒吧以及汽车两侧下部设有较大空间的行李箱。

4. 汽车运行技术条件

(1) 机动车运行安全技术条件

为保证车辆的安全行驶、运行可靠，必须符合国家关于《机动车运行安全技术条件》(GB 7258—2004) 的规定。其中主要技术条件如下：

① 车辆外观整洁、装备齐全、紧固可靠，各部件应完好，并具有正常的技术性。

② 发动机动力性能良好，运行平稳，不得有异响，燃油油料消耗正常，无漏油、漏水、漏气、漏电现象。

③ 底盘各总成连接牢固，无过热、无异响、性能良好，各润滑部位不缺油、钢板弹

簧无断裂或错开现象，轮胎气压正常，汽车、挂车连接和防护装备齐全、可靠。

④ 转向轻便灵活，转向节及转向节臂、横直拉杆及球销不得松旷，性能良好，前轮定位符合要求。

⑤ 车辆制动性能符合规定，挂车与牵引车意外脱离后，挂车应能自行制动，牵引车的制动仍然有效。

⑥ 客车车厢、货车驾驶室内应不进尘土、不漏雨；门窗关闭严密、开启灵活；风窗玻璃视线清晰；客车座椅齐全整洁、牢固；货车车厢无漏洞，栏板销钩牢固、可靠。

⑦ 车辆的噪声及废气排放应符合有关规定。

⑧ 灯泡、讯号、仪表和其他电气设备应配备齐全，工作正常、可靠。

（2）汽车危险货物运输规则

车辆运载具有易爆、易燃、有毒、放射性等危险货物时，必须符合《汽车危险货物运输规则》的规定。其主要技术条件如下所述。

① 车辆的车厢、底板平坦良好，栏板牢固、衬垫不得使用松软易燃材料。

② 运载危险货物的车辆左前方悬挂黄底黑字"危险品"字样的信号标志。

③ 根据车内装运危险货物的性质，车辆必须配备相应的消防器材等用具。

④ 车辆行驶和停车必须严格遵守交通、消防、治安等法规要求。

⑤ 必须指派熟悉车内危险物性质的人员担任押运人员，严禁搭乘无关人员。

⑥ 车辆总质量超过桥梁、渡船标定承载质量，以及车辆装载超高、超宽、超长时，应报请当地交通、公安主管部门采取安全有效措施。未经允许，不得冒险通过。

（3）特种货物运输运行技术条件

车辆装载散装、粉尘、污秽货物时，应使用密闭车厢或加盖篷布，以免洒漏，污染环境。

（4）特殊条件下车辆运行技术条件

车辆在等外道路、危险渡口和桥梁上通过时，若遇有临时开沟、改线、水毁、塌方、冰坎翻浆等情况，必须采取确实有效技术措施，以保障行车安全。

另外，汽车驾驶操作水平明显地影响汽车零件磨损、燃料经济性和污染物排放率。熟练的驾驶员在平路、下缓坡等有利条件，经常保持车速稳定或滑行状态，很少采取紧急制动。熟练的驾驶员不仅能保证汽车安全运行，而且能提高汽车行驶的技术速度15%~20%，延长汽车大修里程40%~50%，在相同的交通和道路条件下可节约燃料20%~30%。

汽车维修费用占汽车运输成本的15%~20%。但我国目前因维修市场放开，一些地区宏观管理混乱，维修工作手工作业占有相当大的比例，加之配件质量不稳定，检验设备少，诊断技术尚未真正用于控制汽车技术状况。由此导致汽车维修质量低下，降低了汽车利用的经济效益。高水平的汽车维修标志是，汽车完好率达0.9~0.93，总成大修间隔里程较定额高20%~25%，配件消耗减少15%~20%，燃料、润滑材料的消耗减少20%~30%。

2.2.2 汽车的动力利用

从汽车技术状况变化规律的分析表明，汽车在正常使用时期，是其技术经济处在最佳阶段。在这个时期内如何合理使用车辆，充分发挥其经济效益，是汽车使用研究的主要内容。而最重要的内容是研究如何充分发挥汽车的动力。

充分发挥汽车动力，一方面采取各种有效措施，提高汽车的平均技术速度；另一方面充分利用车辆的后备动力,实施拖载或采用汽车列车,提高其有效载质量;此外,改变货物的承运方式和实现装卸现代化等,均可提高汽车发动机功率的利用程度。

1. 汽车平均技术速度

(1) 汽车平均技术速度

汽车平均技术速度不仅能反映汽车动力性能,同时也能反映各种运行条件的影响。它在运输生产各种核算中,是具有实际意义的参数之一。

汽车平均技术速度等于总行驶里程与总行驶时间之比,即

$$v_\text{平} = \frac{L}{T} \text{ (km/h)}$$

式中　L——总行驶里程(km);

　　　T——总行驶时间(h)。

总行驶时间 T 包括与行驶条件有关的短暂停车时间,如在信号灯前、铁路与公路交叉道口、过轮渡和会车等的停车时间,而其他停歇时间,如装卸货物、乘客上下车、途中排除故障和行车人员用餐等,均不计算在内。

平均技术速度既不是汽车的实际行驶速度,也不是汽车的最大速度,而是一个计算值,是汽车运输企业在编制运输工作方案时计算生产率和成本的一个重要参数。

(2) 影响汽车平均技术速度的因素

汽车平均技术速度是驾驶员的技术水平、车辆技术性能与状况、道路、交通条件、运输组织、载荷等的综合反映。因此,影响平均技术速度的主要因素有以下几方面。

① 驾驶员的技术水平。驾驶员的技术水平主要是指驾驶员操作技能的熟练程度及对所驾驶的车辆技术状况、性能、结构原理的掌握程度,对交通环境及各种情况的处理是否正确等。一个技术好的驾驶员,应具有操作技术熟练,熟知所驾驶车辆的结构、性能和状况,在各种道路上以及在较复杂的交通条件下,即使是车速快一些,也能安全行车。就是以同样的速度行驶,当遇到突发状况时,也不能手忙脚乱,以免造成交通事故。因此,一个好的驾驶员有利于提高平均技术速度。据实践统计,由于驾驶员的技术水平不同,对平均技术速度可产生约 10% 的偏差。

另外,驾驶员的生理特性差异(如驾驶员的反应能力、视觉功能)对平均技术速度也有很大的影响。

② 车辆的技术性能与状况。车辆的技术性能主要是指牵引性能(包括最大行驶速度和加速性能)、制动性能、操纵性和稳定性等。汽车技术状况直接影响着平均技术速度;对于相同车型不同车辆,车辆技术性能与技术状况好的,其平均技术速度相对要好些。对于不同的车型,车辆性能优越的,在同样行驶条件下,其平均技术速度就好些。因此,在确定平均技术速度时,应考虑不同类型或同类型汽车的技术性能与状况方面的差异。

③ 道路条件。道路条件对汽车平均技术速度的影响也是很大的。例如,道路等级、行车路面宽度、道路颜色、照明、转弯半径、安全设施、尘土量、纵向坡度和坡长、路面平整度及附着系数、交叉路口数量、上下坡数量等,都影响汽车的行驶速度。目前我国三、四级公路占的比例较大,一、二级公路占的比例较小。按规定,在平原、微丘地带的三级公路上计算行车最大速度为 60 km/h,平均技术速度为 40～50 km/h,在山岭、重丘地带的平均技术速度只有 30 km/h。而在四级公路上按上述路面条件计算行车最大速度平

原为45 km/h，平均技术速度为30～35 km/h，山岭为20 km/h。

路面种类对平均技术速度的影响见表2-3。

表2-3 路面种类对平均技术速度的影响

路面状况	影响
路面状况良好的平坦沥青路	100%
路面状况良好的条石路、碎石路、修整的土路	75%～80%
路面磨损的条石路、碎石路、修整的土路	70%
路面严重磨损的道路或土路	50%

④ 道路宽度的影响。车辆在运行中，随时都有与迎面来的车辆相会，或超越前车。当两车交会时，侧面的间距较大时，可不必降低车速，而在较窄的路面上则要十分小心，降速行驶。另外，还要视其路面平整度，考虑车辆左右摇摆情况，要有一定的侧向安全间距。车与车的侧向间距越大，允许安全车速越高，反之越低，以免发生事故。车与车的侧向最小安全间距和车轮至路边的最小距离之间的关系见表2-4。

表2-4 不同车速下的侧向最小安全间距

车速（两车车速相同）（km/h）	侧向最小安全距离（m）	车轮至路边的最小距离（m）
20	0.50	0.5
30	0.57	0.6
40	0.64	0.7
50	0.69	0.8
60	0.74	0.9
70	0.79	1.0
80	0.84	1.1
90	0.89	1.2
100	0.94	1.3

⑤ 交通条件。交通条件对平均技术速度的影响也是十分显著的。例如，在市区交通密度（辆/km）大，交通量（辆/h）也相应地增大，车与车之间的速度差依次减小，平均技术速度也相应地下降，交通量最大时，各种不同型号汽车的行驶速度几乎相同，速度差为零。当交通量和交通密度很小时，车辆均可自由选择速度，车辆的平均技术速度就较高。

据国外资料介绍，当车辆混杂时，轿车的自由速度较高，随着交通量的增加，其平均技术速度下降得较快；而大型货车则相反，随着交通量的增加，其平均技术速度下降得较慢。

⑥ 运输生产组织。对公共汽车主要是考虑站距长短和停车站的设置。对载货汽车主要是考虑运货性质、装载情况、是否拖带挂车、运距、货运组织方法等。

如果运距短，停车频繁，而每次停车都要把行驶速度减零并又重新起步加速，车速不能得以充分发挥，因而，平均技术速度降低。相反，如果运距较长，特别是在长途运输中，其平均技术速度要比城市短途运输高得多。因此，合理组织运输对提高平均技术速度有着重要作用。

⑦ 载质量的影响。如果汽车生产率保持一定，载质量越大，其平均技术速度越低。

载质量对小客车的平均技术速度没有实际影响。但对载货汽车，其满载和空车的平均技术速度相差5%～10%。单车比汽车列车的平均技术速度要高。

可是，有的车辆使用单位过多地增加载质量，甚至超载、超挂，因而使车辆加速性能变差，导致平均技术速度下降过多。此外，由于增加汽车负荷，使技术状况变坏，发动机曲轴转数相应增加，而行驶速度却下降很多，从而使发动机磨损量增大，这样的使用车辆是不合理的。

（3）平均技术速度的确定

从分析影响平均技术速度的各因素来看，平均技术速度是一个随机变化的量，是难以确定的，在实际应用时采用试运行方法测定。试验时，要尽量避免或尽可能地减少与汽车结构无关的因素——驾驶技术、道路条件、载荷等对试验结果的影响，并随上述条件的改善而及时地修正。

测试汽车平均技术速度的试验，最好同时试验三组以上，以便对不同型号的汽车作以对比。另外，被试验的汽车应该具有相同的技术状况和额定载荷。试验应在同一道路同一里程（100～150 km）下，单独地进行。正常地行驶，每组汽车应不少于三辆，最好尽可能多一些，以避免驾驶技术的影响。试验后，求得每组汽车的平均技术速度即为该类车辆的平均技术速度的平均值。

通过试运行和分析计算所确定的平均技术速度，能反映目前车辆的实际水平，可用来修正经济数据和评价，比较不同车型的汽车或汽车列车。

（4）提高平均技术速度的途径

提高平均技术速度的途径很多，主要有以下几个方面。

① 提高驾驶员的素质和操作技能，使汽车经常在合理的工况下运行。通过试验可以清楚看到，提高平均技术速度与采取高速行车是完全不同的两种事情。汽车在运行中，要想提高平均技术速度，要千方百计地少停车，尽量做到匀速行车。

② 提高汽车的技术性能。从使用方面来说，要采用现代诊断技术检验汽车，及时地进行维护，提高维护质量，保持汽车技术状况，特别是提高车辆的动力性能和行驶安全性，从车辆本身去提高技术速度。

③ 加强公路的管理和工程建设。一是要加强道路的管理和维护，搞好路面标志、标线、信号，有条件的可以采用电模拟器实行交通系统管理。二是改善现有道路状况，提高公路等级，加宽路面宽度，改善弯道、坡度和视野，提高轮胎与路面之间的附着系数，甚至于新建和改建高速公路等。在交通量大、密度大的繁华城市里，要建立立体交叉专用车道，对于提高汽车的平均技术速度有明显作用。目前，一些发达国家的道路管理和公路建设更为先进，其汽车平均技术速度很高，如美国的高速公路汽车的平均技术速度可达97 km/h。

此外，还可以采用先进的运输组织和改进交通管理，也是提高汽车平均技术速度的有效途径。

2. 汽车合理拖载

合理组织拖载运输，增加车轴数，组成汽车列车，是充分利用汽车动力、发挥车辆潜力、增加车辆载质量、提高运输生产率、降低运输成本的有效措施。汽车列车比单车不仅载质量大，运输效率高，而且还能节约油料，降低车辆制造成本和使用成本，并且对道路也没有更高的要求。另外，采用甩挂运输，可以减少汽车装卸停歇时间，提高车辆出车时间的利用率。因此，可以在少增加公路投资的情况下，大幅度地增加车辆的载质量，以提高公路运输的经济效益。从我国多年对货运车辆组织实施拖载的统计情况表明，实施拖载后使运输效率提高30%~50%，成本降低30%~40%，油耗下降20%~30%。可见，合理拖载是非常具有经济价值的。

目前，我国公路运输的发展趋势是以重型汽车列车为主，担任长距离运输。一些公路发达的国家也都采用这种运输组织形式，运输的经济距离一般都在400 km以上。如能大量采用汽车列车，对发展公路运输、提高公路运输比重将会起到显著的作用。

(1) 组织拖载运输的可能性

汽车发动机的功率利用程度，主要取决于汽车结构、载质量和道路条件三个因素。

根据试验，一般汽车在规定载荷下用直接挡（包括超速挡）和常用经济车速行驶于良好道路上，其节气门只需开35%~40%的位置，仅仅利用发动机在同转速下最大功率的45%~50%，约为发动机最大功率的20%。尤其在低速行驶时，发动机功率利用率更低。如东风EQ1090型汽车载质量5 000 kg，拖载4 500 kg，在平路上以正常车速35~45 km/h行驶，只是利用此时发动机最大功率的50%。所以，在通常情况下单车运行时，汽车发动机是处于部分负荷状态，而保持着相当大的后备功率。

汽车的牵引力是评价汽车牵引性能的指标。它的大小与传动系统的传动速比、车轮的滚动半径和传动机械效率有关，更与发动机的功率有关。因此，发动机的后备功率，或者说汽车的拖载能力通常用剩余牵引力来表示。

分析剩余牵引力时，可通过牵引力平衡图来说明，如通过汽车在一定挡位的牵引力和汽车行驶时的运行阻力同汽车行驶速度的关系曲线进行研究分析。在图2-8中，F_k表示发动机节气门全开、变速器在直接挡时的牵引力曲线，$\sum W$表示汽车以等速行驶在良好道路时的全部运动阻力曲线。

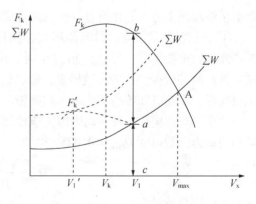

图2-8 驱动力平衡图

根据汽车牵引力平衡原理，当汽车在良好道路上稳定行驶速度为V_1时，需克服的运动阻力相当于线段ac。此时节气门处于部分开启，驱动轮的牵引力达到虚线F'_k的位置就平衡了，而ab段就是此车速下的剩余牵引力。

由于目前我国道路技术条件的限制，汽车最高车速很少能够达到，同时又提倡中速行驶，因此，汽车发动机发出的牵引力比较高，而相应的汽车行驶运动阻力又比较低。所以，利用发动机的后备功率组织拖载运输是完全可能并有理论根据的。

(2) 合理拖载质量的确定

对汽车的合理拖载质量的选择，需要进行全面的分析和研究。当拖载质量确定之后，还应在生产实践中考查运输效率、油耗量和发动机磨损量（车千米磨损量）及当地的自然条件等。

1) 确定汽车拖载质量的原则

① 基本上要保持单车的使用性能，或者下降不多。要保持直接挡为经常行驶的挡位，直接挡（包括超速挡）的行驶时间应控制在60%以上，平均技术速度不低于单车的70%，

最高车速不应低于单车的经济车速。

② 汽车拖载运输时，在最大坡道上要用一挡起步，用二挡通过（个别情况使用一挡）。

③ 要保持有足够牵引力，同时保证牵引车的驱动轮不打滑。

④ 应保证在直接挡位有较好加速性能，并要求从起步到直接挡达到单车的同等速度所需的加速时间，不得高于单车时间的一倍。即要求在加速过程中，要求要有较大的剩余牵引力以克服加速阻力，因为加速过程中的不稳定状态能降低牵引力，所以，拖载不宜过重，否则会严重降低加速能力和平均技术速度。

⑤ 拖载后的燃料消耗总量应不超过原厂规定的单车消耗量的50%。

⑥ 汽车列车的比功率（发动机功率 P/汽车列车总质量 G）是汽车拖载后牵引性能的一个综合评价指标，应不小于 4.8 km/1 000 kg。

⑦ 从道路条件和交通安全等情况出发，汽车拖载最好一车一挂。对于牵引力较大的汽车，可以拖载吨位较大的挂车。

2）合理拖载质量的选择

在选择拖载质量时，通常可根据汽车制造厂使用说明书的规定来确定，如 CA1091 型汽车和 EQ1090 型汽车，制造厂都规定拖载总质量（挂车总质量）为 6 t。

在列车运行条件比较固定的情况下，也可根据汽车列车的比功率来估算汽车的总质量，从而确定拖载质量。在选择拖载质量时，首先应确定汽车总质量，则其比功率不小于 4.8 kW/1 000 kg（6.5 hp/t），所以初步估计汽车列车总质量 $G_L = \dfrac{P_e}{4.8} \cdot 1000 \text{ kg}$。不仅应满足牵引条件和起步的可能性附着条件，而且应结合实际条件来确定。

① 在运行路线上大部时间能用直接挡行驶。直接挡最大动力因数 $D_{0\max}$ 是评价汽车合理拖载量的重要指标，当 $D_{0\max}$ 值过小时，说明汽车在公路上行驶时使用高速挡（指四挡或五挡）时间较少，换挡次数增多，燃料消耗量增加，平均车速和运输生产率下降，并使牵引装置、发动机和传动系统等早期磨损和损坏。

汽车列车直接挡的最大动力因数应比沥青路上的滚动阻力系数大一些，因此，列车直接挡的动力因数可取 $D_{0\max} = 0.025 \sim 0.03$。直接挡最大动力因数与载质量的关系为

$$D_{0\max} = \frac{F_{k0\max} - F_w}{G_L} \tag{2-3}$$

则列车允许总质量为

$$G_L = \frac{F_{k0\max} - F_w}{D_{0\max} g} (\text{kg}) \tag{2-4}$$

式中　$F_{k0\max}$——牵引车直接挡最大牵引力（N）；

　　　F_w——$F_{k0\max}$ 相应车速时的空气阻力（N）。

② 在运行路线的最大坡道上能用二挡通过。此情况车速较低，可不计空气阻力，且可认为等速上坡，故空气阻力 $F_w = 0$，加速阻力 $F_j = 0$，从牵引平衡方程式可知，为了满足要求所允许的列车总质量为

$$G_L = \frac{F_{k\text{II}\max}}{(f+i)g} (\text{kg}) \tag{2-5}$$

③ 在运行路线的最大坡道上用一挡起步。我国各级公路允许的纵向坡度见表 2-5。

表 2-5 各级公路纵坡标准

公路等级	一	二		三		四
		平原微丘	山岭重丘	平原微丘	山岭重丘	
最大纵坡（%）	4	5	7	6	8	9

在四级公路难行的山岭区，最大纵坡可增加 1%。

汽车列车在坡道上起步时，与其正常行驶不同，道路有较大的变形，引起额外的附加阻力，使道路阻力系数加大，又由于起步时发动机的热力状况尚未稳定，其功率、扭矩和汽车的牵引力均较额定值小，所以，在起步时引用一个系数 a 加入计算，相当于滚动阻力系数加大 a 倍。

在最大坡道上起步时不计空气阻力根据牵引平衡方程式，并满足拖载质量的要求，汽车列车总质量为

$$G_L = \frac{F_{klmax}}{(af + i + \frac{\delta_L}{g} \cdot j)g} (\text{kg}) \tag{2-6}$$

式中　a——汽车列车起步时的附加阻力系数，其数值取决于运行条件。一般夏季取 1.5～2.5，冬季取 2.5～5.0。

　　　δ_L——汽车列车的旋转质量换算系数，通常取 1。

　　　j——汽车列车起步时的加速度，取 0.3～0.5 m/s²。

④ 汽车列车必须符合附着条件。保证牵引车的驱动车轮不会打滑，即要求牵引力必须小于牵引车的驱动车轮与路面之间的附着力，即

$$F_k \leq F\varphi \tag{2-7}$$

式中　F_k——牵引力；

　　　$F\varphi$——牵引车驱动车轮与路面之间附着力。

一般汽车列车行驶时，其车速不高，且为等速行驶，故可得

$$\begin{cases} F_k = 9.8 G_L \psi \\ F\varphi = 9.8 G_f \varphi \end{cases} \tag{2-8}$$

式中　ψ——滚动阻力系数；

　　　φ——附着系数。

式 (2-8) 中的 G_f 为牵引车的附着质量，对于仅用后轮驱动的双轴汽车：

$$G_f = (0.65 \sim 0.75) G$$

如为全轮驱动，则有

$$G_f = G$$

式中　G——牵引车的总质量。

将 F_k 和 $F\varphi$ 的表达式代入式 (2-7) 得

$$G_L \leq G_f \frac{\varphi}{\psi} \tag{2-9}$$

综上所述，在确定汽车合理拖载质量时，在保证汽车列车在线路上行驶能力的要求，分别按式 (2-4) 和式 (2-5)、式 (2-6) 和式 (2-9) 计算出的汽车列车总质量可能各不相同，应选取最小值；作为汽车列车总质量，将列车总质量减去牵引车的总质量，得挂车

或半挂车总质量，它应符合国家挂车系列型谱的规定。

一些汽车制造厂规定的拖载质量见表 2-6。

表 2-6 汽车制造厂规定的拖载质量

车辆型号	原车总质量（kg）	原车额定载质量（kg）	功率（kW）	规定拖载质量（kg）
CA1091	9310	5 000	99（135 hp）	6 000
EQ1090	9 290	5 000	99（135 hp）	6 000

（3）汽车拖载后对各总成的影响

汽车拖载后与单车的工作情况不同，拖载后所需发动机的输出功率要大，传力机构所传递的扭矩也相应增加，起步时间增加，行驶中由于冲击，摇摆和振动所造成交变负荷也比较大。因此对汽车各总成机件磨损增加，对大修间隔里程的影响也十分明显，使汽车使用寿命缩短。

① 对发动机使用寿命的影响。汽车拖带挂车后，由于发动机的功率利用率提高，实际上是增大了汽车发动机节气门的开度，使汽缸充气量增加，气体的燃烧压力增大，使发动机发出较大的功率和扭矩，由于进入汽缸的混合气量增多，燃烧后发出的热量增加，使汽缸壁、活塞、燃烧室和气门的温度均大为增长。

在炎热的季节或爬坡行驶时，汽车低挡运行时间加长，发动机温度升高，将使润滑油黏度下降，润滑条件变坏，因而增加曲轴连杆机构零件的磨损，特别是汽缸壁、活塞、活塞环的磨损。另外，发动机经常在重负荷下工作，较高的气体压力将加速曲轴连杆颈和主轴颈以及轴承的磨损。

除了发动机的工作温度和气体压力的因素外，汽车拖载后单位里程的曲轴转数也要比单辆汽车工作时相应地增加，也使发动机加快磨损。另外，随着曲轴总转数的增加，对发动机某些机件的磨损也产生影响，如分电器的触点和火花塞电极工作次数增加，磨损也有所增加。

② 对传力机件使用寿命的影响。汽车拖载后，由于拖载质量较大，因而增加了起步阻力。

在单辆汽车起步时，离合器接合的延续时间一般为 0.5～2.0s，在牵引挂车时则应增加到 5s，有时甚至还要多些。这时，接触机件相对滑转的时间增加了 2～3 倍，因此，易于引起离合器摩擦片温度升高而较快地磨损。

传力机件的变速器、万向传动轴、主减速器和差速器，由于传递功率增加和扭矩增大，使齿轮、齿槽和轴承所受到的压力增加。齿轮与齿轮的啮合间隙与工作面要求相应地比单辆汽车要求严格，否则会引起齿轮的异常磨损。另外，由于汽车在中间挡行驶的时间加长，所以变速器二、三挡齿轮的磨损也就较显著。

拖载起步时扭转力矩的急剧变动，使传力机件承受着较强的冲击负荷，使用寿命缩短。如解放 CA1091 型汽车从 4t 增载到 5t 时，传动轴的最大附着扭矩就增大了 15%。由于冲击负荷增加也促使万向节与传动轴的伸缩节以及万向节凸缘上的连接螺栓损坏。

③ 对车架和行走机构使用寿命的影响。汽车拖载后起步、换挡，急剧加速与在不平道路上行驶时，均增大了牵引钩上的交变载荷，这些巨大的冲击力，均使车架的纵梁与横

梁承受额外的应力，导致车架产生裂纹和紧固连接部分的松动。起步加速时的冲击力使钢板弹簧的反应扭矩和纵向推力增加，特别会引起后悬挂上连接螺栓的松动。

增载增拖的试验证明：解放 CA1091 型汽车由 4 t 改为 5 t 后，钢板总成的弯曲疲劳寿命降低 28.7%，副钢板弹簧总成平均弯曲疲劳寿命降低 46%，超载常发生钢板弹簧成垛断裂。由于拖载后牵引力增加，使主动车轮打滑的次数增多，因而轮胎磨耗比单辆汽车要大些。

④ 对制动系统使用寿命的影响。由于汽车总质量增加，制动距离增大，特别是在高岭山区公路使用时，制动器的使用时间长，使用条件恶劣，制动强度增加。所以，制动摩擦片的使用寿命缩短（约 5 000 km）。因此，汽车使用单位应加强对制动器及驱动机构技术状况的检验、调整、润滑作业，以使汽车获得最佳制动效能。

由于上述的影响，不言而喻，汽车拖载后使用寿命将缩短，大修间隔里程也将缩短。根据资料表明，增载增拖（即在原有的额定运输力的基础上增加主车和拖载车的载质量）前与增载增拖后使用寿命之比约为 1∶0.95。在实践中如果东风 EQ1090 车在正常使用情况下，单车大修间隔里程为 18×10^4 km，拖载后为 15×10^4 km，有的地区如果拖载总质量增加到 18.5 t 以上，大修间隔里程仅为 12.8×10^4 km。

(4) 汽车拖载后的驾驶特点

汽车拖载后由于总质量的增加，列车外部尺寸的变化，导致起步阻力和行驶阻力的增加。拖载后汽车的技术性能有所下降，加速能力、爬坡能力、制动能力以及机动性、行驶稳定性等都要降低。因此带来了驾驶操作上的相应变化，如操作不当，往往易造成事故。此外，还必须特别注意出车前的安全检查，如挂钩的连接及其他保险设施的状况等。

① 起步。起步前更应注意发动机的预热升温。因拖载后发动机的负载增大，尚未热车就起步，将使发动机处于较重的负荷下工作，特别在寒冷季节将大大加剧发动机的磨损和增加燃料的消耗。

由于起步阻力增大，起步中离合器用以接合的时间要适当延长，因此需缓抬离合器踏板，当感到离合器承受负荷和汽车牵引钩拉紧时，应开始加大节气门开度，继续抬起离合器踏板（其速度比前期需缓些），切忌起步过猛以避免机械冲击或起步熄火。冬季汽车拖载起步后，在初行驶 2～3 km 内应低速缓行，待传力机件和挂车行路部分润滑油与润滑脂热起后才进行中速行驶，避免传力机件负荷过大而加剧机件各部的磨损。在炎热的夏季，要防止发动机温度过高，提高冷却效能，保持发动机正常工作温度。

② 加速。拖载后换挡加速要比单辆汽车换挡加速过程时间适当拉长些。因为拖载后阻力要比单辆汽车大，如不增大节气门开度，则车速仍较低，造成换挡困难。由于拖载后发动机的后备功率小，逐级换挡的加速时间与加速距离比单辆汽车要长，并且越到高速挡时间越长。不能急躁，一定要在发动机处于 1 000～1 200 r/min 的稳定状态，才能换挡。换挡要及时或稍许提前，否则会造成发动机负荷过大。避免加速过猛，造成传力机件和连接部分损坏。

③ 上坡。拖载的车辆超越的坡度能力比单辆汽车要小。所以驾驶员对拖载汽车的爬坡能力应充分了解，做到心中有数，尽量避免在上坡途中停车。在坡道上停车起步，主动轮可能打滑和发生有害的冲击。当超越短而不陡，视线好的坡道时，可采用提前加

速利用惯性越过。当上长而不陡的坡道时，要做到及时换挡或者稍许提前换挡，若对拖载汽车动力估计不足，不及时换挡，很容易形成发动机过载而熄火，对传力机件有一定损坏，甚至会造成汽车倒退或倾覆事故。汽车拖载行驶在短而陡的坡道时，由于重心后移，前轴负荷减小，可能造成操纵困难，特别是当主车越过坡顶而挂车还处于上坡时，仍应加速继续前进，待挂车通过坡顶后方可松抬加速踏板并换入高速挡。在冰坡道上行驶时要特别注意，避免中途换挡，否则很容易出现车轮打滑，车辆倒退下滑（俗称坐电梯）造成事故。

④ 下坡。当下坡行驶，由于重力作用挂车向前推压，加速度较大，稳定性差，所以应视坡道的长短和陡缓；提前换低速挡，利用发动机和制动器的相互配合来控制车速缓慢下坡。对于长坡，使用制动器的时间不可过多过长，以防止制动鼓过热而使制动失灵，特别要尽量避免使用紧急制动。

上、下坡途中的加、减挡，可以根据坡度情况越级换挡，以适应道路对所需动力的要求。

⑤ 转弯。汽车列车的机动性能也要比单车差，汽车列车转弯时由于挂车不按牵引车轨迹行驶，产生向心位移，使汽车转弯宽度增大，当通过直角转弯或"s"形路时，因挂车位移和摆动容易使挂车轮掉沟或碰到路旁物体，所以，在转弯前100 m以外，就要降低车速（一般平路可减速滑行），并充分利用道路的宽度，选择一定的转弯角度缓慢通过。在转弯时应尽量避免使用制动。

⑥ 会车。汽车拖载行驶途中会车时，要注意避免挂车侧向摆动碰撞。特别双方都是拖载车时，会车前应靠右减速。交会中应稍加速，使主车与挂车连接装置处于拉紧状态，并保持拖载直线行驶。通过傍山险路会车时，应选择适当地段停车会让。

⑦ 倒车。倒车的操作与单车也不同，即转向盘的转动方向相反。倒车中如出现折叠现象，应停车向前行进拉直后，再重新倒驶。

⑧ 制动。由于拖载制动距离较长，主、挂车制动同步性较差，牵引装置的连接部位容易产生撞击，所以，使用制动要特别均匀，不能过猛，尽量少用制动。如冰雪、泥泞的滑路更应注意，要事先降低车速，尽量避免使用紧急制动。挂车应有制动装置，最好是全轴制动，如果挂车总质量超过规定，又无制动装置，当主车制动时，主制动器将很难承受挂车的全部负荷，容易发生事故。

(5) 汽车拖载使用中应注意的几个问题

① 拖载质量不得超过最大允许载质量。

② 技术状况不良的汽车（二级或二级以下车况），不应组织拖载。

③ 新车或大修车走合期及走合1 000 km内不应拖载。

④ 汽车空载不得拖带重载挂车。

⑤ 驾驶操作不熟练的驾驶员不得驾驶带挂汽车。

⑥ 应在道路条件良好的路线上组织拖载，路况差的不宜拖载。

⑦ 额定载质量4 t以上的汽车适宜组织拖载，而额定载质量4 t以下的轻型汽车可视情况组织拖载。

3. 货物集装化和装卸机械化

采用货物集装化和装卸机械化是提高汽车运输效率、降低运输成本的重要措施。

（1）货物集装化简介

货物集装化通常是采用集装箱运输。汽车集装箱运输是指把货物装在集装箱内用汽车载运的一种货物运输组织形式。它具有安全、迅速、简便、节约等特点，主要表现在：

① 利于装卸机械化，装卸效率高，从而提高车辆利用率和汽车运输效率。

② 运输生产率提高，货运周期缩短。

③ 减少了货物运输中的倒装等中间环节，可降低货损、货差，提高运输质量。

④ 节省包装和仓库费用，降低运输成本。

由于集装箱运输经济效果显著，所以 20 世纪 60 年代以后集装箱运输得到了迅速发展。

① 集装箱的种类。随着集装箱向国际运输发展，为便于集装箱在国际上流通，国际标准化组织制定了集装箱标准规格，共三个系列十三种规格。

集装箱按制造材料分有铝合金、钢和玻璃纤维增强材料三种。它们在箱容、自身质量和使用年限上各不相同。

集装箱按使用用途分为通用集装箱、保温集装箱、框架集装箱和散货类集装箱四种，如图 2-9 所示。其中使用最多的是通用集装箱，占集装箱总数的 70%～80%。

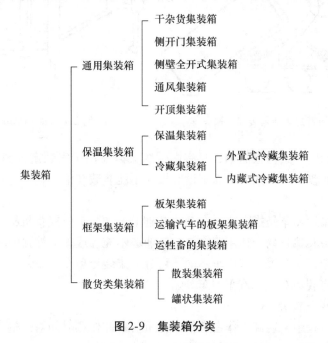

图 2-9 集装箱分类

② 集装箱运输车的种类。集装箱运输车通常有自装卸式集装箱运输车、可拆卸式集装箱运输车和常规集装箱运输车三种类型，如图 2-10～图 2-13 所示。

自装卸式集装箱运输车上安装有起重运输机械，使车辆具备了自装卸和运输双重功能。

可拆卸式集装箱运输车在集装箱运达目的地后，可在原地用支腿将集装箱支起，车辆退出原来所载运的集装箱，而转入下一项运输。

常规集装箱运输车是陆上集装箱运输最普遍的形式，它包括集装箱专用运输车和通用型集装箱运输车两种。

图 2-10 自装卸式集装箱运输车的后倾作业

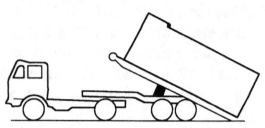

图 2-11 拖拽式自装卸集装箱运输车

图 2-12 转臂式集装箱装卸运输车

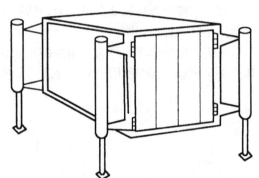

图 2-13 可拆式集装箱运输

集装箱专用运输车结构很简单，只有两根纵梁以及用于安装定位锁止装置的横向臂、又称为骨架车、底盘车。车架上平面不设底板，不能装载其他货物。它在整个集装箱运输车中所占比例最大。

通用型集装箱运输车是指在普通车辆的基础上，加装定位锁止机构所制成的集装箱运输车。它可以装载其他货物，适用于在集装箱业务不充沛或季节性强的场合时使用。

此外，集装箱运输车根据基础车不同，可分为集装箱单车、集装箱半挂汽车列车、集装箱全挂列车、集装箱双拖载汽车列车等。

（2）装卸机械化简介

在货物运输过程中，装卸工作占有很大比重。装卸作业时间对运输车辆的生产率和成本影响较大，运距越短，这种影响就越明显。

实现机械化装卸，可以加速装卸过程，提高运输效率，节约劳动力和改善劳动条件，进而缩短车辆装卸停歇时间，降低运输成本。

1）装卸机械化的种类

装卸机械根据其工作特点，可分为间歇作业的装卸机械、自装卸运输车和连续作业装卸机械等类别。

① 间歇作业的装卸机械。这类机械的工作特点是周期性的，即工作行程和空回等行程是周期性进行的。它具有机动灵活、速度快、生产率高以及对货物和场地的适应性强等优点。间歇作业的装卸机械又包括装载机、叉式装卸车、跨运车及汽车起重机等四种。

a. 装载机。装载机是一种用途十分广泛的铲装机械。其主要工具是铲斗，用它可对散状物料进行铲装、搬运及卸载作业，通常与自卸车配合使用。

b. 叉式装卸车。叉式装卸车简称叉车，主要用于车站、港口、机场、仓库、工厂及货场等，进行成件或集装件货物的装卸、搬运、堆码和拆垛等工作。换装其他工作属具后，叉车还可以用于散状货物和非包装的其他货物的装卸、搬运作业。所以叉车是实现货物机械化装卸、堆垛和短距离运输的高效搬运机械。

c. 跨运车。跨运车是一种高架式叉车，车身跨在物料的上面，用夹具夹持、提起或托起物料进行搬运和装卸作业。它适合露天堆场、货场和码头等场所机械化作业。跨运车又可分为通用跨车、集装箱跨车和门式跨车等数种。

d. 汽车起重机。汽车起重机是在汽车底盘上安装有起重设备、能完成吊装任务的汽车，通常称为吊车。它具有机动灵活、行驶速度快的特点，但不能吊挂重物做长距离运行。它可以快速实现工地之间的转移，进入作业场地后能迅速投入工作。因此特别适用于流动性大、不固定的作业场所，用来装卸大型零件、包装件、散装货物和建筑构件等。

② 自装卸运输车。自装卸运输车是在运输车上安装有起重设备的一种车辆，通常有随车起重机运输车和集装箱自装卸运输车两种。

随车起重机体积小、质量小、结构简单而紧凑、操作简便。它适用于起重量小，起升高度不大，作业范围较窄的作业场所。随车起重设备一般安装在驾驶室与车厢之间的车架上，其支腿也应安装在此部位，以便能使支腿尽可能直接承受起重作业负荷。

③ 连续作业的装卸机械。连续作业的装卸机械是一种能连续实现供料、传送和卸料的机械，如圆盘式装货机、蟹爪式装货机和斗轮装货机等。它具有结构简单、生产率高、机动灵活、使用维修方便等特点。它适用于一些货源较固定和货物数量较大的货场，如车站、机场、码头、仓库、建筑工地以及工矿企业等。

2）装卸机械化方案的选择

实现装卸机械化的目的，主要是为了提高装卸效率和运输效率，降低运输成本。但在实际工作中，必须根据具体情况，选择合适的装卸机械化方案，尽可能提高运输的经济效益。在选择装卸机械化方案时，主要应考虑装卸机械化的程度、装卸货物的种类、装卸机械生产率与运输生产率的适应性、完成装卸作业的工作条件以及装卸机械的投资和包括装卸成本在内的运输成本。

① 装卸机械化的程度。装卸机械化的程度是指对装卸作业的要求情况，如大型机械化或小型机械化、全盘机械化或部分机械化，这将影响对装卸机械的选择。

② 装卸货物的种类。装卸货物的种类可分为三类：散状物料、集装箱、特大件货物。不同的货物，选择的机械就不同。

③ 装卸机械生产率与运输生产率的适应性。装卸机械的生产率必须与运输车辆的生产率相适应，否则，就会造成装卸机械停歇或运输车辆的等待，使运输成本增加。

④ 完成装卸作业的工作条件。完成装卸作业的工作条件包括货场或中转站的平面布置、货物存放地点到装卸地点的距离、装卸场地的大小、集装箱的堆放方法、装卸机械的动力来源等。不同的工作条件所适用的装卸机械不同。

⑤ 装卸机械的投资和包括装卸成本在内的运输成本。在选择装卸机械时，除要考虑装卸机械的实用性外，还要考虑装卸机械的投资大小与装卸成本的高低，它们将直接影响到汽车运输成本的高低。所以，运输成本是选择装卸机械的综合依据。

3）装卸机械使用效能的评价指标

装卸机械的使用效能评价指标，除运输成本外，还包括装卸工人生产率、装卸机械生产率、装卸机械投资额、装卸工作成本、节约额、原始投资偿还期、装卸工作连续时间等。

2.2.3 汽车运用效率

提高汽车的运输生产率，是提高汽车运输经济效益的直接途径。而提高汽车的运输生产率，也就是提高汽车的运用效率。

1. 运输能力评价

汽车运输能力是公路运输统计指标的重要组成部分，是交通行业调整运力的主要依据。

（1）旅客运输量

"客运量"与"旅客周转量"总称为旅客运输量。

① 客运量。在报告期内实际运送的旅客人数。其计算单位为 p（人）。

在计算客运量时，不管旅客行程的长短或客票票价多少，每位乘客均按 1 人计算。不足购票年龄免购客票的儿童，不计算客运量。

② 旅客周转量。在报告期内实际运送的每位旅客乘以乘车里程的累计综合数。旅客乘车的里程，应以旅客所得的客票票面上记载的起、止地点的距离为计算依据。其计算单位为 p·km（人·千米）。

（2）货物运输量

"货运量"与"货物周转量"总称为货物运输量。

① 货运量。在报告期内实际运送的货物质量。一般以货票记载的货物实际质量为计算依据。其计算单位为 t（吨）。

在计算货运量时，不论货物运距的长短或货物种类如何，只要是办理运输手续收取运费的，每运送 1t 即计算 1t 货运量。

② 货物周转量。在报告期内实际运送的每批货物质量分别乘以其运送里程的累计综合数。货物运送里程应以货票上记载的起运和卸货地点的距离为计算依据。其计算单位为 t·km（吨·千米）。

（3）货物（旅客）平均运距

它是指在报告期内实际运送的货物或旅客的平均距离，计算单位为 km。计算公式为

$$货物（旅客）平均运距 = \frac{货物周转量（旅客周转量）}{货运量（客运量）} \text{（km）}$$

2. 车辆利用评价

车辆利用情况的评价主要是指时间、行程、速度、装载能力和车辆动力等方面的利用程度。

（1）时间利用评价

提高汽车的时间利用率，也就是增加车辆参加运输工作的时间，这是提高汽车运用效率的一个重要方面。为了评价车辆时间利用率的高低，各国汽车运输业都设置了一些技术经济指标，这些指标名称各异，计算方法也不尽相同。我国汽车运输业用来评价汽车时间

利用程度的指标主要有完好率、工作率、出车时间利用率和昼夜时间利用率。

① 完好率。车辆的完好率是指车辆的完好车日占总车日的百分比，即

$$完好率 = \frac{完好车日}{总车日} \times 100\% = \frac{总车日 - 非完好车日}{总车日} \times 100\%$$

总车日是指运输企业在计算期内每天的实际保有的营运车辆数的累计。

$$总车日 = 营运车辆数 \times 计算期天数$$

完好车日是指计算期内技术状况完好，不需要进行维修就可以随时出车执行运输任务的营运车辆的车日累计，即

$$完好车日 = 总车日 - 非完好车日$$

非完好车日是指计算期内，需要进行维护、修理或正在进行维修，以及已申请报废等待审批的营运车辆所占的车日。

影响完好率的因素主要有汽车的技术性能、汽车的使用情况、维修的组织和维修质量、汽车报废处理的及时程度等。

② 工作率。车辆的工作率是指运输企业在统计期内工作车日占总车日的百分比，用以表示总车日内车辆的利用程度，即

$$工作率 = \frac{工作车日}{总车日} \times 100\% = 完好率 - \frac{停车车日}{总车日} \times 100\%$$

在完好车日中，实际参加营运工作的车日，称为工作车日。一般情况下，一辆车出车一天，叫做一个工作车日。一天内只要出车工作过，不论时间长短，都计为一个工作车日。在完好车日中，由于缺少燃料、轮胎、驾驶员、或缺乏货源以及道路堵塞、气候条件不好等原因而造成车辆停驶的车日称为停车车日。

影响车辆工作率的因素除车辆完好率及天气、道路方面的原因外，主要是企业运输工作的组织和管理水平。

③ 出车时间利用率。出车时间利用率（亦称工作时间利用率）是指企业在统计期内车辆的纯运行时间占出车时间的百分比，即

$$出车时间利用率 = \frac{纯运时间}{出车时间} \times 100\%$$

出车时间是车辆自出库到回车库所用的时间，出车时间按其用途分为纯运行时间和停歇时间。纯运行时间为车辆载货（客）及空驶运行的时间。停歇时间为办理技术业务、商业业务及装卸货（乘客上、下车）等停车时间。

影响出车时间利用的因素主要有运输工作的组织水平及装卸机械化水平。

④ 昼夜时间利用率。昼夜时间利用率是指工作车辆平均每日出车时间占昼夜时间的百分比，即

$$昼夜时间利用率 = \frac{平均工作车日出车时间}{24} \times 100\%$$

工作车日昼夜时间以 24 h 计，其中包括出车时间（运行时间和停歇时间）和驾驶员休息、用餐等时间。

影响车辆昼夜时间利用率的因素主要是运输工作的组织管理水平。例如，货源的合理组织、合理调度、采用多班制等都有利于提高车辆的昼夜时间利用率。

（2）行程利用评价

汽车的行程利用指标通常用行程利用率来表示。行程利用率是指在统计期内车辆载货

（客）行程占车辆总行程的百分比，即

$$行程利用率 = \frac{车辆载货（客）行程}{总行程} \times 100\%$$

总行程是指车辆在计算期内所行驶的全部里程；载货（客）行程是指车辆载有货或客（不论是否满载）时行驶的里程；而车辆未载客或货时的行程为空车行程。

影响行程利用率的因素主要有客货源的分布及组织工作、运输的计划调度工作以及车辆对不同运输对象的适应能力等。

(3) 速度性能利用评价

提高汽车的时间利用率，可以增加汽车实际工作和运行的时间。但在相同的运行时间和运输条件下，汽车的运输生产量大小，取决于汽车的速度快慢。因此，充分发挥汽车的速度性能，提高运输速度，是提高汽车运用效率的又一个重要方面。

评价汽车速度利用的指标主要有汽车的技术速度、营运速度、运送速度和平均车日行程等四项指标。

① 平均技术速度。汽车平均技术速度是指企业计算期内按纯运行时间计算的汽车平均速度，即

$$平均技术速度 = \frac{总行程}{运行时间} \text{（km/h）}$$

影响平均技术速度的因素主要有车辆的结构性能、道路与交通状况、驾驶技术水平、气候条件及运输组织等。

② 营运速度。汽车的营运速度是指企业计算期内，按出车时间计算的车辆平均速度，即

$$营运速度 = \frac{总行程}{出车时间} = 出车时间利用率 \times 平均技术速度 \text{（km/h）}$$

营运速度反映车辆在出车时间内有效运转的快慢。其影响因素主要有出车时间利用率和车辆的平均技术速度。

③ 运送速度。汽车的运送速度是指企业计算期内货（客）在运输过程中的平均速度，即

$$运送速度 = \frac{运送总里程}{承运时间} \text{（km/h）}$$

运送速度在一定程度上反映了车辆的运用效率及运输组织工作的水平。其影响因素除汽车的平均技术速度外，还有货物装卸效率和客运组织工作水平，也就是出车时间利用情况。

④ 平均车日行程。平均车日行程是指企业在计算期内平均每个工作车日所行驶的里程，即

$$平均车日行程 = \frac{总行程}{工作车日} \text{（km）}$$

影响平均车日行程的主要因素是：车辆的平均技术速度以及车辆的时间利用程度。

从上述指标中可以看出，提高车辆速度利用的关键是提高车辆的平均技术速度。

(4) 装载能力利用评价

汽车装载能力利用的评价通常采用车辆的吨（座）位利用率和实载率两个指标来表示。

① 吨（座）位利用率。吨（座）位利用率是指统计期内，车辆实际完成的运输周转量与额定吨（座）位所能完成的周转量之比。它反映了车辆额定吨（座）位的利用程度，即

$$吨（座）位利用率 = \frac{实际完成周转量}{载货（客）行程 \times 额定吨（座）位} \times 100\%$$

影响车辆吨（座）位利用率的因素主要有客、货源的充足程度、货物的特性、种类、包装及尺寸、运输的组织工作及车辆的适应性等。

② 实载率。实载率是指在统计期内，车辆实际完成的货物（旅客）周转量与总行程额定周转量的百分比，用以综合反映车辆行程利用和装载能力的利用情况。其计算式为

$$实载率 = \frac{实际完成周转量}{总行程额定周转量} \times 100\% = 行程利用率 \times 吨（座）利用率$$

从计算式中可以看出，实载率是车辆行程利用率与吨（座）位利用率的综合反映。实载率的影响因素也是这两个指标影响因素的综合。

（5）动力利用评价

车辆的动力利用程度可以用拖运率来评价。拖运率是指在统计期内，挂车所完成的周转量与主、挂车合计的周转量之比，用以评价车辆动力的利用率，即

$$拖运率 = \frac{挂车的完成周转量}{主车完成的周转量 + 挂车完成的周转量} \times 100\%$$

影响车辆动力利用的因素是多方面的，主要有车辆动力性能、道路条件、驾驶员技术水平等。

3. 车辆综合运用评价

反映车辆综合运用效率的评价指标主要有单车产量、车吨（座）位产量、车千米产量等。

① 单车产量。单车产量（即单车生产量）是指运输企业在统计期内，平均每辆车所完成的换算周转量（t·km 或 p·km）。单车产量综合反映了汽车的运用效率。单车产量有主、挂车分别计算和主、车综合计算的两种计算方法。

主、挂车分别计算的公式为

$$单车产量 = \frac{自载换算周转量}{平均车数}$$

主、挂车综合计算的公式为

$$车产量 = \frac{主、挂车换算周转量合计}{平均车数}$$

影响单车产量的因素主要有汽车在时间、速度、行程和运载能力等方面的利用程度。

② 车吨（客）位产量。车吨（客）位产量是指企业在统计期内，平均每吨（客）位所完成的换算周转量（t·km 或 p·km）。它反映汽车每个吨（客）位运用情况的综合效率，分主、挂车分别计算和主、挂车综合计算两种方法。

主、挂车分别计算的公式为

$$单车吨（客）位产量 = \frac{自载换算周转量}{平均车数}$$

主、挂车综合计算的公式为

$$车吨(客)位产量 = \frac{主、挂车换算周转量合计}{平均车数(主车)}$$

影响车吨(客)位产量的主要因素除车辆技术性能、道路条件、气候条件等外,还有车辆在时间、速度、行程、装载能力、拖挂能力等方面的利用程度。

③ 车千米产量。车千米产量,又称载运系数,是指平均每车 1 000 m 所完成的运输量,其计算式为

$$车千米产量 = \frac{完成的换算周转量}{同期车辆总行程}$$

影响车千米产量的因素主要有车辆行程、装载能力、拖挂能力的利用程度。

从上述指标中可以看出,影响汽车运用效率的因素,除车辆性能、道路条件、气候条件外,主要是车辆在时间、速度、行程和运载能力方面的利用程度。只要提高车辆在这些方面的利用程度,就可以提高汽车的运用效率。

4. 车辆的主要技术经济定额

汽车运输业应建立的主要技术经济定额有六项:行车燃料消耗定额、轮胎行驶里程定额、车辆维护和小修费用定额、车辆大修间隔里程定额、发动机大修间隔里程定额和车辆大修费用定额。

① 行车燃料消费定额。行车燃料消耗定额是指汽车每行驶百千米或完成百吨千米周转量所消耗燃料的限额。根据 GB/T 4352—2007《载货汽车运行燃料消耗量》和 GB/T 4353—2007《载客汽车运行燃料消耗量》规定,按车型、使用条件、载质(客)量和燃料种类分别制定。

② 轮胎行驶里程定额。轮胎行驶里程定额是指新胎从开始装用,经翻新到报废总行驶里程的限额。按车型、轮胎种类和使用条件分别制订。

③ 车辆维护和小修费用定额。车辆维护和小修费用定额是指车辆每行驶一定里程,维护和小修耗用的工时和燃料费用的限额。按车型和使用条件分别制订。

④ 车辆大修间隔里程定额。车辆大修间隔里程定额是指到新车到大修,或大修到大修之间所行驶里程的限额。按车型和使用条件分别制订。

⑤ 发动机大修间隔里程定额。发动机大修间隔里程定额是指新发动机到大修,或大修到大修之间所使用的里程限额。按发动机型号分别制订。

⑥ 车辆大修费用定额。车辆大修费用定额是指车辆大修所消耗工时和物料费用的限额。按车型分别制订。

5. 主要技术经济指标

汽车运输业应建立的主要技术经济指标有七项:完好率、车辆平均技术等级、车辆二级维护实施率、车辆维护返工率、车辆新度系数、小修频率和轮胎翻新率。

① 完好率。车辆的完好率是指车辆的完好车日占总车日的百分比(详见 2.2.3 节)。

② 车辆平均技术等级。车辆平均技术等级是指所有运输车辆技术状况的平均等级。

③ 车辆二级维护实施率。车辆二级维护实施率是指实际完成的二级维护车辆数与按维护周期应完成的二级维护车辆数之比,即

$$维护实施率 = \frac{完成的二级维护车辆数}{计划完成的二级维护车辆数 - 计划变更的二级维护车辆数} \times 100\%$$

④ 车辆维护返工率。车辆维护返工率是指车辆维护出厂之后，返工辆次占维护竣工总辆次的百分比，即

$$维护返工率 = \frac{维护返工辆次}{维护竣工总辆次} \times 100\%$$

⑤ 车辆新度系数。车辆新度系数是综合评价运输单位车辆新旧程度的指标。计算方法如下：

$$车辆新度系数 = \frac{年末单位全部运输车辆固定资产净值}{年末单位全部运输车辆固定资产原值} \times 100\%$$

车辆固定资产原值是指购置车辆支付的费用，车辆固定资产净值是指车辆原值减去累计折旧费的余额。

⑥ 小修频率。小修频率是指每 1000 km 发生小修的次数（不包括各级维护作业的小修）。

⑦ 轮胎翻新率。轮胎翻新率是指在统计期内经过翻新的报废轮胎数占全部报废轮胎数的百分比。

车辆管理评价定额和指标的实例见表 2-7。

表 2-7 某汽车运输公司技术经济定额和指标

定额和指标	数　值
轮胎行驶里程定额（10000 km^{-1}）	
载客汽车	
普通斜交轮胎	10
子午线轮胎	12
载货轮胎	
普通斜交轮胎	8
子午线轮胎	9
行车燃料消耗定额（L/100 km）	不大于该车型原厂规定的相应车速等速 100 km 燃料消耗量的 110%
汽车小修频率（次/1000 km）	0.6
汽车小修费用定额（元/1000 km）	8
汽车二级维护费用定额（元/月）	
30 座以上客车（装载质量 3 t 以上货车）	300
30 座以下客车（装载质量 3 t 以上货车）	200

学 习 训 练

1. 合理配置车辆的标志有哪些？
2. 为获得良好的汽车运用效果，道路必须满足哪几项要求？
3. 我国公路等级是如何划分的？
4. 汽车在高速公路上行驶的安全条件有哪些？
5. 机动车运行的安全技术条件有哪些？

6. 车辆的完好率、工作率和时间利用率有何关系？
7. 车辆综合运用效率的评价指标有哪些？
8. 汽车运输业应建立的主要技术经济定额和指标有哪些？
9. 驾驶技术和道路条件对平均技术速度有何影响？
10. 提高平均技术速度的途径有哪些？
11. 为要提高汽车平均技术速度是否就要高速行驶，为什么？
12. 汽车拖载后对各总成有何影响？
13. 汽车拖载使用中应注意哪些问题？
14. 货物集装化运输有什么优点？

第3章 新车启用

学习目标

通过学习能办理新车入户、车辆登记、新车验收和启用、保险、索赔和理赔,了解汽车召回的一般程序,能对新车进行检查和验收。

3.1 新车入户手续的办理

3.1.1 新车入户程序

1. 购车入户基本流程

车辆从选购到投入使用需要多项程序,如图3-1所示。目前,一些汽车交易市场都设立了"一站式"现场办事机构,所有手续都可以在交易市场内得到办理。而一些经销商为了促销,推出了"一条龙"服务,相关的手续都可以由其代办。

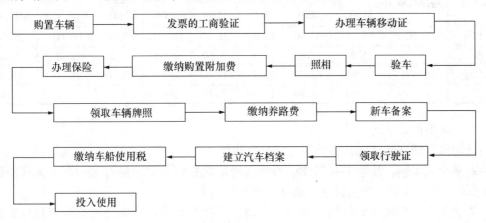

图3-1 购车入户流程

2. 新车入户具体操作方法

(1)验证

购车后,由车辆销售单位开出发票,再到工商管理部门所属的机动车市场管理所办理验证手续,并加盖验证章。

(2)办理车辆移动证或临时牌照

购车交款后,在提车前必须办理车辆移动证或临时牌照,否则不允许汽车上路行驶。如新购置的汽车用火车或汽车载运,不在路上行驶,则无须办理"移动证"或"临时牌照"。

(3)验车

新车要领取正式牌照,必须到当地车辆管理所指定的检测站,对车辆的性能进行检测;

检测合格后，由驻站民警在检测站填发的机动车登记表上签字。从 1997 年 3 月 1 日起，车辆管理部门对部分国产车型实施新车免检试点。这些免检试点的生产企业和车型如下。

① 北京吉普汽车有限公司生产的切诺基牌越野车系列和 BJ7250 轿车。
② 中国第一汽车集团公司生产的红旗牌、奥迪牌轿车系列。
③ 一汽大众汽车有限公司生产的捷达牌轿车系列。
④ 上海大众汽车有限公司生产的桑塔纳轿车系列。
⑤ 东风汽车公司和神龙汽车有限公司生产的富康轿车系列等。

除以上车型之外，目前仍不断有新的车型列入免检车型。

（4）缴纳各种税费

汽车作为高档消费品，车辆所有者和使用者必须按国家和有关部门规定缴纳各种税费。

购车费用是指从经销商手中拿到新车要支出的费用，包括汽车原始价格、各种税费、运输保管费用等。在国产汽车的销售价格中包括汽车中准价、增值税（17%）、特别消费税（1%）和经销商费用等。在进口汽车的销售价格中包括到岸价、海关税、增值税、特别消费税经销费等。但决定汽车销售价格的还有其他一些因素，如市场因素。

根据中国加入 WTO 达成的协议，到 2006 年 7 月 1 日，将关税调至中国政府对 WTO 组织承诺的水平。轿车整车的关税调整见表 3-1。

表 3-1　中国加入 WTO 后轿车整车关税调整一览

排气量	基础税率	年份							
		2000	2001	2002	2003	2004	2005	2006.1.1	2006.7.1
3L 以下	80.00	63.50	51.90	43.85	38.20	34.20	30.00	28.00	25.00
减幅			16.5	11.60	8.1	5.60	4.00	4.2	2.00	3.00
3L 以上	100.00	77.50	61.70	50.70	43.00	37.60	30.00	28.00	25.00
减幅			22.50	15.80	11.00	7.70	5.40	7.6	2.00	3.00

（5）新车备案

① 单位车辆到所在区县交通支（大）队集体备案。
② 对个人车辆，凡车主有驾驶证的随驾驶证的登记备案一同办理；车主无驾驶证的到机动车行驶证登记地所在区县交通支（大）队备案。
③ 黑色牌照车辆（如使馆、领事馆车辆、外籍车辆等）到市公安交通管理局车辆管理所外事科办理。

（6）申领牌照和行驶证

首先到车主所在地公安车辆管理部门填写《机动车登记申请表》。需带的证件有车主单位或街道的介绍信、购车发票或其他汽车来历的合法凭证、车主本人身份证、车辆购置附加税证、养路费缴纳单和车辆保险单、验车合格证以及其他有关证件。车辆管理部门对交验的汽车进行检验、核对汽车的外部特征等是否符合《机动车登记申请表》内各项内容，确认发动机号码和车身号码，确认汽车是否经过安全认证，是否符合检验标准、核定乘员或载质量。经车辆管理部门对所有证件进行审查合格、检验车辆符合法定条件后，车辆管理部门将发给车主汽车牌照和行驶证，同时发放"检"字牌。

（7）建档

领取汽车牌照后，再到交通管理部门"车辆购置附加税 征稽管理处"建档，并在交费证上加盖"已建档"戳记。

(8) 领取"税"字牌

到车主所在地税务部门缴纳车船使用税,并领取"税"字牌。

3.1.2 车辆登记的种类和方法

凡属个人、单位购买和使用的各类型机动车辆,在投入使用之前,必须到当地(指个人户口或单位注册所在地)车辆管理机关领取《机动车辆登记表》,提供身份证、单位证明或个人户口所在地管理区(或镇、街道办事处)的证明以及有关车辆来源凭证,对机动车辆的机件设备和产权进行注册登记,也称为新车上(人)户。经过车辆管理机关检验审核合格后,发给号牌、行驶证方可行驶。

汽车注册登记必须具备的手续如下。

① 对于商品车 必须有购车发票、出厂合格证(进口车必须有《海关货物进口证明书》和《进口机动车辆终检通知单》)、临时号牌、完税证明或车辆购置税免征凭证、车辆彩色照片4张(照汽车前方,与车身呈45°整车照全)。

② 国外友人捐赠的进口汽车必须有省政府批准接受捐赠的批文、《海关货物进口证明书》、进口口岸至用户所在地的临时号牌。

③ 减免税进口汽车(包括新车和在用车)凭省政府批准文件、外缴海关税款单及指定的物资部门的销售发票。

④ 已投保机动车第三者责任保险的单据。

⑤ 当地人民政府和公安局、车辆管理机关规定的其他证件。

在办理登记手续时,车辆管理机关可根据需要,留存上述证件的复印件。车辆管理所办理注册登记,应当登记的内容有机动车相关数据信息来源、用途、定税及保险情况,机动车所有人相关信息。

如果出现下列情形之一的,不予办理注册登记。

① 机动车所有人提交的证明、凭证无效的。

② 机动车来历凭证涂改的,或者机动车来历凭证记载的机动车所有人与身份证明不符的。

③ 机动车所有人提交的证明、凭证与机动车不符的。

④ 机动车未经国家机动车产品主管部门许可生产、销售或者未经国家进口机动车主管部门许可进口的。

⑤ 机动车的有关技术数据与国家机动车产品主管部门公告的数据不符的。

⑥ 机动车达到国家规定的强制报废标准的。

⑦ 机动车属于被盗抢的。

⑧ 其他不符合法律、法规规定情形的。

对除使馆、领事馆外的其他驻华机构、商社、"三资"企业及外籍人员的机动车辆,一律核发外籍车号牌,必须具有部、省等有关部门批准的批文、海关货物进口证明凭证,进口口岸至用户所在地的临时号牌或其他调运方式的凭证、购车发票。"三资"企业、驻境内办事处还必须提供经批准的合同文件、工商营业执照复印件,驻境内的外籍人员自用车辆还必须提供有效期内居留凭证。

车辆号牌的式样设计标准全国一致,在全国范围内有效。机动车辆号牌的分类、规格、颜色及适用范围见表3-2。

机动车号牌分类、尺寸、数量有明确规定，号牌和行驶证不准转借、涂改和伪造。号牌必须按指定位置安装，并保持清晰。其要求是：正式号牌要安装在车辆出厂时设置的号牌位置，临时号牌则粘贴在前风窗玻璃和后窗的明显位置。汽车挂车的号牌要装在尾灯的上下位置。大型车、货车和所有挂车还必须用与车体颜色区别明显的油漆，按照号牌字体式样放大喷写到车辆后部的明显部位。字体规格为：大型车为号牌的3.5倍；小型车为号牌的2.5倍。其目的是提高车辆号牌的视认性，以便监督管理。

汽车在没有领取正式号牌、行驶证以前，需要移动或试车时，必须申领移动证、临时号牌或试车号牌。临时号牌只能在发证机关核定的有效期内，按指定的时间和线路行驶。试车号牌是在试车时挂的，必须按指定的时间和线路行驶。

表3-2 机动车辆号牌的分类、规格、颜色及适用范围

序号	分类	外廓尺寸（mm×mm）	颜色	每副面数	适用范围
1	大型汽车	前 4400×1400 后 4400×2200	黄底黑字黑框线	2	总质量4.5t（含），乘坐人数20人（含）和车长6m（含）以上的汽车、无轨电车及有轨电车
2	小型汽车	4400×1400	蓝底白字白框线		除大型汽车以外的各种汽车
3	使馆汽车		黑底白字、红"使"、"领"字白框线		驻华使馆的汽车
4	领事馆汽车				驻华领事馆的汽车
5	境外汽车		黑底白字白框线		入出境的境外汽车
			黑底红字红框线		入出境限制行驶区域的境外汽车
6	外籍汽车		黑底白字白框线		除使馆、领事馆外，其他驻华机构、商社、外资企业及外籍人员的汽车
7	两轮、三轮摩托车	前 2200×950 后 2200×1400	黑底黑字黑框线		两轮摩托车和三轮摩托车
8	轻便摩托车		蓝底白字白框线		轻便摩托车
9	使馆摩托车		黑底白字、红"使"、"领"字白框线		驻华使馆的摩托车
10	领事馆摩托车				驻华领事馆的摩托车
11	境外摩托车		黑底白字白框线		入出境的境外摩托车
12	外籍摩托车				除使馆、领事馆外，其他驻华机构、商社、外资企业及外籍人员的摩托车
13	农用运输车	3000×1650	黄底黑字黑框线		三、四轮农用运输车、轮式自行专用机械和电瓶车等
14	拖拉机		黄底黑字		各种在道路上行驶的拖拉机

(续表)

序号	分类	外廓尺寸 (mm×mm)	颜色	每副面数	适用范围
15	挂车	同大型汽车后号牌		1	全挂车和不与牵引车固定使用的半挂车
16	教练汽车	4 400×1 400	黄底黑字黑框线	2	教练用的汽车及其他机动车,不含摩托车和轻便摩托车
17	教练摩托车	同摩托车号牌			教练用的摩托车和轻便摩托车
18	试验汽车	4 400×1 400			试验用的汽车及其他机动车,不含摩托车和轻便摩托车
19	试验摩托车	同摩托车号牌			试验用的摩托车和轻便摩托车
20	临时入境汽车	2 000×1 650	白底红字黑"临时入境"字红框线		临时入境参加旅游、比赛等活动的汽车
21	临时入境摩托车	2 200×1 200			临时入境参加旅游、比赛等活动的摩托车
22	临时行驶汽车	2 200×1 400	白底(有蓝色暗纹)黑字黑框线	1	无牌证需要临时行驶的机动车

3.2 车辆购置附加税的办理

根据国务院国发〔1985〕50号文件规定,对所有购置车辆的单位和个人,包括国家机关和军队,一律征收车辆购置附加费。根据新修订颁布的《公路法》规定,改为征收车辆购置附加税。

1. 计税价格

根据国务院2000年11月16日颁布的《中华人民共和国车辆购置税暂行条例》规定,计税价格的计算方法如下。

① 纳税人购买自用的应税车辆的计税价格,为纳税人购买应税车辆而支付给销售者的全部价款和价外费用,不包括增值税税款。也就是说:在这里的计税价格为不含增值税的价格。计算公式:计税价格(不含税价)=(全部价款+价外费用)÷(1+增值税税率17%或征收率4%),然后按照计税价格的10%缴纳车辆购置税。目前,1.6L及以下车辆执行7.5%。

例1 张某购买一辆国产私家车150 000元,手续费10 000元,包装费6 000元,应缴纳车辆购置税14 188.03元。计算过程为:

车辆购置税计税价格=(150 000+10 000+6 000)÷(1 117%)=141 880.4(元)

车辆购置税应纳税额=141 880.34×10%=14 188.3(元)

② 纳税人进口自用的应税车辆的计税价格的计算公式为:计税价格=关税完税价格+关税+消费税。

例2 李某2006年1月8日进口一辆小轿车，到岸价格400 000元，已知关税税率50%，消费税税率8%，李某应纳车辆购置税65 217.39元。计算过程为：

应纳关税 = 关税价格 × 关税税率 = 400 000 × 50% = 200 000（元）

计税价格 = 关税完税价格 + 关税 + 消费税

= （到岸价格 + 关税）÷（1 − 消费税税率）

=（400 000 + 200 000）÷（1 − 8%）= 652 173.91（元）

应纳车辆购置税税额 = 652 173.91 × 10% = 65 217.39（元）

③ 国家税务总局参照应税车辆市场平均交易价格，规定不同类型应税车辆的最低计税价格。纳税人购买自用或进口自用应税车辆，申报的计税价格低于同类型应税车辆的最低计税价格，又无正当理由的，按照最低计税价格征收车辆购置税。

纳税人自产、受赠、获奖或以其他方式取得并自用的应税车辆的计税价格，由主管税务机关参照国家税务总局确定的相应应税车辆的最低计税价格核定。

例3 王某于2006年10月购买体彩中奖获得小汽车一辆，国家税务总局确定同类型应税车辆最低计税价格为25万元。王某应纳车辆购 = 250 000 × 10% = 25 000（元）。

2. 征收费率

车辆购置附加税由国家税务局征收，纳税人购置应税车辆，应当向车辆登记注册地的主管税务机关申报纳税。税率统一为计税价格的10%。

3. 征收范围

车辆购置税征收范围见表3-3。

表3-3　车辆购置税征收范围

应税车辆		具体范围注释
汽车		各类汽车
摩托车	轻便摩托车	最高设计时速不大于50 km/h，发动机汽缸总排量不大于50 cm^{3}的两个或三个车轮的机动车
	二轮摩托车	最高设计时速不大于50 km/h，或者发动机汽缸总排量大于50 cm^{3}的两个车轮的机动车
	三轮摩托车	最高设计时速不大于50 km/h，或者发动机汽缸总排量大于50 cm^3，空车质量不大于400 kg的三个车轮的机动车
电车	无轨电车	以电能为动力，由专用输电电缆线供电的轮式公共车辆
	有轨电车	以电能为动力，在轨道上行驶的公共车辆
挂车	全挂车	无动力设备，独立承载，由牵引车辆牵引行驶的车辆
	半挂车	无动力设备，与牵引车辆共同承载，由牵引车辆牵引行驶的车辆
农用运输车	三轮农用柴油发动机	功率不大于7.4 kW，载质量不大于500 kg，最高车速不大于40 km/h的三个车轮的机动车
	四轮农用柴油发动机	功率不大于28 kW，载质量不大于1 500 kg，最高车速不大于50 km/h的四轮机动车

3.3 汽车保险的办理

3.3.1 保险的项目及范围

保险是指投保人根据合同规定，向保险人支付保险费，保险人对于合同约定的可能发生的事故因其发生所造成的财产损失承担赔偿保险责任，或者当被保险人死亡、伤残、患疾病或者达到合同约定的年龄、期限时，承担给付责任的商业保险行为。即保险是一种按照合同实施的契约行为，保险关系的建立是以合同的形式体现的。

保险人又称承保人，其法律上的资格可以是自然人也可以是法人。在我国，根据《保险法》的规定，保险人是法人及保险公司。

投保人也称要保人，是指在签订保险合同前向保险人提出投保申请的人。被保险人是指保险事故（事件）在其财产或其身体上发生而受到损失、损害时，享有向保险人要求赔偿或给付权力的人。

汽车保险属于财产损失险类的机动车辆保险范围。机动车辆保险是以机动车辆为保险标的的一种保险。按照我国《机动车辆保险条款》规定，有基本险和附加险两大部分。

1. 基本险

基本险分为车辆损失险和第三者责任险。

① 车辆损失险　主要承保保险车辆本身遭受保险责任范围内的一些自然灾害或意外事故，造成保险车辆损失，由保险公司负责修理或进行赔偿。

② 第三者责任保险　保险车辆驾驶员（允许的合格驾驶员）在使用车辆过程中，因意外事故致使他人遭受人身伤亡或财产损失时，保险人依照保险合同的规定赔偿他人的损失。

2. 附加险

机动车辆附加险主要包括：在投保了车辆损失险的基础上，可投保全车盗抢险、玻璃单独破碎险；车辆停驶损失险、自燃损失险；新增加设备损失险；在投保了第三者责任险的基础上，可投保车上责任险、无过失责任险、车载货物掉落责任险；在投保了车辆损失险和第三者责任险的基础上，可投保计免赔特约险。

《机动车辆保险条款》中共列出了十一个险种，除第三者责任险是强制险外，其他的险种车主可根据自己的需要选择。

3.3.2 汽车投保的程序及保险金额、保险费的确定

1. 投保的程序

个人办理投保手续时，应将车辆驶至保险公司指定的检验地点，并带齐驾驶员本人的身份证或介绍信、工作证、驾驶证、车辆行驶证及有关投保车辆的相关证件。若是从事个体营运的车辆，还应携带营业执照等证件到保险公司办理投保手续，经保险公司工作人员验明证件后，填写机动车辆投保单。投保单的主要内容有：投保的险别、被保险人名称、保险标的、车辆厂牌型号、牌照号、发动机号、车架号、吨（座）位数、使用性质；保险金额、保险费率、保险费；第三者责任保险额、保险费；附加险险种及保险费；投保人地

址、保险责任起讫日期和投保人签章、投保日期等。

保险公司检查投保单填写无误后，将视情对投保车辆进行必要的检查，符合保险条件后，确定起保时间，核收保险费，保险人向投保人签发保险单（简称保单）。

起保时间由投保人决定，若投保人要求立即开始，保险人将注明收保单的时间，写清年、月、日、时、分，然后由保险人和投保人分别签字盖章，至此保险单开始生效。有效期至约定期满日的 24 时止。若办理预定投保的，应向保险人注明约定起保的日期，保险单生效的时间就从起保日的当天 0 时起，至约定期满日的 24 时止。保险有效期以 1 年为限，可以少于 1 年，但不能超过 1 年，期满可以续保，并重新办理手续。

集体单位投保，除带必要证件外，还需开列投保车辆的型号、号牌号、行驶证号码等。保险人将视情办理或派员到投保单位办理手续。

保单是载明了保险人与投保人（被保险人）所约定的义务和权力的书面凭证。其正本交被保险人存执，它是当被保险人需变更保险合同内容、或遭受保险事故并产生损失向保险人索赔的重要依据，也是保险人处理赔款的主要依据。

投保第三者责任险后，保险人要发给被保险人保险凭证，俗称机动车辆保险证。它是保险合同已经订立或保险单已正式签发的一种凭据。它与保险单具有同样的作用和效力。可以用来证明被保险人已遵照政府有关法令或规定参加了第三者责任保险。

2. 保险金额的确定

保险金额是保险公司计算保费的基础。根据我国现行的《机动车辆保险条款》，车辆的保险价值根据新车购置价确定。车辆损失险的保险金额可以按投保时的保险价值或实际价值确定，也可以由被保险人协商确定，但保险金额不得超过保险价值，超过部分是无效的。保险价值是指投保时作为确定保险金额的标的价值，实际价值是指投保车辆在合同签订地的市场价格。当投保车辆的实际价值高于购车发票金额时，以购车发票金额确定实际价值。

3. 保险费的计算

车辆的保险费是根据投保人所投保车辆的种类、使用性质及需要投保的险种等，按照险别分别计算相应的数额。车辆损失险保险费的构成为

$$车辆损失险保险费 = 基本保险费 + 保险金额 \times 费率（\%）$$

第三者责任保险则按照车辆种类及使用性质选择不同的赔偿限额档次收取固定保险费。机动车辆共分为客车、货车、挂车、罐车、特种车、摩托车、拖拉机等 13 个车种和收费档次，以及国产和进口两个类别。车辆的使用性质分为：非营业车辆，即各级党政机关、社会团体、企事业单位自用的车辆或仅限用于个人及家庭生活的车辆；营业车辆，即从事社会运输并收费的车辆。对于兼顾有两类使用性质的车辆按高档费率计算。

3.3.3 保险责任、除外责任及被保险人应履行的义务

1. 保险责任

在车辆损失险下保险人应承担的责任包括自然灾害和意外事故两大类。

自然灾害通常包括雷击、风暴、龙卷风、洪水、暴雨、海啸、地陷、冰陷、崖崩、雪崩、雹灾、泥石流、滑坡等。凡是由上述灾害现象发生所造成的被保险车辆损失，保险人

应当予以赔偿。

意外事故通常包括碰撞、倾翻、火灾、爆炸、外界物体倒塌、空中运行物体坠落、行驶中平行坠落、载运保险车辆的渡船遭受自然灾害等。这里的撞击不仅指车与车之间的撞击，也包括车上所载货物与外界物体发生的意外碰撞所造成的车辆损失。火灾事故要注意火灾与汽车自燃的区别，火灾是指在时间和空间上失去控制的燃烧所造成的灾害；汽车的自燃是指其一些机件如电器、线路、供油系统、货物自身等发生问题，造成内部热量无法散发，温度不断升高而导致汽车不明原因的着火燃烧。机动车辆保险费率见表3-4。

表3-4 机动车辆保险费率

车辆使用性质	基本险													
	非营业							营业						
险别	车辆损失险			第三者责任险				车辆损失险			第三者责任险			
费别	基本保险费（元）		费率（%）	固定保险费（元）				基本保险费（元）		费率（%）	固定保险费（元）			
车辆类别	国产	进口		限额5万	限额10万	限额20万	限额50万	限额100万	国产	进口		限额5万	限额10万	限额20万	限额50万	限额100万
6座以下客车	240	600	1.2	800	1040	1250	1500	1650	480	1120	1.6	1200	1560	1870	2240	2460
6座及以上至20座以下客车	600	800	1.2	900	1170	1400	1680	1850	800	1160	1.6	1300	1690	2440	2680	3250
20座及以上客车	680	800	1.2	1000	1300	1560	1870	2060	800	1400	1.6	1400	1820	2180	2620	2880
2t以下货车	200	560	1.2	630	820	980	1180	1300	400	760	1.6	880	1140	1370	1640	1800
2t及以上至10t以下货车	480	800	1.2	1000	1300	1560	1870	2060	960	1600	1.6	1450	18960	2270	720	2290
10t及以上货车	1000	1400	1.2	1100	1430	1720	2060	2270	1600	2000	1.6	1580	2050	2460	2950	3250
挂车	120	160	1.2	350	460	550	660	730	200	240	1.6	500	650	780	940	1030
油罐车、汽罐车、液罐车、冷藏车	1050	1450	1.2	1150	1490	1790	2150	2360	1650	2050	1.6	1630	2119	2542	3050	3355
起重车、装卸车、工程车、监测车、邮电车、消防车、清洁车、医疗车、救护车	400	700	1	480	620	740	890	980	500	800	1.6	680	880	1060	1270	1390
摩托车	160	240	0.5	200	260	310	370	410	240	320	0.7	300	390	470	560	620
手扶拖拉机	50	—	0.5	140	180	220	260	290	80	—	0.7	300	390	470	560	620
小四轮拖拉机	60	—	0.6	160	210	250	300	330	90	—	0.7	240	310	370	440	480
大中型拖拉机	80	150	0.6	240	310	370	440	480	110	210	0.8	320	420	500	600	660
附加险																
全车盗抢险	广东省、四川省、福建省、重庆市为1.2%；浙江省、江西省、湖北省、甘肃省、湖南省、海南省、黑龙江省、吉林省、辽宁省、北京市、上海市为1%；江苏省、安徽省、河南省、贵州省、青海省、陕西省、河北省、云南省、广西、西藏为0.8%；山东省、山西省、宁夏、新疆、内蒙古、天津市为0.6%；客车：六座以下（不含）按基准费率执行，六座以上（含）按基准费率减去0.2%执行；货车、拖拉机及其他车辆按基准费率减去0.2%执行；摩托车按基准费率加上0.2%执行															

(续表)

附 加 险	
车上责任险	车上货物：按赔偿限额的1.5%
	车上人员：以选择座位投保的，按赔偿限额的1.2%；以核定座位数投保的，按赔偿限额的0.6%
无过失责任险	第三者责任保险费的20%
车载货物掉落责任险	按赔偿限额的0.6%
玻璃单独破碎险	进口车辆：货车，新车购置价的0.15%；16座以下客车，新车购置价的0.25%；16座及以上客车，新车购置价的0.35%
	国产车辆：货车，新车购置价的0.10%；16座以下客车，新车购置价的0.15%；16座及以上客车，新车购置价的0.20%
车辆停驶险	约定的最高赔偿天数乘以日赔偿金的10%
自燃损失险	赔偿限额的0.4%
新增加设备损失险	按车辆损失险的费率执行
不计免赔特约险	车辆损失险和第三者责任险保费之和的20%

发生保险事故时，被保险人对保险车辆采取施救、保护措施所支付的合理费用，保险人负责赔偿。投保车辆第三者责任险时，保险人应承担的责任有：当保险车辆由被保险人允许的合格驾驶员在使用车辆的过程中发生意外事故，致使第三者遭受人身伤亡或财产直接损毁时，保险人应按保险合同的有关规定给予赔偿。这里的第三者是指机动车辆保险合同当事人以外的他人，而私有车辆的被保险人及其家庭成员不属于"第三者"的范畴。被保险人投保第三者责任险的车辆出险，造成第三者伤亡后，产生的医疗费、误工费、住院伙食补助费、护理费、残疾者生活补助费、残疾用具费、丧葬费、死亡补偿费、被抚养人生活费、交通费、住宿费等费用应由保险公司负责。

投保各种附加险时保险人应负担的责任有以下几种。

① 全车盗抢险。整个车辆在停放中被他人偷走，或在行驶中途被盗匪劫走时，保险人负责赔偿。

② 玻璃单独破碎险。保险车辆玻璃（不包括灯具、车镜玻璃）震裂，被别人打碎，保险人按实际损失给予赔偿。但在维修、安装过程中造成的破碎不负责任。

③ 车辆停驶损失险。由于保险事故的发生，造成车身损坏，致使车辆停驶，在车辆送修到修复竣工之间由于无法使用车辆，可能会带来一些停工损失，保险人应给予一定的赔偿。

④ 自燃损失险。因本车电器、线路、供油系统发生故障及运载货物自身原因起火燃烧造成的损失，保险人负责赔偿。

⑤ 新增加设备损失险。若被保险人在投保车辆出厂时，在原有各项设备以外，另外加装了设备及设施的保险，当发生事故后，又造成车上新增设备的直接损坏，保险公司负责赔偿。

⑥ 车上责任险。保险车辆在使用过程中，发生意外事故，致使保险车辆上所载货物遭受直接损失和车上人员发生人身伤亡时，保险公司负责赔偿。

2. 除外责任

根据我国现行的《机动车辆保险条款》，车辆损失险和第三者责任险都规定了一系列的除外责任，当被保险车辆发生下列损失时，保险人是不负责赔偿的。

① 自然磨损、锈蚀、故障、轮胎爆裂。
② 地震、人工直接供油、自燃、高温烘烤造成的损失。
③ 受该车所载货物撞击的损失。
④ 遭受保险责任范围内的损失后，未经必要修理继续使用，致使损失扩大部分。

保险车辆造成下列人身伤亡和财产损毁，不论在法律上是否应当由被保险人承担赔偿责任，保险人也不负责赔偿。

① 被保险人所有或代管的财产。
② 私有、个人承包车辆的被保险人及其家庭成员，以及他们所有或代管的财产。
③ 该车上的一切人员和财产。
④ 车辆所载货物的掉落、泄漏所造成的人身伤亡和财产损失。

对于下列原因所造成的车辆损失或第三者的经济赔偿责任，保险人不负责赔偿。

① 战争、军事冲突、暴乱、扣押、罚没。
② 竞赛、测试、进厂修理。
③ 驾驶员饮酒、吸毒、药物麻醉、无有效驾驶证。
④ 保险车辆拖带未保险车辆及其他拖带物或未保险车辆拖带保险车辆造成的损失。
⑤ 保险车辆肇事逃匿经公安部门侦破后。
⑥ 保险车辆在全车被盗窃、抢劫、抢夺，以及在此期间受到损坏。车上零部件、附属设备丢失，以及第三者人员伤亡或财产损失。

除上述外，下列损失和费用，保险人也不负责赔偿。

① 保险车辆发生意外事故，致使被保险人或第三者停业、停驶、停电、停水、停产、中断通信以及其他各种间接损失。
② 被保险人或其驾驶员的故意行为。
③ 因保险事故引起的任何有关精神损害赔偿。
④ 直接或间接由计算机 2000 年问题引起的损失。
⑤ 其他不属于保险责任范围内的损失和费用。

3. 被保险人的义务

投保机动车辆保险被保险人应当履行下列义务。

① 对保险车辆的情况如实申报，并在签订合同时一次交清保险费。
② 应当做好车辆的维护工作，保险车辆装载必须符合规定，使其保持安全行驶技术状态。应根据保险人提出的消除不安全因素和隐患的建议，及时采取相应的措施。
③ 在保险合同有效期内，保险车辆的转卖、转让、赠送他人、变更用途或增加危害程度，应事先书面通知保险人并申请办理批改。不得非法转卖、转让；不得利用保险车辆进行违法犯罪活动。
④ 保险车辆发生保险事故后，被保险人应当采取合理的保护、施救措施，并立即向事故发生地交通管理机关报案，同时在 48 h 内通知保险人。
⑤ 被保险人索赔时不得有隐瞒事实、伪造单证、制造假案等欺诈行为。

3.4 车辆定损与理赔

3.4.1 定损

当被保险的车辆发生交通事故时，保险公司的第一件事就是出现场查勘定损。车辆的定损涉及维修、制造和车主多方面的技术和利益，它是整个车险服务中矛盾比较突出的部分。定损人员通过出现场，拍摄事故照片，查清车辆的损坏部件，分别确定予以更换或维修，最后确定损失情况。但是，一辆汽车有成千上万个零件，不同种类的汽车零件的型号与价格都不相同。专业定损人员也常常由于信息掌握不充分而产生诸多困惑，感到无所适从，这已成为车辆保险业的症结之一。作为一名查勘员，要协调好车主、维修厂、保险公司三者之间的关系，因此要具备以下条件。

① 能严格执行服务人员岗位规范，服从调度，具有良好的职业道德。
② 掌握汽车基本构造、工作原理及汽车碰撞维修基本工艺。
③ 能独立完成现场查勘、定损、核损、索赔等车险理赔工作。
④ 应具备良好的沟通能力。在查勘现场过程中，应及时与客户联系并进行良好的沟通。同时，根据案件性质，给客户索赔以专业的指导，一次性告知客户索赔流程和所需的单证。
⑤ 精通车险相关条款。

3.4.2 理赔

1. 车险理赔服务内容

① 报案受理。核实客户身份、记录报案信息、初步分析保险责任、给客户提供索赔改进等环节。
② 异地委托和受理。异地出险案件的代查勘（含同赔）委托和受理。
③ 查勘救援调度。为减少或控制被保险标的损失而采取的抢救措施，如协调119、120等。
④ 查勘定损。现场查勘定损、保险责任判定、损失预估。
⑤ 核价核损。对车损、物损案件的查勘定损结果进行审核和确定。
⑥ 立案。预估人伤损失、人伤住院案件的立案。
⑦ 缮制。收集赔案所需单证，初步审核保险责任，理算赔款，报批赔案。
⑧ 核赔。对赔案进行审核。
⑨ 结案归档。结案情分单证、理赔卷宗装订、理赔档案管理。
⑩ 赔款支付。审核支付手续，支付赔款。
⑪ 服务品质评估。对理赔服务品质进行评估。
⑫ 服务品质改进。针对品质评估发现的问题，制定改进措施，跟踪落实。

2. 车险理赔服务流程

图 3-2 所示为车险理赔的具体流程。

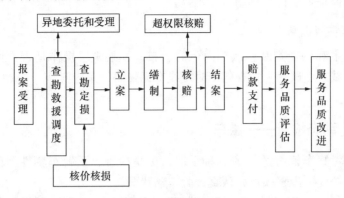

图 3-2　车险理赔流程

3.5　新车的验收

3.5.1　车辆的静态检查

保证所购车辆驾驶操作方便灵活，零部件布置合理紧凑，检修便利，内饰赏心悦目，总体感觉舒适可人。购车时，应认真进行查验判断。

1. 整车初步检查

离车稍远处查看，看车辆左右高度是否对称，风窗玻璃刮水器、前照灯、后视镜等车外部件是否完好，轮胎是否完好无磨损等；走近看整车各部位漆膜厚薄是否一致，如出现细微的圈状刮痕，多是受损后经重新喷涂美容所致。用大力按动车身一角，松开后，看其振动次数，一般在 2～3 次为好。打开发动机盖，看发动机、车底各部是否有贴补痕迹，以防买到事故翻新车。检查各种液罐，如水箱补液罐、清洗液罐、动力转向液罐、润滑油、制动液面是否正常，液罐外表是否干净、无水痕、油渍。正常液面高度有相应的指示标记，一般在容器 3/5～4/5 之间，液面不正常时可能存在泄漏。

2. 车内布局与组装情况检查

汽车内部布置整齐紧凑美观，各机件检修、拆装方便，以便维修。对改装车，尤其应仔细检查是否存在影响检修或破坏性的改装措施。查验内部时，还应该检查各主要零部件生产厂家、出厂时间、品质及性能状况，有无缺陷、瑕疵等。检查装配是否牢固，无松动，无锈蚀等。

3. 车内操作系统检查

现代汽车十分重视人机工程设计。买车前应先坐在驾驶座上感觉是否乘坐舒适、视听灵敏，各操纵系统使用均以顺手、方便、不易产生误操作为好。

4. 车内装饰检查

先观察车内各部色彩是否协调一致，座椅、安全带、安全气囊、仪表盘是否外观完好,无破损、裂纹等损伤。车内门窗玻璃升降自如、密封良好,指示仪表、指示灯齐全,工作正常安装紧固。改装或加装的辅助设施,应对驾驶安全操作无不利影响;车门开锁是否灵活,前排座椅是否能自由移动。

5. 车辆舒适性的检查

可根据车主主观感受判断,从车内色彩、布局、乘坐、操作是否方便来体现舒适与否。可启动车辆试乘、试驾,检查驾车时视线有无障碍,车内噪声、振动、音响、空调总体有无不良感受。

3.5.2 车辆的动态检查——试车

试车不仅是考察车辆舒适性的一种手段,更是检查、了解车辆性能的有效途径。因此,在试车时可按以下步骤操作,认真查验车辆状况。

① 启动发动机,检查运转情况,听发动机运转是否轻快、连续、平稳,是否有异响,然后轻踩加速踏板,感受发动机加速响应是否连续,连续加速后,回到怠速状态是否仍稳定。

② 缓踩加速踏板,轻抬离合器踏板,车辆起步应平稳。新车换挡可能不十分平顺,但不应有卡滞、挂不上或摘不下挡的情况。低速时轻踩行车制动踏板,以试验制动效能,制动踏板的随动性应良好;还可以试一下空挡滑行情况。例如,以 20 km/h 的初速度滑行,平路可滑行 50~80 m。若滑行距离太短,则表明运动部件安装调试或润滑不良,如轴承过紧、制动蹄片回位不良或转动部件卡滞等。

③ 试车时遇上下立交桥可感觉一下加速和动力情况。通过加、减挡位,轻转转向盘,感觉转向系统是否正常,正常行驶方向应不跑偏,能自动维持直线行驶,转弯后可以自行回正(90%);车辆掉头,转向盘打到极限时,车轮应无异响。有条件时可试验一下高速行驶情况,感觉高速行驶的稳定性、抓地感,看是否有车轮摆动、方向发飘现象。在保证安全的条件下,可以试验蛇行,体验一下车辆的操纵控制性能。还可以按不同车速测试紧急制动的感觉,如分别以 40 km/h、60 km/h、80 km/h 的车速紧急制动,以检查制动时方向的稳定性。

经过这一系列查验,基本上就能把握所待购车辆的总体状况;如果局部不满意,购车后经略加改装、装饰,同样可以获得一款称心如意的汽车。为了在挑选新车过程中,更全面细致地对新车进行检查,可以按表 3-5 操作程序对新车检查。

表 3-5 新车检查操作程序

检查车身是否有问题					
异常部分损坏情况	项次	检 查 项 目	无	有	备 注
附件清点	1	备胎(轮辋)、千斤顶、扳手			
	2	点烟器			
	3	钥匙			
	4	其他标明的各项附件			

(续表)

检查车身是否有问题

异常部分损坏情况					
分类	项次	检查项目	OK	NO	
发动机部分	1	检查机油量是否足够			
	2	检查水箱冷却液及防冻液是否足够			
	3	检查冷却风扇是否正常工作			
	4	检查液压系统液压油量是否足够——制动系统/离合器系统/辅助转向系统			
	5	检查变速器油量是否足够			自动变速器
	6	检查风窗玻璃清洗液是否足够			
	7	检查蓄电池电压			
	8	检查加速踏板是否正常工作			
	9	检查发动机急速情况是否有异响			
	10	检查发动机所有部分是否有漏油、漏水			
车内部分	1	检查点火系统是否正常工作			
	2	检查电动窗、后视镜、中央门锁等的工作情况			
	3	检查电动座椅的工作情况			
	4	检查灯光系统			
	5	检查刮水器系统是否工作正常			
	6	检查空调系统是否工作正常			
	7	检查音响系统是否工作正常			
	8	检查制动踏板/离合器踏板位置是否正确			
	9	检查驻车制动手柄位置/变速杆档位是否正确			
	10	检查转向系统是否正常工作			
外观	1	门销润滑与否（含发动机盖、后备箱盖、汽油箱盖）			
	2	检查轮胎气压及轮胎螺栓是否紧固			

3.5.3 提取新车注意事项

尽管许多经销商都为车主提供一条龙服务，但是车主购车时还是要尽可能亲自参与买车过程，做到心中有数。

1. 认真查看新车手续

检查汽车与其证件是否相符。如合格证上的号码要与车上的发动机号、车架号一致。从出厂日期了解车辆从产到销的时间。另外，车型、功率、座椅数量等均要求与说明书所记录的一致。如出现不符，将影响以后办理验车上牌手续。

2. 认真阅读填写购车合同

在填写《汽车购销合同》时，一是要在售车单位的名称填写上注意填写完整的名称，不能有差错；二是在解决合同争议的方式一栏时，最好选择当地比较权威的仲裁机构仲裁；三是购车合同为一式三份，除供需双方各执一份外，交易市场的主管单位也要留存一份，注意此份合同一定要确保能交到交易市场的管理部门，这样万一出现问题，交易市场才会为车主出面解决；四是对于一些模糊不清的质量保证及理赔条款，应特别留意，除认真检查质量卡、产品合格证外，还要对保修卡上的维修网点布局，购买常用零配件的价格，保修时间、质量、价格、收费的透明度等作相应的了解，以防日后发生争议时难以判定责任。

3. 查验进口单据

购买进口车，还应注意查验进口货物证明及关税、增值税等各项应交的税单。否则，买了手续不全的进口车，一是品质无法保证；二是在办理号牌时会因进口手续不全而无法上牌。

4. 第一次出现质量问题时的处理方法

当车辆第一次出现质量问题时，消费者切记不要就近随便修理，一定要到经销商指定的修理厂进行修理，并认真作好修理记录。如果车辆日后屡修不好，消费者可据此向经销商或厂方索赔。如果消费者擅自修理，那么对车辆所存在的问题无法确认责任方，商家也会以此为由，认为是消费者自己修理坏的，从而拒绝消费者的赔偿要求。

5. 消费者与经销商发生纠纷的解决途径

当双方发生纠纷时，通常有三种解决问题的途径：一是通过双方协商解决；二是到市场管理部门或消费者协会、技术监督部门、工商管理部门等寻求第三方的调解；三是通过司法途径解决。

3.6　新车的启用

3.6.1　新车的接收与使用前的准备工作

运输单位对新购进来的车辆，应根据其不同的使用性能以及运输的客观实际需要，尽可能地将同一厂牌、同一车型的车辆分配在一个运输队。为了使新车尽快投入正常的运行，充分发挥其效能，延长其使用寿命，在接收新车及新车使用前应做好以下几项工作。

① 接收新车时应按车辆购置合同和车辆使用说明书的规定，对照车辆清单或装箱单进行验收，清点随车工具及附件等。在验收进口车辆时，要委托商检部门进行商检或邀请其共同验收，并要办好商检手续。

② 新车在投入使用前，应对驾驶员和维修工进行技术培训。

③ 在新车使用前，应按制造厂的规定对车辆进行全面保养。

④ 在使用前应对车辆进行一次全面的检查，重点检查车辆是否有缺件、损坏及制造

质量等问题，如发现有较大问题要及时分析、解决。

⑤ 建立车辆的技术档案。

⑥ 严格按照制造厂规定的技术要求进行车辆走合及使用，并做好走合前的维护工作。在索赔期内，车辆如发生损坏，应及时做出鉴定报告，及时索赔。属于厂家责任的，应按规定程序向制造厂提出索赔申请，进行索赔。

⑦ 不要在索赔期内对车辆进行改装或加装其他附加装置，以便进行索赔。同时要做好使用记录，以备查阅。

若接收的是在用车辆，应注意检查车辆装备是否齐全，技术状况是否良好。如有技术档案的要注意查收其车辆的技术档案和有关技术资料。并向交车单位或交车人了解车辆使用情况。车辆交接后，视情办理车辆的转籍和行驶证等手续。

3.6.2 轿车表面油漆的护理

在现代轿车生产中，车身表面大多采用静电喷涂工艺。成品车在出厂时经检验，油漆表面镜物清晰、绝无任何小划痕存在。但在出厂后经过库存和运输，使新车表面积存很多尘土。此时绝对不能在现场条件很差的情况下，仅用一桶水、一块棉纱就将尘土除去，那样对油漆表面不是护理而是伤害。在对车身进行养护时，最好用水直接冲刷，不用干布、干毛巾、棉丝或海绵直接擦拭车身表面，尽量少用油墩布、毛掸清洁车身表面的灰尘。

3.6.3 轿车的开蜡

进口轿车在外销时都在轿车油漆表面喷涂一层保护层，以防止在漂洋过海的长途运输途中被海水侵蚀漆膜，这层封漆蜡主要是石蜡、树脂和特富龙等成分。能对轿车表面漆起到近1年的保护作用。除掉这层封漆蜡的过程，就叫轿车的开蜡。

轿车开蜡的最好方法是用进口开蜡液，其具体开蜡方法如下。

① 选择无风、无太阳直接照射，且远离草本植物的地方，车身不必预先清洗。

② 操作时操作人应戴橡胶手套、防护眼镜，并穿防护靴。

③ 将开蜡液按其说明书中所规定的配方比例混合后装入手动或电动喷雾器中待用。

④ 自轿车底部由下至上顺序用配制好的开蜡液喷涂车身表面，确保每个部位都能被喷出的溶液覆盖，保持湿润2～3 min后再用压力不超过5 MPa的高压水枪喷洗。注意缝隙处要喷洗干净，不能留下残液。

⑤ 仔细检查车身各部，如有残留未洗净的蜡迹，应重新喷涂开蜡液、重新清洗，直到彻底干净为止。

⑥ 当车身表面防护蜡层除净后，可选用含有高分子材料的增光乳液或不含有研磨剂一类的车蜡作保洁处理，以保持漆膜的固有品质。

⑦ 冬季开蜡比较困难，因为低温使开蜡液不易与车身表面的防护涂层产生化学反应。因此，冬季不宜进行开蜡操作，最好选择气温在20℃以上时进行。

⑧ 如果没有开蜡液，也可用棉纱沾汽油、柴油或煤油进行擦拭。但汽油、柴油或煤油会与漆膜发生氧化反应，造成漆膜暗淡无光；另外，棉纱不干净还会使漆膜受到损伤。因此，最好不要使用这种方法对轿车开蜡。

3.7 汽车的保修索赔服务工作

3.7.1 索赔的一般程序

① 当被保险车辆发生事故时（后），应立即通知保险人（俗称"报案"），将事故的基本情况报给保险人，如灾害事故的发生时间、地点、可能的原因、施救情况、损失概况等。报案可以用电话、传真、电报、派员等方式进行。无论用什么方式报案，最后保户均需填写由保险公司印制的出险通知书和损失清单。

② 协助保险人进行现场查勘或进行调查，查明事故的原因和损失情况。接受保险公司理赔业务人员的询问，提供查勘的方便。

③ 提供保险单、事故的证明、事故责任认定书、事故调解书、判决书、损失清单和有关费用单据。并要在保险车辆修复或交通事故结案之日起的 3 个月内提交，不提交这些必要单证，保险公司就认为被保险人自愿放弃权益。

④ 接到保险公司赔偿或给付的通知后，被保险人（或受益人）对保险公司确定的赔款金额无异议后，在 10 日内向保险公司领取赔款。

3.7.2 车辆损失险的赔偿额确定

投保的机动车辆出险后，受损车辆必须由保险公司定损，或经保险公司同意后方可定损。

保险车辆在发生保险事故遭受损失后，执行以修复为主的原则。修理前，被保险人必须会同保险人检验，确定修理的项目、方式和费用。否则，保险人有权重新核定或拒绝赔偿。

① 车辆全部损失的赔偿。车辆全部损失应按保险金额计算赔偿，但保险金额高于实际价值时，以出险当时的实际价值计算赔偿，即赔偿金额为

$$赔款 = （实际价值 - 残值）\times （1 - 免赔率）$$

当保险金额等于或低于实际金额时，按保险金额计算赔偿，即赔偿金额为

$$赔款 = （保险金额 - 残值）\times （1 - 免赔率）$$

② 车辆部分损失的赔偿。保险车辆的保险金额达到投保时的保险价值，无论保险金额是否低于出险时的保险价值，发生部分损失按照实际修复费用进行赔偿，即赔偿金额为

$$赔款 = （实际修复费用 - 残值）\times （1 - 免赔率）$$

当保险金额低于保险价值时，发生部分损失按照保险金额与投保时的保险价值比例计算赔偿修复费用，即赔偿金额为

$$赔款 = （修复费用 - 残值）\times 保险金额 / 保险价值 \times （1 - 免赔率）$$

除此，部分损失最高赔偿金额以保险金额为限。保险车辆按全部损失或部分损失一次赔款加免赔金额之和达到保险金额时，车辆损失险的保险责任即行终止。但保险车辆在保险期限之内，不论发生一次或多次保险责任范围内的部分损失或费用支出，只要每次赔款加免赔金额之和未达到保险金额，其保险责任仍然有效。

3.7.3 索赔的注意事项

在按照索赔手续办理索赔过程中应注意以下几点。

① 保险卡一定要随车携带。一旦车辆出险，应妥善保护好事故现场，在向公安交警部门报案的同时，要向保险公司报案。若为路面事故，还要报请公安交通管理部门处理；若为非路面事故（如车辆因驾驶原因撞在树上），应由当地公安派出所出具证明材料。及时向保险公司报案不仅可以得到保险公司的及时救援，还可以得到正确的指导意见。目前，保险公司都开设了 24 h 报案电话，为保户提供了方便。

② 索赔应直接找保险公司，而不要找代理人，因为代理人没有理赔权。

③ 保险公司仅承担善后补偿责任，受损车辆修复应尊重被保险人或车主的选择。如果保险公司人员指定修理厂，被保险人或车主可以不接受，必要时可以投诉。

④ 车辆修理完毕后，保户在提车时一定要进行验车。

⑤ 对第三者责任的索赔，还应由保险公司对赔偿金额依法确定，并依据投保金额予以赔付。对于保户与第三者私下谈定的赔偿金额，保险公司有权重新核定或拒绝赔偿。

3.7.4 典型出险情况的索赔操作

1. 车辆失窃的索赔

车辆失窃，车主保户如何才能快速、及时、有效地向保险公司索赔呢？

① 当发现车辆被盗抢后，应在 24 h 内向公安部门报案，同时在 48 h 内通知保险公司，并登报声明。经县级以上刑侦部门立案、证实，3 个月内盗抢车辆未追回，保户即可向保险公司索赔，索赔简略程序如图 3-3 所示。

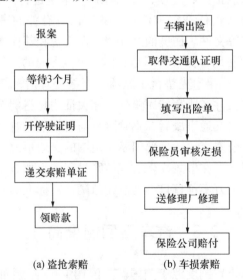

图 3-3　索赔理赔程序

② 如果偷车人驾驶保险车辆肇事而造成保险车辆本身损失，可向保险公司索赔，但发生责任事故，其经济损失应根据有关部门对肇事者处理的裁决来确定，保险公司按条款规定不予赔偿。

③ 保险公司理赔后，被盗车辆又找回来，怎么办呢？保险公司可将车辆返还给用户，并收回相应的赔款。如果保户不愿收回原车，则车辆的所有权归保险公司。

④ 特别提醒车主保户，请在车辆被盗 3 个月后将所必需的索赔单证交给保险公司。向保险公司提供的索赔单证、项目、印章必须齐全，书写规范、数额计算必须准确，内容必须真实、合法、有效。若手续齐备后，且与保险公司达成赔偿协议后，保险公司应在 10 天内一次结案赔偿。领取赔款时，要携带公章、车主或领款人身份证等有效证件进行办理。了解了这些基本情况，当车辆被盗或被抢后，车主就可以及时快速地向保险公司索赔了。

2. 常见交通事故的索赔

最常见的是一些完全由自己承担责任的事故，例如倒车、停车时不小心把车碰伤了。这种情况理赔也最简单：向当地公安部门报案后，带上保单，直接开车去保险公司，按规定填表、照相，保险公司经核实后，会开具修车单据，车主开车去指定修理点就是了。在某些修车点甚至有保险公司在现场办公，可免去一趟周折。修完车，车主就可以提车回家，修理厂会代理或直接跟保险公司结账，索赔程序如图 3-3 所示。

另外就是轻微的交通事故，例如追尾，由于这种事故双方的责任比较清楚，向当地公安交管部门报案后，只要双方同时将车开到保险公司，由理赔人员拍照、定损，事故当事人办妥相关手续，就可以去结案、修车了。费用由责任方保险公司承担。

而对于有人员伤亡的比较严重的交通事故，由于后续问题复杂，案件处理时间也就相应较长，必须由公安交通管理部门处理。事故发生后，当事人首先应抢救伤员，保护现场，并打"122"电话通知交管部门和所投保的保险公司。保险公司可能会到现场了解情况，由保险公司对事故车辆拍照、定损，并由保户、车主进行修理。待伤员伤势稳定后，交管部门要对事故双方进行责任裁定和调解。然后出具有关的事故证明、事故责任认定书、事故调解书和判决书等文件。伤员的医疗费、误工费和其他费用都会反映在处理结果中（应当注意，误工等项费用，保险公司是有标准可供参照的。一般是按当地的道路交通事故损害赔偿标准执行）。如果事先垫付了款项，事故处理后，款项结清，最后带齐保险单、交管部门的事故处理文件和所有费用单据、相关证明材料到保险公司办理赔付事宜。

需要特别提醒的是：出交通事故后，不管严重与否，应及时（48 h 内）向保险公司报案。不要随意私了，符合公安交通管理部门私了范围的交通事故，再按私了规定快捷处理后也要尽快向保险公司报案。在事故发生后或结案过程中，如有不清楚问题，可随时拨打保险公司理赔咨询电话。千万不可盲目结案。超范围、超标准的赔付，只能由自己承担。

3.8　汽车召回制度简介

汽车召回（SafetyRecall）制度源于美国。美国在 1966 年颁布了《国家交通及机动车安全法》和后来的《联邦机动车安全标准》，这些法律规定：厂商发现了由于设计或制造的原因，已投放市场的汽车存在可能导致安全事故的缺陷后，必须在 5 个工作日内向运输部下属的美国高速公路安全管理局（NHTSA）报告，并提出改进措施；同时通过新闻媒体公布消息、通知用户并对召回的车辆进行免费改造、修理，待消除隐患后再交还用户使用。如果 NHTSA 得到消费者投诉或发现类似事故，经确认是设计或制造原因造成的，

NHTSA 将劝告厂家采取改善措施。一般而言，汽车厂家会主动进行召回行动，如果厂家置之不理，NHTSA 将予以警告、制裁，同时向公众通报情况，直到厂家召回为止。这个制度的实施，有利于提高消费者对厂家的信赖程度，通过公布召回，可以使广大用户迅速了解情况，避免更大的损失。因此，美国实施该制度以来，得到了世界各国的响应。1969年，日本修改了本国的《机动车安全标准规则》，增加了制造商承担"召回缺陷车辆时公布于众"的义务。1995 年，日本又实施了《产品责任法》，规定因汽车缺陷发生交通事故，受害者有权得到赔偿等内容，充实了召回制度。2001 年，日本各汽车厂家又统一了召回标准。

另外，市场化程度高的英国、德国、法国、意大利、瑞典、加拿大、澳大利亚等国家，也相继施行了该制度，有的国家虽然没有建立召回制度，但是所属的汽车公司已开始了召回的做法，这些汽车厂商建立了用户跟踪体系，使召回工作能够快速实施。自召回制度在美国实施起至今，已有 7 000 多起召回行动，召回了几百万辆汽车。其中，仅福特和通用两家公司就召回过 40 多万辆轿车和载货汽车，所花费用高达数亿美元。而近几年来世界各主要汽车制造厂共召回了上千万辆的汽车。虽然厂商在这方面可能要受到一些损失，而从对用户负责、提高企业信誉的角度看，他们得到了更多。也正因如此，当今，完善召回制度已成为成功公司与法制社会的标志，像福特等汽车大公司与他们在中国的合资企业也发出了为中国用户提供同样服务的信息。

应该说"召回"是汽车售后服务的完善，补充了维修的内涵。科技再发达，企业知名度再高，也不可能制造出完美无瑕的汽车。随着科学技术的进步，汽车被改进得更加优异，过去认为完善的设计，也会暴露出它的种种不足，可以说，缺陷永远存在。关键是不少缺陷是人们很难在设计和生产中觉察的，只有在进一步使用和研究中才能发现，通过召回，就可采取措施加以弥补。

作为召回制度本身的形成和发展，当然有企业树立产品形象的内在动力，但从各国的情况看，政府从保障消费者权益出发，建立相关制度是促成这项制度广泛推行的极为关键的因素。

目前，我国汽车保有量增加迅速，因质量导致的事故也时有发生，许多厂家也表现出了实施召回制度的积极姿态，但总的来看，现在还是说得多，做得少，毕竟推出这样的承诺，厂家会冒一定的风险，也可能会造成经济上的巨大损失，特别是在目前我国汽车工业发展水平不高的情况下，缺陷的存在是必然。这就需要政府通过行政的手段加以引导，出台相关政策。

2004 年 3 月 15 日，国家质量监督检验检疫总局、国家发展和改革委员会、商务部、海关总署联合正式发布《缺陷汽车产品召回管理规定》，于 2004 年 10 月 1 日起开始实施。这是我国以缺陷汽车产品为试点首次实施召回制度。

学 习 训 练

1. 简述汽车购置落户的基本流程。
2. 车辆购置时需缴纳哪些费用？
3. 机动车保险有哪些种类？
4. 简述汽车保险索赔业务的一般程序。

5. 购置汽车时如何进行汽车的检查与验收？
6. 简述新车启用前应注意的事项。
7. 案例分析：将学生分若干小组，每组均列出选购车辆后到车辆使用前应办理的手续。从同学所作的方案中选择两个方案进行对比、讨论、分析，使同学掌握选购车辆后到车辆使用前应办理哪些手续。

第4章 汽车运行材料的合理选用

> **学习目标**

通过本章的学习，可熟知汽车常用运行材料的国际标准，能够正确选择与合理使用车用燃料、润滑油料、车用工作液及轮胎，能够正确储运、保管和节约用油，能够正确养护轮胎。

4.1 车用燃料的合理选用

4.1.1 车用汽油的选用

1. 车用汽油的使用性能

（1）适当的蒸发性

汽油由液态转化为气态的性质称为汽油的蒸发性。

汽油的蒸发性不好，则混合气形成不良，低温时发动机启动困难，燃烧不完全，使发动机预热时间加长，油耗增加，碳氢化合物（HC）排放浓度增加。因此，要求汽油应具有良好的蒸发性。但是，汽油的蒸发性过好也会发生许多问题：一是使汽油机供给系统易产生气阻，气阻会导致发动机不能正常工作或停机后不能启动；二是使汽油在保管和使用中的蒸发损失增加，增加汽油蒸气的排放浓度；三是使电子控制汽油喷射发动机中的炭罐容易过载，且由于油路中气泡增多，影响喷油器流量的稳定，直接影响发动机的闭环控制，进而影响发动机排放污染物的治理。从不同角度对汽油蒸发性的要求是矛盾的，综合考虑是要求汽油具有适当的蒸发性。

汽油蒸发性的评定指标有馏程和饱和蒸气压。

1) 馏程

用石油产品馏程测定仪对100 mL油品蒸馏时，从初馏点到终馏点的温度范围和残留量，称为该油品的馏程。汽油、轻柴油是以一定馏出量（百分比）的回收温度等表示馏程的。汽油用10%回收温度、50%回收温度、90%回收温度、终馏点和残留量来表示。

对100 mL汽油在规定条件下蒸馏时，在蒸馏烧瓶内所测得残留物质占试油的体积分数称为残留量。

典型馏分回收温度对发动机工作的影响如下：

① 10%回收温度的影响。汽油的10%回收温度表示汽油中轻质馏分含量，它对发动机的低温启动性和供给系统产生气阻的可能性影响很大。汽油的10%回收温度越低，含轻质馏分越多，发动机在低温条件下容易启动。

但是，汽油的10%蒸发温度越低，汽车在高温条件下使用时容易使燃油供给系统产生气阻，造成供油不畅，甚至中断。而在汽油规格的国家标准中对汽油的10%回收温度的下限没有规定,这是因为在汽油规格的国家标准中对汽油的饱和蒸气压最高值规定了限值。

② 50%回收温度的影响。汽油的50%回收温度表示汽油中中间馏分(位于轻质和重质之间的汽油馏分)含量,它表示汽油的平均蒸发性,影响汽油机的预热时间、加速性和运转稳定性。

③ 90%回收温度和终馏点表示汽油中重质馏分含量。如果汽油的90%回收温度过高,汽油燃烧不完全,没有完全燃烧的汽油会冲刷掉汽缸壁上发动机油油膜,并使油底壳内发动机油被稀释。因此,汽油消耗量增加,发动机主要零部件磨损增加。

④ 残留量的影响。汽油的残留量表示汽油中最不易蒸发的重质成分含量。汽油残留量过多,使发动机燃烧室积炭增加,进气门、化油器量孔和喷嘴、汽油喷射系统的喷油器结胶严重,从而影响发动机的正常工作。

2) 蒸气压

在规定的条件下,油品在要求的试验仪器中气液两相达到平衡时,液面蒸气所产生的最大压力称为饱和蒸气压。对汽油国内外均采用雷德饱和蒸气压,缩写为 RVP(Roid Vapo(u),Pressure)。在38℃测得的汽油与其蒸气的体积比为1∶4时的汽油最大蒸气压力,称为雷德饱和蒸气压。

汽油的饱和蒸气压越大,其蒸发性能越好,使发动机低温启动容易,但在高温条件下使用时汽油供给系统易产生气阻,储存使用中蒸发损失大,碳氢化合物(HC)排放浓度大。

汽油的饱和蒸气压与气温和大气压强有关,气温高、海拔高(大气压低),汽油饱和蒸气压也随之增大。所以,汽车在高温和高原条件下使用,汽油机供给系统易产生气阻,汽油蒸发损失大。

汽油的饱和蒸气压和馏程都是汽油蒸发性的评定指标。馏程是限制不高于某温度,是保证汽油具有良好的蒸发性,保证发动机正常工作;而饱和蒸气压是限制不大于一定值,以防止汽油机供给系统产生气阻和减小汽油蒸发排放。

世界燃油规范将汽油的蒸发性分为A、B、C、D、E五级,用户可根据不同季节和地区选择不同蒸发性的汽油。

(2) 良好的抗爆性

抗爆性是指汽油在汽油机内燃烧时不产生爆燃的性能。爆燃的危害是:使发动机功率下降;油耗增加;使活塞、汽缸垫、气门、火花塞、轴瓦等零件损坏,还会造成汽缸的异常磨损。

为提高汽油的抗爆性,一是采用先进的炼制工艺,生产抗爆性好的基础油;二是添加抗爆剂。无铅汽油不以四乙基铅为抗爆剂,而是添加抗爆性好的含氧化合物(甲基叔丁基醚(MTBE)等),铅含量不可察觉或严格限制(目前我国无铅汽油铅含量不大于0.005 g/L)。

汽油抗爆性的评定指标有辛烷值和抗爆指数。

① 辛烷值。测定辛烷值的标准燃料是用两种抗爆性相差悬殊的烷烃掺配而成的。一种是抗爆性良好的异辛烷(2,2,4-三甲基戊烷,C_8H_{18}),规定其辛烷值为100;另一种是抗爆性极差的正庚烷(C_7H_{16}),规定其辛烷值为0。它们按不同比例掺配,便得到辛烷值在0~100之间各标准燃料,辛烷值缩写为 ON(Octane Number)。按试验条件,辛烷值分为马达法辛烷值和研究法辛烷值两种。测定辛烷值的试验条件不同,所得值也不一样。因此,引用辛烷值时应指明所采用的测定方法。

马达法辛烷值是在苛刻试验条件下所测得的辛烷值。例如，发动机转速较高，混合气温度较高，点火提前角较大等。马达法辛烷值缩写为 MON（Motor Octane Number）。

研究法辛烷值是在缓和条件下所测得的辛烷值。例如，发动机转速较低，对混合气温度不限制，点火提前角较小等。研究法辛烷值缩写为 RON（Research Octane Number）。

② 抗爆指数。抗爆指数是汽油研究法辛烷值与马达法辛烷值之和的 1/2，即

$$抗爆指数 = \frac{RON + MON}{2}$$

抗爆指数能全面反映在车辆运行中汽油的抗爆性。

(3) 良好的氧化安定性

汽油的氧化安定性是指热稳定性，即防止生成高温沉积物的能力。影响汽油氧化安定性的因素就汽油本身而言，主要是汽油的烃组成和性质，沉积物一般随烯烃含量、芳烃含量、胶质和 90% 回收温度的升高而增加。

汽油氧化安定性的评定指标是实际胶质和诱导期。实际胶质是在规定的条件下，对汽油进行快速蒸发后所测得的汽油蒸发残渣中的正庚烷不溶物，以 mg/100 mL 表示。诱导期是在规定的氧化条件下，油品处于稳定状态所经历的时间周期，以 min 表示。无铅汽油中应加入清净剂。

(4) 腐蚀性

汽油在运输、储存和使用过程中，不可避免要与各种金属接触。如果汽油具有腐蚀作用，就会腐蚀运输设备、储油容器和发动机零部件。因此，对汽油的腐蚀性有严格要求。

汽油腐蚀性的评定指标是硫含量、博士试验、硫醇硫含量、铜片腐蚀试验和水溶性酸或碱。

(5) 无害性

汽油的成分一方面直接影响汽车的排放污染，同时还关系到汽车排放污染控制装置的作用。所以，在生产无铅汽油的过程中，对无铅汽油的其他有害物的含量也应当控制。我国国家环境保护总局发布了 GWKB1—1999《车用汽油有害物质控制标准》，规定了苯、烯烃、芳烃、锰、铁、铜、铅、磷、硫含量的控制限值。

(6) 严格的清洁性

汽油中不应含有机械杂质和水分。

机械杂质会使汽油喷射系统的喷油器堵塞，机械杂质进入燃烧室会使燃烧室沉积物增加，加速汽缸、活塞环的磨损。水分混入汽油中，会加速汽油的氧化，能与汽油中的低分子有机酸生成酸性水溶液，腐蚀零件，水分直接对金属零件有锈蚀作用。汽油中含有水分，低温时易结冰成为冰粒而堵塞油路。

2. 车用汽油的规范及标准

(1) 世界燃油规范

世界燃油规范中将车用无铅汽油和轻柴油分为四类：第一类适于排放基本无控制的汽车；第二类适于排放控制水平相当 US Tier 0、US Teir 1、EU1、EU2 的汽车；第三类适用于排放控制水平相当于 LEV、ULEV、EUⅢ、EUⅣ的汽车；第四类适用于排放控制有更高要求的汽车，如加州 LEV-Ⅱ、US Tier2、EUⅣ。

(2) 我国车用无铅汽油标准

车用无铅汽油技术要求见表 4-1。我国车用无铅汽油按研究法辛烷值（RON）划分为 90 号、93 号和 95 号三种牌号。

(3) 我国车用甲醇汽油标准

我国车用甲醇汽油符合 GB 17930—2011《车用汽油》标准。

1) 90 号车用甲醇汽油

① 90 号车用清洁甲醇汽油是由 50% 的甲醇与 38% 的汽油组分（石脑油、轻质油、国标汽油）以及 12% 的多种添加剂复配而成的无铅环保清洁汽油。

② 90 号车用清洁甲醇汽油理化指标：
  a. 辛烷值≥90；
  b. 抗爆指数≥85；
  c. 终馏点＜200℃；
  d. 饱和蒸气压≤80 kPa；
  e. 实际胶质≤5 mg/100 mg；
  f. 诱导期≥480 min；
  g. 铜片腐蚀度（50℃，3 h）＜1；
  h. 无机械杂质；
  i. 汽车尾气残留量＜5 mg/L；
  j. 其他指标与同标号国标汽油一致。

③ 90 号车用清洁甲醇汽油特点：具有节能、绿色环保的优越性能，动力强劲，油耗比传统汽油持平或更优，对汽车燃油系统污垢和燃烧室内积炭进行清洗，自行保养发动机，延长使用寿命。

④ 90 号车用清洁甲醇汽油适用于火花点燃式、电喷式、化油器式等发动机的农用汽车、客车、公共汽车、小货车等各类大、中、重型汽油车。

表 4-1 车用无铅汽油技术要求

项目		质量指标			试验方法
		90 号	93 号	95 号	
抗爆性：					
研究法辛烷值（RON）	不小于	90	93	95	GB/T 5487—1995
抗爆指数（RON+MON）/2	不小于	85	88	90	GB/T 5487—1995 GB/T 503—1995
铅含量① （g/L）	不小于	0.005			GB 8020—1987
馏程：					
10% 回收温度（℃）	不高于	70			
50% 回收温度（℃）	不高于	120			
90% 回收温度（℃）	不高于	190			GB/T 6536—1997
终馏点（℃）	不高于	205			
残留量（V/V）（%）	不大于	2			

(续表)

项　目		质量指标			试验方法
		90号	93号	95号	
蒸气压（kPa） 从9月16日至3月15日 从3月16日至9月15日	不大于 不大于		88 74		GB/T 6536—1997
实际胶质②（mg/100 mL）	不大于		5		GB/T 8019—2008
诱导期③（min）	不小于		480		GB 8018—1987
硫含量④（m/m）（%）	不大于		0.10⑤		GB/T 380—1977
硫醇（需满足下列要求之一）： 博士试验 硫醇硫含量（m/m）（%）	不大于		通过 0.001		SH/T 0174—1992 T GB/T 1792—1988
铜片腐蚀（50℃，3 h）级	不大于		1		GB/T 5096
水溶性酸或碱			无		GB/T 259—1988
机械杂质及水分			无		目测⑥
苯含量（V/V）（%）	不大于		2.5		本标准附录A
芳烃含量（V/V）（%）	不大于		40		GB/T 11132—2002
烯烃含量（V/V）（%）	不大于		35⑦		GB/T 11132—2002

注：1. 如加入有机氧化合物，其含氧量（m/m）不得大于2.7%，试验方法采用SH/T 0663。

2. 含锰量检出限量为不大于0.018 g/L，试验方法采用本标准的附录B。

3. 铁不得人为加入，考虑到在炼油过程和运输、储存产品时铁的污染，其检出限量为不大于0.01 g/L，试验方法采用本标准的附录C。

4. 从2000年7月1日起，在北京、上海和广州销售的车用无铅汽油中应加入有效的清净剂。

① 本标准规定了含铅量最大阻值，但不允许故意加铅。为了便于与加铅汽油区分，车用无铅汽油不添加着色颜料。考虑到2000年1月1日全国停止生产含铅汽油，2000年7月1日全国停止销售和使用含铅汽油，加油站在2000年7月1日前允许车用无铅汽油铅含量不大于0.013 g/L。

② 实际胶质允许用GB/T 509—1988方法测定，仲裁试验以GB/T 8019—2008方法测定结果为准。

③ 诱导期允许用GB/T 256—1964方法测定，仲裁试验以GB 8018—1987方法测定结果为准。

④ 含硫量允许用GB/T 17040—2008方法测定，仲裁试验以GB/T 380—1977方法测定结果为准。

⑤ 为适应大城市环保的需要。本标准规定从2000年7月1日起，在北京、上海和广州执行含硫量（m/m）不大于0.08%；从2003年1月1日起，在全国范围内执行含硫量（m/m）不大于0.08%。

⑥ 将试样注入100 mL玻璃筒中观察，应当透明，没有悬浮和沉降的机械杂质和水分。在有异议时，以GB/T 511—1988和GB/T 260—1977方法测定结果为准。

⑦ 从2000年7月1日起，在北京、上海和广州实施；从2003年1月1日起，在全国范围内实施。

2）93号车用甲醇汽油

① 93号车用清洁甲醇汽油是由45%的甲醇与42%的汽油组分（石脑油、轻质油、国标汽油）以及13%的多种添加剂复配而成的无铅环保清洁汽油。

② 93号车用清洁甲醇汽油理化指标：

a. 辛烷值≥93；

b. 抗爆指数≥88；

c. 终馏点<200℃；

d. 饱和蒸气压≤76 kPa；

e. 实际胶质≤4.5 mg/100 mg；

f. 诱导期≥485 min；

g. 铜片腐蚀度（50℃，3 h）<1；

h. 无机械杂质；

i. 汽车尾气残留量<4 mg/L；

j. 其他指标与同标号国标汽油一致。

③ 93号车用清洁甲醇汽油特点：具有节能、绿色环保的优越性能，动力强劲，油耗比传统汽油汽油持平或更优，对汽车燃油系统污垢和燃烧室内积炭进行清洗，自行保养发动机，延长使用寿命。

④ 93号车用清洁甲醇汽油适用于火花点燃式、电喷式、化油器式等发动机的农用汽车、客车、公共汽车、小货车、客货车、小轿车等各类大、中、重型汽油车。

3）95号车用甲醇汽油

① 95号车用清洁甲醇汽油是由40%的甲醇与46%的汽油组分（石脑油、清质油、国标汽油）以及14%的多种添加剂复配而成的无铅环保清洁汽油。

② 95号车用清洁甲醇汽油理化指标：

a. 辛烷值≥95；

b. 抗爆指数≥90；

c. 终馏点<200℃；

d. 饱和蒸气压≤75 kPa；

e. 实际胶质≤4.2 mg/100 mg；

f. 诱导期≥480 min；

g. 铜片腐蚀度（50℃，3 h）<1；

h. 无机械杂质；

i. 汽车尾气残留量<4.3 mg/L；

j. 其他指标与同标号国标汽油一致。

③ 95号车用清洁甲醇汽油特点：具有节能，绿色环保的优越性能，动力强劲，油耗比传统汽油持平或更优，对汽车燃油系统污垢和燃烧室内积炭进行清洗，自行保养发动机，延长使用寿命。

④ 95号车用清洁甲醇汽油适用于火花点燃式、电喷式、化油器式等发动机的豪华客车、小轿车等各类油品性能要求较高的汽油车。

4）97号车用清洁甲醇汽油

① 97号车用清洁甲醇汽油是由35%的甲醇与50%的汽油组分（石脑油、清质油、国标汽油）以及15%的多种添加剂复配而成的无铅环保清洁汽油。

② 97号车用清洁甲醇汽油理化指标：

a. 辛烷值≥97；

b. 抗爆指数≥92；

c. 终馏点<200℃；

d. 饱和蒸气压≤72 kPa；

e. 实际胶质≤4 mg/100 mg；

f. 诱导期≥480 min；

g. 铜片腐蚀度（50℃，3 h）<1；

h. 无机械杂质；

i. 汽车尾气残留量<4 mg/L；

j. 其他指标与国标汽油一致。

③ 97号车用清洁甲醇汽油特点：具有节能、绿色环保的优越性能，动力强劲，油耗比传统汽油持平或更优，对汽车燃油系统污垢和燃烧室内积炭进行清洗，自行保养发动机，延长使用寿命。

④ 97号车用清洁甲醇汽油适用于火花点燃式、电喷式、化油器式等发动机对油品要求高的各轿车。

（4）我国车用乙醇汽油标准

国家质量技术监督局于2001年4月2日发布了GB 18351—2010《车用乙醇汽油（E10）》，此标准适用于作车用点燃式内燃机的燃料。乙醇汽油是指在不添加含氧化合物的液体烃类中加入一定量变性燃料乙醇后作点燃式内燃机的燃料，加入量（V/V）为10%。变性燃料乙醇是指加入变性剂后不能饮用，只作为燃料用的乙醇。

车用乙醇汽油按研究法辛烷值（RON）划分为90号、93号和95号三种牌号。车用乙醇汽油技术要求见表4-2。GB 18351—2010《车用乙醇汽油（E10）》与GB 17930—2011《车用汽油》的主要差异如下。

① 将机械杂质和水分项目单列，规定其含量（m/m）不大于0.15%。

② 增加乙醇含量项目。

③ 增加"车用乙醇汽油中变性乙醇含量测定法（现场快速法）"作为提示的附录。

表4-2 车用乙醇汽油技术要求

项 目		质量指标			试验方法
		90号	93号	95号	
抗爆性： 研究法辛烷值（RON） 抗爆指数（RON+MON）/2	不小于 不小于	90 85	93 88	95 90	GB/T 5487—1995 GB/T 503—1995 GB/T 5487—1995
铅含量①（g/L）	不小于	0.005			GB 8020—1987
馏程： 10%回收温度（℃） 50%回收温度（℃） 90%回收温度（℃） 终馏点（℃） 残留量（V/V）（%）	不高于 不高于 不高于 不高于 不大于	70 120 190 205 2			GB/T 6536—1997
蒸气压（kPa） 从9月16日至3月15日 从3月16日至9月15日	不大于 不大于	88 74			GB/T 8017—1987

(续表)

项　目		质量指标			试验方法
		90号	93号	95号	
实际胶质[2]（mg/100 mL）	不大于	5			GB/T 8019—2008
诱导期[3]（min）	不小于	480			GB 8018—1987
硫含量[4]（m/m）（%）	不大于	0.10[5]			GB/T 380—1997
硫醇（需满足下列要求之一）：					
博士试验		通过			SH/T 0174
硫醇硫含量（m/m）（%）	不大于	0.001			GB/T 1792—1988
铜片腐蚀（50℃，3 h）级	不大于	1			GB 5096—1985
水溶性酸或碱		无			GB/T 259—1988
机械杂质及水分		无			目测[6]
苯含量（V/V）（%）	不大于	2.5			本标准附录 A
芳烃含量（V/V）（%）	不大于	40			GB/T 11132—2002
烯烃含量（V/V）（%）	不大于	35[7]			GB/T 11132—2002

注：1. 含锰量要检查出限量为不大于 0.018 g/L，试验方法采用本标准的附录 A。

2. 铁不得人为加入，考虑到在炼油过程和运输、储存产品时铁的污染，其检出量为不大于 0.01 g/L，试验方法采用本标准的附录 B。

3. 本标准实施之日起，试点地区使用的车用乙醇汽油中都应加入有效清净剂。

① 本标准规定了铅含量最大限值，但不允许故意加铅。

② 诱导期允许用 GB/T 256—1964 方法测定，仲裁试验以 GB 8018—1987 方法测定结果为准。

③ 含硫量允许用 GB/T 11140—2008、SH/T 0253—1992 方法测定，仲裁试验以 GB/T 380—1977 方法测定结果为准。

④ 为适应大城市环保的需要，从本标准实施之日起，在北京、上海和广州执行含硫量（m/m）不大于 0.08%；从 2003 年 1 月 1 日起，在全国范围内执行含硫量（m/m）不大于 0.08%。

⑤ 将试样注入 100 mL 玻璃量筒中观察，应当透明，投有悬浮和沉降的机械杂质及分层。在有异议时，以 GB/T 511—1988 方法测定结果为准。

⑥ 不得人为加入作为助溶剂的高级醇。

⑦ 从本标准实施之日起，在北京、上海和广州市实施；从 2003 年 1 月 1 日起在全国范围内实施。

3. 车用汽油的选择

车用汽油的选择应遵循以下原则。

① 根据发动机压缩比进行抗爆性的选择，压缩比越大，汽油的牌号越高。

② 装有三效催化转化器和氧传感器的汽车尽量选择含铅量低的汽油。

③ 推广使用加入有效的汽油清净剂的无铅汽油。

④ 注意无铅汽油低含硫量、低含烯烃量的发展趋势。

⑤ 注意汽油质量是影响汽车技术状况和汽车排放的重要因素。

⑥ 区分季节选择汽油的蒸发性，冬季应选择饱和蒸气压较大的汽油，夏季则相反。

部分汽油车发动机主要技术特性和要求的汽油牌号见表 4-3。

表 4-3 部分汽油车发动机主要技术特性和要求的汽油牌号

汽车型号	发动机型号结构特征	功率 [kW/(r/min)]	排量 (L)	压缩比	无铅汽油牌号 (RON)
解放 CA1046L	CA488	65/4 500	2.21	8.1	90
解放 CA1092	CA6102	99/3 000	5.56	7.2	90
东风 EQ1092	EQ6100-1 改进型	99/3 000	5.42	7.0	90
北京 BJ2020SG	BY492QS	62.5/3 800	2.45	9.2	90
北京切诺基	HX	77.2/5 000	2.45	8.6	93
上海桑塔纳 LX	JV	66/5 200	1.80	8.5	90 以上
上海桑塔纳 2000Gsi	电控多点喷射	74/5 200	1.80	9.5	90 以上
奥迪 100 2.2E	五缸，单点喷射	95/5 500	2.226	10.0	93
奥迪 200	V6，电控多点喷射	102/5 500	2.598	9.0	93
奥迪 A6	电控多点喷射	92/5 800	1.80	10.1	95 号优质无铅汽油或 91 号普通无铅汽油
捷达 CT	电控多点喷射	74/5 800	1.595	8.5	90
红旗 CA7220E	CA488，电控多点喷射	73.5/5 200	2.194	9.0	90
富康	TU5JP/K1.6L，电控多点喷射	65/5 600	1.587	9.6	90
夏利 TJ7100	TJ3760-E，电控多点喷射	40.5/5 600	0.993	9.5	>90
夏利 2000（TJ7136U）	8A-FE 改进型，电控多点喷射	63/6 000	1.34	9.3	>90
广州本田雅阁 2.0Exi	F20B1	108/6 000	2.0	9.1	93
上海别克 GL、GLX	V6，电控多点喷射	126/5 200	2.98	9.0	93
上海帕萨特 B5	ANO，电控多点喷射	92/5 800	1.80	10.3	93 以上

车用汽油选用特别提示如下。

我国现在使用的车用无铅汽油是根据汽油的辛烷值划分为 90 号、93 号、95 号、97 号和 98 号等牌号，前三种有国家标准，后两种为企业标准。发动机压缩比与汽油辛烷值一一对应，是汽车选用汽油标号的唯一指标，通常用户只要依据车厂的车主手册上推荐的汽油标号即可。简单来说压缩比高的发动机而用低辛烷值的汽油就会引起不正常的燃烧，造成爆燃，出现耗油和行驶乏力等现象。反过来压缩比低的发动机用高辛烷值汽油马力得不到很大的提升，虽然没有反效果但就有点浪费了。一般来说，压缩比在 8.0 以下的汽车选用 90 号汽油，压缩比在 8.0～8.5 之间的汽车选用 93 号或 95 号汽油，压缩比在

8.5～9.0 的汽车选用 95 号或 97 号汽油，压缩比在 9.0～9.5 的汽车选用 97 号或 98 号汽油，压缩比在 9.5 以上的，如奔驰、宝马等豪华汽车宜选用标号为 98 号的高清洁汽油。另外，高原地区大气压力小，空气稀薄，汽油机工作时爆燃的倾向减小，可以适当降低汽油的辛烷值。一般海拔每上升 100 m，汽油辛烷值可以降低约 0.1 个单位。但若是经常在大负荷低转速下工作的汽油机，应选择较高辛烷值的汽油。车用乙醇汽油和普通汽油一样，其标号是按辛烷值来标示的，标示方法是在汽油标号前加注字母 E。一般情况下，压缩比在 7.5～8.0 之间的汽车，应选用 E90 号车用乙醇汽油；压缩比在 8.0～8.5 之间的汽车，应选用 E93 号车用乙醇汽油；压缩比在 8.5～9.0 之间的汽车，应选用 E95 号车用乙醇汽油；压缩比在 9.0 以上的汽车，应选用 E97 号车用乙醇汽油。

4.1.2 车用柴油

1. 柴油的使用性能

柴油的馏分较重，柴油机混合气在汽缸内形成。压燃着火，燃烧过程包括着火延迟期、速燃期、缓燃期、后燃期四个阶段。不正常燃烧时工作粗暴。这些特点使柴油使用性能与汽油有许多不同。

（1）良好的低温流动性

柴油在低温条件下所具有一定流动状态的性能称为柴油的低温流动性。

柴油中的烃分子一般含有 15～28 个碳原子，其中一部分为石蜡，通常在柴油中呈溶解状态存在。当温度降低时，石蜡开始结晶析出形成石蜡结晶网络，这种网络延展到全部柴油中，使其流动阻力增加，甚至失去流动性。柴油的低温流动性，不仅关系到柴油机燃料供给系统在低温下能否正常供油，而且与柴油在低温下的储存、运输、倒装等作业能否正常进行都有着密切的关系。柴油低温流动性的评定指标是凝点、浊点和冷滤点，我国只采用凝点和冷滤点。

① 凝点。石油产品在试验条件下，冷却到液面不能移动的最高温度，称为凝点。我国柴油的牌号是按凝点划分的。

② 冷滤点。在规定的试验条件下，试油不能以 20 mL/min 的流量通过一定规格过滤器的最高温度，称为冷滤点。具体地说，将试油在规定的条件下冷却，在 2 kPa 的压力下进行抽吸使试油通过 363 目/in^2（平方英寸）的滤网，当试油冷却到通过过滤器流量小于 20 mL/min 时的最高温度，就是冷滤点。

冷滤点是选择柴油低温流动性的依据，因为冷滤点的测定条件是模拟发动机工作情况确定的，近似于实际使用条件，故能较好地判断柴油可能使用的最低温度，一般地说柴油的冷滤点相当于最低使用温度。例如，−50 号柴油的冷滤点为 −44℃，则可在最低气温为 −44℃ 以上地区使用。

（2）良好的燃烧性

柴油的燃烧性主要是抗粗暴燃烧的能力。若着火延迟期过长，则在汽缸内积聚并完成燃烧准备的柴油就多，以致造成大量的柴油同时燃烧，使汽缸压力急剧升高，发动机运转不平稳，发出异响，这种不正常燃烧现象称为粗暴。柴油机工作粗暴的后果与汽油机爆燃一样，会使曲柄连杆机构承受过大的冲击力作用，产生强烈的金属敲击声，加速零件的磨损和损坏，发动机功率下降、油耗增加。柴油机的燃烧状况与喷油装置的喷油特性、燃烧室结构形式、运行条件和柴油的燃烧性有关。

燃烧性良好的柴油，其自燃点低，在着火延迟期，燃烧室的局部易于形成高密集度的过氧化物，成为着火中心，故着火延迟期短，整个燃烧过程发热均匀，气体压力升高平缓，最高压力较低。

柴油燃烧性的评定指标是十六烷值。

① 十六烷值的概念　十六烷值是表示压燃式发动机燃料燃烧性的一个约定值。在规定条件下的标准发动机试验中，通过和标准燃料进行比较来测定，采用和被测定燃料具有相同着火延迟期的标准燃料中正十六烷的体积分数表示。

测定十六烷值的标准燃料是用两种燃烧性相差悬殊的烃掺配而成的。一种是燃烧性良好的正十六烷（$C_{16}H_{34}$），规定其十六烷值为 100；另一种是燃烧性很差的 a-甲基萘（$C_{11}H_{10}$），规定其十六烷值为 0，它们按不同比例掺和，便得到在 0～100 之间各号标准燃料。

十六烷值缩写成 CN（Ceane Number）。

② 十六烷值对发动机工作的影响　柴油十六烷值影响柴油机的燃烧过程和污染物的排放浓度。

十六烷值高的柴油，发火性能好，着火延迟期短，工作平稳。反之，发火困难，着火延迟期长，缸内积累燃油多，使发动机工作粗暴。

十六烷值对柴油机碳氢化合物（HC）、一氧化碳（CO）和氮氧化物（NO_x）排放浓度的影响一般取决于芳烃含量。芳烃含量越高，十六烷值越低，柴油机碳氢化合物（HC）、一氧化碳（CO）和氮氧化物（NO_x）的排放浓度也就越高。

(3) 较好的雾化和蒸发性

为了保证柴油机的动力性和经济性，燃烧过程必须在活塞位于压缩行程上止点附近迅速完成，要求喷油持续时间极为短促，只有 15°～30°曲轴转角，混合气形成时间只有汽油机的 1/20～1/30，在既定的燃烧室和喷油设备条件下，柴油的雾化和蒸发性决定了混合气形成的速度和质量。如果柴油的雾化和蒸发性差，可能产生以下不良后果。

① 未蒸发的柴油在高温、高压条件下分解析出炭粒，产生黑烟，与废气一同排出汽缸，使油耗和排放污染物增加。

② 未分解和燃烧的柴油经汽缸壁渗入油底壳，稀释发动机油，影响正常润滑，加剧发动机零件磨损。

③ 柴油馏分重，黏度必然大，使喷雾质量低，混合气不均匀，产生后燃现象，使发动机过热，功率下降。

④ 发动机难以启动。

柴油的雾化和蒸发性过强，不仅在储存和运输中蒸发损失大，而且安全性差，所以，要求柴油具有较好的雾化和蒸发性。

柴油雾化和蒸发性的评定指标是馏程、运动黏度、密度和闪点。

闪点有闭口闪点和开口闪点之分。柴油采用闭口闪点评定，发动机油、车辆齿轮油采用开口闪点评定。石油产品用闭口杯在规定条件下加热到柴油蒸气与空气的混合气接触火焰发生闪火时的最低温度，称为闭口闪点。柴油的闪点既是柴油雾化和蒸发性的评定指标，也是柴油安全性的评定指标。如果柴油的雾化和蒸发性过强，将使柴油机工作粗暴，而且在储存、运输和使用中不安全。油品的危险等级就是根据闪点划分的。闪点在45℃以下的为易燃品，45℃以上的为可燃品。在储存运输中禁止油品达到闪点温度，加热的最高温度一般应低于闪点20～30℃。

(4) 良好的安定性

柴油的安定性是指柴油在运输、储存和使用过程中保持颜色、组成和使用性能不变的能力。

柴油的安定性不好，就会氧化结胶，会在燃烧室内生成积炭、胶状沉积物，附在活塞顶和气门上，甚至造成气门关闭不严。还会使燃油滤清器堵塞，在喷油器针阀上生成漆状沉积物，造成针阀黏滞，形成积炭，使喷雾恶化，甚至中断供油，干扰正常燃烧，从而使排放污染增加。

影响柴油安定性的主要因素是柴油中所含的不安定组分，主要是二烯烃、烯烃等不饱和烃。

柴油的馏分过重，环烷芳烃和胶质含量增加，安定性也变差。

柴油安定性的评定指标是色度、氧化安定性、10%蒸余物残炭。

① 氧化安定性。氧化安定性是指一定量的过滤试油，在规定的条件下氧化后所测得的不溶物的总量。不溶物总量是黏附性不溶物和可过滤不溶物之和。

轻柴油氧化安定性的测定按照SH/T 0175—1994《馏分燃料油氧化安定性测定法(加速法)》的规定进行。方法概要是：将已过滤的350 mL试油，注入氧化管，通入氧气，速率为50 mL/min，在95℃温度下氧化16 h。然后把氧化后的试油冷却至室温过滤，得到可过滤的不溶物。用三合剂把黏附性不溶物从氧化管上洗下来，把三合剂蒸发除去，得到黏附性的不溶物。可过滤不溶物的量和黏附性不溶物的量之和为不溶物的总量，以mg/100 mL表示。

② 10%蒸余物残炭。把测定馏程中馏出90%以后的蒸余物作为试样，所测得的试样在裂解中所形成的残留物，称为10%蒸余物残炭。残炭大，柴油在燃烧室中生成积炭的倾向就大，喷油器孔也易结胶堵塞，影响柴油机的正常工作。

(5) 腐蚀性

柴油中腐蚀性物质有硫、硫醇硫、有机酸、水溶性酸或碱。由于柴油属于中等馏分，存在于柴油中的硫、硫醇硫的含量较多，对零件的腐蚀作用强，而且会促进发动机沉积物的生成。柴油腐蚀性的评定指标是含硫量、酸度和铜片腐蚀试验。

① 含硫量。柴油中的含硫量不仅影响柴油发动机的排放污染，而且对发动机的工作还有其他影响。我国轻柴油规格规定硫含量不大于0.2%。试验证明，柴油发动机磨损随柴油中含硫量增加而增加，呈线性关系(见图4-1)。柴油中的硫化物不管是活性的，还是非活性的，燃烧后都生成SO_2和SO_3。这些酸性氧化物在汽缸温度不高时，与水蒸气作用生成H_2SO_3和H_2SO_4，不仅强烈腐蚀发动机零件，而且还会使发动机油的某些成分变成磺酸或胶质等，加速发动机油老化。酸性氧化物还会与汽缸壁上的发动机油和尚未燃烧的柴油起反应，加速烃类聚合反应，使燃烧室、活塞顶和排气门的沉积物增多。

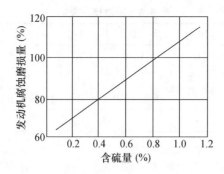

图 4-1　柴油含硫量对柴油机磨损的影响

② 酸度。酸度是指中和 100 mL 试油中的酸性物质所需要的氢氧化钾毫克数，以 mg KOH/100 mL 表示。

有机酸大部分含在石油中等馏分中，因此，柴油中有机酸含量比汽油高。有机酸的含量在柴油规格中用酸度表示。柴油的酸度大，会使发动机沉积物增加，还使喷油泵柱塞副磨损加剧，喷油器头部和燃烧室积炭增多，从而导致喷雾恶化以及使柴油机功率降低和汽缸活塞组件磨损增加。

（6）无害性

柴油中的芳烃含量、硫含量对柴油机的排放污染影响很大。

柴油中的芳烃（特别是多环芳烃）含量对柴油机颗粒物的排放影响最大。试验表明，柴油机的颗粒物排放随芳烃增加而急剧上升。因为芳烃是以苯环为基础的牢固结合体，它不仅含碳量高，而且化学结构牢固不易燃烧，故容易形成炭粒。世界燃油规范对总芳烃含量和多环芳烃等量均提出了严格的限值。柴油中的含硫量对柴油机颗粒物排放影响也很大。研究表明，含硫量（m/m）从 0.2% 降低到 0.05%，柴油机颗粒物排放量将降低 8%。世界燃油规范要求二类柴油的硫含量（m/m）不大于 0.03%。

（7）严格的清洁性

柴油机的燃料供给系统有许多精密偶件，如喷油泵的柱塞副间隙仅为 0.0015～0.0025 mm。若柴油中混入坚硬的杂质，就会堵塞油路并使柴油机机件产生磨料磨损。同样，水分的存在能增加硫化物对金属零件的腐蚀作用。

柴油清洁性的评定指标是水分、灰分和机械杂质。

① 水分。在轻柴油规格中要求水分不大于痕迹，痕迹表示水分为 0.03%。

② 灰分。溶于柴油中无机盐类和有机盐类以及不能燃烧的机械杂质经过灼烧后所剩余的不燃物质，称为灰分。灰分间接表示上述物质的含量，这些物质能侵蚀金属，在摩擦副中起磨粒作用，是造成汽缸壁与活塞环以及喷油泵柱塞副偶件磨损的主要原因之一。

2. 柴油的标准

GB 252—2011《普通柴油》规定的技术要求见表 4-4。按凝点分为 10 号、5 号、0 号、-10 号、-20 号、-35 号和 -50 号七种牌号。

表 4-4 柴油技术要求

项　目	10 号	5 号	0 号	−10 号	−20 号	−35 号	−50 号	试验方法
凝点（℃） 不高于	10	5	0	−10	−20	−35	−50	GB/T 510
冷滤点（℃） 不高于	12	8	4	−5	−14	−29	−44	SH/T 0248
运动黏度（20℃）（mm^2/s）	3.0～8.0				2.5～8.0	1.8～7.0		GB/T 265
闪点（闭口）（℃） 不低于	55					45		GB/T 261
色度，号 不大于	3.5							GB/T 6540
氧化安定性，不溶物总量（mg/100 mL） 不大于	2.5							SH/T 0175
硫含量（m/m）（%） 不大于	0.2							GB/T 380
酸度（mgKOH/100 mL） 不大于	7							GB/T 258
10% 蒸余物残炭（m/m）（%） 不大于	0.3							GB/T 268
灰分（m/m）（%） 不大于	0.01							GB/T 508
铜片腐蚀（50℃，3 h）级 不大于	1							GB/T 5096
水分（V/V）（%） 不大于	痕迹							GB/T 260
机械杂质	无							GB/T 511
十六烷值 不小于	45							GB/T 386
馏程： 50% 回收温度（℃）　不高于 90% 回收温度（℃）　不高于 95% 回收温度（℃）　不高于	300 355 365							GB/T 6536
密度（20℃时）（kg/m^3）	实测							GB/T 1884 GB/T 1884

3. 柴油的选择

柴油的选择是按风险率为 10% 的最低气温进行牌号的选择。

某月风险率为 10% 最低气温值，表示该月中最低气温低于该值的概率为 0.1，或者说该月中最低气温高于该值的概率为 0.9。各地区风险率为 10% 的最低气温不仅是选择柴油牌号的依据，也是选择发动机油、车辆齿轮油和制动液等的依据。

柴油牌号的选择一般应使最低使用温度等于或略高于柴油的冷凝点，具体如下。

① 10 号柴油。适用于有预热设备的柴油机。

② 5 号柴油。适用于风险率为 10% 的最低气温在 8℃ 以上的地区使用。

③ 0 号柴油。适用于风险率为 10% 的最低气温在 4℃ 以上的地区使用。

④ −10 号柴油。适用于风险率为 10% 的最低气温在 −5℃ 以上的地区使用。

⑤ −20 号柴油。适用于风险率为 10% 的最低气温在 −14℃ 以上的地区使用。

⑥ −35 号柴油。适用于风险率为 10% 的最低气温在 −29℃ 以上的地区使用。

⑦ −50 号柴油。适用于风险率为 10% 的最低气温在 −44℃ 以上的地区使用。

柴油使用前要进行沉淀和滤清，沉淀时间不少于 48 h。

车用柴油选用特别提示如下。

① 不同牌号的柴油可以掺兑使用，以降低高凝点柴油的凝点温度。但应注意，凝点的调整无严格的加成关系。例如 -10 号和 -20 号的柴油按各 50% 掺兑后，其凝点不是 -15℃，而是在 -13 ～ 14℃ 之间。另外，还可在柴油中掺入 10% ～ 40% 的裂化煤油，以降低凝点，掺兑后应注意搅拌均匀。

② 柴油不能与汽油混用。柴油中不得掺入汽油使用，因为汽油的自燃温度比柴油的高，且发火性能差。混合使用将会导致柴油机启动困难，排气管冒黑烟，甚至不能启动；柴油机有时还会出现爆燃现象，加剧机件的磨损，同时燃烧室和排气系统会产生大量胶质或积炭，严重破坏润滑，导致柴油机早期损坏。

③ 合理低温启动。解决柴油机低温启动困难的主要途径是，选择黏度合适的润滑油、预热、蓄电池保温等；也可采用辅助启动法，即用馏分轻、挥发性好、自燃点低且又有一定十六烷值的低温启动液，使用时可附加一套启动液使用装置，也可以用注射器直接将 10 ～ 25 mL 的低温启动液注入进气管中。

启动液的主要成分是乙醚，沸点仅为 34.5℃，40℃ 时的饱和蒸气压力为 0.12 MPa，闪点温度为 41℃。188℃ 时能在空气中自燃，所以既易点燃又易压燃。切不可将低温启动液与柴油混用，否则易造成"气阻"现象。

④ 柴油必须净化。柴油中若含有杂质，极易造成燃油系统精密件的堵塞或卡死。因此，使用柴油前必须经沉淀过滤，沉淀时间不得少于 48 h；同时，要及时更换或清洗柴油滤清器的滤芯，以保持其良好的过滤效果。

4.1.3 汽车新能源

开发和利用低排放的新型能源汽车，已成为世界许多国家减少汽车对石油资源的过度依赖，保证本国能源安全和实现汽车工业可持续发展的基本战略之一。

汽车新能源包括压缩天然气（CNG）、液化天然气（LNG）、液化石油气（LPG）、甲醇、乙醇、二甲醚（DME）、电能、氢能等。车用燃料的物理化学特性见表 4-5。

表 4-5　主要车用燃料的物理化学特性

	柴油	汽油	甲醇	乙醇	LPG	CNG	DME
化学组成	$C_{15}H_{28}$	C_7H_{15}	CH_4O	C_2H_6O	C_3H_9	CH_4	C_2H_6O
分子量	208	99	32	46	45	16	46
C (m/m)(%)	86.1	84.9	37.5	52.2	80.0	75.0	52.2
H (m/m)(%)	13.9	15.1	12.5	13.0	20.0	25.0	13.0
O (m/m)(%)	0	0	50.0	34.8	0	0	34.8
液态密度（20℃时）(kg/mL)	0.840	0.740	0.795	0.790	0.540	—	0.668
低热值（MJ/kg）	42.7	42.5	19.7	26.8	46.0	47.7	28.4
蒸发热（kJ/MJ）	～6.0	～8.0	56.4	33.8	8.6		14.4
研究法辛烷值	—	95	>110	>100	～100	～100	～130
十六烷值	45 ～ 55	—	—	—	—		55 ～ 60

1. 天然气

天然气（Natural Gas，NG）是开采的以甲烷为主要成分的天然气体。按其存在形式分为压缩天然气（Compressed Natural Gas，CNG）和液化天然气（Liquefied Natural Gas，LNG）两种。压缩天然气是经压缩，压力在 14.7～24.5 MPa 范围内的天然气。液化天然气是经净化处理、深度冷却后成液态的天然气。

（1）天然气的特性

① 低热值高。

② 抗爆性好，研究法辛烷值（RON）为 130。

③ 天然气与空气混合后具有很宽的着火极限，有利于发动机的稀燃技术。

④ 天然气汽车经过认真匹配后，可比不带后处理的汽油车排放的 CO 和 HC 低许多。

（2）压缩天然气的技术指标

表 4-6 为 GB 18047—2000《车用压缩天然气》规定的技术指标。

表 4-6 压缩天然气的技术指标

项　目	技术指标
高位发热量（MJ/m^3）	>31.4
总硫（以硫计）（mg/m^3）	≤200
硫化氢（mg/m^3）	≤15
二氧化碳 CO_2（%）	≤3.0
氧气 O_2（%）	≤0.5
水露点（℃）	在汽车驾驶地理区域内，在高操作压力下，水露点不应高于 -13℃；当最低温度低于 -8℃时，水露点应比最低气温低 5℃

2. 液化石油气

液化石油气（Liquefied Petroleum Gas，LPG）是以丙烷为主要成分的气体，使用时又经压缩成液态。液化石油气分为油田液化石油气和炼厂液化石油气两大类。

（1）液化石油气的特性

① 低热值高。

② 抗爆性好，研究法辛烷值（RON）在 94～110 之间。

③ 燃烧完全，积炭少。

④ 液化石油气汽车经过认真匹配后，可比不带后处理汽油车排放的 CO 低得多，HC 和 NO_x 的排放量比天然气汽车高。

（2）液化石油气的技术指标

表 4-7 为 SY/T7548—1998《汽车用液化石油气》规定的车用液化石油气的技术指标。

表 4-7 汽车用液化石油气的技术指标

项　目		质量指标		试验方法
		车用丙烷	车用丙丁烷混合物	
37.8℃蒸气压（kPa）		≤1 430	≤1 430	GB/T 6602—1989
组分 φ（%）	丙烷	—	≥60	SH/T 0230
	丁烷及以上组分	≤2.5	—	
	戊烷及以上组分	—	≤2	
	丙烯	≤5	≤5	
残留物	100 mL 蒸发残留物（mL）	≤0.05	≤0.05	SY/T 7509
	油渍观察	通过	通过	
密度（20℃或15℃）（kg/m³）		实测	实测	SH/T 0221
铜片腐蚀		不大于1级	不大于1级	SH/T 0232
总硫含量 ω（10^{-6}）（质量分数）		≤123	≤140	SY/T 7508
游离水		无	无	自测

3. 甲醇

甲醇由天然气、煤等天然燃料制成，或来自化工副产品的液态燃料。

（1）甲醇的特性

① 抗爆性好，研究法辛烷值（RON）达 112。
② 甲醇的着火极限范围宽，且能在较稀的混合气状态下工作，可以实现稀燃技术。
③ 甲醇燃烧时微粒物排放极少，HC 排放量较少，NO_x 的排放量约为轻柴油的一半。
④ 甲醇的汽化潜热大，使低温启动和低温运行性能恶化。
⑤ 甲醇的热值为汽油或柴油的一半。
⑥ 甲醇汽油对金属具有较强的电化学腐蚀能力。
⑦ 各种比例的甲醇汽油对发动机燃料系统的橡胶材料都有不同程度的腐蚀和溶胀作用。

因此，如要推广甲醇汽油，发动机燃料系统橡胶材料必须选择与汽油和甲醇汽油都有良好相溶性的橡胶材料。

⑧ 沸点低，蒸气压高，容易产生气阻等。

（2）甲醇的技术指标

车用燃料甲醇还没有国家或行业标准，表 4-8 为地方标准的实例。

表 4-8 车用燃料甲醇的技术指标

项　目		技术指标
密度（20℃）（kg/m³）		791～795
水分含量（%）	不大于	0.15
沸点（101.3 kPa）（℃）		64～66
酸度（以 CHOOH 计）（%）	不大于	0.005
碱度（以 NH_3 计）（%）	不大于	0.002
蒸发残渣含量（%）	不大于	0.005
羰基化合物（以 CH_2O 计）（%）	不大于	0.015
辛烷值（RON）	不大于	110

4. 乙醇

由有机物（一般利用农作物，如玉米、甘蔗等）制成的液态燃料。乙醇的特性与甲醇类似，主要是燃料自身含氧、自燃温度和辛烷值高，着火极限范围宽、汽化潜热大、沸点低等。加入变性剂后不适于饮用的燃料乙醇，称为变性燃料乙醇。乙醇汽油是在不添加含氧化合物液体烃类中加入一定量变性燃料乙醇后作点燃式内燃机的燃料，加入量为 10%，称为 E10（E 是乙醇英文名称 ethanol 的第一个字母）。2001 年 4 月 2 日我国发布了 GB 18351—2001《车用乙醇汽油》标准，见表 4-9。

表 4-9 变性燃料乙醇技术指标

项 目		技术指标
外观		清澈透明、无肉眼可见悬浮物和沉淀物
乙醇（V/V）（%）	不小于	92.1
甲醇（V/V）（%）	不大于	0.5
实际胶质（mg/100 mL）	不大于	5.0
水分（V/V）（%）	不大于	0.8
无机氯（以 Cl^- 计）（mg/L）	不大于	32
酸度（以酸计）（mg/L）	不大于	56
铜（mg/L）	不大于	0.08
pH_e 值		6.5~9.0

5. 二甲醚

二甲醚（DME）是一种由煤、煤层气、天然气和生物原料生产出来的燃料，它在常温下为惰性气体，无致癌作用、无腐蚀、无毒，长期暴露在空气中也不会形成过氧化物。由于二甲醚十六烷值高，燃料中含氧量较高，柴油机燃用二甲醚所产生的排放量、噪声可大幅度降低。

二甲醚具有以下特性。

① 二甲醚化学分子中无 C—C 键的分子结构，氧的质量分数高达 34.8%，这为发动机实现无烟排放提供了基础。

② 二甲醚十六烷值高于柴油，具有良好的自然性能，非常适合作为柴油机的代用燃料。

③ 二甲醚沸点较低（-24.9℃），能够迅速形成良好的混合气，从而缩短了滞燃期，使柴油机具有良好的冷启动性能。但二甲醚在常温、常压下为气态，因此燃料供给系统需要改动。

④ 二甲醚热值仅为柴油热值的 66.8%，二甲醚密度只有柴油密度的 78.5%，为了达到柴油机的动力性，以体积计二甲醚供给量是柴油的 1.9 倍。

⑤ 二甲醚黏度低（为柴油的 0.037~0.075），使高压供油系统中二甲醚容易泄漏，也使偶件容易发生早期磨损。

⑥ 对金属无腐蚀，对普通橡胶、塑料有腐蚀作用。

6. 电能

以电能为动力的汽车称为电动汽车。电动汽车基本形式有蓄电池式和燃料电池式两种。混合动力汽车的应用日趋广泛。将其他能源转变为电能并储存于蓄电池作为动力源的汽车称为纯电动汽车。目前纯电动汽车的研究开发主要集中在高性能车用动力电池方面,以锂电池为重点。

燃料电池是一种将化学能直接转变为电能的电化学反应装置,通常由多孔渗透的阳极和阴极以及连接它们的电解质组成,如图4-2所示。在燃料电池中,将汽化的燃料持续输入阳极,将氧化剂输入阴极,在各电极发生电化学反应后,电子和质子迁徙就使电极间产生了电流。

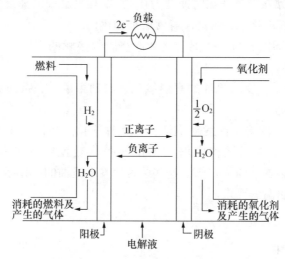

图4-2 燃料电池的工作原理

燃料电池电动汽车与普通蓄电池电动汽车相比,有续驶里程长、加燃料方便的特点。燃料池与内燃机比较其优点如下。

① 效率高。燃料电池的化学反应不受卡诺循环的限制;理论上能量效率可达到80%以上,实际效率可达50%~70%。

② 清洁无污染。氢/氧燃料电池的反应产物是水,属于零排放。

③ 能源资源广。燃料电池的主要燃料氢可广泛从天然气、煤等制取,也可从水电解或其他过程的副产品得到。

混合动力汽车是一种以内燃机和蓄电池为动力的汽车。混合动力汽车虽然不能实现零排放,但是所能达到的动力性、经济性和排放指标可以缓解汽车发展与环境污染和石油短缺日益尖锐的矛盾。

4.2 车用润滑油料的选用

4.2.1 发动机油的选用

1. 发动机油的工作特点

发动机油在发动机中的工作条件是非常苛刻的,主要表现如下。

① 温度变化大。发动机油在发动机中工作时，接触到的各润滑部位温度很高，例如第一道活塞环处为 200～300℃，活塞裙部为 110～115℃，曲轴主轴承处为 85～100℃。而在冬季室外停车后，油底壳里发动机油的温度可降至与大气温度一样低。在高温时，发动机油容易氧化、裂解，产生积炭、漆膜等高温沉积物，高温还会使发动机油黏度降低，不易形成液体润滑。而在低温时，发动机油黏度增大，使发动机启动困难，磨损严重。

② 压力高，活塞速度变化大。发动机工作时，燃气最高压力可达 5～9 MPa，活塞环对汽缸的侧压力为 2～3 MPa，活塞裙部对汽缸的侧压力为 1.0～1.2 MPa。现代发动机的最高转速可达 3 000～6 000 r/min，由于活塞每秒行经 100～200 个行程，活塞平均速度可达 10～15 m/s，且活塞在上下止点时速度为 0，活塞在汽缸中的速度变化大。因此，摩擦表面难以形成理想的润滑状态，会产生异常磨损和擦伤。

③ 发动机零件易腐蚀。与可燃混合气和燃烧废气接触的零件（如汽缸、汽缸盖、活塞组等）将受到化学腐蚀。

④ 发动机油易变质。发动机油的高温氧化、曲轴箱窜气、杂质和沉积物的混入，会促进发动机油劣化变质。

⑤ 发动机净化装置的采用使发动机油工作条件恶化。当代汽车为适应日趋严格的汽车排放法规，在传统发动机结构中增加了排气净化装置，例如曲轴箱强制通风装置（PCV）、废气再循环装置（CCR）等。这些装置使发动机油的工作条件恶化，并对发动机油使用性能级别提出更高的要求。

2. 发动机油的使用性能

(1) 良好的润滑性

在各种条件下，发动机油降低摩擦、减缓磨损和防止金属烧结的能力，称为发动机油的润滑性。

发动机油的黏度和化学性质对发动机零件在不同润滑状态的润滑作用有重要影响。在液体润滑状态，润滑油具有一定的黏度是形成液体润滑的基本条件之一。而黏度是液体流动时内摩擦力的量度，在液体润滑状态，摩擦系数随润滑油黏度降低而减小。当润滑油的黏度低到一定程度时，油膜厚度降低到近似等于运动副的粗糙度，该区域为混合润滑状态，润滑油的黏度和化学性质对摩擦系数都有影响。当润滑油膜的厚度小于运动副表面粗糙度时，便成为边界润滑状态，此时起润滑作用的不再是润滑油的黏度，而完全是润滑油的化学性质，即润滑油的油性和极压性。油性是润滑油在摩擦金属表面上的吸附性。润滑油中极性分子定向排列吸附在金属表面上形成吸附膜，这种吸附膜只能在中温、中速、中负荷情况下，才能保持边界润滑。当高温、高速、高压时，吸附膜脱落，油性失效。极压性是润滑油在摩擦表面的化学反应性质。当润滑油中加入含硫、磷等化合物添加剂时，高温下这些化合物分解生成的活性元素与金属形成化学反应膜，该反应膜的熔点和剪切强度比较低，能降低摩擦和磨损。

发动机油黏度是评定润滑性的重要指标。但是，对于边界润滑，主要是油性剂和极压剂起作用，所以发动机油的润滑性还要通过相应的发动机试验来评定。

(2) 良好的低温操作性

从发动机油方面保证发动机在低温条件下容易启动和可靠供油的性能，称为发动机油的低温操作性。发动机油黏度随气温降低而增加，因此，使发动机低温启动时转动曲轴的阻力矩增加，曲轴转速下降（见图4-3），从而造成发动机启动困难。发动机油黏度增加后，流动困难，供油不足，造成磨损严重。

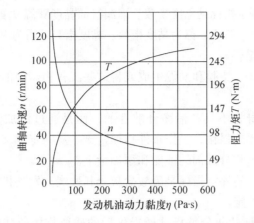

图4-3 发动机曲轴转动阻力矩（T）、转速（n）与发动机油动力黏度（η）的关系

综上所述，发动机油的低温操作性包括有利于低温启动和降低启动磨损两方面。

① 低温动力黏度。按流体黏度特性，流体分为牛顿流体和非牛顿流体两类。遵循牛顿黏性定律的流体，即切应力与剪切速率成正比的流体，称为牛顿流体。不遵循牛顿黏性定律的流体，即切应力与剪切速率不成正比的流体，称为非牛顿流体。润滑剂在低温状态下为非牛顿流体，其黏度为低温动力黏度，也称表现黏度。

非牛顿流体流动时内部阻力特性的量度，其值为在规定的剪切速率下，切应力与剪切速率之比称为表观黏度，即低温动力黏度。

低温动力黏度是划分冬用发动机油黏度级别的依据之一。

发动机油表观黏度测定按 GB/T 6538—2010《发动机油表观黏度的测定 冷启动模拟法》的规定进行。

② 边界泵送温度。能将发动机油连续、充分地供给发动机机油泵入口的最低温度，称为发动机油的边界泵送温度。

边界泵送温度是衡量发动机在启动阶段发动机油是否易于流到机油泵入口并提供足够压力的性能。边界泵送温度也是划分冬用发动机油黏度级别的依据之一。

③ 倾点。试样在规定的条件下冷却时，能够流动的最低温度，称为倾点。

同一试样的凝点比倾点略低。现行发动机油规格均采用倾点作为发动机油低温操作性的评之指标之一。

（3）良好的黏温性

温度对油品黏度的影响很大。温度升高，黏度降低；温度降低，黏度升高。润滑油这种由于温度升降而改变黏度的性质，称为黏温性。良好的黏温性是指油品的黏度随温度的变化程度小。

发动机油所接触到的各润滑部位的工作温度差别甚大。因此，就要求发动机油在高温工作时，能保持一定的黏度，以形成足够厚度的油膜，确保润滑效果；而在低温工作时，黏度又不至于变得太大，以维持一定的流动性，使发动机低温时容易启动和减小零件的磨损。

在基础油中加入黏度指数改进剂可提高油品的黏温性。能同时满足低高温使用要求的发动机油称为多黏度发动机油,俗称稠化机油。这种发动机油用低黏度的基础油和黏度指数改进剂调配而成,具有良好的黏温性。

发动机油黏温性的评定指标是黏度指数。即润滑油黏度随温度变化程度与标准油黏度随温度变化程度比较所得的相对值,称为黏度指数。黏度指数缩写为 VI(Viscosity index)。

(4) 良好的清净分散性

发动机油能抑制积炭、漆膜和油泥生成或将这些沉积物清除的性能,称为发动机油的清净分散性。

发动机油基础油本身是不具备清净分散性的,而是通过添加清净剂和分散剂而获得的。当代发动机的性能逐渐强化,工作条件越加苛刻。从一定意义上说,发动机油使用性能的高低,体现在清净剂和分散剂的性能和添加量上。

发动机油清净分散性的评定指标是硫酸盐灰分和残炭。发动机油的清净分散性主要通过相应的发动机试验来评定。

① 硫酸盐灰分。硫酸盐灰分是指试样炭化后的残留物用硫酸处理,加热至质量恒定时的残留物。硫酸盐灰分可以用来表明新润滑油中已知的含金属添加剂的浓度。

② 残炭。油品在规定条件下受热蒸发后剩下的黑色残留物称为残炭。残炭占油品总质量分数称为残炭值。

根据残炭量的大小,可以大致判断发动机油在发动机中结炭的倾向。一般精制的基础油残炭量小。发动机油中含氧、硫、氧化物较多时,残炭量增大。发动机油中添加清净分散剂后,残炭量也增大,发动机油是限制加剂前的残炭。

残炭的测定按 GB 268—1987《石油产品残炭测定法(康氏法)》的规定进行。

(5) 良好的抗氧化性

发动机油与氧相互作用反应生成氧化产物,改变其物理和化学性质的过程,称为发动机油氧化。发动机油抵抗氧化的能力称为发动机油抗氧性,发动机油的抗化氧性通过相应的发动机试验来评定。

发动机油在一定条件下便会发生化学反应,由于氧化而使其颜色变深、黏度增加、酸性增大,并析出沉淀物。发动机油的氧化是发动机沉积物生成、发动机油变质的前提,因此抗氧性也是发动机油的重要性质。它决定发动机油在使用中是否容易变质、对零件腐蚀和生成沉积物的倾向,是决定发动机油使用期限的重要因素。

从油品方面减缓发动机油的氧化变质的主要途径有选择合适的馏分和组成、合理精制、添加抗氧化剂或抗氧化抗腐蚀剂。

(6) 良好的抗腐蚀性

发动机油抵抗腐蚀性物质对金属腐蚀的能力称为发动机油的抗腐性。

发动机油在使用过程中不可避免地被氧化而生成各种有机酸,这些有机酸将对金属产生腐蚀作用。腐蚀机理是,金属先与氧化产物(过氧化物)作用,生成金属氧化物,接着金属氧化物与有机酸反应生成金属盐。特别是高速柴油机使用的铜、铅、镉、银轴承,抗腐蚀性能差,在发动机油中即使只有微量的酸性物质也会引起严重的腐蚀,使轴承出现斑点、麻坑,甚至整块金属剥落。所以,对柴油机油的防腐性要求更严格。

发动机油的腐蚀性大小一般与发动机油被氧化的程度一致,因此,影响发动机油腐蚀性的因素与影响发动机油氧化的因素类似。提高发动机油抗腐性的途径是:加深发动机油的精制程度,减小酸值,同时要添加抗腐剂。

发动机油抗腐蚀性的评定指标是中和值，通过相应的发动机试验来测定。中和1g试油中含有酸性或碱性组分所需的碱量称为中和值。中和值表示油品在使用期间，经过氧化后酸、碱值的相对变化。酸值是中和1g试油中的酸性组分所需要氢氧化钾的毫克数，碱值是中和1g试油中的碱性组分所需要的酸量，换算为相当的碱量。因此，中和值的单位是 mg KOH/g。

(7) 良好的抗泡沫性

发动机油消除泡沫的性质称为发动机油的抗泡沫性。

当发动机油受到激烈搅动，将空气混入油中时，就会产生泡沫。泡沫如果不及时消除，会产生气阻、供油不足等故障。因此，要求发动机油有良好的抗泡沫性，在出现泡沫后能及时消除，以保证正常工作。

发动机油抗泡沫性的评定指标是泡沫性。

3. 发动机油的分类和规格

(1) 发动机油的分类

1) 发动机油的使用性能分类

发动机油的使用性能分类，是根据发动机油在发动机台架试验中所得到的润滑性、清净分散性、抗氧抗腐性等确定其等级的。

在较长的时期内，世界上许多国家采用美国石油学会（API）的发动机油使用性能分类法。但是，近年来又出现了国际润滑油标准化和认可委员会（ILSAC）、欧共体汽车制造者委员会（CCMC）、欧洲汽车制造商协会（ACEA）、日本汽车标准组织（JASO）的发动机油使用性能分类法。

1970年，美国材料与试验协会（ASTM）、美国石油学会（API）和美国汽车工程师学会（SAE），共同提出了发动机油的使用性能必须通过规定的发动机试验来确定，即新的API使用性能分类法，该分类法将汽油机油定为S系列；将柴油机油定为C系列。新的API发动机油使用性能分类法，是按照发动机性能强化程度和工作条件的苛刻程度来划分的。现行的API汽油机油分类见表4-10，现行的API柴油机油分类见表4-11。

表4-10 API汽油机油的使用性能分类

API级	质量水平
SA	用于运行条件非常缓和的老式汽油机和柴油机。不含添加剂
SB	用于中等运行条件下的老式汽油机。加少量的抗氧剂，具有轻微的抗氧性和抗磨性
SC	用于1964—1967年生产的汽油机。具有清净性和防蚀性
SD	用于1968—1971年生产的汽油机。具有比SC级更好的清净性和防蚀性
SE	用于1972—1979年生产的汽油机。具有比SD级更好的清净性和防蚀性，并具有高温抗氧化性
SF	用于1980—1988年生产的汽油机。具有比SE级更好的抗磨性、防蚀性、清净性和高温抗氧化性
SG	用于1989—1993年生产的汽油机。具有比SF级更好的抗磨性、防蚀性、清净性
SH	用于1994年后生产的汽油机。具有比SG级更好的抗磨性、清净性和高温抗氧化性
SJ	用于1997年后生产的汽油机。具有比SH级更好的清净性和高温抗氧化性，并具有更长的使用寿命

表 4-11 API 柴油机油的使用性能分类

API 级	质量水平
CA	用于燃料含硫量低的轻负荷柴油机。具有防止轴承腐蚀和高温沉积物的性能
CB	用于1949—1960年生产的燃料含硫量高的中等负荷、非增压的柴油机。在使用高硫含量燃料的情况下，具有防止轴承腐蚀和高温沉积物的性能
CC	用于1961年后生产的中、高负荷的增压柴油机和高负荷汽油机。对柴油机，具有防止高温沉积物的性能；对汽油机，具有防锈、抗腐和防止低温沉积物的性能
CD	用于高速、高功率的增压柴油机。具有优良的防止高温沉积物和抗腐性，且具有防止轴承腐蚀的性能
CD-2	用于1985年后生产的重负荷二冲程柴油机。具有高效控制磨损和沉积物的性能
CE	用于1983年后生产的增压重负荷柴油机。具有优良的防止高低温沉积物、抗磨性和防蚀性
CF-4	用于1991年后生产的重负荷增压柴油机。符合1991年的美国排放法规，具有优良的防止高温沉积物、抗磨性和防轴承腐蚀性
CG-4	用于1995年后生产的使用低硫燃料的增压柴油机。符合1994年的美国排放法规，具有更好的防止高温沉积物和控制磨损的性能

2) 发动机油的黏度分类

世界上广泛采用美国汽车工程师学会（SAE）的发动机油黏度分类法。

从1911年首次制定发动机油 SAE 黏度分类以来，已经多次修订，目前执行的是 SAEJ300—1987《发动机油黏度分类》（见表4-12）。本分类标准采用含字母 W 和不含字母 W 两组黏度系列黏度等级号的划分，前者以最大低温黏度、最高边界泵送温度以及100℃时的最小运动黏度划分，后者仅以100℃时运动黏度划分。黏度等级以六个含 W 的低温黏度级号（0W、5W、10W、15W、20W、25W）和五个不含 W 的100℃运动黏度级号（20、30、40、50、60）表示。

表 4-12 发动机油 SEA 黏度分类

SEA 黏度等级	在相应温度下的最大黏度 (Pa·s (MPa·s)，℃)	最高边界泵送温度（℃）	最大稳定倾点（℃）	100℃运动黏度（mm²/s）	
				最小	最大
0W	3.25 (3250)，-30	-35		3.8	
5W	3.5 (3500)，-25	-30	-35	3.8	
10W	3.5 (3500)，-20	-25	-30	4.1	
15W	3.5 (3500)，-15	-20		5.6	
20W	4.5 (4500)，-10	-15		5.6	
25W	6.0 (6000)，-5	-10		9.3	
20				5.6	<9.3
30				9.3	<19.5
40				12.5	<16.3
50				16.3	<21.9
60				21.9	<26.1

按 SAE 黏度分类的发动机油，还有单黏度级和多黏度级（稠化机油）之分。只能满足低温或高温一种黏度级要求的润滑油为单黏度级润滑油。既能满足低温时的黏度级要求，又能满足高温时的黏度级要求的润滑油称为多黏度级润滑油。它由低温黏度级号与高温黏度级号组合来表示，如 5W/30、15W/40 等。以 5W/30 为例，这是一种多黏度级发动机油，在低温使用时符合 SAE5W 黏度级；在 100℃时运动黏度符合 SAE30 黏度级。

（2）发动机油的规格

GB 11121—2006《汽油机油》规定了 SC、SD、SE、SF 四个级别的汽油机油规格；GB 11122—2006《柴油机油》规定了 CC、CD 两个级别的柴油机油规格；GB 11121—2006《汽油机油》规定了 SD/CC、SE/CC、SF/CD 三个级别的汽油机/柴油机油规格。1997 年，我国还制定了 SG、SH、SJ 级汽油机油和 CF-4 级柴油机油的企业标准。表 4-13 为我国 SP 级汽油机油规格的实例。

表 4-13 SP 级汽油机油规格

项 目		质量指标				试验方法
黏度等级（按 GB/T 14906）		5W/30	10W/30	15W/30	30	40	
运动黏度（100℃时）(mm^2/s)		9.3~12.5	9.3~12.5	12.5~16.3	9.3~12.5	12.5~16.3	GB 265—1988
低温动力黏度（MPa·s） 不大于		3 500（-25℃）	3 500（-20℃）	3 500（-15℃）			GB/T 6538—2010
边界泵送温度（℃） 不高于		-30	-25	-20			GB/T 9171—1988
黏度指数 不小于					75	80	GB/T 1995—1988 或 GB/T 2541—1981
闪点（开口）[①]（℃）不低于		200	205	215	220	225	GB/T 3536—2008
倾点（℃） 不高于		-35	-30	-23	-15	-10	GB/T 3535—2006
理化性能要求	高温高剪切黏度（MPa·s）（150℃，$10^6 s^{-1}$）	报告					SH/T 0618
	蒸发损失（%） 诺亚克法（250℃，1h） 模拟蒸馏法（371℃馏出量）	报告 报告					SH/T 0059 SH/T 0558
	泡沫性（泡沫倾向/泡沫稳定性）（mL/mL） 24℃ 不大于 93.5℃ 不大于 后 24℃ 不大于	25/0 150/0 25/0					GB/T 12579—2002
	沉淀物[②]（%） 不大于	0.01					GB/T 6531—1986
	水分（%） 不大于	痕迹					GB/T 260—1977
	残炭（加剂前）（%）	报告					GB 268—1987
	中和值（加剂前）（mgKOH/g）	报告					GB/T 7304—2000
	硫酸盐灰分（%）	报告					GB/T 2433—1981
	硫（%）	报告					GB/T 387—1990[③] 或 GB/T 388—1964 GB/T 1140 GB/T 0172

（续表）

项目 黏度等级（按 GB/T 14906）	5W/30	10W/30	质量指标 15W/30	30	40	试验方法
理化性能要求 磷（%）			报告			SH/T 0296
理化性能要求 钙（%）			报告			SH/T 0270④
理化性能要求 钡（%）			报告			SH/T 0225④
理化性能要求 锌（%）			报告			SH/T 0226④
理化性能要求 镁（%）			报告			SH/T 0061
轴瓦腐蚀 试验⑤ 轴瓦失重（mg） 不大于			40			SH/T 0265
剪切安定性⑥ 100℃运动黏度（mm²/s）			在本等级油黏度等级范围内			SH/T 0265 GB 265—1988
发动机试验要求 程序ⅡD 发动机试验⑦ 发动机锈蚀平均评定 不小于 挺杆黏结数			8.5 无			SH/T 0512
发动机试验要求 程序ⅢD 发动机试验（64 h）⑦ 黏度增长（40℃）不大于（%） 发动机平均评分 发动机油泥 不小于 活塞裙部漆膜 不小于 油环台沉积物 不小于 环黏结 挺杆黏结 擦伤和磨损 凸轮或挺杆擦伤 凸轮和挺杆磨损（mm） 平均值 不大于 最大值 不大于			375 9.2 9.2 4.8 无 无 无 0.102 0.203			SH/T 0513
发动机试验要求 程序ⅤD 发动机试验⑦ 发动机油泥平均评分 不小于 活塞裙部漆膜平均评分 不小于 发动机漆膜平均评分 不小于 滤网堵塞（%）不小于 油环堵塞（%）不小于 压缩环黏结 凸轮磨损（mm） 平均值 最大值			9.4 6.7 6.6 7.5 10.0 无 0.025 0.064			SH/T 0514

① 黏度指数（MⅥ）和低黏度指数（LⅥ）基础油生产的单级油产品允许比标准规定闪点指标低10℃。

② 可采用 GB/T 511—2010 测定机械杂质，指标不变。有争议时，以 GB/T 6531—1986 为准。

③ 生产厂可根据自己的配方选择适当的测定方法。

④ 允许用原子吸收光谱或 SH/T 0309 测定。

⑤ 属保证项目，每年测定一次。亦可用 SH/T 0264 方法评定，指标为轴瓦失重不大于 25 mg。

⑥ 属保证项目，每年测定一次。亦可用 SH/T 0265 方法运转 10 h 后取样，采用 GB 265—1988 方法测定100℃运动黏度。在用 SH/T 0264 评定轴瓦腐蚀时，剪切安定性用 SH/T 0505 和 GB 265—1988 方法测定，指标不变。如有争议时，以 SH/T 0265 和 GB 265—1988 方法为准。

⑦ 属保证项目，每四年审定一次，必要时进行评定。

4. 发动机油的选择

发动机油的选择应兼顾使用性能级别的选择和黏度级别的选择两个方面。

（1）使用性能级别的选择

发动机油使用性能级别的选择，主要根据发动机性能、结构、工作条件和燃料品质。汽油机油使用性能级别的选择一般应考虑以下因素。

① 发动机压缩比、排量、最大功率、最大扭矩。
② 发动机油负荷，即发动机功率（kW）与曲轴箱机油容量（L）之比。
③ 曲轴箱强制通风、废气再循环等排气净化装置的采用对发动机油的影响。
④ 城市汽车时开时停等运行工况对生成沉积物和机油氧化的影响等。

部分汽油车发动机主要技术特性和要求的汽油机油使用性能级别见表4-14。

表4-14 部分汽油车发动机主要技术特性和要求的汽油机油使用性能级别

汽车型号	发动机型号结构特征	功率（kW）/（r/min）	扭矩（N·m）/（r/min）	排量（L）	压缩比	汽油机油使用性能级别
解放 CA1046L	CA488	65/4 500	157/2 800	2.21	8.1	SF
解放 CA1092	CA6102	99/3 000	373/1 200～1 400	5.56	7.2	SD
东风 EQ1092	EQ6100-1 改进型	99/3 000	353/1 200～1 600	5.42	7.0	SD
北京 2020SG	BY492QS	62.5/3 800	173/2 500～3 000	2.45	9.2	SE
北京切诺基	HX	77.2/5 000	179.5/2 400～2 600	2.45	8.6	SG
上海桑塔纳 LX	JV	66/5 200	145/3 500	1.8	8.5	VW50000（改良机油）或 SF
上海桑塔纳 2000Gsi	电控多点喷射	74/5 200	155/3 800	1.8	9.5	VW50000（改良机油）或 SF
奥迪100 2.2E	五缸、发动机单点喷射	95/5 500	187/3 300	2.226	10.0	SF 或 SG
奥迪200	V6，电控多点喷射	102/5 500	210/3 300	2.598	9.0	SF 或 SG
奥迪 A6	电控多点喷射	92/5 800	168/3 500	1.8	10.1	VW50000、VW50200（改良型多标号机油）
捷达 CT	电控多点喷射	74/5 800	150/3 800	1.595	8.5	SG
红旗 CA7220E	CA488 电控多点喷射	73.5/5 200	170/2 800～3 200	2.194	9.0	SF
富康	TU5JP/K1.6L 电控多点喷射	65/5 600	135/3 000	1.587	9.6	SF 或 SG

(续表)

汽车型号	发动机型号结构特征	功率（kW）/（r/min）	扭矩（N·m）/（r/min）	排量（L）	压缩比	汽油机油使用性能级别
夏利 TJ7100	TJ376Q-E 电控多点喷射	40.5/5 600	77/3 600	0.993	9.5	SE
夏利 2000（TJ7136U）	8A-FE 改进型 电控多点喷射	63/6 000	110/5 200	1.34	9.3	SE
广州本田雅阁 2.0Exi	F20B1	108/6 000	186/5 000	2.0	9.1	SG
上海别克 GL、CLX	V6，电控多点喷射	126/5 200	250/4 400	2.98	9.0	SJ
上海帕萨特 B5	ANO，电控多点喷射	92/5 800	162/3 500	1.8	10.3	VW50000 或 VW50100 可用 SG 或 SJ

柴油机油使用性能级别的选择主要根据发动机的平均有效压力、活塞平均速度、发动机油负荷、使用条件和轻柴油的硫含量。

发动机的平均有效压力、活塞平均速度等可反映发动机的强化程度，用强化系数 K_Φ 表示。对于四冲程柴油机，有

$$K_\Phi = 5 P_{me} C_m$$

式中　K_Φ——强化系数；
　　　P_{me}——发动机有效压力（MPa）；
　　　C_m——活塞平均速度（m/s）。

而

$$P_{me} = \frac{30 N_e \tau}{Vn}$$

式中　N_e——发动机有效功率（kW）；
　　　τ——发动机冲程数；
　　　V——发动机排量（L）；
　　　n——发动机转速（r/min）。

$$C_m = \frac{Sn}{30}$$

式中　S——活塞行程（m）。

强化系数与柴油机油使用性能级别的关系见表 4-15。但使用硫含量高的轻柴油或运行条件苛刻，选用的柴油机油使用性能级别要相应提高。例如，卡马兹系列载货汽车装用的 740 型柴油机的强化系数为 34，在 30～50 之间，可选用 CC 级柴油机油，但用于林区运材，则选用 CD 级柴油机油为宜。

表 4-15　柴油机的强化程度对柴油机油使用性能级别的要求

柴油机的强化程度	强化系数	要求的柴油机油使用性能级别
高强化	大于 50	CD 或 CE
中强化	30～50	CC
低强化	小于 30	CA（废除）或 CB（废除）

部分柴油车发动机的技术特性和要求的柴油机油使用性能级别，见表 4-16。

表 4-16　部分柴油车发动机的技术特性和要求的柴油机油使用性能级别

汽车型号	发动机型号 结构特征	缸径× 行程 (mm×mm)	排量 (L)	压缩比	最大功率 (kW)/ (r/min)	最大扭矩 (N·m)/ (r/min)	柴油机油使用 性能级别
解放 CA1091K2	CA6110A ω 形燃烧室	110×120	6.842	17	103/2 900	392/1 800～ 2 000	CC
南京依维柯 8140.27S	8140.27 涡轮增压	93×92	2.499	18	76/3 800	230/2 200	CD
黄河 JN1181C13	X6135	126×140	12	16.5	154.4/2 100	785/1 300	CC 或 CD
斯太尔 1491	WD61567/77 ω 形燃烧室 增压中冷型	126×130	9.7	16	206/2 400	1 070/1 400	CD
太脱拉 815-2	T3A-929-1610 缸， V 形排列， ω 形燃烧室	120×140	16	16.6	210/2 200	1.30/1 400	相当于 CD[①]

① 原厂要求：夏 6ADS-11，冬 OA-M3VO。

(2) 黏度级别的选择

发动机油黏度级别的选择，主要是根据气温、工况和发动机的技术状况。

发动机油的黏度要保证发动机低温易于启动，而走热后又能维持足够黏度，保证正常润滑。在黏度级别的选择时应考虑工况，重载低速和高温下应选择黏度较大的发动机油；轻载高速应选择黏度较小的发动机油。

发动机油黏度级别的选择还与发动机的技术状况有关。新发动机应选择黏度较小的发动机油；磨损严重的发动机应选择黏度较大的发动机油。

发动机油黏度级别选择的实例见表 4-17。

表 4-17　SAE 黏度级号适用的气温

SAE 黏度级别	适用气温 (℃)
5W/30	-30～30
10W/30	-25～30
15W/30	-20～30
15W/40	-20～40 以上
20/20W	-15～20
30	-10～30
40	-5～40 以上

发动机机油选用特别提示：

机油有汽油机机油和柴油机机油之分。汽油机和柴油机虽然同样在高温、高压、高速和高负荷条件下工作，但两者仍有较大的区别。柴油机的压缩比是汽油机的两倍多，其主要零件受到高温高压冲击要比汽油机大得多，因而有些零部件的制作材料有所不同。例如，汽油机主轴瓦与连杆轴瓦可用材质较软、抗腐蚀性好的巴氏合金来制作，而柴油机的轴瓦则必须采用铅青铜或铅合金等高性能材料来制作，但这些材料的抗腐性能较差。为此在柴油机机油的炼制过程中，要多加些抗腐剂，以便使用中能在轴瓦表面生成一层保护膜来减轻轴瓦的腐蚀，并提高其耐磨性能。由于汽油机机油没有这种抗腐剂，如果将其加入柴油机，轴瓦在使用中就容易出现斑点、麻坑，甚至成片剥落的不良后果，机油也会很快变脏，并导致烧瓦抱轴事故发生。另外，柴油的含硫量比汽油大，这种有害物质在燃烧过程中会形成硫酸或亚硫酸，连同高温高压废气一道窜入油底壳内，加速机油的氧化与变质，故在柴油机机油炼制过程中需要加入一些抗氧化的添加剂，使机油呈碱性。若有酸性气体窜入，可起到一定的中和作用，不致使机油过快地氧化变质。而汽油机机油则不加这种添加剂，因为呈中性，若将其用于柴油机，会因上述酸性气体的腐蚀很快变质失效。因此千万不要用汽油机机油加注柴油机用。

另外，发动机机油分为单级油和多级油，单级油就是单独在夏季或冬季使用的机油（按季更换），多级油是指冬夏季通用机油，一般后者应用较多。

5. 在用发动机油的更换

在使用过程中，由于添加剂的消耗，发动机机油本身在高温下的氧化，燃烧产物的影响，外部尘埃、水分等的混入，使发动机机油劣化变质。发动机机油劣化变质后，沉积物增多，润滑性能下降，使零件增加腐蚀和磨损，因此，对在用发动机机油应适时更换。

发动机机油使用时间长短，不仅与发动机机油使用性能有关，还与发动机的技术状况、维修质量有关。为减缓发动机机油变质，延长换油期，必需的技术措施如下。

① 正确选择发动机机油。

② 认真执行维护作业，维持汽车良好的技术状况。

发动机机油的更换要根据车辆的行驶里程（或发动机的工作时间）来定，称为定期换油；也可以根据发动机机油的使用性能来定，称为按质换油；还可以采用在发动机油油质监测下的定期换油。

（1）定期换油

发动机机油的劣化，尤其是化学变化，受使用时间影响较大。定期换油是按行驶里程或使用时间对发动机机油使用性能变化的影响规律来确定的。换油期与发动机机油使用性能级别、发动机技术状况和运行条件有关。部分汽车发动机机油的参考换油里程见表4-18。

（2）按质换油

对能反映在用发动机机油质量的一些有代表性项目规定换油限值。当在用发动机机油有一项指标达到换油指标时应更换新油。现行的在用发动机机油换油指标国家标准是 GB/T 8028—2010《汽油机油换油指标》（见表4-19）和 GB/T 7607—2010《柴油机油换油指标》（见表4-20）。两个换油指标所规定的检验项目有关概念大部分在前面已讲述过，对未提到的几个概念说明如下。

① 100℃运动黏度变化率。100℃运动黏度变化率（%）用式（4-1）表示：

$$\Delta\mu = \frac{\mu_1 - \mu_2}{\mu_2} \times 100 \qquad (4\text{-}1)$$

式中 μ_1——使用中油的100℃运动黏度实测值（mm²/s）；

μ_2——新油的100 T 运动黏度实测值（mm²/s）。

表4-18 部分汽车发动机油的参考换油里程

汽车型号	参考换油里程（10^4 km）
解放 CA1092	0.8
东风 EQ1092	0.8
北京切诺基	0.6
上海桑塔纳 LX 和上海桑塔纳 2000Gxi	0.75
富康	0.75
奥迪 100	0.75
捷达 GT	0.75
红旗 CA7200E、红旗 CA7220E	0.75

表4-19 汽油机油换油指标

项　　目		换油指标			试验方法
		SC	SD	SE	
100℃运动黏度变化率（%）	超过	±25	±25	±25	GB 265—1988 或 GB 11137—1989
水分（%）	大于	0.2	0.2	0.2	GB/T 260—1977（1988）
闪点（开口）（℃）	低于	单级油165 多级油150			GB/T 267—1988 或 GB/T 3536—2008
酸值增加值（mgKOH/g）	大于	2.0	2.0	2.0	GB/T 7304—2000
铁含量（mg/kg）	大于	250	200	150	SH/T 0197—1992 或 SH/T 0077—1991
正戊烷不溶物（%）	大于	1.5	1.5	2.0	GB/T 8926—1988A 法

表4-20 柴油机油换油指标

项　　目		换油指标		试验方法
		CC	CD	
100℃运动黏度变化率（%）	超过	±25	±25	GB/T 11137—1989
碱值（mgKOH/kg）	低于	新油的50%		SH/T 0251—1993
正戊烷不溶物（%）	大于	3.0 1.5[①]		GB/T 8926—1988B 法
铁含量（mg/kg）	大于	200 100[②]	150 100[③]	SH/T 0197—1992 或 SH/T 0077—1991
酸值增加值（mgKOH/g）	大于	2.0		GB/T 7304—2000
闪点（开口）（℃）	低于	单级油180 多级油160		GB/T 3536—2008
水分（%）	大于	0.2		GB/T 260—1977（1988）

①、②、③适用于固定式柴油机。

② 不溶物。用溶剂使悬浮杂质分离、凝聚，随后用离心法可测定出不溶物含量。

用正戊烷、石油醚、苯作溶剂测得润滑油中的不溶物，分别称为正戊烷不溶物、石油醚不溶物、苯不溶物。

③ 碱值。在规定的试验条件下，用标准滴定溶液滴定 1 s 试油所用的高氯酸量，换算为当量的碱量，以 mgKOH/g 来表示，称为碱值。

当石油产品有添加剂时，石油产品就可能有碱性组分，用酸滴定的方法可以测定这些组分的相对含量。用以评定添加剂在发动机油使用过程中的变化情况，以确定必要的实际废弃极限。

④ 开口闪点。发动机油、车辆齿轮油在其规格中规定了开口闪点。石油产品用开口杯在规定条件下加热到它的蒸气与空气的混合气接触火焰发生闪火时的最低温度，称为开口闪点。

（3）油质综合监测下的定期换油

这种方法在规定了发动机油换油期的同时也监测在用油的综合指标，必要时可提前报废。

润滑油质量快速检测有以下方法。

① 滤纸斑点试验法。按 GB/T 8030—1987《润滑油现场检验法》有关规定，测取滤纸斑点，并与典型斑点图谱对比分析，从而判断含有清净剂和分散剂的发动机油的清净分散性，以此反映发动机油的清净剂和分散剂作用的丧失程度。

典型斑点形态分为三个环，如图 4-4 所示。

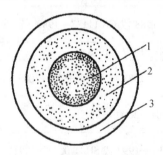

图 4-4 滤纸斑点形态示意图
1—沉积环；2—扩散环；3—油环

a. 沉积环。在斑点中心，呈淡灰至黑色，为大颗粒不溶物沉积区。发动机油接近报废时，清净剂和分散剂消失，沉积环直径小，颜色黑。

b. 扩散环。在沉积环外围呈浅灰色到灰色的环带，它是悬浮在油内的细颗粒杂质向外扩散留下的痕迹。宽度越宽，分散性越好；窄或消失，表示清净剂和分散剂已耗尽。

c. 油环。在扩散环外围，颜色由淡黄到棕红色的浸油区。此环可反映发动机油的氧化程度。新油的油环透明，氧化越深，颜色越暗。

沉积环呈黑色，扩散环变窄，油环颜色变深。说明发动机油接近报废，应更换新油。

② 油滴斑点色域迹象试验法。按 NY/T 512—2002《润滑油质量快速检测方法》的规定，在滤纸上测取油滴斑点色域迹象，将其与对照图谱比较，即可对润滑油质量进行判断。

正常发动机油的油滴色域迹象（见图 4-5）由四个域组成。

a. 油心圈。由滴入滤纸上的油滴而形成的迹象，开始呈蓝色的内圈，色晕分布均匀，色晕随发动机油工作时间的增加而逐渐变黑。

b. 清净圈。主要反映油质的清净程度，一般呈灰白色的环带，油质档次越高，其环带越大，随发动机油工作时间的增加而逐渐变小变黑。

c. 分散圈。主要反映油质的分散能力，是判断油质好坏的主要迹象，一般呈浅黑色环带，油质档次越高，圈域界限越明显、圈域越大，随发动机油工作时间的增加圈域逐渐变小变黑。

d. 扩散圈。主要反映油中碱性物质的多少。碱性越大，环带越宽，颜色越蓝。随发动机油工作时间的增加环带逐渐变窄，蓝色变浅或消失。

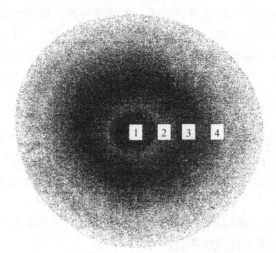

图 4-5　正常发动机油的油滴色域迹象
1—油心圈；2—清净圈；3—分散圈；4—扩散圈

当出现油心圈、清净圈、分散圈三界限模糊不清，变小变黑时；或扩散圈变小，蓝色变浅或消失时，应立即更换发动机油。

③ 用润滑油质量检测仪测定。润滑油质量检测仪不是直接测油品指标，而是选择有变化规律且能反映油品质量的某一参数（如介电常数）作为测定参数，以在用油与新油对比得出判断结果。

4.2.2　车辆齿轮油

1. 车辆齿轮油的使用性能

车辆齿轮油用于汽车等车辆机械式变速器、驱动桥和转向器的润滑。车辆齿轮油的作用与发动机油的作用基本相同，起润滑、冷却、防蚀和缓冲作用。

车辆齿轮油应具有以下使用性能。

① 良好的润滑性和极压抗磨性。车辆齿轮油应具有适宜的运动黏度，以保证形成良好的润滑状态。车辆齿轮多处于混合润滑和边界润滑状态，所以车辆齿轮油的极压抗磨性非常重要。车辆齿轮油的极压性是指油中的极压抗磨剂在高压、高速、高温的苛刻工作条件下，能在齿轮轮齿齿面上与金属发生化学反应生成反应膜，防止齿面擦伤或烧结的性质。

② 良好的低温操作性和黏温性。车辆齿轮油也要求在低温下保持必要的流动性，以保证轴承等零件的润滑和齿轮容易启动。车辆齿轮油的工作温度范围也较宽，因此不但要求车辆齿轮油低温启动性好，而且要求高温时黏度不能太小，即有良好的黏温性。

为了保证车辆齿轮油具有良好的低温操作性，除规定了倾点、成沟点和黏度指数等指标外，还特别采用了"黏度达到 150 Pa·s 时的最高温度"这一指标。

成沟点是指在规定的试验条件下，试油成沟的最高温度，把容器内的试验油样在规定的温度下放置 18 h，然后用金属片把油切成一条沟，10 s 后观测油的流动情况。

若10 s内试油流回并完全覆盖试油容器底部，则报告试样不成沟，反之则报告试样成沟。

低温时车辆齿轮油经受低温高剪切工况，该情况与发动机油的低温动力黏度一样，它在不同剪切速率下黏度不是常数。试验证明，对双曲线齿轮式主减速器，齿轮油表观黏度小于150 Pa·s，汽车起步后能在15 s内流进小齿轮轴承而保证其正常润滑，这个黏度为汽车低温起步的极限黏度，因此在汽车齿轮油规格中规定了"黏度达到150 Pa·s时的最高温度"这一指标。"黏度达到150 Pa·s时的最高温度"是车辆齿轮油SAE黏度分类的依据之一。

③ 良好的热氧化安定性。车辆齿轮油抵抗高温条件氧化的能力称为热氧化安定性。

汽车驱动桥使用的齿轮油温度较高，使油的氧化倾向增大，再加上齿轮箱中金属的催化作用，容易使油的作用性能变坏。因此，要求汽车齿轮油在较高温度下不易氧化变质。

④ 良好的抗腐性和防锈性。在车辆齿轮传动装置的工作条件下，齿轮油防止齿轮、轴承腐蚀和生锈的能力称为抗腐性和防锈性。

齿轮传动装置内可能从外界渗透入水分，工况变化、冷热交替也可能出现冷凝水分。油内的水分和氧化生成的酸性产物，是齿轮和轴承生锈、腐蚀的主要原因。此外，齿轮油内极压抗磨剂的作用实际上是一种控制性的腐蚀现象，对金属有一定的腐蚀作用。极压抗磨剂的活性越强，腐蚀作用越大。生锈和腐蚀将加速磨损，使材料强度降低。因此，齿轮油应加入适当的极压抗磨剂、抗腐剂和防锈剂，使车辆齿轮油具有良好的抗腐性和防锈性。

对车辆齿轮油的抗腐性和防锈性通过铜片腐蚀试验和防锈性试验来评定。

车辆齿轮油除上述要求的使用性能外，还有一些与发动机油相同的使用性能，如抗泡沫性、清洁性等。

2. 车辆齿轮油的分类和规格

（1）车辆齿轮油的分类

车辆齿轮油按使用性能和黏度进行分类。

① 按车辆齿轮油的使用性能分类。世界上广泛采用美国石油学会（API）的车辆齿轮油使用性能分类法，根据其特性和使用要求等划分为GL-1、GL-2、GL-3、GL-4、GL-5和GL-6六级，见表4-21。

② 按车辆齿轮油的黏度分类。世界上广泛采用美国汽车工程师学会（SAE）的车辆齿轮油黏度分类法。SAE J306—1991《驱动桥和手动变速器润滑油黏度分类》的规定见表4-22。本标准采用含字母W和不含字母W的两组黏度等级系列。黏度等级代号由一组数字和字母W（70W、75W、80W、85W四种）或一组数字（90、140、250三种）组成，共七种。含字母W是冬用齿轮油，以低温黏度达到150 Pa·s时的最高温度和100℃时的最低运动黏度划分的，不含字母W的是夏用齿轮油，以100℃运动黏度范围划分。

表 4-21　车辆柴油油 API 使用性能分类

分类	使用说明	用途
GL-1	在低齿面压力、低滑动速度下的汽车螺旋锥齿轮、蜗轮式驱动桥以及各种手动变速器规定用 GL-1 级齿轮油。直馏矿物油能满足这类情况的要求，可以加入抗氧剂、防锈剂和消泡剂改善其性能，但不加摩擦改进剂和极压剂	汽车手动变速器，包括拖拉机和载货汽车手动变速器
GL-2	汽车蜗轮式驱动桥，由于其负荷、温度和滑动速度的状况，用 GL-1 齿轮油不能满足要求，规定用 GL-2 级齿轮油。通常都加脂肪类物质	蜗轮传动装置
GL-3	滑动速度和负荷比较苛刻的汽车手动变速器和螺旋锥齿轮的驱动桥规定用 GL-3 级油。这种使用条件要求润滑油的负荷能力比 GL-1 和 GL-2 级油高，但比 GL-4 级油低	在苛刻条件下的手动变速器和螺旋锥齿轮的驱动桥
GL-4	在低速高扭矩、高速低扭矩下操作的各种齿轮，特别是客车和其他各种的双曲线齿轮，规定用 GL-4 级齿轮油。适用于其抗擦伤性能等于或优于 CRC RGO-105 参考油。该级油经各种试验证明具有 1972 年 4 月 ASRM SRP 说明的性能水平	手动变速器、螺旋锥齿轮和使用条件不太苛刻的双曲线齿轮
GL-5	在高速冲击负荷、高速低扭矩、低速条件下操作的各种齿轮，特别是客车和其他车用的双曲线齿轮，规定用 GL-5 级齿轮油。适用于其抗擦伤性能等于或优于 CRC RGO-1105 参考油。该级油经各种试验证明具有 1972 年 4 月 ASRM SRP 说明的性能水平	适用于操作条件缓和或苛刻的双曲线齿轮及其他各种齿轮，也可用于手动变速器
GL-6	在高速冲击条件下运转的轿车和其他车辆的各种齿轮，特别是大偏移距的双曲线齿轮，偏移距大于 50 mm 或接近大齿轮直径的 25%，规定用 GL-6 级齿轮油。适用于其抗擦伤性能等于或优于参考油 L-1000。该级油经各种试验证明具有 1972 年 4 月 ASRM SRP 说明的性能水平	

表 4-22　SAE 车辆齿轮油黏度分类

SAE 黏度级号	黏度达到 150 Pa·s 时的最高温度（℃）	100℃时的运动黏度（mm²/s）	
		最低	最高
70W	-55	4.1	
75W	-40	4.1	
80W	-26	7.0	
85W	-12	11.0	
90		13.5	<24.0
140		24.0	<41.0
250		41.0	

黏度等级也有单黏度等级和多黏度等级之分，一个多黏度等级的车辆齿轮油，其低温黏度满足表 4-23 中一个含 W 级的要求，并且 100℃运动黏度在一个不含 W 级规定的黏度范围之内。例如 80W/90，它满足 80W 的低温性能并且在 90 的高温性能规定范围之内。

（2）车辆齿轮油的规格

我国现行的车辆齿轮油规格或技术条件有 SH/T 0350—1992《普通车辆齿轮油》、JT 224—1996《中负荷车辆齿轮油安全使用技术条件》、GB 13895—1992《重负荷车辆齿轮油（GL-5）》。

表 4-23 为我国重负荷车辆齿轮油（GL-5）的规格。

表 4-23　重负荷车辆齿轮油

项目		质量指标					试验方法
黏度等级		75W	80W/90	85W/90	85W/140	90	140	
运动黏度（100℃时）(mm²/s)		≥4.1	13.5~<24.0	13.5~<24.0	24.0~<41.0	13.5~<24.0	24.0~<41.0	GB/T 265
倾点（℃）		报告						GB/T 3535
表观黏度达150Pa·时的温度（℃）　不高于		-40	-26	-12	-12			GB/T 11145
闪点（开口）①（℃）　不低于		150	165	165	180	180	200	GB/T 3536
成沟点（℃）　不高于		-45	-35	-20	-20	-17.8	-6.7	SH/T 0030
黏度指数　不低于						75	75	GB/T 2541
泡沫性（泡沫倾向/泡沫稳定性）（mL/mL） 24℃　　　　不大于 93.5℃　　　不大于 后24℃　　　不大于		20 50 20						GB/T 12579
腐蚀试验（铜片，121℃，3h）级　不大于		3						GB/T 5096
机械杂质（%）　不大于		0.05						GB/T 511
水分（%）　不大于		痕迹						GB/T 260
戊烷不溶物（%）		报告						GB/T 8926A 法
硫酸盐灰分（%）		报告						GB/T 2433
硫（%）		报告						GB/T 387 GB/T 388 GB/T 1140 GB/T 0172
磷（%）		报告						SH/T 0296
钙（%）		报告						SH/T 0270
氮（%）		报告						SH/T 0240
储存稳定性 液体沉淀物（V/V）（%）不大于 固体沉淀物（m/m）（%）不大于		1 0.25						SH/T 0037
锈蚀试验 盖板锈蚀面积（%）　不大于 齿面、轴承及其他部件锈蚀情况		0.5 无锈						SH/T 0517
抗擦伤试验		通过						SH/T 0519
承载能力试验		通过						SH/T 0518

（续表）

项　目	质量指标						试验方法
黏度等级	75W	80W/90	85W/90	85W/140	90	140	
热氧化试验 100℃运动黏度增长（%）不大于			100				GB/T 265
戊烷不溶物（%）　　　　　不大于			3				GB/T 8926 A 法
甲苯不溶物（%）　　　　　不大于			2				GB/T 8926 A 法

3. 车辆齿轮油的选择

与发动机油一样，车辆齿轮油的选择也包括使用性能级别的选择和黏度级别的选择两个方面。

① 使用性能级别的选择。车辆齿轮油使用性能级别的选择，主要根据齿面压力、滑移速度和油温等工作条件，而这些工作条件又取决于传动装置的齿轮类型，所以一般可按齿轮类型和传动装置的功能来选择车辆齿轮油的使用性能级别。一般来说，驱动桥工作条件苛刻，而双曲线齿轮式主减速器更为苛刻，对齿轮油使用性能要求更高。

为减少用油级别，在汽车各传动装置对齿轮油使用性能级别要求相差不太大情况下，可选用同一级别使用性能的齿轮油。部分汽车要求车辆齿轮油的使用性能级别见表4-24。

表4-24　部分汽车要求的车辆齿轮油使用性能级别

汽车型号	汽车布置方式	变速器结构特点	驱动桥结构特点	车辆齿轮油使用性能级别
解放 CA1092	FR	手动6挡	螺旋齿轮和圆柱齿轮，双级主减速器	GL-3
东风 EQ1092	FR	手动5挡	双曲线齿轮，单级主减速器	变速器：GL-4 驱动桥：GL-5
北京 BJ2020SG	4WD	手动4挡带分动器	双曲线齿轮，单级主减速器	变速器：GL-4 驱动桥：GL-5
南京依维柯 8140.27S	FR	手动4挡	螺旋锥齿轮，单级主减速器	GL-5
北京切诺基	4WD	手动4挡带分动器	双曲线齿轮，单级主减速器	GL-5
上海桑塔纳 LX	FF	手动4挡或5挡，两轴式	双曲线齿轮，单级主减速器	GL-5
奥迪100、红旗 CA7200	FF	手动5挡，两轴式	双曲线齿轮，单级主减速器	GL-4 或 GL-5
捷达 CL	FF	手动4挡，两轴式	斜齿圆柱齿轮，单级主减速器	GL-4 或 GL-5
富康	FF	手动4挡或5挡，两轴式	斜齿圆柱齿轮，单级主减速器	GL-5
夏利 TJ7100	FF	手动4挡，两轴式	斜齿圆柱齿轮，单级主减速器	GL-5
上海帕萨特 B5	FF	手动4挡或5挡，两轴式	双曲线齿轮，单级主减速器	GL-5

② 黏度级别的选择。车辆齿轮油黏度级别的选择，主要根据最低气温和最高油温，并考虑车辆齿轮油换油周期较长的因素。

车辆齿轮油的黏度应既能保证低温下的车辆起步，又能满足油温升高后的润滑要求。如前面所述，车辆齿轮油以表现黏度 150 Pa·s 时作为低温流动性的极限，所以在 SAE 黏度分类中表现黏度为 150 Pa·s 时的最高温度，就是保证低温操作性能的最低温度。

由此可知，黏度级为 75W、80W 和 85W 的双曲线齿轮油最低使用温度分别是 $-40℃$、$-26℃$ 和 $-12℃$。也就是说，车辆使用地区的最低气温不应低于所选齿轮油上述各温度。当传动装置不是双曲线齿轮时，使用最低气温可比上述相应温度低一些。黏度级别选择应同时考虑高温时的润滑要求。

4.2.3　汽车润滑脂的选用

1. 汽车润滑脂的使用性能

润滑脂由基础油、稠化剂和添加物（添加剂和填料）组成，俗称黄油。

润滑能长时间抹在金属表面上不流失，并且易于涂着和清除，在垂直表面上也有保持足够厚度的能力，使被涂抹的物件与空气隔绝，可以作为轻金属的保护材料和密封材料，也可以使用在难以密封的摩擦面上，以及难以及时有规律加注润滑剂的摩擦副中，如汽车轮毂、闭式滚动轴承等。

润滑脂的结构是指润滑脂的稠化剂和基础油组分颗粒的物理排列。润滑脂是具有结构骨架的分散体系，基础油是这种分散体系中的分散介质，稠化剂粒子或纤维构成骨架，即分散相，将基础油保持在骨架中。

润滑脂的主要作用是润滑、保护和密封，绝大多数润滑脂用于润滑，称为减摩润滑脂。由于对分散或简单的摩擦副，利用润滑脂润滑具有简单方便等优点，所以汽车上有许多部件应用润滑脂润滑，如轮毂轴承、各拉杆球节、发电机轴承、水泵轴承、离合器分离轴承和传动轴花键等。

考虑润滑脂的结构特性和用脂部位的工作条件，汽车润滑脂应具有以下使用性能。

（1）适当的稠度

稠度是指像润滑脂一类的塑性物质在受力作用时抵抗变形的程度。稠度是塑性的一个特征，它仅是反应润滑脂的变形和流动阻力的一个笼统概念。

稠度是一个与润滑脂在所润滑部位上的保持能力和密封以及与润滑脂的泵送和加注方式有关的重要性能。稠度级号是润滑脂代号的组成部分，是润滑脂选择的一个重要方面。

评定润滑脂稠度指标是锥入度。

锥入度是在规定的时间和温度条件下，标准锥体沉入润滑脂的深度，以 1/10 mm 为单位。

按测定方法不同，锥入度分为多种。

① 不工作锥入度。将润滑脂试样在尽可能少的搅动下，从试样容器移到标准工作器脂杯中内所测定的锥入度。

② 工作锥入度。将润滑脂试样在标准工作器脂杯中经受往复工作 60 次后，立即测定的锥入度。

③ 延长工作锥入度。将润滑脂试样在标准工作器脂杯中经受往复工作超过 60 次后，

立即测定的锥入度。

锥入度是润滑脂普遍采用的一项质量指标,具有下列意义。

① 锥入度划分润滑脂稠度级号(见表4-25)。

② 选用润滑脂必须考虑适宜的稠度。

③ 可用锥入度表示润滑脂的其他性能(如润滑脂机械安定性)。

表4-25 按锥入度划分的润滑脂级号

NLGI 级号	000	00	0	1	2	3	4	5	6
工作锥入度范围 (25℃时)(0.1 mm)	445~475	400~430	355~385	310~340	265~295	220~250	175~205	130~160	85~115
状态	液状	几乎成液状	极软	非常软	软	中	硬	非常硬	极硬或固体

(2) 良好的低温性

在寒冷地区使用的汽车,要求润滑脂仍能保持良好的润滑性能。评定润滑脂低温性指标是相似黏度。

润滑脂不是牛顿液体,但仍按牛顿液体的黏度概念表示,在一定温度和一定剪切速率下,将润滑脂流动时的切应力与剪切速率的比值称为润滑脂的相似黏度。由于润滑脂的相似黏度以温度和剪切速率两个固定条件为前提,因此对相似黏度要注明这两个前提条件。例如,汽车通用锂基润滑脂规格中相似黏度表示为"相似黏度(-20℃,$10\,s^{-1}$),Pa·s"。

(3) 良好的高温性

温度升高,润滑脂变软,使得润滑脂附着性能降低而易于流失。另外,在较高温度条件下还易使润滑脂的蒸发损失增大、氧化变质和分油现象严重。高温性好的润滑脂可以在较高的使用温度下保持其附着性能,其变质失效过程也较缓慢。评定润滑脂高温性的指标有滴点、蒸发量、漏失量和分油量。

在规定的试验条件,润滑脂达到一定流动性的温度称为滴点。

润滑脂滴点常用来粗略估计最高使用温度。一般润滑脂的最高使用温度比其滴点低20~30℃,个别低得更多。例如,2号钙基润滑脂滴点为85℃,适用最高温度为60℃;汽车通用锂基润滑脂滴点为180℃,适用最高温度为120℃。

(4) 良好的抗水性

润滑脂遇水后抵抗结构和稠度改变的性能称为润滑脂的抗水性。抗水性差的润滑脂,遇水后往往造成稠度降低,甚至乳化而流失。汽车用润滑脂润滑的底盘各摩擦点可能与水接触,则要求润滑脂具有良好的抗水性。

评定润滑脂抗水性的指标是水淋流失量。

(5) 良好的防蚀性

润滑脂的防蚀性是指润滑脂防止零件锈蚀、腐蚀的性能。防蚀作用机理是润滑脂能在金属表面保持足够的脂层,防止金属表面被腐蚀。此外,有的润滑脂能吸收腐蚀性气体或液体,以免零件遭受侵蚀。

评定润滑脂的防蚀性能是通过防腐蚀性试验、腐蚀试验和测定游离碱。

(6) 良好的机械安定性

机械安定性是指润滑脂在工作条件下抵抗稠度变化的能力。

润滑脂在工作时受剪切作用,且剪切速率的变动范围很大,在滚动轴承中,最高剪切速率可达 $10\sim10^7 s^{-1}$。润滑脂在受到剪切后,其结构遭到破坏,皂纤维也可能遭到一定程度的剪断,导致体系的稠度发生变化。如果润滑脂的机械安定性不好,则在长期工作中,可能因过分软化而流失,从而缩短其使用寿命。

评定润滑脂安定性的指标是延长工作锥入度或延长工作锥入度与工作锥入度的差值(对一种润滑脂,选择其一)。

(7) 适当的胶体安定性

胶体安定性是指润滑脂抵抗温度和压力影响而保持胶体结构的能力,也就是基础油与稠化剂结合的稳定性。如上所述,润滑脂是一个具有骨架胶体的分散体系,其胶体结构的稳定常受温度和压力的影响而不同程度地遭受破坏,使固定在纤维空间骨架中的基础油分离出来。但是,润滑脂不能在压力的作用下分离出一部分油来,就不能使润滑脂起润滑作用。因此,要求胶体安定性要适当。

评定润滑脂胶体安定性的指标是分油量。

(8) 良好的氧化安定性

氧化安定性是指润滑脂在储存和使用中抵抗氧化的能力。

润滑脂氧化后,外观、理化指标和结构都发生不同程度的改变,表现为:游离酸增加;滴点下降;颜色变深;锥入度、极限切应力和相似黏度降低;生成腐蚀性产物;导致油脂分离等。

2. 汽车润滑脂的分类、规格和选用

(1) 汽车润滑脂的分类和产品标记

GB 7631.8—1990《润滑剂和有关产品(L类)的分类 第8部分:X组(润滑脂)》是根据润滑脂的操作条件(温度、水污染和负荷等)对车用润滑脂进行分类的,见表4-30。

该分类体系的产品也采用 GB/T 7631.1—2008《润滑剂、工业用油和有关产品(L类)的分类 第1部分:总分组》的原则进行标记,具体是:类-品种数字。

类别代号用 L 表示。品种代号由润滑脂组别代号 X 和 4 个表示操作条件的字母所组成。表4-26(1)栏是最低温度代号,数值见左栏,表示润滑脂适用的设备启动、运转或润滑脂泵送时的最低温度,该类字母位于润滑脂组别代号 X 号之后。(2)栏的字母是最高温度代号,数值见左栏,表示润滑脂适用零部件的最高温度,该类字母位于最低温度字母之后。(3)栏的字母表示在水污染条件下的抗水性和防锈性,环境条件分三种,用字母 L、M 和 H 表示;防锈性也分三种,同样用字母 L、M 和 H 表示。但是它们排序不同,环境条件字母在前,防锈性字母在后,字母含义也不一样(见表4-26)。由三种环境条件字母与三种防锈性字母,便可组成九种抗水性和防锈性,用 A、B、C、D、E、F、G、H 和 I 表示,是对在水污染条件下的抗水性和防锈性的综合评价,该类字母位于最高温度字母之后。前两种字母(L、M 和 H)仅是确定抗水性和防锈性的条件,在润滑脂产品代号中不出现。例如,一种润滑脂的环境条件经受水洗,则在表4-26的"环境条件"一栏中的字母为 H;又要求该种润滑脂在淡水存在下能防锈,则在表4-26中"防锈性"一栏的字母为 M。将 H、M 字母横向搭配一起,便得到表示抗水性及防锈性的字母为 H,含义是经受水洗、在淡水存在下能防锈。(4)栏的字母表示润滑脂适用的负荷条件,它是指在高负荷或低负荷下润滑脂的润滑性和极压性。普通非极压润滑脂用 A 表示,适用重负荷的极压润滑脂用 B 表示。

表 4-26 润滑脂按操作条件的分类

操作温度				水污染				负荷条件
最低温度（℃）	字母	最高温度（℃）	字母	环境条件		防锈性		综合性字母	字母和备注
				字母	备注	字母	备注		
0	A	60	A	L	L：干燥环境	L	L：不防锈	A	A：非极压型脂 B：极压型脂
-20	B	90	B	L		M	M：淡水存在下的防锈性	B	
-30	C	120	C	L		H	H：盐水存在下的防锈性	C	
-40	D	140	D	M	M：静态潮湿环境	L		D	
<-40	E	160	E	M		M		E	
		180	F	M		H		F	
		>180	G	H	H：水洗	L		G	
				H		M		H	
				H		H		I	
(1)①		(2)						(3)	(4)

① (1)、(2)、(3)、(4) 为文中叙述方便编写的字母序号。

在润滑脂的产品代号中，只有字母按规定的顺序标记时才有特定含义，而且表示操作条件的字母单独存在时无意义。

润滑脂产品代号的最后数字是按工作锥入度（25℃，工作 60 次，单位为 1/10 mm）范围划分的润滑脂稠度等级号。

润滑脂代号的构成和标记的实例如下：

$$L-X\,C\,C\,H\,A\,2$$

式中　L——类别（润滑剂）；

　　　X——组别（润滑脂）；

　　　C——最低温度（-30℃）；

　　　C——最高温度（120℃）；

　　　H——水污染（经受水洗、淡水能防锈）；

　　　A——极压性（非极压型脂）；

　　　2——数字（稠度等级，2号）。

本润滑脂相当于汽车通用锂基润滑脂（GB/T 5671—1995）。

(2) 汽车润滑脂的规格及选用

汽车用润滑脂的规格有 GB/T 5671—1995《汽车通用锂基润滑脂》、SH/T 0369—1992《石墨钙基润滑脂》、GB 7324—2010《通用锂基润滑脂》、SH 0039—1990《工业凡士林》。表 4-27 为我国汽车通用锂基润滑脂的规格。

表 4-27 汽车通用锂基润滑脂

项　目		质量标准	试验方法
工作锥入度（0.1 mm）		265～295	GB/T 269
滴点（℃）	不低于	180	GB/T 4929
钢网分油（100℃，30 h）（%）	不大于	5	SH/T 0324
相似黏度（-20℃，10 s^{-1}）（Pa·s）	不大于	1 500	SH/T 0048
游离碱（NaOH）（%）	不大于	0.15	SH/T 0329
腐蚀（T2 铜片，100℃，24 h）	不大于	铜片无绿色或黑色变化	GB/T 7326 乙法
蒸发量（99℃，22 h）（%）	不大于	2.0	GB/T 7325
漏失量（104℃，6 h）（%）	不大于	5.0	SH/T 0326
水淋漏失量（79℃，1 h）（g）	不大于	10	SH/T 0109
延长工作锥入度（100 000 次）变化率（%）	不大于	20	GB/T 269
氧化安定性（99℃，100 h，0.77 MPa），压力降（MPa）	不大于	0.07	SH/T 0325
防腐蚀性（52℃，48 h）级	1		GB/T 5018
杂质（个/cm^3） 10 μm 以上 25 μm 以上 75 μm 以上 125 μm 以上	不大于 不大于 不大于 不大于	5 000 3 000 500 0	SH/T 0336

润滑脂规格的选择包括润滑脂品种（即使用性能）和稠度级号的选择，考虑的主要因素有工作温度、转速、负荷、工作环境和供脂方式等。

如上所述，润滑脂的分类是根据润滑脂应用的操作条件确定的。组别代号 X 后的第一个字母是指最低操作温度；第二个字母是指最高操作温度；第三个字母是指润滑脂在水污染的操作条件下其抗水性能和防锈水平；最后一个字母是指润滑脂的极压性。润滑脂的品种选择就是根据工作温度、工作环境、负荷和转速进行操作温度范围、水污染和极压性的选择。汽车的减摩部位多选用锂基润滑脂；对钢板弹簧因处于极压条件应选用石墨钙基润滑脂；对工作温度过高或过低的应选用特殊润滑脂（如严寒区选用无水钙基润滑脂、7026 号低温润滑脂、7014—1 号高温润滑脂等）。为保护蓄电池接线柱，应涂工业凡士林。汽车润滑脂品种的选择见表 4-28。

表 4-28 汽车润滑脂的选择

润滑脂	应用部位
汽车通用锂基润滑脂（GB/T 5671—1995）或 2 号通用锂基润滑脂 GB 7324—2010	轮毂轴承、水泵轴承、启动机轴承、发电机轴承、离合器分离轴承和底盘用润滑部位
石墨钙基润滑脂 SH/T 0369—1992	钢板弹簧
工业凡士林 SH 0039—1990	蓄电池接线柱

车用润滑脂选用特别提示如下。

首先，选用润滑脂时要确定该部件的工作环境及温度。如一些高转速的轴承，及其他一些在高温环境下工作的机械，就要选择高滴点质量较好的润滑脂。一般锂基润滑脂可耐120℃左右的使用温度，短时间可耐180℃的高温；而合成脂可耐更高温度（滴点在300℃以上）。一般车辆的轮毂轴承的润滑选用2号、3号锂基润滑脂及复合锂基润滑脂即可。

其次，我们还要考虑机械的负载和对极压性能方面的要求。例如，一些大型载重卡车、严重超载车辆的轮毂轴承应选用极压性、机械安定性等较好的润滑脂，如选用3号极压复合锂基润滑脂或合成润滑脂。

润滑脂的合理选用还与节能关系密切，试验表明，润滑脂的稠度牌号不宜太大。如汽车轮毂轴承选用2号润滑脂要比选用3号润滑脂节能，其综合经济效益可提高约60%，对于汽车底盘中的其他摩擦节点使用0号润滑脂较好。原则上，我国南方的车辆宜全年使用2号润滑脂，北方的车辆冬季用1号润滑脂，夏季用2号润滑脂。

4.3 汽车油料管理及节油

4.3.1 油料管理

1. 燃料质量变化及其影响因素

燃料质量的变化表现为蒸发、氧化和脏污。

影响蒸发损失的因素首先与汽油的物理安定性有关。汽油的物理安定性是指汽油在储存、运输和加注时，保持汽油不被蒸发损失的性能。它主要由汽油中所含的低沸点馏分所决定。为了改善汽油的低温雾化性，汽油中含有一定量的低沸点馏分是必要的，但低沸点馏分容易蒸发逸散，导致蒸发损失增加。另外，温度、表面积、空气流速和充满程度也影响蒸发损失。温度高、面积大、流速快、充不满会加剧汽油蒸发损失。

氧化安定性不好的汽油，在储存、运输过程中容易氧化，使汽油实际胶质增加，诱导期缩短。影响汽油氧化安定性的因素主要是化学组成、温度、充满程度、容器密封性、金属屑和水分等。一般来说，饱和烃安定性好，不饱和烃安定性差。温度升高时，汽油氧化速度加快。空气与油面接触量大小以及液面上空气变换的强度对汽油的氧化安定性也有很大影响。储油容器中汽油装满的程度，决定汽油与空气的接触量。储油容器盖是否密封，决定汽油液面空气的变换强度。金属也能对汽油的氧化速度起催化作用，但不同的金属所起的催化作用有很大差别，其中铜的催化作用最强，其次是铅。

燃油脏污是指混入机械杂质或其他油品。

2. 预防燃料蒸发和变质的措施

① 采用合理的储存方式和正确选择储油容器。尽可能采地下油库，用油罐储油。储油容器要清洁，封闭严密，防止水和杂质混入。

② 采用浸没的灌装方式。

③ 在保证预留膨胀空间的前提下尽量充满。

3. 燃料的安全保管

汽车燃料（尤其是汽油）易蒸发、燃烧、爆炸，易产生静电，有一定毒性。保管使用中应注意防火、防爆，避免中毒。

① 禁止烟火。易产生火种的作业区与油库距离应在 50 m 以外，不能在油库附近检修车辆。

② 防止电火花。油库中应采用防爆型的电气设备，储油区上空不能有电线通过，禁止在油库中使用金属工具。

③ 清洁通风。油库内要有通风设施，不能存放其他易燃、易爆品。

④ 配备消防器材。

⑤ 储油容器和油罐车要配备接地装置。

4.3.2 汽车使用节油的基本途径

根据影响汽车燃料消耗量的使用因素，可以找出汽车使用节油的基本途径。

目前国内外汽车节油途径，概括起来有政策性措施和技术管理措施。

1. 政策性措施

政策性措施是制定正确的运输能源政策，包括燃料价格政策、燃料与道路税收政策、油料分配与奖惩制度、油料管理制度、各种运输方式的合理分配与转换政策、新能源开发政策、限制油耗及车速的标准法规等。

由于各国采取的燃料政策不同，汽车的平均油耗差异较大，显然，国家的燃料价格政策严重影响汽车的平均油耗。

节能管理、营运管理以及交通管理措施对汽车节能有很大的影响，是降低运输企业油耗成本的重要措施。

节能管理包括制定有关运行油耗的法规和标准，完善油耗考核奖惩制度，正确选择与合理使用车辆，正确选用燃料润滑材料与轮胎，推广节能新技术、新产品，进行驾驶员轮训等。

营运管理包括掌握运输市场信息，建立现代化调度系统，搞好运输组织，提高现有车辆的实载率，大力研究结合全球卫星定位系统（GPS）、地理信息系统（GIS）和先进运输信息系统（ATS）的新型货运系统和客运系统。例如，优选公共汽车、载货汽车的路线；选择与道路、货运相应的车型；加快信息反馈，完善物流系统，以便统一调配运输；搞好物流集散点的调整；改善运输方式，加强运输的集中管理，研制封闭容器运输、高架运输等新型运输系统。

交通管理措施包括改善交通基础设施，设计合理的管理模式，从而改进交通流的运行特性。例如，改善道路设施，如建设高速公路、汽车专用公路，改善道路结构，提高路面质量，实行立体交叉等；优化交通管理，如采用信号控制及运行路线诱导、速度限制指示系统；改善交通系统，如双层公共汽车、特定需要的公共汽车、城市汽车系统、快速运输系统及复合运输系统。

除了有关交通管理措施和运输管理措施之外，工程技术也是燃料节约重要措施。

① 改善发动机的燃料经济性。改进燃烧室，提高压缩比；改善进、排气系统；选择可变配气相位；采用绝热燃烧室；采用新式燃料供给系统；采用稀混合气；减少怠速油耗和强制怠速油耗；提高发动机功率的有效利用；减少发动机内部摩擦损失；废气能量回收；减少附件功率损失。发展低速大扭矩发动机；发动机的柴油化；电子、电脑对发动机最佳控制；

对发动机安装各种节油装置；改善燃油性质；提高空调机、电气装置等辅助设施的效率。

② 提高汽车功率有效利用。减小汽车质量；减少空气阻力，如长途运输商用汽车采用导流罩等；减少滚动阻力；回收制动能量；提高传动系统效率；选择最佳传动比。

③ 开发代用燃料，如液化气（LPG）、石油气（NPG）、甲醇汽油、乙醇燃料和植物燃料的应用。

④ 研制新型动力装置，如转子发动机、塑料发动机、燃料电池发动机、氢气发动机、蓄电池车及电动车等。

⑤ 增加专用车辆，发展大吨位汽车列车运输。

⑥ 改进汽车维修方法，提高维修质量，提高车况完好率。

⑦ 优选运行工况，提高驾驶技能。

2. 提高汽车燃料经济性的结构措施

（1）提高压缩比

当压缩比提高时，热效率增加，发动机动力性提高，发动机油耗率降低。例如，解放 CA6102 型发动机的压缩比由 7.0 提高到 7.4，最低比油耗由 326 g/（kW·h）下降至 306 s/（kW·h）。试验表明，当压缩比在 7.5～9.5 范围内时，压缩比每提高一个单位，油耗可以下降 4% 以上。

汽油机压缩比的提高主要受爆燃和 NO_x 污染物排放的限制，同时提高到一定程度后，不仅对提高发动机的功率和效率无明显效果，而且会增加排气中 NO_x 污染物的浓度。另外，提高压缩比，需要相应的汽油辛烷值，使得汽油炼制成本提高。

改进燃烧室和进气系统，提高发动机结构的爆燃极限；使用爆燃传感器，自动延迟产生爆燃时的点火提前角；掺水燃烧抗爆；开发高辛烷值汽油等都是提高压缩比的措施。掺水抗爆方式，一般是向进气气管、增压器内喷水以及使用乳化燃料等。掺水燃烧是采用乳化液方式。它借助于某种外来作用可使油水混合均匀，使油水两相分界的表面张力消失，两相相溶，成为一种均匀的油包水或水包油的乳状液。在燃烧的物理过程中，油包水乳状液在高温作用下，体积急剧膨胀，水汽化体积可增大数千倍，这种膨胀爆炸作用把油膜分散得更细，从而增加了同空气的接触面积，使燃烧更为充分。因为燃烧完全，过剩空气减少，燃油消耗量也随之减少，有害排放物减少。与此同时，由掺水混合气冷却产生很高的抗爆效率，汽缸盖的冷却抗爆作用和水蒸气起惰性气体作用，从而减慢了最后燃烧部分的化学反应速度以及炽热点的形成，因而消除了爆燃的发生。但是乳化液掺水燃烧也存在锈蚀机件、稀释机油以及油水分层等问题。

（2）改善进、排气系统

改善进、排气系统的目的是减少进气管气流阻力，减少排气干扰，提高充气效率。进气管的结构和尺寸要保证有足够的流通截面，并保证管道的表面光洁，连接处平整，要减少气流转折以及流通截面突变，以减少气流的局部阻力。进气门是整个进气管道中产生阻力最大的地方。例如，大众捷达汽车发动机每缸采用 5 气门（3 个进气门，2 个排气门）结构，以增加进气充量。

汽油机进气管断面形状和尺寸，对燃料的雾化、蒸发和分配影响很大。进气管断面过大，气流速度低，燃油液态颗粒易沉积于管壁，而且液态燃油的蒸发速率比较慢，结果使各缸混合气的分配不均匀，发动机油耗增加。

（3）选择合理的配气相位

充气系数的变化特性、换气损失、燃烧室扫气作用、排气温度以及净化程度是综合评定配气相位的指标。

合理的配气相位选择是与发动机常用工作区相关的。通常，配气相位的持续角较宽时，发动机在高速时充气特性好，低速时充气特性差；当配气相位的持续角窄时，则反之，汽车在我国城市运行条件下，车速偏低，发动机转速较低，所以应适当将持续角度变窄些。最佳配气相位可以通过计算图解法或试验法确定。确定时应综合考虑调整动力性和低速动力性的要求，一般可参考同类发动机的配气相位值进行反复试验而得到。正确的排气相位角可充分利用气流的惯性以及排气系统压力波动进行排气。

试验表明，当配气相位偏离最佳值较远时，其变化对发动机性能影响较大，而在最佳值附近时，发动机性能对之并不敏感。不敏感区最高可达 $10°$ 以上，这就为选定配气相位提供了一定的自由度。

上述所谓的最佳配气相位是在常用工况下局部最佳。现已出现电液控制的可变配气相位控制方法，可保证发动机在各种工况下处于最佳状态。

3. 合理组织汽车运输

① 提高实载率。根据汽车的单位容积装载质量，提高容载质量利用率。为了提高实载率，还要做好货运调查，安排好调运方案。

② 合理组织拖挂运输。发动机的负荷率越低，则发动机的油耗率越高。据统计，多数载货汽车的负荷率低于 50%，因而燃料经济性差。组织汽车拖挂运输会使发动机的负荷率提高，从而使发动机的油耗率下降。

4. 保持完好的汽车技术状况

汽车具有完好的技术状况，是使用节油的重要保证，而提高汽车维修质量是维持或恢复汽车技术状况的措施。

汽车在使用过程中，若能按合理的维护周期、作业项目和技术要求，进行清洁、润滑、紧固、检验、调整和及时排除故障，就能减小零件的磨损和保证各系统或装置作用的充分发挥，从而可降低汽车燃料消耗。

5. 采用节油装置和技术

（1）采用稀化混合气的装置

稀混合气可以提高发动机燃料经济性的主要原因是，由于稀混合气中的汽油分子有更多的机会与空气中氧分子接触，容易燃烧完全，同时混合气越接近于空气循环，绝热指数 K 越大，热效率随之提高；燃用稀混合气，由于其燃烧后最高温度降低，使汽缸壁传热损失较少，并使燃烧产物的离解减少，从而提高了热效率。另外，采用稀混合气，由于汽缸内压力、温度低，不易发生爆燃，则可以提高压缩比，增大混合气的膨胀比和温度，减少燃烧室残余废气量，因而可以提高燃油的能量利用效率。但若混合气过稀，燃烧速度过于缓慢，等容燃烧速度下降，混合气发热量和分子改变系数减少，指示功减小，但机械损失功变化很小，使机械效率下降；混合气过稀，发动机的工作对混合气分配的均匀性和汽油、空气及废气三者的混合均匀性变得更加敏感，循环变动率增加，个别缸失火的概率增加。

对均质混合气采用稀混合气的主要途径有：加快燃烧速度；提高点火能量，适当提高点火提前角，延长火花持续时间；清除火花塞附近的废气；汽油充分雾化，使汽油、空气和废气均匀混合，并保证各缸混合气分配均匀。为使汽油充分雾化，可采取预热、增加进气流的速度、增强进气流的扰动、增加汽油的乳化度等措施。

（2）采用电控多点汽油喷射系统

采用电控汽油喷射系统的发动机可以对空燃比进行精确控制，使发动机在任何工况下都处于最佳工作状态。与化油器式发动机相比，燃料消耗率可降低5%～10%。

（3）采用高能电子点火系

采用高能电子点火系，能根本克服传统点火装置存在的高速缺火、触点易烧蚀和火花能量提高受到限制等缺点，因此可以提高汽车的动力性和经济性。

（4）采用风扇离合器

驱动冷却风扇所消耗的功率为发动机额定功率的5%～10%。目前在一些载货汽车上仍采用直接驱动式风扇，而在较多的情况下不需要风扇工作。采用风扇离合器一般可获得3%～5%的节油效果，气温越低，节油效果越显著。

（5）改善润滑

润滑油的主要作用是减少零件的磨损，以期提高传动效率和延长汽车使用寿命。资料介绍，汽车的机械摩擦损失消耗发动机功率25%～29%，通过改善润滑，机械摩擦损失约减少30%，这对汽车节油有实际的意义。

改善润滑的主要措施：一是在保证润滑减摩的前提下尽可能选用低黏度级润滑油，二是选用多黏度级润滑油。

（6）减少汽车行驶阻力

减少滚动阻力的主要措施是采用子午线轮胎。子午线轮胎的滚动阻力比普通斜交轮胎减少25%～30%，一般使油耗减少5%～8%。

减少空气阻力的主要措施是加装导流装置，一般可获得2%～7%的节油效果。目前，常采用的导流装置如下。

① 导流板，装在驾驶室顶上。

② 间隙密封罩，装在驾驶室与车厢之间。

③ 防护罩，装在车厢下部。

6. 推广节油驾驶技术

通过汽车驾驶实践，广大驾驶员总结了一些有效的汽车节油驾驶技术，可概括为：预热保温，中速行驶，脚轻手快，合理滑行，正确制动等。

① 预热保温。发动机工作温度对燃料消耗有显著的影响。发动机冷启动时，汽车起步和正常运行时，均对工作温度有具体要求。冷机启动要采取预热措施，发动机启动后要暖车，当冷却液温度达到50℃时汽车方可起步。汽车正常行驶时，使冷却液温度处于规定的范围内。

② 中速行驶。中速是略高于经济车速的速度。所谓汽车的经济车速是指汽车行驶时燃料消耗最低的车速。

中速行驶时，发动机油耗率较低，汽车行驶空气阻力较小，运输生产率较高。

③ 脚轻手快。脚轻是指踏加速踏板要轻，缓缓加油。手快是指换挡要及时，动作要快，使汽车处于合理挡位下行驶。

④ 合理滑行。在保证安全前提下，合理滑行可达到节油目的。滑行有两种：一种是加速—滑行，即由加速与滑行两个过程交替进行；另一种是根据地形等行驶条件伺机进行，如下坡或停车前的滑行。汽车滑行要保证安全，加速—滑行时速度确定要合理。

⑤ 正确制动。在保证安全前提下，尽量少用制动，特别是少用紧急制动。

4.4 汽车辅助工作液的选用

4.4.1 发动机冷却液的选用

1. 发动机冷却液的使用性能

汽车发动机广泛采用强制循环水冷却系统，冷却液即为发动机水冷却系统中带走高温零件热量的一种工作介质。为保证汽车发动机正常工作和延长发动机的使用寿命，发动机冷却液应具有以下使用性能。

① 冰点低、沸点高。冰点就是在没有过冷情况下冷却液开始结晶的温度，或者在有过冷情况下结晶开始，短时间内停留不变的最高温度。若汽车在低温条件下停放时间较长，而发动机冷却液的冰点达不到应有的温度，则发动机的冷却水套和散热器就会被冻裂。因此，要求发动机冷却液防冻性好。

沸点是在发动机冷却系统与外界大气压相平衡的条件下，冷却液开始沸腾的温度。发动机冷却液在较高温度下不沸腾，可保证汽车在满载、高负荷、高速条件下或在山区、热带夏季正常行车。

因此，要求发动机冷却液冬天防冻、夏天防沸。

② 防腐蚀性好，不损坏汽车有机涂料。发动机冷却液要接触多种金属材料，如果它对金属有腐蚀性，就会影响发动机的正常工作。

为使发动机冷却液有良好的防腐性，要保持冷却液呈碱性状态，要求发动机冷却液的 pH 在 7.5～11.0 之间，超出范围将对防腐蚀性产生不利的影响。

发动机冷却液是一种化学物质的调和物，在加注中很容易接触到汽车的有机涂料层，这就要求发动机冷却液对汽车有机涂料不能有不良影响，如剥落、鼓泡和褪色等。

③ 不易产生水垢，抗泡沫性好。水垢对发动机冷却系统的散热强度影响很大。试验表明，水垢的导热系数比铸铁小几十倍，比铝合金小 100、300 倍。

发动机冷却液如果产生过多的泡沫，不仅会降低传热效率、加剧气蚀，而且会造成冷却液溢流。

发动机冷却液的使用性能是通过理化指标和使用性能试验保证的。

2. 发动机冷却液的规格

目前，汽车广泛使用的冷却液是用乙二醇或丙二醇等化学物质与水按一定比例混合而成的混合液，还要加入抗腐蚀剂、清洁剂和着色剂等添加剂。

国外典型的发动机冷却液规格是美国材料与试验协会（ASTM）制定的。ASTM D3306 对发动机冷却液的技术要求适合于轻负荷发动机使用，ASTM D4985、D6210 和 D6211 对发动机冷却液的技术要求适合于重负荷发动机使用。表 4-29 所示为 ASTM D3306—2000（轿车及轻负荷汽车用的发动机冷却液）的规格，其中：1 型是乙二醇型浓缩液，2 型是丙二醇型浓缩液，3 型是乙二醇型稀释液，4 型是丙二醇型稀释液。

表 4-29 轿车和轻负荷汽车用发动机冷却液

项目		质量指标				试验方法（ASTM）
		1 型	2 型	3 型	4 型	
理化指标	相对密度（15.5℃/15.5℃）	1.110～1.145	1.030～1.065	不高于1.065	不高于1.025	D1122，D5931
	冰点（℃）50%（V/V）蒸馏水	-37	-32	-37	-32	D1171
	沸点（℃）50%（V/V）蒸馏水	163 108	152 104	108	104	D1287
	灰分（m/m）（%）	5	5	2.5	2.5	D1119
	pH 值 50%（V/V）蒸馏水	7.5～11.0	7.5～11.0	7.5～11.0	7.5～11.0	D1287
	氯含量（10^{-6}）	25	25	25	25	D3634，D5872
	水分（m/m）（%）	5.0	5.0			D1123
	储备碱度（mL）	报告				D1121
	对汽车有机涂料的影响	无影响				D1882
使用性能	玻璃器皿腐蚀试片，变化值（mg/片） 紫铜 焊锡 黄铜 钢 铸铁 铸铝	10 30 10 10 10 30				D1384 试验溶液浓度，乙（丙）二醇，33%（V/V）
	模拟使用腐蚀试片，变化值（mg/片） 紫铜 焊锡 黄铜 钢 铸铁 铸铝	20 60 20 20 20 60				D2570 试验溶液浓度，乙（丙）二醇，44%（V/V）
	铸铝合金传热腐蚀（mg/cm²）	1.0				D4340 试验溶液浓度，乙（丙）二醇，44%（V/V）

(续表)

项目		质量指标				试验方法（ASTM）
		1型	2型	3型	4型	
使用性能	泡沫倾向 泡沫体积（mL） 泡沫消失时间（s）		150 5.0			D1881 试验溶液浓度，乙（丙）二醇，33%（V/V）
	铝泵气穴腐蚀，级		8			D2809 试验溶液浓度，乙（丙）二醇，17%（V/V）

我国汽车发动机冷却液现行标准是 SH 0521—1999《汽车及轻负荷发动机用乙二醇型冷却液》。冷却液按冰点分为 -25 号、-30 号、-35 号、-40 号、-45 号和 -50 号六个牌号。

3. 发动机冷却液的选用

发动机冷却液的选用应注意以下问题。

① 发动机冷却液的冰点要低于环境最低气温 10℃左右。

② 按发动机的负荷性质选择汽车制造厂要求的发动机冷却液，实例见表 4-30。

表 4-30 部分汽车要求的发动机冷却液

汽车型号	要求的发动机冷却液
上海桑塔纳	NO52774 BO/CO（G11 冷却添加剂与水的混合液）
奥迪 A6	G12A8D 冷却添加剂与水的混合液
帕萨特 B5	TLVW774D 标准 G12

③ 对浓缩液进行稀释时，应使用去离子水或蒸馏水。

④ 经常检查发动机冷却液的液面高度和冷却系统的密封性。

⑤ 按制造厂规定的发动机冷却液更换周期更换，但应经常注意发动机冷却液的颜色、气味等是否有变化。

⑥ 不同厂家、不同牌号的发动机冷却液不能混用，以免起化学反应、沉淀或产生气泡，对橡胶密封造成损害，通常会造成水泵水封及焊缝处漏水现象。防冻液泄漏后应及时补充同种品牌的防冻液，若无同品牌的防冻液时请补充蒸馏水或纯净水即可。

⑦ 发动机冷却液的性能既防冻又防沸。有些制造厂要求，任何时候，即使在夏季或炎热地区发动机冷却系统也不要加入纯水。如奥迪 A6 乘用车为发挥发动机冷却液的作用，要求夏季也不能随意降低其浓度，G12A8D 冷却添加剂的体积分数不得低于 40%。

发动机冷却液选用特别提示如下。

① 要定期检查冷却系统有无堵塞。

② 加防冻液前，要使用专用水箱清洗剂清洗冷却系统。防冻液绝对不要用水替代，因为试验数据表明：水对水箱的腐蚀是防冻液的 50 倍；添加防冻液时，注意不要加得过

满；如果司机朋友对选用防冻液确实没把握的话，建议去正规的汽车4S店或者大的防冻液厂家咨询和购买，以免上当和毁车。

③ 通常厂家规定二年至三年或行驶3万~4万km，使用达到四年或行驶6万km必须更换，同时如发现防冻液内出现悬浮物，沉淀物或变质、变色应及时更换并清洗系统。

④ 防冻液一般带有一定的毒性（如乙二醇型属于有机溶剂，若沾在皮肤上对皮肤有腐蚀性），若溅到或沾上防冻液后应立刻用大量清水冲洗干净。

⑤ 通常有驾驶员在夏季把防冻液放掉或换成水，殊不知这样既造成了浪费又造成对发动机及冷却系统的过度腐蚀。其实，防冻液在两年之内不用更换，其冰点及沸点均符合要求。

4.4.2 汽车自动变速器油的选用

1. 汽车自动变速器油的使用性能

汽车自动变速器的应用越来越多，我国一些进口汽车和近年来生产的新型乘用车很多采用了自动变速器。由于汽车自动变速器的工作原理以液力和液压为基础，因此，汽车自动变速器油（Automatic Transmission Fluid，ATF）是一种多功能（传递和改变扭矩，实现控制、润滑及冷却等作用）的工作液，它对自动变速器的正常工作和使用寿命影响很大。

汽车自动变速器油应具有以下使用性能。

① 适当的黏度和良好的黏温性。黏度过小，不易形成油膜，会加剧零件磨损，并使执行机构的油压降低，从而出现换挡不正常等故障。如低温下自动变速器油的黏度过大，流动性差，使发动机启动后，油液供至各控制阀、执行机构的时间延迟，造成换挡滞后时间增加，严重时可能引起离合器打滑或烧结。为了使自动变速器油具有良好的黏温性，在油中加入了一定量的黏度指数改进剂。

② 良好的摩擦特性。所谓摩擦特性就是自动变速器油对两接触表面静摩擦系数和动摩擦系数的控制。一般情况下，静摩擦系数总是大于动摩擦系数。自动变速器油的良好摩擦特性要求动摩擦系数尽可能大；静摩擦系数与动摩擦系数之比要小于1.0；在工作温度范围内摩擦特性保持不变。动摩擦系数对扭矩传递和换挡时间有明显影响，过小会影响传递功率和使离合器打滑，并使换挡时间延长。

静摩擦系数过大，会使换挡后期扭矩急剧增大，发出异响，使换挡过程恶化。自动变速器油的摩擦特性在很大程度上是由被称作摩擦改进剂的添加剂所决定的。

③ 良好的抗热氧化性。汽车在苛刻条件下运行时，自动变速器油油温可达到150~170℃。在高油温下，油分子受到强烈的氧化作用，结果是生成油泥、漆膜和酸性物质等，影响自动变速器正常工作，如堵塞滤清器、液压控制系统失灵、离合器和制动器打滑等。为使自动变速器油具有良好的抗热氧化性能，自动变速器油中加有称为抗氧化剂的添加剂。

④ 良好的抗磨性。为使自动变速器的行星齿轮机构的齿轮、轴承和油泵等正常工作，要求自动变速器油应具有良好的抗磨性能，为此在自动变速器油中加有抗磨剂。

⑤ 良好的防锈蚀性。在自动变速器油中含有防锈蚀剂，以防止金属零部件生锈或腐蚀。

⑥ 良好的密封材料适应性。自动变速器油不应使自动变速器中使用的丁腈橡胶、丙烯橡胶、硅橡胶和尼龙等密封材料有明显的膨胀和收缩，否则可能出现漏油等问题。

⑦ 良好的抗泡沫性。由于转动零部件的激溅作用，自动变速器油会生成泡沫。一旦泡沫生成，则含有气泡的自动变速器油润滑性能变坏，自动变速器的液压控制系统也会因

油中气泡的可压缩性而不能正常工作。气泡的产生还会加速自动变速器油的老化。在自动变速器油中加入了消泡剂,其主要作用是降低油的表面张力,有助于防止气泡的生成,并限制气泡生成后的存留时间。

2. 汽车自动变速器油的分类和规格

(1) 自动变速器油的分类

国外液力传动油多采用由美国材料与试验协会(ASTM)和美国石油学会(APl)共同提出的 PTF(Power Transmission Fluid)使用分类(见表4-31),将液力传动油分为 PTF-1、PTF-2 和 PTF-3 三类,其中 PTF-1 和 PTF-2 属于汽车自动变速器油。

表4-31 液力传动油使用分类

分 类	应用范围
PTF-1	乘用车、普通载货汽车(原轻型货车)自动变速器
PTF-2	普通载货汽车(原重型货车)和越野汽车等自动变速器
PTF-3	农业和建筑机械等用液力传动油

(2) 汽车自动变速器油的规格

① 通用汽车公司的 DEXRON 系列自动变速器油。1967年,美国通用汽车公司推出了 DEXRON 规格汽车自动变速器油,它含有摩擦改进剂。1973年,通用汽车公司推出了 DEXRON Ⅱ 规格汽车自动变速器油,它比 DEXRON 规格自动变速器油具有更小的静摩擦系数,而且低温使用性能、抗氧化能力和摩擦稳定性更好。1990年,通用汽车公司又推出了 DEXRON Ⅱ E 规格汽车自动变速器油,与 DEXRON Ⅱ 规格自动变速器油相比,新油品除了低温黏度降低、抗泡沫性能增强外,还改变了抗磨性试验、摩擦试验、热氧化安定性试验和耐久性试验等项目中所用的试验装置及其标准。后来,通用汽车公司又推出了 DEXRON Ⅲ 规格自动变速器油。

通用汽车公司的 DEXRON 系列自动变速器油的理化性能见表4-32。

表4-32 通用汽车公司的 DEXRON 系列自动变速器油的理化性能

项 目		DEXRON	
		Ⅱ E	Ⅲ
100℃运动黏度(mm^2/s)		报告	
闪点(℃)		160	170
燃点(℃)		175	185
动力黏度(MPa·s) -20℃	小于	1 500	1 500
-30℃	小于	5 000	5 000
-40℃	小于	20 000	20 000
铜片腐蚀	不大于	无变黑剥落	1b
钢棒锈蚀		通过	通过
泡沫性(95℃)		无泡沫	无泡沫
135℃泡高(mm)	小于	10	5
135℃消泡时间(s)	小于	15	15
元素含量		报告	报告
威克斯泵试验(mg)	小于	15	15

② 福特汽车公司的 MERCON 自动变速器油。自 1998 年起,美国福特汽车公司新开发了 MERCON 自动变速器油,这是一种新的含有摩擦改进剂的自动变速器油。

我国汽车自动变速器油的企业标准,将汽车自动变速器油分为 ATF-Ⅱ(DEXPON Ⅱ)、ATF-ⅡE(DEXPONⅡE)和 ATF-Ⅲ(DEXRONⅢ)。

3. 汽车自动变速器油的选择

汽车自动变速器油的选择原则是一定要加注原厂推荐规格的自动变速器油。以上介绍的仅是国外汽车自动变速器油的典型规格,实际上有些汽车公司常推荐自定的自动变速器油,部分汽车原厂要求的自动变速器油规格见表 4-33。

表 4-33 部分汽车原厂要求的自动变速器油规格

车　型	油品规格
北京切诺基(AW-4 型自动变速器)	MERCON 或 DEXRONⅡ
广州本田雅阁 2.0Exi(MAXA 型自动变速器)	HONDA ATF PRENIDN 或等效产品 DEXRONⅡ、DEXRONⅢ
奥迪 A6	GO52 162VW-ATF
上海别克 GLX(4T65-E 型自动变速器)	DEXRONⅢ
凌志 LS400(A341E 或 A342E 型自动变速器)	DEXRONⅡ

4.4.3 汽车制动液的选用

1. 汽车制动液的使用性能

在轿车和轻型汽车上,广泛采用液压传动行车制动系统。汽车制动液是汽车液压传动制动系所采用的传递压力的工作介质。

汽车制动液的工作温度范围很宽。当气温低时,制动液黏度会增大,低温流动性差。汽车的车速越来越高,汽车制动液的温度最高可达 150℃ 以上,夏季汽车液压传动制动系统易产生气阻。

制动液遇潮吸水后会使沸点下降。汽车液压传动制动系采用的材料种类多,既有金属材料,又有橡胶材料。汽车制动液应具有以下使用性能。

① 良好的高温抗气阻性。如果制动液沸点过低,在高温时就会蒸发成蒸气,使液压传动制动系统管路中产生气阻,导致制动失灵。为保证行车安全,要求制动液具有高沸点、低挥发性、夏季不易产生气阻等特点。

汽车制动液高温抗气阻性的评定指标是平衡回流沸点、湿平衡回流沸点和蒸发性。

在冷凝回流系统内与大气平衡条件下试样沸腾的温度称为平衡回流沸点。湿平衡回流沸点在制动液的试样中,按一定的方法增湿,增湿后所测得的平衡回流沸点称为湿平衡回流沸点。

② 适当的运动黏度。汽车制动液应在使用温度范围内有很好的流动性,使系统内压力能随制动踏板的动作迅速上升和下降,橡胶皮碗能在制动缸中顺利地滑动。因此,要求制动液在很宽的温度范围内保持适当的黏度。在制动液规格中都规定了 -40℃ 最大运动黏度和 100℃ 最小运动黏度。

③ 良好的与橡胶配伍性。汽车液压传动制动系统有橡胶皮碗等橡胶件,要求制动液对橡胶件不会造成显著的溶胀、软化或硬化等不良影响。

制动液与橡胶配伍性通过橡胶皮碗试验评定。

④ 良好的抗腐蚀性。汽车液压传动制动系统的主缸、轮缸、活塞、回位弹簧、导管和阀等主要采用铸铁、铝、铜和钢等材料制成,要求制动液不引起金属腐蚀。另外,当制动液渗入橡胶中时,会从橡胶中抽出一部分组分,抽出物对金属的腐蚀作用也要限制。

制动液的金属腐蚀性通过金属腐蚀试验评定。

⑤ 良好的稳定性。制动液的稳定性包括高温稳定性和化学稳定性,即制动液在高温和与相溶液体混合后平衡回流沸点的变化。

制动液的稳定性通过稳定性试验评定。

⑥ 良好的耐寒性。制动液的耐寒性是指制动液在低温的流动性和外观变化。

制动液的耐寒性通过低温流动性和外观试验评定。

⑦ 良好的溶水性。要求制动液吸水后能与水互溶,不产生分离和沉淀。

⑧ 良好的抗氧化性。零件腐蚀一般是因制动液氧化而引起的,为防止零件腐蚀,要求制动液在高温条件下具有良好的抗氧化性。

制动液的抗氧化性通过氧化性试验评定。

⑨ 良好的润滑性和材料适应性。为保证橡胶皮碗能在制动缸中顺利地滑动,还要求制动液具有良好的润滑性。同时,也要求制动液与液压传动系统零件相适应。

制动液的润滑性和材料适应性通过制动液行程模拟试验评定。

汽车制动液通常由溶剂、润滑剂(基础聚合物)和添加剂三部分组成。溶剂决定制动液的初沸点。润滑剂保持制动液的高温黏度和蒸发量,并且使制动液化学稳定性好。添加剂能长期保持制动液的物理性质,同时可弥补溶剂、润滑剂所缺少的物理性质必须加入的成分,如抗氧剂、防锈剂、防腐剂等。

目前,国内外的汽车制动液基本为合成型制动液。合成型制动液按合成原料不同,有醇醚型和酯型两种。

2. 汽车制动液的规格

国外典型的汽车制动液标准如下。

① 美国联邦政府运输安全部(DOT)制定的联邦机动车辆安全标准(FMVSS),具体是FM VSS No.116DOT_3、DOT_4 和 DOT_5,见表8-6。这是世界公认的汽车制动液规格的通用标准。

② 美国汽车工程师学会(SAE)标准,具体是SAEJ 1703e 和 SAEJl703f 等见表4-34。

③ 国际标准化组织标准 ISO4925—1978《机动车制动液》,它是参照 FMVSS No.116 DOT_3 制定的,100℃运动黏度不小于 1.5 mm^2/s,平衡回流沸点低于205℃,湿平衡回流沸点不低于140℃。

表4-34 SAE和DOT系列汽车制动液规格标准

项 目		SEA 系列		DOT 系列		
		J1703e	J1703f	DOT_3	DOT_4	DOT_5
平衡回流沸点(℃)高于	干沸点	190	205	205	230	260
	湿沸点			140	155	180
运动黏度(mm^2/s)	-40℃	1800以下	1800以下	1500以下	1800以下	900以下
	100℃	1.5以上	1.5以上	1.5以上	1.5以上	1.5以上
pH 值		7.0~11.5				

(续表)

项目			SEA 系列		DOT 系列		
			J1703e	J1703f	DOT_3	DOT_4	DOT_5
稳定性（指平衡回流沸点变化）（℃）	高温稳定性（185，2 h）		<3				
	化学稳定性		<2				
金属腐蚀性（100℃，120 h）	金属片试验	质量变化（mg/cm²）小于	马口铁		±0.2		
			钢		±0.2		
			铝		±0.1		
			铸铁		±0.2		
			黄铜		±0.4		
			紫铜		±0.4		
	外观		无点蚀				
	液体性状	外观	不生成胶状或结晶性物质				
		pH 值	7.0～11.5				
		沉淀（V/V）（%）	0.10 以下				
	橡胶皮碗状态	根部直径增加值（mm）	1.4 以下				
		硬度变化（HS）	0～-15				
		外观	无鼓泡，不析出炭黑，形状和表面无显著变化				
耐寒性	-40℃，144 h		透明，不分层，无沉淀，气泡上升时间10 s 以下				
	-50℃，60 h		透明，不分层，无沉淀，气泡上升时间35 s 以下				
溶水性（DOT_5仅吸湿试验）	-40℃，144 h		容器倒置，气泡上升时间在10 s 以下				
	60℃，24 h，沉淀		小于0.05%（体积）				
	外观		透明，不分层				
蒸发性 100℃ 168 h	蒸发减量，质量分数（%）		小于80				
	残留物	外观	无砂料和磨料性沉淀				
		残留物中倾点（℃）	-5 以下				
液体相容性	-40℃，24 h		透明，不分层，无沉淀（DOT_5允许分层）				
	60℃，24 h		不分层，沉淀0.05%（体积）以下（DOT_5允许分层）				
抗氧化性	质量变化（mg/cm²）	铝	0.05 以下				
		铸铁	0.3 以下				
	外观		无点蚀，不粗糙，无胶状附着物				
橡胶相溶性（SBR 橡胶）	70℃，70 h	根部直径增加值（mm）	0.15～1.4				
		硬度变化（HS）	0～15				
		外观	橡胶形状和表面无变化				
	120℃，70 h	根部直径增加值（mm）	0.15～1.4				
		硬度变化（HS）	0～10				
		外观	橡胶形状和表面无变化				
台架试验，120℃，85 000 行程			通过				

我国汽车制动液标准有 GB 10830—1998《机动车制动液使用技术条件》和 GB 12981—1991《HZY2、HZY3、HZY4 合成制动液》。

3. 汽车制动液的选用

（1）汽车制动液的选择

汽车制动液的选择应坚持两条原则：一是选择合成制动液，二是质量等级以 FMVSS No. 116DOT 规格为准。

按 GB 10830—1998《机动车制动液使用技术条件》规定，各级制动液主要特性和推荐使用范围见表4-35。部分汽车要求的制动液规格见表4-36。

表 4-35　JG 系列汽车制动液的主要特性和推荐使用范围

级别	制动液的主要特性	推荐使用范围
JG_3	具有良好的高温抗气阻性能和优良的低温性能	相当于 ISO4925—1978 和 DOT_3 的水平，我国广大地区均可使用
JG_4	具有优良的高温抗气阻性能和良好的低温性能	相当于 DOT_4 的水平，我国广大地区均可使用
JG_5	具有优异的高温抗气阻性能和低温性能	相当于 DOT_5 的水平，供特殊要求车辆使用

表 4-36　部分汽车要求的制动液规格

汽车型号	制动液规格
北京切诺基	DOT_3 或 SAE J1703
上海桑塔纳 LX、2000GSi	NO52 766 XO
奥迪 100、200	DOT_4
奥迪 A6	DOT_4
捷达 GT	DOT_4
红旗 CA7220E	DOT_4
富康	合成型 TOTAL FLUIDE SY 或 DOT_4
夏利 TJ7100	DOT_3 或 SAE J1703
夏利 2000（TJ7136U）	CCI GC250
广州本田雅阁 2.0Exi	DOT_3 或 DOT_4
上海别克 GL、GLX	DOT_3
上海帕萨特 B5	DOT_4

（2）汽车制动液的更换和管理

汽车制动液的更换期以汽车行驶里程或使用时间确定，部分汽车的制动液更换期见表4-37。

表 4-37　部分汽车的制动液更换期

汽车型号	制动液更换期
北京切诺基	每 24 个月或行驶超过 2.4×10^4 km
上海桑塔纳 LX、2000GSi	每 24 个月或行驶超过 5×10^4 km
奥迪 100、200	每 24 个月
奥迪 A6	每 24 个月
捷达 GT	每 12 个月
红旗 CA7220E	每 12 个月
富康	每 24 个月
夏利 TJ7100	每 12 个月
夏利 2000（TJ7136U）	每 12 个月
广州本田雅阁 2.0Exi	每 24 个月或行驶超过 4×10^4 km
上海别克 GL、GLX	每 36 个月或行驶超过 6×10^4 km
上海帕萨特 B5	每 24 个月或行驶超过 5×10^4 km

汽车制动液使用应注意下列事项。
① 不同规格的制动液不能混用。
② 防止水分或矿物油混入。
③ 制动缸橡胶皮碗不可敞开放置。
④ 汽车制动液多以有机溶剂制成，易挥发、易燃。因此，在管理和使用中要注意防火。

4.4.4　汽车空调制冷剂的选用

1. 汽车空调制冷剂的使用性能

制冷剂是在汽车空调系统压缩机中循环，通过膨胀和蒸发吸收热量而产生制冷效应的工质。

汽车空调制冷剂应具有以下使用性能。
① 汽化潜热大，且易于液化。
② 化学安定性好，不易变质。
③ 对金属材料无腐蚀性。
④ 与压缩机润滑油，可以任何比例相溶。
⑤ 不燃烧，不爆炸。
⑥ 不破坏大气层，有利于环境保护。

2. R134a 汽车空调制冷剂

汽车空调制冷剂最早广泛使用 R12（CFC-12），后来证明 R12 制冷剂是破坏地球上空气臭氧层的主要因素，而臭氧层像一张天然的滤网，能将太阳光中强烈的紫外线辐射吸收掉 90%，从而保护地球环境。一旦臭氧层遭到破坏，形成空洞，不能防止太阳光中紫外线直接射向地球，会给人类健康和生态平衡带来危害。蒙特利尔协议规定从 2000 年起全面禁止 CFC（R12 为其中主要品种）物质的生产和使用。我国国家环保总局和原国家机械局联合于 1999 年 12 月 26 日发布了《关于中国汽车行业新车生产限期停止使用 CFC-12 汽车空调的通知》的文件，规定从 2002 年 1 月 1 日起，所有新生产的汽车必须停止装配以 CFC-12 为工质的汽车空调器，以 HFC-134a（R134a）汽车空调器代之。

汽车空调制冷剂 R134a 与 R12 的理化特性对比见表 4-38。

表 4-38 汽车空调制冷剂 R134a 与 R12 的理化特性对比

项 目		R12	R134a
新代号		FCF-12	HFC-134a
分子式		CCl_2F_2	CH_2FCF_3
分子量		120.91	102.03
沸点（℃）		-29.80	-26.19
临界温度（℃）		111.80	101.14
临界压力（MPa）		4.125	4.065
临界密度（kg/m^3）		558	511
汽化潜热（kJ/kg）	0℃	152.28	197.50
	10℃	149.97	190.13
饱和蒸气压（MPa）	0℃	0.309	0.293
	10℃	0.423	0.415
	50℃	1.215	1.317
	60℃	1.518	1.680
饱和蒸汽比容（m^3/kg）	0℃	0.056 67	0.068 16
	10℃	0.042 04	0.048 72
30℃导热系数[kJ/（MPa·K）]	饱和液	0.25×10^{-5}	0.27×10^{-5}
	常压气	37.37×10^{-5}	52.08×10^{-5}
30℃动力黏度（cP）	饱和液	0.20	0.202
	常压气	0.0127	0.0125
水溶解性（g/100 g）		0.009	0.11
臭氧破坏系数 ODP		1.0	0
温室效应系数 GWP		1.0	0.11
适用干燥剂		硅胶（4A-XH-5）	氟石（XH-7，XH-9）
与矿物油的互溶性		相溶	不相溶
与橡胶的互溶性		氯丁橡胶、氟橡胶和丁腈橡胶可用	氯丁橡胶、高丁腈橡胶和尼龙可用

3. 汽车空调制冷系统的维护

R134a 与 R12 空调制冷系统在结构和维护方面有较大的区别（见表 4-39），而在一段时间内 R134a 与 R12 空调制冷系统将并存，因此在制冷剂选择等方面应防止将两种系统混淆，注意事项如下。

① 确认汽车是采用哪种制冷剂的空调系统。

② R134a 与 R12 两种制冷剂不能混用。

③ R12 空调制冷系统使用的压缩机润滑油不得用于 R134a 空调制冷系统中。R12 空调制冷系统使用矿物润滑油，R134a 空调制冷系统使用的是一种人工合成油，如 PAG 或 ESTER。错用后，会使制冷剂混浊，降低润滑性能，甚至使压缩机拉缸损坏。

④ R12 空调制冷系统使用的干燥剂不得用于 R134a 空调制冷系统中。R12 空调制冷系统使用的干燥剂为硅胶（4A-XH-5），由于 R134a 的极性接近于水的极性，若仍使用硅胶作干燥剂，会使 R134a 和系统中的水分一起被硅胶所吸收，造成硅胶吸湿能力大为下降，不能有效地将系统中的水分吸除，因此会造成制冷系统工作不正常。R134a 空调制冷系统采用氟石（XH-7 或 XH-9）作为干燥剂，它基本不吸收制冷剂，且干燥性能良好。

⑤ 两种制冷系统中的密封件、橡胶软管、检测仪表和加注工具等不能混用。

表 4-39 桑塔纳 2000 型乘用车 R134a 空调制冷系统与原 R12 空调制冷系统的主要区别

项 目	R134a 空调制冷系统	R12 空调制冷系统
润滑油	压缩机润滑油采用 PAG 或 ESTER	压缩机采用矿物润滑油
橡胶压力管	软管和密封圈的橡胶材料为聚丁腈橡胶 H-NBR	耐氟丁腈橡胶 NBR
干燥剂	XH-7 或 XH-9	4A-XH-5
冷凝器	采用全铝管带式	采用全铝管平流式，散热面积增加 12%

4.5 汽车轮胎的合理选用

4.5.1 汽车轮胎的结构特点

汽车轮胎的作用如下。

① 支撑汽车总质量产生的重力。

② 与汽车悬架一起吸收、缓和路面的冲击，以保证汽车具有良好的乘坐舒适性和行驶平顺性。

③ 保证汽车车轮与路面有良好的附着能力，以提高汽车的动力性、制动性和通过性。

汽车轮胎按胎体中帘线排列方向分为普通斜交轮胎和子午线轮胎。

1. 普通斜交轮胎的特点

轮胎胎体帘布层的帘线呈斜交方向排列，如图 4-6 所示。普通斜交轮胎的胎体坚固，胎侧不易损坏；在汽车低速行驶时乘坐舒适性好；轮胎价格较低。其缺点是滚动阻力大，使用寿命短。

2. 子午线轮胎的特点

轮胎胎体帘布层的帘线相对胎面中心线呈垂直方向排列，即呈 90°，如图 4-7 所示。

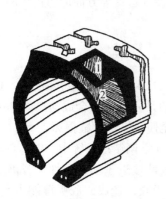 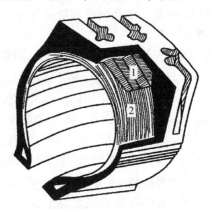

图 4-6　普通斜交轮胎　　　　　　图 4-7　子午线轮胎
1—缓冲层；2—帘布层　　　　　　1—带束层；2—帘布层

子午线轮胎在性能上有以下优点。

① 使用寿命长。子午线轮胎耐磨性好，比普通斜交轮胎使用寿命可延长 30%～50%。

② 滚动阻力小，可节约燃料。由于胎冠具有强度较高的带束层，胎面的刚性大，轮胎滚动时弹性变小，滚动阻力比普通斜交轮胎可减小 25%～30%，油耗可降低 5%～8%。

③ 承载能力大。由于子午线轮胎帘线强度能得到充分利用，故承载能力大，比普通斜交轮胎提高约 14%。

④ 缓冲能力强，附着性能好。由于胎侧部分比较柔软，胎体弹性好，能吸收冲击能量，故缓冲能力强。附着性好，是由于轮胎接地面积大、胎面滑移小的缘故。

子午线轮胎的缺点是：胎侧易裂口，制造技术要求高，成本高，翻新困难。

4.5.2　汽车轮胎的规格

1. 轮胎主要技术指标及术语

（1）轮胎的主要尺寸

轮胎的主要尺寸（见图 4-8）是轮胎断面宽度（B）、轮辋名义直径（d）、轮胎断面高度（H）、轮胎外直径（D）、负荷下静半径和滚动半径等。

① 轮胎断面宽度。轮胎按规定气压充气后，轮胎外侧面间的距离。

② 轮辋名义直径。轮辋规格中直径大小的代号，与轮胎规格中相对应的轮胎内直径一致。

③ 轮胎断面高度。轮胎按规定气压充气后，轮胎外直径与轮辋名义直径之差的一半。

④ 轮胎外直径。轮胎按规定气压充气后，在无负荷状态下的直径。

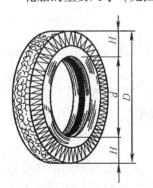

图 4-8　汽车轮胎的主要尺寸

⑤ 负荷下静半径。轮胎在静止状态下只承受法向负荷作用时，由车轮中心到支撑平面的垂直距离。

⑥ 轮胎滚动半径。车轮旋转运动与平移运动的折算半径，滚动半径 r 按式（4-2）计算。

$$r = \frac{S}{2\pi n_w} \tag{4-2}$$

式中　S——车轮移动的距离，mm；

　　　n_w——车轮转过的圈数。

（2）轮胎的高宽比和轮胎系列

轮胎的高宽比是指轮胎断面高度（H）与轮胎断面宽度（B）的百分比，表示为 H/B（%）。轮胎系列就是用轮胎的高宽比的名义值大小（不带%）表示的，例如"80"系列、"75"系列和"70"系列等。

（3）轮胎的层级

轮胎的层级是表示轮胎承载能力的相对指数，主要用于区别尺寸相同但结构和承载能不同的轮胎。轮胎的层级数与轮胎帘布层的实际层数有直接关系，就是说轮胎的层级不代表轮胎帘布层的实际层数。轮胎层级常用 PR（PLY RATING）表示。

（4）轮胎最高行驶速度和速度级别符号

轮胎最高行驶速度是指在规定条件（路面级别、轮辋名义直径）下，在规定的持续行驶时间（持续行驶最长时间为 1 h），允许使用的最高速度。

将轮胎最高行驶速度（km/h）分为若干级，用字母表示，称为速度级别符号，目前有 25 个，表 4-40 仅摘编了一部分。不同轮辋名义直径的轿车轮胎最高行驶速度见表 4-41。

表 4-40　轮胎速度级别符号与最高行驶速度（摘编）

轮胎速度级别符号	轮胎最高行驶速度（km/h）	轮胎速度级别符号	轮胎最高行驶速度（km/h）
L	120	R	170
M	130	S	180
N	140	T	190
P	150	U	200
Q	160	H	210

表 4-41　轮胎速度级别符号在不同轮辋名义直径时表示的轿车轮胎最高行驶速度（摘编）

轮胎速度级别符号	轮胎最高行驶速度（km/h）		
	轮辋名义直径 10in	轮辋名义直径 12in	轮辋名义直径 ≥13in
Q	135	145	160
S	150	165	180
T	165	175	190
H		195	210

轮胎负荷指数是指在规定条件下（如轮胎最高速度、最大充气压力等），轮胎负荷能力的数字符号。轮胎负荷指数用 LI 表示，轮胎负荷能力用 TLCC 表示。轮胎负荷指数目前有 0，1，2，…，279 共 280 个，表 4-42 仅摘编了一部分。

表 4-42　轮胎负荷指数（LI）与轮胎负荷能力（TLCC）对应关系（摘编）

轮胎负荷指数（LI）	轮胎负荷能力（TLCC）（N）	轮胎负荷指数（LI）	轮胎负荷能力（TLCC）（N）
79	4 370	84	5 000
80	4 500	85	5 150
81	4 620	86	5 300
82	4 750	87	5 450
83	4 870	88	5 600

2. 轮胎规格的表示方法

本部分以实例说明汽车轮胎规格的表示方法，基本反映了欧洲国家、美国、日本和我国等对汽车轮胎规格的规定。

（1）轿车轮胎规格

① 斜交轮胎规格，如

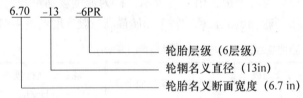

② 子午线轮胎规格，如

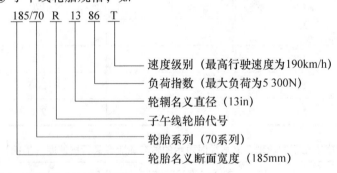

（2）载货汽车轮胎规格

① 微型载货汽车普通断面斜交轮胎规格，如

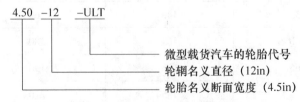

② 轻型载货汽车普通断面斜交轮胎规格，如

③ 轻型载货汽车普通断面子午线轮胎规格，如

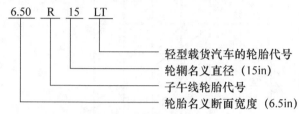

4.5.3 影响汽车轮胎寿命的使用因素

轮胎的使用性能是以利用压缩空气的性质和内外胎的弹性为基础的。汽车车轮承受和传递汽车与路面的全部作用力，在各种外力作用下，产生复杂的变形。因变形发生摩擦，产生大量内热，使轮胎温度升高，强度降低。轮胎的损坏，基本上就是力和热综合作用的结果。轮胎受力变形时，帘线和橡胶在拉压应力、高温的作用下，轮胎材料产生疲劳，使弹性和强度下降。当应力超过帘布层强度极限时，帘线就会折断。轮胎受力变形时，帘布层间产生切应力，当切应力超过帘布层与橡胶间的吸附力时，就会出现帘线松散、帘布层脱层等现象。所以，轮胎的损坏形式主要是胎面磨损、帘布脱层、帘线松散或折断、胎面与胎体脱胶以及由上述结果引起的胎体破裂。

轮胎气压、负荷、汽车行驶速度、气温、道路条件、汽车技术状况、驾驶方法、维修质量和管理技术等因素对轮胎使用寿命影响很大。

1. 轮胎气压

"气压是轮胎的生命"，轮胎气压不同，所承受的负荷就不同。轮胎气压偏离标准是轮胎早期损坏的主要原因（如图4-9曲线 a 所示），尤以气压不足对轮胎的危害最大。

轮胎气压越低，胎侧变形越大，使胎体帘线产生较大的交变应力。由于帘线能承受较大的伸张变形，而承受压缩变形的能力较差，故周期性的压缩变形会加速帘线的疲劳破坏。轮胎以低压状态滚动时，除增大胎体的应力外，还因摩擦加剧而使轮胎温度升高，降低了橡胶和帘线的抗拉强度。试验表明，轮胎气压降低20%，轮胎使用寿命降低15%以上。轮胎因气压不足损坏的主要特征是：初期外胎内壁和内胎表面出现黑色环圈，以后则发生局部的帘线松散或环状的帘线断裂，帘布脱层，胎面胶特别是胎肩部分加速磨损；后轮并装的双胎间可能互相摩擦，呈周边磨损；轮胎花纹中易嵌入钉子和石块，引起机械损伤；外胎在轮辋上移动，会使胎圈磨损和内胎气门嘴撕裂。

当轮胎气压过高时，造成轮胎接地面积小，增大了单位面积上的负荷，同时轮胎弹性小，因胎体帘线过于伸张，应力增大，由此造成胎冠磨损增加。如汽车在不良路面上行驶时，由于车轮承受的动负荷大，则易使胎面剥离或爆胎。气压过高对轮胎的磨损强度虽比气压不足时要小，但爆破的可能性增大了。

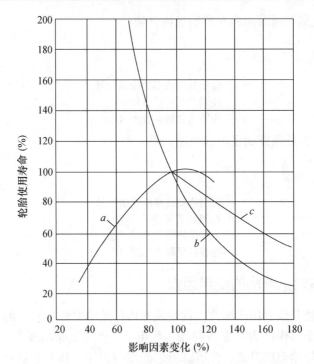

图 4-9 轮胎气压、负荷和汽车行驶速度对轮胎使用寿命的影响
a—轮胎气压；b—轮胎负荷；c—汽车行驶速度

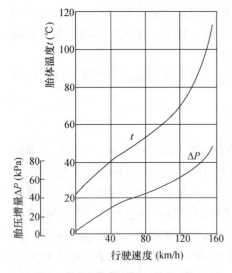

图 4-10 汽车行驶速度对胎体温度
和轮胎气压的影响

2. 轮胎负荷

轮胎所承受的最大负荷，设计时已经限定。超载时，外胎损坏特点与气压低时类似，胎侧弯曲变形大。但轮胎超载时受力和变形状态比气压低时更恶化，因此轮胎的损坏就更加严重。负荷对轮胎使用寿命的影响如图 4-9 曲线 b 所示。试验表明轮胎超负荷 10%，轮胎使用寿命约缩短 20%。超载的轮胎若碰撞障碍物时，易造成轮胎爆破。

3. 汽车行驶速度和气温

汽车行驶速度对轮胎使用寿命的影响如图 4-9 曲线 c 所示。汽车行驶速度过高，轮胎使用寿命缩短。原因是：高速行驶时胎面与路面摩擦频繁，滑移量大，使胎体温度升高，结果导致轮胎气压增高（见图 4-10）；汽车高速行驶时，动负荷大，会造成轮胎的损伤。

图 4-11 表示在不同的汽车行驶速度下，轮胎使用寿命与气温的关系。气温对轮胎的使用寿命影响也很大，尤其在气温和车速均高时，轮胎使用寿命会明显缩短，其根本原因是在这种场合下轮胎气压急剧升高。

4. 道路条件

影响轮胎使用寿命的道路因素主要是路面材料和平坦度。它们关系到摩擦力和动负荷的大小，由此影响轮胎的使用寿命。

轮胎在良好平整的路面上行驶时，负荷的类型主要是静负荷，主要损坏形式是正常磨损。汽车在坏路上行驶时，由于轮胎动负荷大（汽车以中速在不平路面上行驶时，车轮的动负荷为静负荷的两倍以上），轮胎使用寿命缩短得很多。试验证明：若以汽车在沥青路面上行驶时的使用寿命为100%，则在非铺装路面上行驶时，轮胎的使用寿命约缩短50%。

5. 汽车技术状况

汽车底盘的技术状况（尤其是行驶系统）不良，会造成轮胎的异常磨损，如图4-12所示。图4-12（a）、(b)为轮胎磨损成多边形或波浪形，原因是轮辋变形、轮毂轴承松旷、车轮不平衡和紧急制动频繁等。

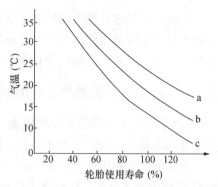

图4-11 在不同的汽车行驶速度下，轮胎使用寿命与气温的关系

a—车速为35 km/h；b—车速为75 km/h；c—车速为90 km/h

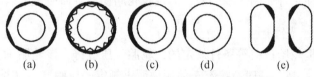

图4-12 汽车技术状况对轮胎使用寿命的影响

图4-12（c）为轮胎一侧局部偏磨，原因是轮辋偏心、轮毂与转向节轴偏心或转向节轴弯曲等；图4-12（d）为轮胎局部剧烈磨损，常见原因是制动器拖滞；图4-12（e）为轮胎胎肩偏磨，原因是外倾角不正确。若轮胎外侧偏磨是因外倾角过大；若轮胎内侧偏磨是因外倾角过小；如轮胎沿圆周在轮胎宽度方向出现锯齿状的磨损，原因为前束失准。实际上，由于多种因素的影响，轮胎异常磨损的形态不像图4-12所示那样典型，原因也不一定分析的全面。但是足以说明汽车技术状况对轮胎使用寿命的影响程度。

6. 汽车驾驶方法

轮胎的使用寿命与汽车驾驶方法紧密相关，如起步过猛、紧急制动、转弯过急和碰撞障碍物等，会加速轮胎的损坏。

起步过猛使驱动轮上的负荷骤然增加，轮胎与地面发生强烈的摩擦，并易发生滑转现象，增加轮胎磨损。紧急制动时，轮胎由滚动变为滑移，局部胎面受到剧烈摩擦产生高温，使胎面胶软化而加剧磨损。同时在缓冲层和帘布层中产生较大的切应力，会使胎面花纹发生崩裂，胎面胶脱空或胎体脱层。经常使用制动器，也会使轮胎产生高温，加速磨损。转弯过急，使车轮侧向滑移，增加胎面磨损，并使胎侧过度变形，在胎圈部位产生很大应力，可使胎圈破裂，胎体脱层，甚至爆破行驶中轮胎碰撞障碍物，使轮胎受到强烈冲击，引起过度变形，损坏帘布层。

7. 轮胎维护质量

对轮胎维护，不认真执行强制维护的原则，或在汽车二级维护中没有将拆检轮胎、进行轮胎换位作为主要内容，就不能保持轮胎的良好技术状况。

如果将类型、规格、花纹和新旧程度不同的轮胎混装，就会使部分轮胎超载而早期损坏。拆装轮胎时不使用专用工具或拆装方法不当，也会影响轮胎的使用寿命。

8. 轮胎管理技术

不执行轮胎装运技术要求，轮胎保管条件不良或方法不当，也将引起轮胎早期损坏。

轮胎与矿物油、酸类物质和化学药品接触，会使橡胶、帘布层遭受腐蚀。保管期间受阳光照射，室温过高或空气过分干燥，会加速轮胎老化；空气中水分过多，轮胎受潮，会使帘布层霉烂变质。内胎折叠存放，会产生裂痕。外胎堆叠，将引起变形。

4.5.4 延长汽车轮胎寿命的使用措施

《汽车运输业车辆技术管理规定》所提出的汽车运输业技术经济定额和指标有11项，其中有两项是针对轮胎合理使用的，即轮胎行驶里程定额和轮胎翻新率。

为加强汽车轮胎的合理使用，国家和交通部发布了有关的技术标准或文件。交通部于1987年发布的《汽车运输行业轮胎技术管理制度》、2000年修订的GB/T 9768—2000《轮胎使用与保养规程》、JT/T 303—1996《汽车轮胎使用与维修要求》和JT/T 242—1995《汽车运输业企业轮胎技术管理台账》等，规定了轮胎管理、使用和维修的基本原则及具体技术要求，要认真执行，切实做好节胎工作。

针对影响轮胎使用寿命的主要因素，为延长轮胎使用寿命应采取以下措施。

1. 保持轮胎标准气压

轮胎气压是根据轮胎负荷等条件规定的，轮胎气压应符合该轮胎承受负荷时规定的压力，见表4-43、表4-44。一般可按汽车使用说明书规定的轮胎气压（见表4-45）检查。

表4-43 标准型轿车子午线轮胎气压与负荷对应关系

负荷(N) 负荷指数	气压 (kPa)										
	150	160	170	180	190	200	210	220	230	240	250
81	3 050	3 250	3 400	3 550	3 700	3 850	4 000	4 150	4 300	4 450	4 620
86	3 500	3 700	3 900	4 100	4 250	4 450	4 600	4 800	4 950	5 150	5 300

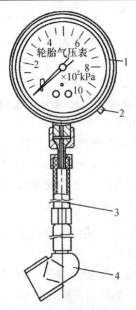

图4-13 手提式轮胎气压表
1—气压表；2—回位按钮；3—气管组合件；4—气嘴组合件

轮胎气压用轮胎气压表检查。常用的是手提式轮胎气压表（见图4-13），它由气压表、回位按钮、气管组合件和气嘴组合件组成。使用时，检查指针是否指示零位，若不在"0"处，应按动回位按钮使指针复位。测量轮胎气压时，把轮胎气压表下端气嘴组合件的气嘴套在轮胎气门嘴上，使气嘴阀端面压在气门芯的顶杆上，并用力把气门芯顶杆压下打开气门，轮胎内的气流便进入气压表内，在刻度盘上便指示出轮胎气压值。读值后按动回位按钮，使表针回到零位。

表4-44 中型载货汽车轮胎气压与负荷对应关系

轮胎规格	气压(kPa) 负荷(kgf)	350	390	420	460	490	530	560	600	670	700	740
9.00-20 (15°轮辋)	D	1505	1595	1675	1755	1835 (10)	1905	1980	2050 (10)	2190	2255 (14)	
	S		1615	1710	1815	1910	2000	2095 (10)	2175	2340 (12)	2415	2495
9.00R20 (15°轮辋)	D	1415	1505	1595	1675	1755	1835 (10)	1905	1980	2120	2190	2255 (14)
	S		1615	1710	1815	1910	2000	2095 (10)	2255	2345 (12)	2415	

① "D"表示双胎并装时的负荷;"S"表示单胎使用时的负荷。
② 表中括号内数字表示层级。

表4-45 我国部分汽车使用的轮胎规格和轮胎气压

汽车型号	轮胎规格	轮胎气压(kPa)
解放1092	9.00-20.12层级	前轮392 后轮和备胎480
东风1092	9.00-20.12层级 或9.00R20.12层级	普通轮胎:前轮390 后轮和备胎480 子午线轮胎:前轮490 后轮和备胎620
北京切诺基	P 205/75 R 15	前后轮207
上海桑塔纳LX	185/70 R 13 86 T	前轮190 后轮230 备胎250
夏利TJ7100	165/70 S R 13	180
富康	165/70 R 14 81 T	前轮220 后轮210 备胎240
奥迪A6	205/60 W R 15	前后轮220 备胎260
捷达CL	175/70 R 13T	前轮200 后轮260 备胎240
红旗CA7180、7200、7220E	185 S R 14	前轮220 后轮200 备胎260
广州本田雅阁2.0Exi	195/65 R 15 91 V	前轮200 后轮230
上海帕萨特B5	195/65 R 15 V	前轮210 后轮190

2. 防止轮胎超载

轮胎的负荷不应超过轮胎的额定负荷。在汽车使用过程中不得超载。装载要分布均匀，不可质心偏移，保持货物均匀分布，如图4-14所示。

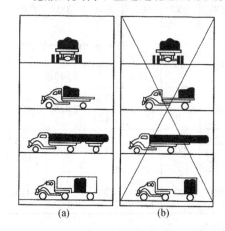

图4-14 载货汽车装载分布
（a）正确装载法；（b）不正确装载法

3. 掌握车速，控制胎温

汽车行驶速度与轮胎生热的关系很大，车速越高，挠曲变形速度就越快，轮胎生热量也就越次，轮胎胎体温度上升至100℃以上时轮胎会分层、脱空、爆胎。

近年来，随着公路状况的改善，特别是高速公路的增加，汽车运行速度显著提高，如果汽车所使用的轮胎只具有低速特性，那么在较高车速行驶时，可能出现爆胎等故障。所以，要求汽车所使用的轮胎应与最高设计车速相适应。最大设计车速较高的汽车必须选用具有高速特性的轮胎。

汽车夏季行驶时应增加停歇次数，如果轮胎发热或内压增高，应停车休息散热，严禁放气降低轮胎气压，也不要用冷水浇泼。因放气后轮胎温度并未降低，而轮胎的变形因气压降低而增大，使胎温继续升高，直到轮胎的发热量与散热量重新达到平衡为止。此时轮胎的温度比原来更高，致使轮胎受到严重损伤。而浇泼冷水降温，会使轮胎在高温时骤然冷却，因各部收缩不均衡而产生裂纹。

4. 保持汽车技术状况良好

从延长轮胎使用寿命的角度出发，汽车维护中要特别注意下列作业。

① 前束和外倾角应符合标准。
② 行车制动器调整良好，不拖滞。
③ 轮毂轴承的间隙调整适当。
④ 轮胎螺母紧固，车轮应平衡。
⑤ 钢板弹簧的挠度应尽量一致，前后轴应平行。
⑥ 轮毂油封和液压制动轮缸无漏油现象。
⑦ 车轮总成的横向摆动量和径向跳动量应符合 GB 7258—2004《机动车运行安全技术条件》的要求，对车轮总成的横向摆动量和径向跳动量的要求是：总质量小于或等于4.5 t的汽车不得大于5 mm，其他车辆不得大于8 mm。

5. 正确驾驶

汽车应起步平稳，加速均匀，选择平坦路面，少用紧急制动。

在滑路上要缓慢起步，以均匀速度行驶，车轮打滑空转时应即时采取防滑措施；行驶中注意选择路面，尽量避开障碍物和难行路段；道路不良或转弯时应减速行驶；遇有沟槽、坑洼或铁轨等障碍时，要以低速缓慢通过；在保证安全的前提下，少用制动器，尽量避免紧急制动。

6. 合理搭配，正确拆装

轮胎必须装配在规定规格的轮辋上；同一车轴应装配相同规格、花纹和层级的轮胎；普通斜交轮胎与子午线轮胎在同车上不能混用；轮胎花纹应根据道路条件选择，装配有向花纹轮胎时，花纹"人"字尖端的指向要与汽车前进时轮胎旋转方向一致；换装新胎时，应尽量做到整车或同轴同换；为确保行车安全，翻新轮胎不能装在转向轮上；汽车所使用的轮胎应与最大设计车速相适应。

拆装轮胎要使用专门的工具，严禁使用大锤敲击或其他尖锐器械；装内胎时，应在外胎的内壁和内胎表面涂滑石粉，以便于内胎的伸展。内胎气门嘴应放置在轮辋气门嘴孔的中心；双胎并装时，应将内挡轮胎的车轮螺栓紧固后，再装外挡轮胎。

7. 强制维护，及时翻新

轮胎技术状况应符合 GB 7258—2004《机动车运行安全技术条件》的"轮胎要求"。

① 轮胎的磨损：轿车和挂车轮胎的胎冠花纹深度不得小于 1.6 mm；其他汽车转向轮的胎冠花纹深度不得小于 3.2 mm，其余轮胎胎冠花纹深度不得小于 1.6 mm。

② 轮胎胎面不得因局部磨损而暴露出轮胎帘布层。

③ 轮胎胎面和胎壁上不得有长度超过 25 mm 或深度足以暴露出轮胎帘布层的破裂和割伤。

对轮胎的维护应与整车维护一样，贯彻预防为主，强制维护的原则。轮胎维护分为日常维护、一级维护和二级维护，维护周期按汽车规定的维护周期执行。

轮胎日常维护主要是检查轮胎气压是否符合规定；检查轮胎螺母有无松动；清理轮胎夹石和花纹中的石子、杂物等。轮胎的一级维护除日常维护作业外，以一般检查和紧固为主。检查轮胎螺母是否缺少和松紧程度；检查胎面磨损情况，必要时（如单边偏磨严重）应进行一次轮胎换位，以保持胎面花纹磨损均匀；二级维护除一级维护作业外，主要是拆检轮胎，进行轮胎换位。把轮胎各部件拆开，检查外胎有无内伤、脱层、起鼓，检查内胎有无老化、脱胶现象，检查垫带有无开裂等；把伤洞清理干净，塞胶烘补好；测量胎面花纹磨损；进行轮胎换位。

由于负荷、驱动形式和道路的影响，汽车各轮胎磨损部位和磨损程度不同，为使全车轮胎磨损均匀，一般应按规定的周期对轮胎进行换位。轮胎换位的基本方法有循环换位法和交叉换位法两种，如图 4-15 所示。一次更换轮胎的位置，不能使所有轮胎从汽车的一侧完全换到另一侧的换位方法，称为循环换位法。仅一次更换轮胎的位置，便可实现所有轮胎从汽车的一侧完全换到另一侧的换位方法，称为交叉换位法。

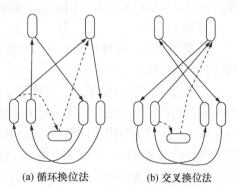

(a) 循环换位法　　(b) 交叉换位法

图 4-15　轮胎换位的基本方法

进行轮胎换位应注意事项如下。

① 轮胎换位方法选定后，不再变动。

② 对有方向性花纹的轮胎，换位后不能改变旋转方向。

③ 轮胎换位后，应按规定重新调整轮胎气压。

当轮胎花纹磨至极限时，应及时送厂翻新，不可不经翻新一直使用到报废。轮胎翻新是将胎面花纹磨耗超限而胎体尚好的轮胎进行翻新,轮胎的胎体寿命一般都比胎面寿命长,特别是尼龙胎和钢丝胎,胎体寿命一般都比胎面寿命长4~5倍,而胎体经济价值占整个外胎经济价值的70%左右,又加上翻新费用低廉,因此轮胎翻新的经济效益显著。轮胎翻新后应达到相应的技术标准,我国 GB 7037—2007《载重汽车翻新轮胎》和 GB 14646—2007《轿车翻新轮胎》两个标准,分别对普通斜交轮胎和子午线轮胎的翻新质量作了规定。

8. 正确装运,妥善保管

装运轮胎时,不得与油类、易燃物、化学腐蚀品等混装,并用篷布遮盖,以免阳光照射或雨淋。长途运输必须竖立放置,内胎如无包装,需放在外胎内,并适量充气;轮胎库房应清洁干燥,避免阳光射入库内,室内温度应保持在 -10~30℃ 之间,相对湿度为50%~80%。库房应距离热源、发电设备和其他产生臭氧地点1 m以外。外胎或成套轮胎应立放,严禁平置或堆叠,以免变形,至少每两个月转动其支点一次。内胎如需单独存放,在适当的充气状态下,悬挂在半圆形的托架上,并定期转动其支点,不得折叠堆置。轮胎在保管中,应有库存卡片,记载轮胎类型、规格、层级、厂牌、生产和入库时间,并按生产和入库时间分批存放,先进先出,顺序使用。

轮胎选用特别提示。

① 高速行驶的车辆应首选子午线轮胎。(子午线轮胎具有升温低、散热快、制动性好、滚动阻力小、噪声小、节油耐久等优点。子午线轮胎从安全性、经济性、高速性、耐久性、舒适性等方面来看都优于普通斜交轮胎。)

② 高速行驶的车辆应尽量选用无内胎轮胎。(无内胎轮胎由于内腔是一层高密封性能的胶层,当轮胎不慎被刺破后,内压不是一瞬间泄漏,而是缓慢降压,驾驶员有充裕的时间作应急处理,以保证车辆行驶安全。)

③ 高速行驶的车辆要选用有速度级别的轮胎。(见轮胎标志)

④ 选用轮胎时要注意区别轿车(乘用)和货车(载重)轮胎。同一规格的轮胎分为轿车用和货车用轮胎。如185R14为轿车轮胎,185R14C为货车轮胎,虽一字之差,其轮胎的负荷、性能相差很大,因此,不能混装代用。如果用低负荷轮胎在超负荷状态下高速行驶是十分危险的。

⑤ 适时更换。建议轮胎的使用寿命是4万km左右,如果行驶里程较少,但使用时间超过两年同样建议更换。

⑥ 轮胎不可混合使用。不同规格、结构、磨耗程度的轮胎不可混合使用,否则会影响车辆的操控性和稳定性。为了最大限度地发挥车辆的设计性能,最好四个轮子选用同一种轮胎,至少同轴使用相同规格及结构的轮胎。如果购买的两条新胎与车上所剩的两条轮胎规格与结构都相同,建议将新胎安装到后轴上。如果只换一条新胎,也建议放到后轴上,并将其余三条中磨耗最轻的一条也放到后轴上。

学 习 训 练

1. 对车用汽油主要要求哪些使用性能?各种性能的评定指标是什么?
2. 车用汽油的馏程包括哪些项目?各对发动机的工作有何影响?

第 4 章 汽车运行材料的合理选用

3. 如何选择车用汽油？
4. 对轻柴油主要要求哪些使用性能？
5. 常用的汽车节油装置和技术有哪些？并简要说明其原理。
6. 可推广的汽车节油驾驶技术有哪些？
7. 汽车新能源主要有哪些？
8. 对发动机油要求哪些使用性能？
9. 如何选择发动机油？
10. 确定在用发动机油换油周期的方法有哪些？
11. 汽油机油换油指标包括哪些项目？
12. 柴油机油换油指标包括哪些项目？
13. 对车辆齿轮油要求哪些使用性能？
14. 如何选择车辆齿轮油？
15. 对汽车润滑脂要求哪些使用性能？
16. 什么是润滑脂的锥入度、工作锥入度和滴点？
17. 如何选择汽车润滑脂？
18. 对发动机冷却液要求哪些使用性能？
19. 发动冷却液的选用有哪些注意事项？
20. 对汽车自动变速器油要求哪些使用性能？
21. 对汽车制动液要求哪些使用性能？
22. 什么是子午线轮胎？在性能上有哪些特点？
23. 汽车轮胎常见的损坏形式有哪些？
24. 举出三种汽车轮胎不正常磨损的现象，并分析其原因。
25. 延长汽车轮胎寿命的使用措施有哪些？
26. 为什么对汽车轮胎要进行换位？

第 5 章 汽车维修管理

学习目标

通过本章学习，能够按照我国现行的汽车维修制度实施维修作业，组织维修生产，并能对维修的全过程进行质量管理。

汽车维护的基本任务就是采用相应的技术措施预防故障的发生，避免损坏。汽车修理的基本任务就是消除故障和损坏，恢复车辆的工作能力和完好状况。统计资料表明，在汽车的整个使用期内，其使用、维护和修理费用，为汽车原值的 4～6 倍，因此探讨如何以最低的费用维持汽车的完好状态，保持汽车的工作能力和可靠性，使汽车低耗高效地完成运输任务，就成为一个十分重要的课题。

5.1 汽车维修制度

5.1.1 汽车维修分类

1. 汽车维修分类

汽车维修（Vehicle Maintenance and Repair）是汽车维护和修理的总称。就是对出现故障的汽车通过技术手段排查，找出故障原因，并采取一定措施排除故障并恢复到一定的性能和安全标准。汽车修理包括汽车大修和汽车小修，汽车大修是指用修理或更换汽车任何零部件（包括基础件）的方法，恢复汽车的完好技术状况和完全（或接近完全）恢复汽车寿命的恢复性修理。而汽车小修是指用更换或修理个别零件的方法，保证或恢复汽车工作能力的运行性修理。汽车维修思想是指组织实施车辆维修工作的指导方针和政策，是人们对维修目的、维修对象、维修活动的总认识。主要有以"预防为主"的维修思想和以可靠性为中心的维修思想两种。

根据不同的维修思想，便会产生不同的维护类型和方式。在"预防为主"的维修思想指导下，为了保证车辆的技术状况，维持其工作能力，常采用的维护类型如图 5-1 所示。

按维护的性质分，维护可分为预防维护和非预防维护。

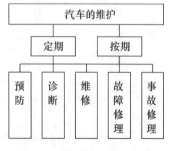

图 5-1 汽车维护的类型

① 预防维护。预防维护是指维护作业的内容和时机，是按预先规定的计划执行的，其目的是为了预防故障，维持汽车的工作能力。预防维护又可分为例行维护和计划维护。例行维护的时机和内容是与汽车的行驶里程无关的，如日常维修、停驶维修和换季维修等。计划维护的时机和内容是与汽车的行驶里程有关的，如一级维护，二级维护等。如果维护作业是按计划强制执行的，则称为定期维护；如果维护作业是根据定期检查的结果按需执行的，则称为

按需维护。

② 非预防维护。非预防维护通常是在汽车出现故障后进行的，它适用于突发性故障，因为这类故障的出现具有很大的随机性，在故障出现前是很难预测的，因而无法预先安排维修计划。

2. 汽车维护的方式

汽车的维护方式是维护类型、维护时机和维护内容的综合体现，通常可分为定期维护、按需维护、事后维修、以可靠性为中心的维修四种形式。

（1）定期维护

定期维护是预防维护的一种，它根据技术情况的变化规律及故障统计分析，规定出相应的维修周期，每隔一定的时间（或行程）对汽车进行一次按规定作业内容执行的维修。

定期维护方式可使维护工作能在有准备的情况下进行，便于组织安排，并能保证维护质量。但汽车是一个复杂系统，由于各零部件工作条件各异，初始技术状况也不一致，因而其寿命长短不一，若均按规定周期进行维护，必然会使有些部件的寿命不能得到充分的发挥。此外，由于维护工作是按计划强制进行的，不可避免地会存在执行作业的盲目性，增加维护的工作量，甚至会破坏部件的配合特性，降低汽车的固有可靠性，而且对突发性故障采用定期维护方式也是无效的。

（2）按需维护

按需维护也是预防维护的一种。它是以故障机理分析为基础，通过诊断或检测设备，定期或连续地对汽车技术情况进行诊断或检查，根据检查结果来组织维护工作。要做到按需维护，必须具备下述三个条件。

① 掌握汽车技术状况变化的规律。

② 掌握技术状况参数的极限值。

③ 掌握故障的现象、特性及对汽车工作能力的影响。

由于按需维护是在发现故障征兆时才进行的，因此，它既能提高汽车的有效度，又能发挥汽车零部件的寿命潜力。故而，这是一种比较理想的维护方式。

（3）事后维修

事后维修方式的特点如下。

① 采用事后维修方式可充分发挥每个零件的寿命潜力，避免因盲目拆卸而引起的人为差错。

② 应采用事后维修方式，由于故障的出现是随机的，因而使维修工作无法做计划性安排，进行组织和管理比较困难。

③ 采用事后维修方式时，由于预先不掌握故障发生时机，无法对其进行控制，因而故障率较高，而且当故障发生在营运期间时，会造成停机，甚至会导致安全事故。

根据事后维修方式的特点，它可在以下两种情况下采用：一是故障是突发性的，无法预测，而且事故的后果不涉及运行安全；二是故障是渐发性的，但故障的出现不涉及运行安全，其所造成的经济损失小于预防维护的费用。从经济的角度考虑，这两种情况采用事后维修方式是有利的。

（4）以可靠性为中心的维修

在以可靠性为中心的维修思想指导下，所制定的是以可靠性为中心的维修大纲。它是一种为实现汽车的固有可靠性而设计的维修方式，简称 RCM。主要是以费用效果和采用安全分析方法，根据汽车可能出现的故障后果和可靠性的要求，运用 RCM 决断图来分析各总成的维修要求和选择维修方式，它能以最低的费用实现汽车的固有可靠性。具体的分析详见有关汽车维修的相关专业书籍。

以可靠性为中心的维修主要特点是：在确定维修工作时，对汽车可能产生的故障和后果进行分析，以按照零部件的功能、功能故障、故障原因及其后果来确定应进行的维修工作和选择维修方式。

5.1.2 现行汽车维修制度

维修制度与国家的社会经济条件以及车辆状况有着密切的联系，现分别介绍如下。

1. 我国的汽车维修制度

建国初期，主要以学习原苏联的汽车维修制度为主，1954 年交通部正式颁布《汽车运输企业技术标准与技术经济定额》，明确规定了当时的汽车维修制度为强制预防性的维修制度，经 1963 年、1980 年两次修订，逐渐形成了适合我国国情的维修制度。1990 年，交通部为了适应汽车运输的实际情况和新中国成立以来的管理经验，吸取国内外技术管理的成果，制定了《汽车运输业技术管理规定》，以交通部第 13 号令颁布实行。

中国现行的维修制度，基本上沿用计划预防维修制度，规定车辆维修必须贯彻"预防为主、定期检测、强制维护、视情修理"的原则。近几年，随着汽车生产技术的不断提高和检测手段的现代化，车辆售后服务体系逐渐完善，车辆所属主体也发生了较大的变化。相应地出现了一种并行的汽车维护制度，即"按需（视情）维修制"。其具体内容是："严格保养、定期检测、视情修理、强制报废"。这种维护制度总体来说更加科学，是今后汽车维护发展的方向。

2. 国外的汽车维修制度

（1）美国的汽车维修制度

美国汽车维修制度的发展经历了以下四个阶段。

① 第一阶段（1933 年以前）是研究原理的阶段。由于对汽车损坏的规律和如何保持汽车的完好技术状态缺乏认识，在维护制度上出现了两种极端的情况。一种是明确地规定维护周期和维护内容强制执行，甚至试图采用定期强制修理的制度。另一种是为了减少维护工作量，定期对汽车进行检查，按需要进行修理。执行这种制度的主要原因是：当时汽车的生产水平较低，可靠性较差，而且汽车运输企业的规模不大，设备条件较差，工作人员技术水平较低。

② 第二阶段（1933—1946 年）是确立计划预防维修制度的阶段。在这一阶段，由于汽车制造质量的提高和结构的复杂化，取消了强制修理的方法，逐渐增加了预防工作的比重。1943 年美国汽车工程师学会（SAE）制定了汽车计划预防维修制度（PM），它将维修工作分为五级，其中维护工作三级（A、B、C）相当于例行维护、一级维护、二级维护；修理分为二级（D、E）。美国的军队和大型汽车运输企业均采用这种维修制度。

③ 第三阶段（1946—1960 年）是奠定理论基础阶段。由于进行了大量研究工作，对汽车损坏规律和使用寿命有了较深的了解，从而为维护级别、周期、维修项目等的制定奠定了理论基础，使维护作业更具有针对性。在这个阶段，将原来的二级维护周期（C 级）

从 4 800～9 600 km 延长到 20 000 km 以上。

④ 第四阶段（1961 年之后）是向"无维护"目标迈进阶段。由于应用可靠性理论，采用诊断技术和电子计算机，可以准确地和有根据地制定出维护周期和维护内容，加之汽车结构的日益完善和诊断技术的发展，在维护作业中逐步加强了检验环节，利用诊断设备，根据诊断结果来组织维护作业，从而使维护周期延长，维护作业简化，逐步增加了按需成分。随着汽车结构、材料和监控装置的不断完善，逐步在向"无维护"的目标迈进。

(2) 日本的汽车维修制度

日本的维修制度大体和美国的维修制度相同，规定汽车出车前必须进行例行维护，营运汽车每隔一个月、三个月和一年必须按各个机构和装置的维修部位分别实施内容不同的预防性维护。它类似于三级维护制度。对其他自用汽车，也规定每隔六个月和一年分别实施内容不同的预防性维护。1983 年 7 月开始实施《道路运输车辆法》。其中规定：个人用车在新车检验后第三年进行第一次检验，随后，每隔两年检验一次；营运车（出租车）、公共汽车和载货汽车每年检验一次。另外，生产汽车的厂家建议用户在买车一个月后（或 1 000 km）、三个月、六个月、一年各检查一次，这不属于国家规定，用户可自行掌握。国家规定的检验，必须在各地区专门设立的认证工厂或车检中心进行。另外，还规定个人用车超过 10 年车龄后必须每年检验一次。

5.2 汽车维修制度的主要内容

5.2.1 汽车维护原则

1. 汽车维护的原则

我国交通部于 1990 年 3 月颁布了《汽车运输业车辆技术管理规定》，明确规定厂"车辆维护应贯彻预防为主，强制维护的原则"。强制维护同样是在"计划预防维护"的基础上进行的，只是为了进一步强调维护的重要性和必须按规定的维护周期和作业项目强制进行。"强制"就是汽车一经行驶到规定的维护周期，必须按期强制执行，并在维护作业时，保证维护质量。但汽车进行维护时，又不能对其主要总成大拆大卸，只有在发生故障需要解体时，才允许进行解体。

2. 汽车维护的目的

汽车维护的目的在于保持车容整洁，及时发现和消除故障隐患防止车辆早期损坏，使车辆达到下列要求。

① 车辆经常处于良好的技术状况，随时可以出车。
② 在合理使用的条件下，不致因中途损坏而停车，以及因机械事故而影响行车安全。
③ 在运行过程中，降低燃、润料以及配件和轮胎的消耗。
④ 各部总成的技术状况尽量保持均衡，以延长汽车大修间隔里程。
⑤ 减少车辆噪声和排放污染物对环境的污染。

5.2.2 汽车维护分级及主要内容

汽车维护作业的主要内容是清洁、检查、补给、润滑、紧固、调整等。

1. 汽车维护的分级

车辆的维护类别根据其作业周期不同可分为定期维护和非定期维护。其中，定期维护分为日常维护、一级维护和二级维护；非定期维护分为走合期维护和季节性维护。

我国现行维护制度，着重于加强强制性日常维护，增加检测性定期维护。即对日常维护和一级维护实行定期强制执行，提高安全、节能、环保与寿命等性能，对二级维护要先进行检测诊断和技术评定，根据检测结果，确定附加作业或小修项目，结合二级维护一并进行。

2. 汽车维护作业的主要内容

以东风 EQl090 型汽车为例，介绍汽车各级维护的主要作业内容。

（1）日常维护

日常维护是各级维护的基础，属于预防性的维护作业，由驾驶员每天在出车前、行车中和收车后负责执行。以清洁、补给和安全检视为中心内容。

1）出车前维护

① 清洁汽车外表，并检查报修项目是否修复良好。

② 检视机油、燃油、冷却水、制动液是否符合要求；电解液是否充足；轮胎气压是否符合标准。

③ 检查汽车主要外露部位的螺栓、螺母是否齐全、紧固、有效。

④ 检视转向装置和横、直拉杆等连接部位是否牢固可靠；驻车制动器、行车制动器、离合器的工作情况是否良好。

⑤ 检查乘员乘坐或货物装载是否符合规定，挂车、半挂车的牵引或连接装置是否牢固可靠，随车装备是否齐全。

⑥ 检查驾驶证、行驶证和必须携带的行车证件是否齐全。

⑦ 检视照明、信号、喇叭、刮水器、后视镜、门锁、门窗玻璃及其升降摇手柄是否齐全有效。

⑧ 启动发动机，检查发动机运转是否正常，有无异响，各仪表工作是否正常；检查汽车各部有无漏水、漏油、漏气、漏电。

2）行车中维护

行驶途中的检查，包括途中行驶（①～⑥）和途中停车（⑦～⑫）两种检查。

① 发动机水温高于 50℃ 以上，气压高于 390 kPa 才能行驶。

② 注意发动机和底盘有无异响和异味。

③ 注意转向系统、制动系统是否灵活、有效，离合器工作是否正常。

④ 注意各仪表工作是否正常。

⑤ 电、气喇叭音响是否正常。

⑥ 注意乘客和货物的动态。

⑦ 检视轮胎外表及气压，清除胎纹中杂物。

⑧ 检视有无漏水、漏气、漏油现象。

⑨ 检查制动器有无拖滞发热现象。

⑩ 检视转向机构、操纵机构等各连接部位是否牢固可靠。

⑪ 检视拖挂装置是否安全可靠。

⑫ 检视货物装载是否安全可靠。
3）收车后维护
① 清洁汽车外表及驾驶室内部。
② 检视有无漏水、漏气、漏油现象,并补充燃油、润滑油、制动液。
③ 检视冷却系统情况,夏季需要定期换水,以免堵塞;冬季应放水。
④ 冬季气温低于 -30℃,露天放置的车辆应拆下蓄电池放入室内保温。
⑤ 检视各连接装置有无松动。
⑥ 检视钢板弹簧总成情况。
⑦ 检查轮胎气压状况并清除胎纹中杂物。
⑧ 叠片式粗滤器应顺时针转动粗滤器手柄 3~5 圈。
⑨ 需放净储气筒内的积水、油污,并关好开关。
⑩ 排除故障并报小修项目。

通过日常维护,使汽车达到车容整洁;螺栓、螺母不缺不松,油、气、电、水不渗不漏,轮胎气压正常;驻车、行车制动器及转向系统灵活可靠;润滑良好;发动机,底盘无异响;灯光、喇叭、刮水器等工作正常。

（2）一级维护

一级维护由专业维修工负责执行。除日常维护作业外,以清洁、紧固、润滑为中心内容,并检查有关制动、操纵等安全部件。

① 清洁汽车及各总成的外部。
② 检查并调整风扇传动带及空气压缩机传动带的松紧度。
③ 检查变速器及减速器的润滑油平面,清洁通气塞。
④ 检查传动轴十字轴 U 形螺栓、中间支承万向节 U 形螺栓和其他传动部分螺栓的紧固情况。
⑤ 检查转向机构各连接螺栓的紧固情况。
⑥ 检查前、后钢板弹簧 U 形螺栓及支架的紧固情况。
⑦ 清洁蓄电池外部,检视并添加蒸馏水。
⑧ 检查并紧固车前钣金零件、驾驶室、车厢等部位的连接螺栓。
⑨ 检查并紧固发动机的悬置件。
⑩ 按规定进行润滑。

（3）二级维护

二级维护由专业维修工负责执行。除一级维护作业以外,以检查、调整为中心内容,并拆检轮胎和进行轮胎换位。

① 一级维护的全部项目。
② 清洗机油细滤器转子外罩内壁沉积污垢。
③ 更换机油粗滤器纸滤芯。
④ 拆检车轮制动器,润滑制动蹄轴,清洗、润滑并调整轮毂轴承,调整制动蹄摩擦片与制动鼓之间的间隙,轮胎换位。
⑤ 检查发动机、变速器、转向器、减速器的润滑油,添加或更换。
⑥ 放出汽油箱内沉积物,清洗汽油滤清器和化油器进油接头上的滤网,清洁空气滤清器滤芯。

⑦ 调整气门间隙。
⑧ 清洁并润滑分电器。
⑨ 清除火花塞积炭，校正电极间隙。
⑩ 检查蓄电池电解液密度，必要时进行补充。
⑪ 检查离合器踏板自由行程，润滑踏板轴。
⑫ 检查转向器油面，不足时添加。
⑬ 检查转向盘的自由转动量，必要时进行调整。
⑭ 检查传动轴十字轴轴承及中间支承有无松旷，检查各叉形凸缘螺母的紧固情况。
⑮ 检查并调整前轮前束。
⑯ 清洗空气压缩机的空气滤清器的滤芯及储气筒单向阀。
⑰ 清洗气压调节阀接头处的滤芯罩和滤芯。
⑱ 检查曲轴箱通风装置，清洗单向阀。
⑲ 清洁并润滑启动机、发电机。
⑳ 按润滑规定进行润滑。

(4) 走合期维护

所谓走合期是指汽车运行初期，改善零件摩擦表面几何形状和表面层物理机械性能的过程。

汽车在新车出厂或大修（包括发动机大修）后，初期行驶的一段里程（一般为 1 000～1 500 km）称为走合期，在这段时期对汽车所进行的维护，称为走合期维护。

走合期的维护，一般分为走合前、走合中和走合后维护三个阶段。下面以东风 EQ1090 型汽车为例介绍走台维护的主要内容。

1) 走合前维护

走合前维护是为了防止汽车出现事故和损伤，顺利地完成走合，其主要内容如下。
① 清洗汽车，检查各部位的连接及紧固情况。
② 检视散热器的存水量及冷却系统有无漏水现象。
③ 检视发动机、变速器、减速器以及转向器内润滑油油面是否符合规定，不足时应予补加，并检查有无漏油现象。
④ 检查制动系统的工作是否正常，各管路接头处有无漏气现象。
⑤ 检查转向机构各部位有无松旷和卡滞现象。
⑥ 检查电气设备、灯光和仪表工作是否正常，同时检查蓄电池的电解液面高度是否符合规定。
⑦ 检查轮胎气压是否符合标准。
⑧ 检查变速器各挡是否正确啮合。

2) 走合中维护
① 应在平坦良好的路面行驶。
② 正确驾驶，平稳地接合离合器，及时换挡。严禁拖挡、猛冲，避免突然加速和紧急制动。
③ 速度限制：
    一挡　　　　　　　　　　不超过 5 km/h
    二挡　　　　　　　　　　不超过 10 km/h

三挡　　　　　　　　　　　　超过 15 km/h
四挡　　　　　　　　　　　　不超过 25 km/h
五挡　　　　　　　　　　　　超过 40 km/h

为限制汽车在走合期内的速度，出厂时在进气歧管与化油器之间装有限速片，用铅封锁住，走合期内严禁拆除。

④ 载质量限制。走合期内不允许拖带挂车，载质量不得超过 3 500 kg。

⑤ 经常注意变速器、后桥、轮毂以及制动鼓的温度，若有严重发热时，应查找原因予以排除。

⑥ 尤其应注意机油压力和控制发动机冷却水的正常温度。

⑦ 走合 200 km 以后，应按规定力矩和顺序拧紧汽缸盖及进、排气歧管螺栓、螺母。

⑧ 走合 500 km 以后，应在热车状态更换发动机机油，并防止铁屑、脏物等杂质堵塞油道，刮伤轴承。

东风 EQ1090E 型汽车新车出厂时，发动机润滑油内加有特殊添加剂，以促进发动机摩擦副零件的早期磨合。因此在行驶 500 km 或 1 000 km 后换油时，最好将发动机润滑油沉淀后滤去杂质再用。

3）走合后维护

① 清洗发动机油底壳和粗滤器，并更换发动机机油，按规定力矩检查连杆螺栓和曲轴轴承盖螺栓的紧固情况。

② 清洗变速器、后桥、转向器，并更换润滑油。

③ 紧固前、后悬架的 U 形螺栓的紧固螺母（在满载情况下进行），检查后钢板弹簧固定端的螺栓以及小 U 形螺栓的紧固情况。

④ 按规定力矩紧固转向机构各带有开口销的螺母。

⑤ 按规定力矩检查并紧固制动底板的紧固螺栓、螺母。

⑥ 按规定力矩检查底盘和传动部分的各部连接情况。

⑦ 检查并紧固车身、车厢各部的连接情况，调整车厢栓钩。

⑧ 调整点火正时，调整发动机怠速和检查气门间隙。

⑨ 按一级维护作业项目进行润滑和维护。

（5）季节性维护

由于冬季和夏季气温相差较大，为保证车辆在冬、夏季的合理使用，在季节转换之前，应结合定期维护，附加一些相应的项目，使汽车适应气候变化了的运行条件，此种附加性维护称之为季节性维护。季节性维护有换入夏季和换入冬季两种。

1）换入夏季的维护

① 检视百叶窗能否全开；拆除发动机附加保温罩及启动预热装置。

② 清洗发动机水套，清除散热器水垢；测试节温器性能。

③ 放出发动机及底盘各总成的润滑油，清洗后加注夏季用润滑油。若使用的是通用润滑油，则不必更换。

④ 清洗燃料系统，调整化油器；进、排气歧管上有预热阀装置的调整到"夏"字位置。

⑤ 调整蓄电池电解液密度（适当降低）；校正发电机调节器，适当降低充电电流、电压，并清洁触点。

⑥ 调整火花塞间隙（适当增大）和分电器断电触点间隙（适当增大）。

⑦ 采取防暑降温措施。

2）换入冬季的维护

① 检视百叶窗能否全闭；安装发动机附加保温罩及启动预热装置。

② 测试节温器效能。

③ 根据润滑油的使用性能，发动机及底盘各总成换用冬季用润滑油。

④ 清洗燃料系统，调整化油器；进、排气歧管上有预热阀装置的调整到"冬"字位置。

⑤ 调整蓄电池电解液密度（适当增大，在严寒地区电解液相对密度应不低于1.25），校正发电机调节器，适当增加充电电流和电压。

⑥ 调控火花塞间隙和断电触点间隙（适当减小），以增强火花强度。

⑦ 采取防寒，防冻、防滑等保护措施。

（6）柴油车的维护

柴油车除燃料系统的作业项目外，其余均与汽油车相应各级维护作业范围相同。其燃料系的维护如下。

1）日常维护

① 清洗加油管口的柴油滤网。

② 从粗、细柴油滤清器内放出沉淀油污，并随即启动发动机2～3 min。

2）一级维护

① 放出柴油箱内的沉淀物质。

② 清洁输油泵和柴油滤清器外部，清洗滤网；放出柴油滤清器中的沉淀物质；用柴油清洗内部；放出输油管路中的空气，检查供油系统的密封情况。

③ 检查喷油泵和调速器的机油平面，视需要添加机油。

④ 检查供油操纵机构的连接情况，润滑所有接头。

3）二级维护

① 拆洗柴油箱。

② 清洗柴油滤清器及其滤芯，视需要更换滤芯；疏通柴油管路。

③ 拆洗输油泵，清洗滤网，检查油阀工作情况，视需要调整输油压力。

④ 清洗喷油泵和调速器，试验其工作性能；更换喷油泵和调速器内的机油，检查连接部分。

⑤ 清洗喷油器，清除积炭，检查各喷油器的喷油压力和雾化情况。必要时拆检喷油器。

（7）挂车的维护

挂车的结构虽然比主车（牵引车）简单，但是也必须定期进行维护。任何重主车、轻挂车的做法都是错误的，不但使挂车加剧损坏，而且容易造成严重事故。

挂车的维护作业可结合主车维护作业。其维护作业也可分为日常维护、一级维护和二级维护等。

日常维护分为出车前（①～⑤）、行车中（⑥～⑩）和出车后（⑪～⑮）三部分。

1）日常维护

① 检查轮胎外表是否有损伤和嵌石，轮胎气压是否符合规定，轮胎螺母是否紧固。

② 检视挂车和主车拖挂连接的可靠性。
③ 检视拖曳装置、牵引架、牵引架销和销座各部连接的可靠性。车轮转向式挂车应检查全部转动和连接部位工作是否可靠。
④ 检查制动装置连接是否可靠。
⑤ 检查灯光标志信号等装置是否完好。
⑥ 注意挂车在行驶中是否有过分偏摆和振抖的现象。
⑦ 途中停车时，检查悬架部分的连接紧固情况；钢板弹簧有无折断或移位。
⑧ 摸试检查轮毂、制动鼓有无过热现象。
⑨ 检查拖曳装置、牵引架等连接是否良好。
⑩ 其他项目与主车相同。
⑪ 检查牵引架、转盘、转盘中心螺栓等是否良好。
⑫ 检查气压式制动装置的管路连接是否良好。
⑬ 检查灯光、标志信号装置是否良好。
⑭ 检查防护网及支架、保险钢丝绳（链）等是否完好。
⑮ 其他项目与主车相同。

2）一级维护

一级维护以润滑、紧固为中心，除执行日常维护作业项目外，还有以下几种情况。
① 检查车架及挂环、转盘架、车轴、牵引架、缓冲弹簧和安全防护装置有无损坏。
② 紧固各外露部位螺栓、螺母。
③ 按规定润滑部位加注润滑脂。
④ 其他项目与主车相同。

3）二级维护

二级维护以检查、调整为中心，除执行一级维护作业项目外，还有以下几种情况。
① 检视牵引架挂环磨损情况。
② 拆检转盘、滚子滚道、中心销及套的磨损情况。
③ 按规定润滑部位进行润滑。
④ 其他部位与主车相同。

5.3 汽车维修组织

1. 在组织汽车维护工艺时应考虑的原则

① 工艺过程的组织应符合车辆运行的工作制度。
② 能合理利用维护工艺设备和生产面积。
③ 能有效完成规定的维护工作内容，确保维护质量。
④ 工艺过程的组织应保证维护作业的劳动生产率高，成本低。

2. 汽车维护的组织方式

汽车维护作业的组织方式按专业分工程度不同，分为全能工段法和专业工段法。
① 全能工段法。全能工段法是把除外表维护作业外的其他规定作业组织在一个工段上实施，把执行各维护作业的人员编成一个作业组，在额定时间内，分部位有顺序地完成

各自的作业项目。

全能工段法可以是以技术较高的全能工人对汽车的固定部位完成其维护作业,也可以是以专业工种的工人在不同部位执行指定专业维护作业。前者称为固定工位作业,后者则称为平行交叉作业。

② 专业工段法。专业工段法把规定的各项维护作业,按其工艺特点分配在一个或几个工段上,各专业工人在指定工段上完成各自的工作。工段上配有专门的设备。当专业工段按维护作业的顺序排列时,这些专业工段即组成汽车维护作业流水线。汽车在流水线上的移动可以依靠本身的动力或利用其他驱动方式在流水线上移动。

3. 汽车修理的组织方式

(1) 汽车修理的方法

汽车修理的方法有就车修理法和总成互换修理法两种形式。

就车修理法是指汽车在修理过程中原车的零件、组合件及总成不能互换,修理后仍装回原车的修理方法。由于就车修理法各总成的修理周期不同,装配的连续性经常受到影响,只有等修理周期最长的总成修竣后方能装配汽车,因此大修周期较长。

就车修理的大修工艺过程如图5-2所示。

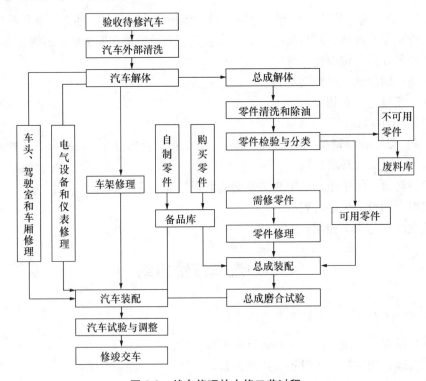

图5-2 就车修理的大修工艺过程

总成互换修理法是指汽车在修理过程中,除车架外,其余需修的总成都可以换用周转储备总成中预先修好(或新的)总成,而替换下来的总成另行安排修理以备下次换用。

由于总成修理法利用了备用总成,保证了修理的连续性,从而大大缩短了汽车的修理停厂周期。这种修理方法适用于企业承修的车型必须单一,而且互换总成的修理质量必须要达到统一的修理标准,否则实施时就会发生困难。

总成互换修理的大修工艺过程如图 5-3 所示。

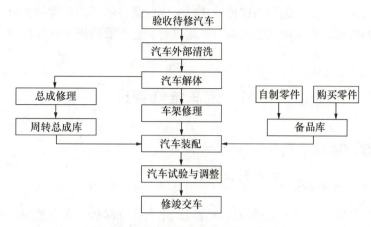

图 5-3　总成互换修理法的大修工艺过程

采用总成互换修理法时，备用总成的数量与总成的修理时间与车架修理的时间差有关，在定额期内必须由备用总成来补充，修理企业所需备用总成的数量可按式（5-1）计算：

$$N = n(t_1 - t_0) + n_0 \tag{5-1}$$

式中　n——修理企业的日生产纲领（辆）；

　　　t_1——备用总成的修理天数（日）；

　　　t_0——车架的修理天数（日）；

　　　n_0——考虑由于某种特殊原因引起的生产中断而备用的总成数。

（2）汽车修理的组织方式

① 汽车修理的作业方式。汽车修理采用的作业方式有固定工位作业法和流水作业法两种形式。

固定工位作业法是指汽车拆装作业固定在一定工作位置来完成，而拆散后的修理作业，仍分散到各专业工组进行。这种作业方式的优点是占地面积小，所需设备简单，拆装作业不受连续性限制，生产的调度与调整比较方便。其缺点是总成及笨重零件要来回运输，工人劳动强度大。因此，它适用于产量不大、承修车型比较复杂的小型汽车修理厂。

流水作业法是将汽车的拆装作业沿着流水顺序，分别在各个专业工组或工位上逐步完成全部拆装和修理作业。这种作业法的优点是专业化程度高，分工细致，修理质量高，总成和笨重零件的运输距离短，工效高。其缺点是设备投资大，占地面积大。它适用于承修车型单一、生产规模较大的修理企业。

② 汽车修理的组织形式。由于修理方法和作业方式的不同，修理生产可分为综合作业和专业分工作业两种组织形式。

综合作业组织形式是适用于固定工位作业法的一种劳动组织形式，是由一个作业组承修一辆汽车的大部分修理工作。它需要全能的修理工人，修理周期长，成本高。它一般只适用于生产规模小、车型复杂的修理厂。

专业分工作业组织形式是将汽车修理作业，按工种、部位、总成、组合件或工序由一个或几个专业组专门负责进行。分工的繁简程度，取决于企业的规模。这种劳动组织形式，既适用于固定工位作业法，也适用于流水作业法。它便于采用专用工艺装备，能保证修理质量，提高工效，易于提高工人的操作技术水平，缩短修理周期，同时也便于组织各单元之间的平衡交叉作业。但采用这种形式时，要注意各单元间进度的协调，要搞好生产计划调度及材料供应，才能保证生产有节奏地进行。它一般适用于承修车辆多，车型单一的修理企业。

5.4 汽车维修管理

5.4.1 汽车维修管理体系

提高维修质量的重要性

维修质量是指维修后汽车的适用性，并以此来衡量维修后汽车在使用过程中满足用户要求的程度。从另一个角度来讲，汽车维修质量是指汽车维修对原有汽车产品质量的恢复和维持的程度。汽车维修质量包括性能、寿命、可靠性、安全性和经济性等五个方面。汽车的维修质量是这五个方面的综合反映。不断提高汽车的维修质量，具有极其重要的意义，主要表现在以下几个方面。

① 提高维修质量是保障人民生命财产安全的大事。
② 提高维修质量是关系到国家和用户的利益。
③ 提高维修质量是汽车维修企业生存的保障。
④ 提高维修质量是促进维修企业技术进步的重要途径。
⑤ 提高维修质量是现代化社会的客观要求。

5.4.2 汽车维修质量管理体系

汽车维修质量管理体系（亦称汽车维修质量保证体系）是指维修企业以提高和保证维修质量为目标，运用系统的概念和方法，把维修质量管理的各阶段、各环节的职能组织起来，形成一个有明确的任务指标、职责权限、相互协调共同促进的有机整体。把企业各部门环节的维修质量管理活动纳入统一的质量保证体系中，使维修质量管理工作规范化、制度化、经常化。

1. 维修质量管理体系的内容

① 有明确的质量方针和质量目标。
② 有完整的维修质量计划。
③ 建立严格的维修质量责任制。
④ 建立专职质量管理机构。
⑤ 实行管理业务标准化和管理流程程序化。
⑥ 建立高效灵敏的质量信息反馈系统。
⑦ 做好配件的质量管理工作。

2. 业务接待过程中的质量管理工作

业务接待是维修企业进行业务活动的第一环节，客户第一个见到的就是业务接待人员。业务接待人员的工作质量不仅对企业的维修质量有着特别重要的意义，而且还会影响到客户对企业的第一印象。因此，做好接待工作是维修质量管理的重要内容。

业务接待人员的工作质量包括服务质量和业务质量两个方面。

（1）业务接待人员的服务质量

业务接待人员的服务质量是指业务接待人员在接待客户时的周到程度。业务接待人员服务质量受自身条件、事业心、文化修养、知识技能、管理机制、竞争对手的情况等多方面因素的影响。

（2）业务接待人员的业务质量

业务接待人员的业务质量是指业务接待人员完成自身业务工作使客户达到满意的程度。它包括以下几个方面。

① 做好维修车辆的情况登记，如车辆的牌号、型号、发动机号、底盘号等。

② 填写详细的进厂报修单。报修单填写完毕后，应请客户过目，待无异议后，请客户在报修单上签字。

③ 车上有贵重物品时最好请客户带走或妥善保管，避免出现不必要的纠纷。

④ 若需要增加维修项目时，应及时与客户讲清楚。

⑤ 车辆修竣后，应查看车辆，确认进厂报修单上所有维修内容已经完成再通知客户提车、结算。

⑥ 在通知财务结算之前，应把维修中的大致情况和所要花费的维修费用告诉用户，这是赢得用户很重要的工作。

⑦ 客户结算后，要离开企业时要与客户攀谈几句，道一声"走好"、"再见"、"欢迎再来"，送上一件小纪念品。

⑧ 做好客户的档案管理工作。

⑨ 要经常与客户保持联系，了解维修车辆的使用情况，这样会增进与客户的感情。

⑩ 要学会与"挑剔"的客户打交道的本领。

业务接待工作既繁杂又重要。业务接待人员所面对的是双重用户，即企业内部的维修人员和广大客户，他在中间起着纽带与桥梁的作用。因此，做好接待工作，将对企业的维修质量起到推动作用。

3. 维修作业中的质量管理

维修作业中的质量管理工作分为服务质量和业务质量两部分。

（1）维修作业中的服务质量

维修作业中的服务质量是指维修作业中，文明服务使客户达到的满意程度。主要包括以下内容。

① 文明维修工作。在维修中，要坚持做到零件、工具和油品不落地，防止零件发生磕碰、工具乱扔乱放现象。

② 保持维修部位的清洁。维修人员的服装要整洁干净，并定期清洗；非工作需要不要随便进入车内，如确需进入应以不弄脏车辆为准；维修过的部位必须清洁如新；在维修过程中如会发生划伤车辆外表的漆面时，应在身体与车辆之间垫上衬垫。

③ 做好工种之间的协调工作。在维修中，如有妨碍其他工种维修的内容时，应及时与该工种的维修人员进行协商，必要时可同时进行作业。

(2) 维修过程中的业务质量

维修过程中的业务质量是指维修人员严格按工艺要求完成维修作业使客户达到的满意程度。在维修过程中，因人员的岗位不同，完成业务质量的内容也不同。

车间管理人员与技术人员应完成的业务质量内容如下。

① 拟定完善的维修方案。

② 制定合理的维修工艺规程。

③ 协调好班组、工种之间的工作，合理安排生产任务。

④ 对出现的质量问题，制定合理的质量改进方案。

⑤ 加强设备的管理工作。

⑥ 做好待修车辆和修竣车辆的管理工作。

维修人员应完成的业务质量内容如下。

① 认真阅读进厂报修单，正确理解每一项要求，分析达到要求可能出现的问题。

② 按照维修标准规定的要求进行操作。

③ 在维修中，注意力要集中。

④ 严把零配件、原材料的质量关。

⑤ 在每项维修作业结束时，应进行详细的检查，待确认无误后方可进行下一项的维修作业。

检验人员应完成的业务质量内容如下。

① 拟定检验项目、检验方式、检验手段及检验数据的处理方法。

② 协调好与调度人员、维修人员的工作关系，处理好生产进度与检验工作的关系。

③ 严把质量关。检验中发现质量问题应及时让维修人员返工。

④ 加强质量分析，对出现的问题应及时组织有关人员进行分析，并采取相应的措施加以解决。此外，还应定期将有关质量问题以书面形式向有关领导汇报。

(3) 配件供应中的质量管理

在现代汽车维修中，越来越多的采用换件维修方式，只有对部分采购困难或价格十分昂贵的配件采用旧件修复的方式。这种维修方式的变化主要是由于购置新件比修复旧件更快、更经济、质量更好。因此，配件供应在整个维修中所占的位置越来越重要。

配件供应中质量管理工作有以下几项内容。

① 提高配件采购人员和配件管理人员的服务意识和质量意识。

② 企业应建立自己的配件供应渠道，避免假冒伪劣配件。

③ 加强配件入库前质量检查工作。

④ 收集配件的质量反馈信息，以便及时调整进货渠道。

⑤ 对配件采购人员进行职业道德和技术培训，提高其对配件质量的鉴别能力。

⑥ 在配件的运输、存放、发放过程中，要注意防水、防潮、防腐、防磕碰。

⑦ 建立完善的配件档案管理和账务管理，以便在出现质量问题时有据可查。

(4) 维修质量的检验

质量检验是借助某种手段对整车、总成、零件、工序等进行质量特性测定，并将测定的结果与质量标准相比较，判断是否合格的过程。通过维修质量检验，使不合格的零部件不装配。不符合竣工标准的汽车不出厂，确保汽车维修质量，满足用户的要求。

汽车维修质量的主要性能要求如下。

① 动力性能。发动机的功率不应小于原车功率的90%；带限速装置的汽车，以直接挡空载行驶，从20 km/h加速到40 km/h的时间应符合表5-1的规定。

表5-1 加速时间

发动机额定功率与汽车整备质量之比（kW/t）	加速时间（s）
7.35～11.03	<30
11.03～14.70	<25
14.70～18.38	<20
18.38～36.75	<15
>36.75	<10

② 燃料经济性。维修走合期满后，百千米的耗油量应符合原厂规定。

③ 滑行性能。在平坦干燥的硬质路面上，开始拉动车辆的拉力不应超过车辆自重的1.5%，或在平坦干燥的路面上，以30 km/h的初速度滑行，滑行距离应在230 m以上。

④ 制动性能。汽车在制动试验台上测出的制动力，应符合表5-2的规定。

表5-2 台试制动力要求

制动力总和与质量的百分比（%）		轴制动力与轴荷的百分比（%）	
空载	满载	前轴	后轴
≥60	≥50	≥60①	—

① 在空载和满载状态下测试均应满足此要求。

⑤ 转向性能。转向盘的最大自由转向量，最大设计车速大于或等于100 km/h的汽车为20°；最大设计车速小于100 km/h的汽车为30°。汽车的转向应轻便、灵活、无跑偏和摇摆现象，转向轮的横向侧滑量、车轮定位值、车辆的最小转弯半径应符合规定。

⑥ 汽车的噪声与排放污染应符合GB 1495—1979《机动车辆允许噪声》、GB 14761.5—1993《汽油车怠速污染物排放标准》和GB 14761.6—93《柴油车自由加速烟度排放标准》的规定。

⑦ 车容指标。驾驶室蒙皮及客车车身平整无凹陷、线条圆顺均匀、左右对称，喷漆表面光泽均匀、无裂纹、汗流、起泡现象，左右翼板对称，仪表齐全等。

⑧ 其他指标。传动系应工作良好；无漏油、漏水、漏气、漏电现象。

汽车维修质量的综合评价指标如下。

① 返修率。经维修的汽车出厂后，在保证期内，由于维修质量或配件质量造成的故障，需要返修的次数占同期维修车数的比率。返修率一般按月进行考核。

② 返工率。汽车在维修过程中，上道工序移交下道工序时，因质量不符合要求而退回上道工序，重新返工的次数占上道工序移交次数的比率。它是企业考核内部工作质量的指标。

③ 一次检验合格率。经维修的汽车，最后交付检验时，一次合格所占的百分比。它是维修企业全部工作质量的综合性指标。

④ 故障诊断差错率。在单位时间内，汽车出现的故障出现误诊，占总诊断次数的

比率。

⑤ 配件质量合格率。外购配件或外协件合格的比率。

4. 维修质量的管理过程

汽车维修质量的管理过程就是用全面质量管理的基本方法作 PDCA 循环，不断地对维修质量进行规划、实施、检查、处理，对维修中发现的质量问题进行分析找出原因加以处理的过程。因此，按照 PDCA 不断循环进行，每循环一次都有新的内容和目标，维修质量也将得到进一步的提高。

为了保证汽车的维修质量，根据全面质量管理 PDCA 循环的原理，对汽车的维修质量应分阶段进行管理和控制。

第一阶段：获取有关维修车辆的信息，为此，要检查维修车辆、各工序的规范状况及试验情况等。

第二阶段：分析有关工艺规程的执行情况，收集和分析信息。

第三阶段：制定、修改措施或管理措施。其主要内容包括加强工艺要求和劳动纪律、提高检查质量、改善对设备状况的预防性检查、改善工艺组织和管理、加强职工培训等。

第四阶段：贯彻执行修改措施或管理措施。

通过上述四个阶段的管理和控制，就可以把企业各部门、各生产环节有效地组织起来。影响维修质量的各种因素控制起来，以保证用最经济的方法为用户提供满意的维修服务。

5.4.3 计算机管理在维修企业中的应用

目前，随着汽车工业快速发展，汽车维修业的经营模式已经发生变革，以"整车销售、配件销售、售后服务、信息反馈"四位一体为基础的售后服务网络的特约维修服务站的相继建立，使维修行业的规模也随之变得庞大。到目前为止，全国维修企业已发展到了 30 万多家。面对接踵而来的行业内的挑战，提高企业在维修行业内的竞争力，提高企业自己的生产利润，已成为现代汽车维修企业经营者和管理者所面临的主要问题，而解决这一问题的关键在于提高企业的技术水平和提高企业的管理水平。完善的管理制度，现代化的管理方法，精确的管理数据分析以及计算机在企业管理中的应用，对于一个现代化的汽车维修企业更为重要。

现代汽车维修企业有两个显著特征：一是先进的维修检测设备和维修资料的应用；二是计算机网络的应用与管理，是信息化和计算机技术把汽车维修企业引向现代管理模式和管理力方式。掌握了这一点，就能掌握未来市场竞争的主动权。

众所周知，由于汽车维修业务过程比较复杂、数据量大，仅仅依靠人力往往难以对维修、配件、客户档案、车辆档案、员工及各部门工作进程的监督、企业经营数据进行准确的统计和分析。而运用计算机进行管理，速度快、时间短、资料全、效率高。比如一个 30 人左右的维修企业的月度工时统计，一个统计人员用手工计算需要 1~2 天的时间，而采用计算机进行统计仅仅需要几秒，其工作效率可提高几千倍。

采用计算机管理维修企业，会给企业和管理者带来意想不到的好处。上层管理者可以通过计算机管理网络系统及时了解全厂的运作情况，从而可以对全厂各部门的工作进行统筹安排。准确及时的统计报表，大大减少了管理者主观判断上可能造成的失误，这不仅可以提高全体员工的工作积极性，还可以形成良好的企业文化，加强企业的凝聚力。

采用计算机管理可以使汽车维修企业彻底改变手工作坊式的工作模式，使企业产生一个质的飞跃。这不仅可以提高企业在客户心目中的形象，而且可以对车辆、客户进行动态跟踪、使业务部门能具体掌握所有车辆及客户的每一个细节，随时提醒客户进行修理、维护，使服务更具完整性。此外，图表分析功能可以为工作繁忙的厂长、经理提供一个简单直观的查询功能，可以消除在会计方面人为的失误；对于客户提出的询问能作出迅速、翔实反应。

5.5 TACT（业务标准系统）在汽车服务企业中的应用

为了有效地进行维修服务活动，我们使用了各种各样的工具。通过这些工具在其特定情况下的灵活运用，能够快速而准确地进行维修服务，TACT 系统是非常重要的日常业务工具。维修服务的标准活动如图 5-4 所示。

维修服务的标准活动		
工具	适用场合	管理的信息
客户档案	接待时	管理客户车辆情况及维修履历
R/O（施工单）	接待时 维修前进行说明时 进行检修时 检查时 交车时	记录维修操作的一系列相关内容是最重要的单据
环车检查核对表	接待时 交车时	记录实车检查时的情况
零件出库表	维修操作时 检查时 交车时	零件出库时的必备单据
进度管理看板	维修操作时 检查时	表示维修作业的进展状况，为维修作业的效率化和及时对应客户提供方便
报价单	维修前说明时 维修作业时（有追加时）	帮助客户理解维修作业的内容及费用
结算书	交车时	记录此次维修作业的最终费用
回访记录表	跟踪服务时 预约时	记录一次修复率客户对入厂的满意度

图 5-4　维修服务的标准活动

5.5.1 利用 TACT 系统制作的单据

主要包括施工单、零件出库单、估算单、结算单。

5.5.2 利用 TACT 系统制作的管理表

① 为满足日常业务的需要，可以利用 TACT 系统制作服务会计日报、服务销售日报和工作情况明细管理表。

② 服务部可以利用这些单据进行目标管理。

5.5.3 正确输入 TACT

销售公司利用经销店的 TACT 数据制成各种报表，用于指导经销店的经营活动。因此，经销店正确输入自家店的工单信息是一切工作的基础和关键，如图 5-5 所示。

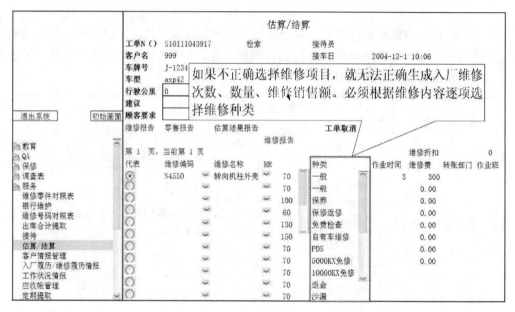

图 5-5　工单信息的输入

为保证数据的准确性，在"接待"界面的"新增"中必须输入正确的 VIN 号和客户基本信息。

5.5.4 新增客户信息的准确输入

新增客户信息的输入项需要准确地输入，并在"服务客户情报管理"中对客户的资料进行完善和补充。

① 制作估算单和结算单时，如果能够正确选择维修项目和零件的维修名称，就可以保证维修次数和维修销售额的正确性。

② 在维修报告中，要使用标准的作业代码。

5.5.5 MSI（Major Service Indicators，主要服务指标）页面说明

① MSI 关联的菜单页面。主要包括当月累计明细、基本情报输入、月别明细报表下载和月次明细确认下载。图 5-6 所示为揭示板信息显示。

图 5-6 揭示板信息显示

新开业店在售后服务部门正式运作后,必须及时在 TACT 上输入"服务—基本情况",系统方能开始自动采集 TACT 数据,生成 MSI 报表。

4S 店基本信息需要及时更新,否则会影响"MSI 明细情报"中的"维修能力"信息的正确性。其中对基本情报的填写和更新一定要在当月最后一天之前进行,否则无法如实反映在本月的明细报告中。

② 服务→MSI 当月累计明细页面。该画面显示当月的累计明细。如果当前日期为当月第一天,则各项统计数据显示为空,如图 5-7 所示。

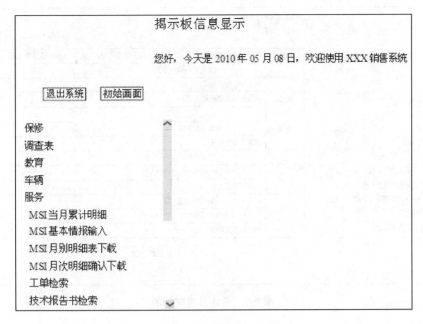

图 5-7 MSI 当月累计明细表

③ 服务→MSI 月次明细确认下载。4S 店不需要提交上个月的实绩,每月月末自动集计所有 4S 店的数据,在次月的 2 号下载上月的 MSI 明细,如图 5-8 所示。

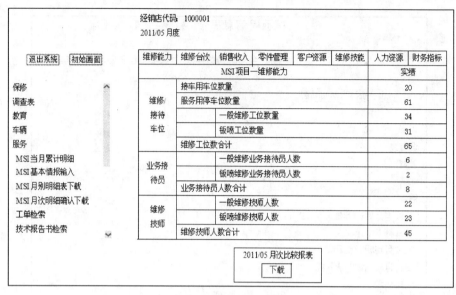

图 5-8 MSI 月次明细表

5.5.6 工作情况

① 工作情况页面，如图 5-9 所示。

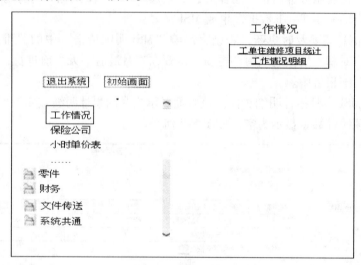

图 5-9 工作情况表

②"工单主维修项目统计"页面，主要包括以下内容。

统计内容——每个月工单中的代表维修种类。

统计条件——财务结算中"交车日"的确认。

统计更新时间——15 min。

工作情况表如图 5-10 所示。

③ 工作情况明细页面，主要包括以下内容。

统计内容——每个月的有偿服务台数、有偿服务收入（CPS）以及各项台次。

统计条件——财务结算中"交车日"确认。

统计更新时间——1 h。

工作情况明细表如图 5-11、5-12 所示，显示单店本月统计结果以及前月总实绩的比，显示全国本月统计结果以及前月总实绩的比，显示 4S 店所属大区本月统计结果以及前月总实绩的比，显示所属大区的各个 4S 店本月的统计结果。

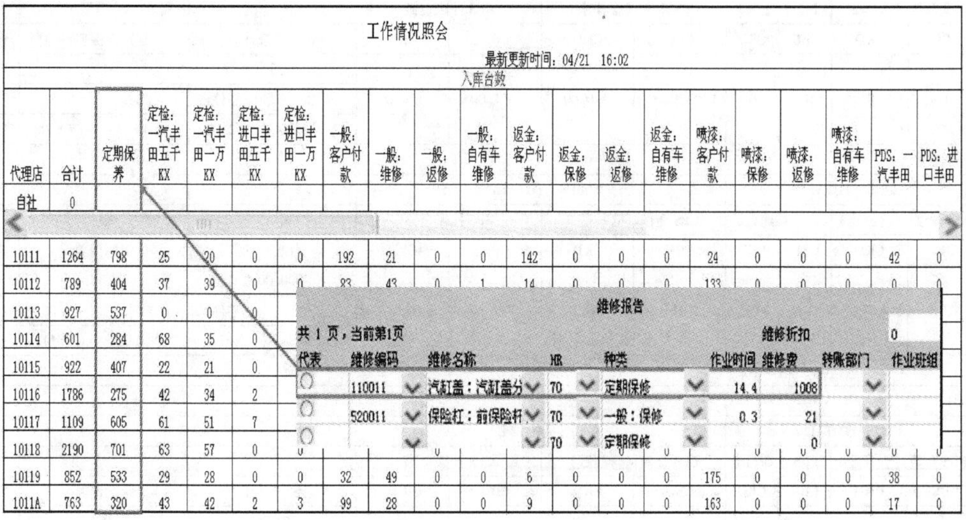

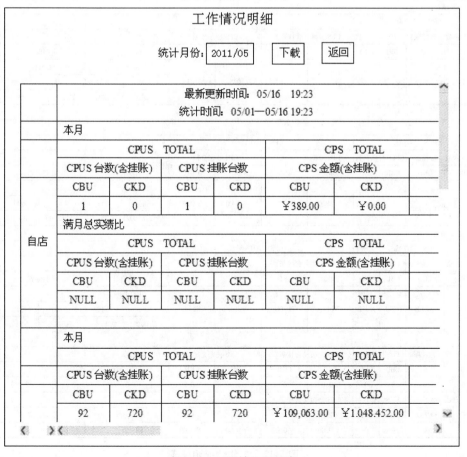

图 5-10 工作情况表

图 5-11 工作情况明细表

									最新更新时间：05/16 19:23			
									统计时间：05/01—05/16 19:23			
自店	本月											
	CPUS TOTAL				CPS TOTAL							
	CPUS 台数（含挂账）		CPUS 挂账台数		CPS 金额（含挂账）		CPS 挂账金额					
	CBU	CKD	CBU	CKD	CBU	CKD	CBU	CKD	台次合计		定期保养		定检：
	1	0	1	0	¥389.00	¥0.00	¥1.00	¥0.00	3		1		
									工时	零件	工时	零件	工时
									¥378.00	¥25.00	¥287.00	¥8.00	¥0.00
	前月总实绩比											
	CPUS TOTAL				CPS TOTAL							
	CPUS 台数（含挂账）		CPUS 挂账台数		CPS 金额（含挂账）		CPS 挂账金额					
	CBU	CKD	CBU	CKD	CBU	CKD	CBU	CKD	台次合计		定期保养		定检：
	NULL	NULL	NULL	NULL	NULL	NULL	NULL	NULL	300.00%		NULL		
									工时	零件	工时	零件	工时
									180.00%	NULL	NULL	NULL	NULL
全国	本月											
	CPUS TOTAL				CPS TOTAL							
	CPUS 台数（含挂账）		CPUS 挂账台数		CPS 金额（含挂账）		CPS 挂账金额					
	CBU	CKD	CBU	CKD	CBU	CKD	CBU	CKD	台次合计		定期保养		定检：
	92	720	92	720	¥109 063.00	¥1 048 452.00	¥108 675.00	¥1 048 452.00	2 216		1 006		
									工时	零件	工时	零件	工时
									¥680 743.00	¥25.00	¥149 753.00	¥8.00	¥0.00
	前月总实绩比											
	CPUS TOTAL				CPS TOTAL							
	CPUS 台数（含挂账）		CPUS 挂账台数		CPS 金额（含挂账）		CPS 挂账金额					
	CBU	CKD	CBU	CKD	CBU	CKD	CBU	CKD	台次合计		定期保养		定检：
	29.11%	37.27%	29.11%	37.29%	24.1%	40.9%	24.02%	40.93%	36.54%		38.41%		
									工时	零件	工时	零件	工时
									32.27%	1.53%	25.30%	0.59%	NULL
所属大区	本月											
	CPUS TOTAL				CPS TOTAL							
	CPUS 台数（含挂账）		CPUS 挂账台数		CPS 金额（含挂账）		CPS 挂账金额					
	CBU	CKD	CBU	CKD	CBU	CKD	CBU	CKD	台次合计		定期保养		定检：
	1	0	1	0	¥389.00	¥0.00	¥1.00	¥0.00	3		1		
									工时	零件	工时	零件	工时
									¥378.00	¥25.00	¥287.00	¥8.00	¥0.00
	前月总实绩比											
	CPUS TOTAL				CPS TOTAL							
	CPUS 台数（含挂账）		CPUS 挂账台数		CPS 金额（含挂账）		CPS 挂账金额					
	CBU	CKD	CBU	CKD	CBU	CKD	CBU	CKD	台次合计		定期保养		定检：
	NULL	NULL	NULL	NULL	NULL	NULL	NULL	NULL	100.00%		NULL		
									工时	零件	工时	零件	工时
									27.00%	9.19%	NULL	NULL	NULL
1012	CPUS 台数（含挂账）		CPUS 挂账台数		CPS 金额（含挂账）		CPS 挂账金额					
	CBU	CKD	CBU	CKD	CBU	CKD	CBU	CKD	台次合计		定期保养		定检：
	0	0	0	0	¥0.00	¥0.00	¥0.00	¥0.00	0		0		
1013	CPUS 台数（含挂账）		CPUS 挂账台数		CPS 金额（含挂账）		CPS 挂账金额					
	CBU	CKD	CBU	CKD	CBU	CKD	CBU	CKD	台次合计		定期保养		定检：
	0	0	0	0	¥0.00	¥0.00	¥0.00	¥0.00	0		0		

图 5-12　工作情况明细表

④ 工作情况。工作情况明细中统计的内容如图 5-13 所示。

CPUS TOTAL	CPUS 台数（含挂账）	CBU
		CKD
	CPUS 挂账台数	CBU
		CKD
CPS TOTAL	CPS 金额（含挂账）	CBU
		CKD
	CPS 挂账金额	CBU
		CKD
入库台次		台次合计
		定期保养
		定检：国产车五千 KM
		定检：国产车一万 KM
		定检：进口车五千 KM
		定检：进口车一万 KM
		一般：客户付款
		一般：保修
		一般：返修
		一般：自有车维修
		钣金：客户付款
		钣金：保修
		钣金：返修
		钣金：自有车维修
		喷漆：客户付款
		喷漆：保修
		喷漆：返修
		喷漆：自有车维修
		PDS：国产车
		PDS：进口车
		服务节免费检查
		零件：保修
		二手车：保修
		零件零售

图 5-13　工作情况明细统计内容

5.5.7　及时实施市场处置作业

尚未实施市场处置作业的对象车辆，在来店接待时，接待画面自动提示该车辆的市场处置信息。如果该车辆已经对应了该市场处置，则不再出现此信息。

如果 6 位作业代码的前 5 位一致，则表示为同一类作业。如果若干作业代码前五位相同，是其中一个已处置，那么其他前 5 位与之相同的作业代码不被视为未处置作业。

图 5-14、5-15 所示为市场处置信息的管理系统及报表功能。

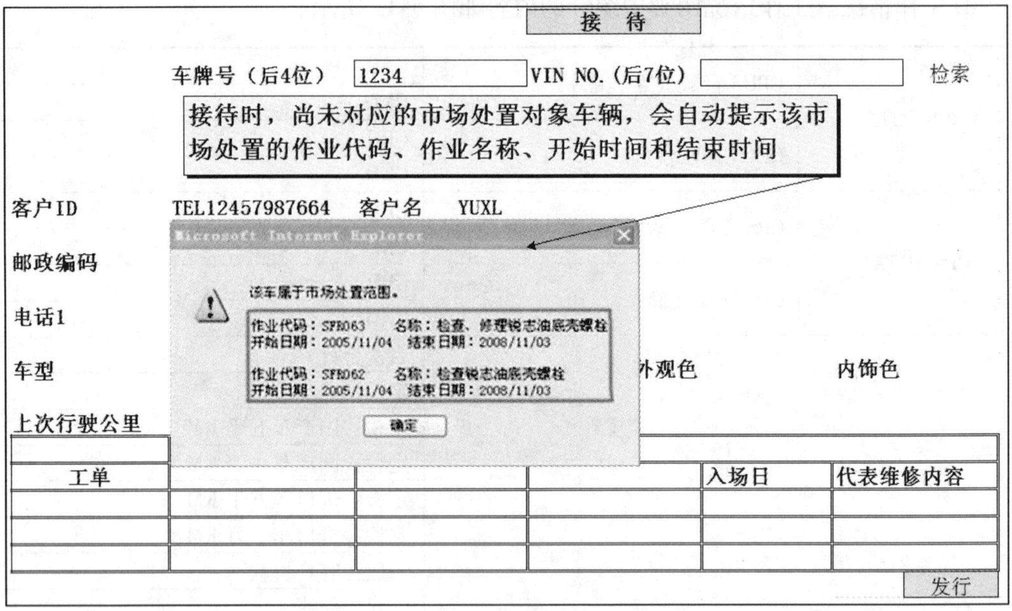

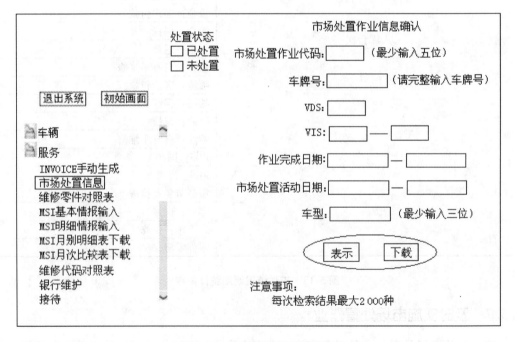

图 5-14 市场处置信息的管理系统及报表功能

图 5-15 市场处置信息的确认

输入相应的检索条件后,单击"表示"按钮,生成市场处置的报表,单击"下载"按钮,下载详细信息。每次检索的结果最大是 2 000 件。如图 5-16 所示,单击"下载"按钮后,下载与检索条件一致的 EXCEL 文件。

NO.	市场处置代码	VDS	STARTVIS	ENDVIS	开始日期	结束日期	市场处置中文概述	市场处置英文概述	工单号
				市场处置作业信息确认					
1	4520M3	BM36F	00123362	00155662	2010-01-12	2010-12-31	LS430更换燃油泵	LS430fuel pump change	S10111046492
2	4520M3	BM36F	00123362	00155662	2010-01-12	2010-12-31	LS430更换燃油泵	LS430fuel pump change	S10111046498
3	4520M3	BM36F	00123362	00155662	2010-01-12	2010-12-31	LS430更换燃油泵	LS430fuel pump change	S10111046505
4	4520M3	BM36F	00123362	00155662	2010-01-12	2010-12-31	LS430更换燃油泵	LS430fuel pump change	S10111046578
5	4520M3	BM36F	00123362	00155662	2010-01-12	2010-12-31	LS430更换燃油泵	LS430fuel pump change	S10111046588
6	4520M3	BM36F	00123362	00155662	2010-01-12	2010-12-31	LS430更换燃油泵	LS430fuel pump change	S10111046677
7	65R021	BA433	56338100	56338102	2010-02-22	2011-01-11	检查油盘松动螺栓	oil pan bolt loose	S10111000004
8	56R062	BJ222	50000037	50000038	2010-09-09	2011-10-10	更换火花塞	replace spark plugs	S10111049977

图 5-16　生成的检索报表

5.5.8　服务会计日报

"服务会计日报"反映的是一段时间内财务收款的情况，即完成了最终会计结算的工单账务信息，不包含应收账信息。

① 进入服务→服务会计日报页面，输入所要查询的期间（最长不超过 1 个月），如图 5-17 所示。

② 单击"检索"按钮后，弹出"服务会计日报"。

(SRV112) 代理店名：31235

服务会计日报
日期：2010/09/10 到 2010/09/28

明细

结算日	工单	客户名	结算金额	付款	发票 NO	担当
2010/09/10	P312302066611	李先生	120	2		4000006
2010/09/10	P312302066613	王先生	1 167	2		4000006
2010/09/10	P312302066622	吴先生	36	2		4000006
2010/09/10	P312302066623	林先生	56	2		4000006
2010/09/10	S312321055467	叶先生	1 456	2		4000006
2010/09/10	S312321055489	孙女士	465	2		4000006
2010/09/10	S312321055522	陈先生	277	2		4000006
2010/09/10	S312321055533	钟先生	500	2		4000006
2010/09/10	S312321055543	范先生	600	2		4000006
2010/09/10	S312321055550	鲁先生	2 200	2		4000006
2010/09/10	S312321055565	黄女士	618	2		4000006
2010/09/10	S312321055568	何先生	380	2		4000006
2010/09/10	S312321055578	许先生	2 050	2		4000006
2010/09/10	S31232105580	林女士	480	2		4000006
2010/09/10	S312321055588	庄先生	540	2		4000006
2010/09/10	S312321055589	郭先生	330	2		4000006

图 5-17　服务会计日报页面

5.5.9　服务销售日报

"服务销售日报"反映的是一段时间内所有维修种类下的服务销售信息。系统提供两种报表可供下载。

① 合计报表——按照维修种类统计各项财务指标。

② 明细报表——各维修种类下包含哪些工单,具体到每张工单的各项财务指标。

"服务销售日报"是系统中可查询到的最详细的服务维修财务信息,转账部门、PDS、5 000/10 000 km 等工单账务信息都可以在此报表中看到。

① 进入服务→服务销售日报页面,输入所要查询的期间(最长不超过 1 个月),如图 5-18 所示。

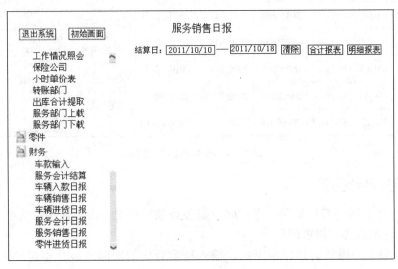

图 5-18　服务销售日报页面

② 选择下载"合计报表"或"明细报表",图 5-19、5-20 所示是两张报表的样本。

(SRV111)	代理店名:31235			服务销售日报 结算日:2010/11/22 到 2010/11/22							
维修	维修台数	维修件数	转账部门	工时费		零件		油脂		外注	
				营业额	成本价格	售价	成本价格	售价	成本价格	售价	成本价格
一般	3	3		406.00	406.00	3 381.00	2 487.56	0.00	0.00	0.00	0.00
保养	0	0		0.00	0.00	0.00	0.00	0.00	0.00	0.00	0.00
免费检查	0	0		0.00	0.00	0.00	0.00	0.00	0.00	0.00	0.00
钣金	0	0		0.00	0.00	0.00	0.00	0.00	0.00	0.00	0.00
涂装	0	0		0.00	0.00	0.00	0.00	0.00	0.00	0.00	0.00
社外计	3	3		406.00	406.00	3 381.00	2 487.56	0.00	0.00	0.00	0.00
返修	0	0		0.00	0.00	0.00	0.00	0.00	0.00	0.00	0.00
自有车维修	0	0		0.00	0.00	0.00	0.00	0.00	0.00	0.00	0.00
国产车 PDS	0	0		0.00	0.00	0.00	0.00	0.00	0.00	0.00	0.00
国产车五千 KM 检查	0	0		0.00	0.00	0.00	0.00	0.00	0.00	0.00	0.00
国产车一万 KM 检查	0	0		0.00	0.00	0.00	0.00	0.00	0.00	0.00	0.00
社内计	0	0		0.00	0.00	0.00	0.00	0.00	0.00	0.00	0.00
保修	0	0		0.00	0.00	0.00	0.00	0.00	0.00	0.00	0.00
保证计	0	0		0.00	0.00	0.00	0.00	0.00	0.00	0.00	0.00
PDS	1	1		188.00	188.00	0.00	0.00	0.00	0.00	0.00	0.00
五千 KM 免费	0	0		0.00	0.00	0.00	0.00	0.00	0.00	0.00	0.00
一万 KM 免费	0	0		0.00	0.00	0.00	0.00	0.00	0.00	0.00	0.00
合计	1	1		188.00	188.00	0.00	0.00	0.00	0.00	0.00	0.00
折扣计				100.00				100.00			

图 5-19　服务销售日报合计报表样本

(SRV111)	代理店名：31235		服务销售明细日报 结算日：2010/11/22 到 2010/11/22									
工单	日期	工时费	零件		油脂		外注		折扣		小计	
			营业额	成本价格	售价	成本价格	售价	成本价格	工时	部品	折扣后金额	成本价格
S10121044089 一般	11-12	100.00 100.00	1 120.00 1 120.00	832.25 832.25	0.00 0.00	0.00 0.00	0.00 0.00	0.00 0.00	0.00	100.00	1 120.00 1 120.00	832.25 832.25
S10121044090 一般	11-12	100.00 100.00	1 120.00 1 120.00	832.25 832.25	0.00 0.00	0.00 0.00	0.00 0.00	0.00 0.00	100.00	0.00	1 120.00 1 120.00	832.25 832.25
S10121044093 一般	11-12	0.00 0.00	1 120.00 1 120.00	835.24 835.24	0.00 0.00	0.00 0.00	0.00 0.00	0.00 0.00	0.00	0.00	1 120.00 1 120.00	835.24 835.24
S10121044094 一般	11-12	190.00 190.00	0.00 0.00	0.00 0.00	0.00 0.00	0.00 0.00	0.00 0.00	0.00 0.00	0.00	0.00	190.00 190.00	0.00 0.00
社外计		396.00	3 360.00	2 499.74	0.00	0.00	0.00	0.00	100.00	100.00	3 556.00	2 499.74
S10121044096 PDS	11-12	190.00 190.00	0.00 0.00	0.00 0.00	0.00 0.00	0.00 0.00	0.00 0.00	0.00 0.00	0.00	0.00	190.00 190.00	0.00 0.00
合计		190.00	0.00	0.00							190.00	0.00

图 5-20 服务销售日报明细报表样本

在报表中，维修台数表示相应的维修种类的台次，维修件数表示相应的维修种类使用的零件件数。

在服务销售明细报表中，详细统计每一张工单的工时、零件、油脂业务的营业额以及成本。

学 习 训 练

1. 简述汽车维护的定义及目的。
2. 简述汽车维护的分级及主要作业范围。
3. 简述汽车修理的原则和目的。
4. 汽车维修的作业方式有哪几种？各有何特点？
5. 叙述维修质量的定义。维修质量的内容包括哪几个方面？
6. 简述提高维修质量的重要性。
7. 维修质量管理体系包括的内容有哪些？
8. 业务接待人员的业务质量包括哪几个方面？
9. 维修人员的业务质量包括哪几个方面？
10. 汽车维修质量的评价指标有哪几个方面？
11. 汽车维修质量的综合评价指标有哪几项？
12. 汽车维修质量的管理过程包括哪几个阶段？
13. 简述企业应用计算机管理的重要性。

第6章　汽车的合理使用

学习目标

通过本章学习，学生应能说明汽车在各种使用条件下的特点，并能在各种条件下采取相应的正确措施，合理使用汽车。

6.1 汽车走合期的使用

汽车走合期是指新车或大修后的汽车开始投入使用，汽车各零部件正处于磨合状态，还不能全负荷运行的阶段。新车或大修后的汽车，尽管经过了生产磨合，但零件的加工表面总是存在着微观的加工痕迹，使零件几何形状与相互配合有微量的偏差以及装配误差等，其摩擦表面的单位压力要比理论计算值大得多。此时，若汽车以全负荷运行，零件摩擦的单位压力则很大，润滑油膜被破坏，导致零件迅速磨损或损坏。因此，新车或大修后的汽车必须轻载限速行驶。汽车走合期行驶里程称为走合里程。走合期在汽车整个使用期中虽然很短，但是它对延长汽车使用寿命、提高车辆的可靠性和经济性有极大影响。因此，根据汽车各零部件在这阶段的工作特点，应采取相应措施，正确、合理地使用汽车。

6.1.1 走合期使用特点

1. 走合期磨损速度快

由图 6-1 配合件的磨损特性曲线可知，第一阶段（$0 \sim k_1$）走合期曲线较陡，即零件磨损较快。其主要原因是新配合件表面粗糙，零件摩擦表面的单位压力很大，润滑油膜被破坏，造成干摩擦，同时新装配零件间隙较小，表面凸凹部分嵌合紧密，相对运动时，在摩擦力的作用下有较多的金属屑被磨落，进入相配合零件之间又构成磨粒磨损，使磨损加剧，摩擦表面温度升高，进而使润滑油黏度降低，润滑条件变坏，故这一阶段零件磨损量增长较快。

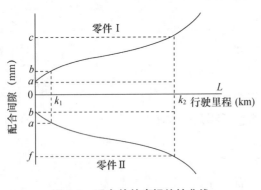

图 6-1　配合件的磨损特性曲线

2. 行驶故障较多

由于零件或总成加工装配质量不佳，以及紧固件松动，或者在这个阶段使用不当，未能正确制定和执行走合规范，所以走合期行车故障较多。如由于装配质量不好，各零部件间的间隙过小，走合时速度过高，发动机润滑条件差，发动机很容易过热，常出现拉缸、烧瓦等故障；汽车刚经过加工修理的制动摩擦片，要达到全面均匀的接触比较困难，所以常出现制动不灵等故障。

3. 润滑油易变质

因为新车或大修后的汽车零件表面比较粗糙，加工后的形状和装配位置都存在一定的偏差，配合间隙较小，因此走合时零件表面和润滑油的温度都很高，同时有较多的金属屑被磨落而进入配合零件间隙中，然后被润滑油带入曲轴箱中，容易使润滑油污染、氧化变质。因此，走合期对润滑油的更换有规定，通常行驶 300 km、1 000 km、2 500 km 时，分别更换发动机油底壳润滑油，更换时必须清洗汽车发动机油底壳、变速器、后桥主减速器等，而后再添加新的润滑油。如发现润滑油杂质过多或变质严重则应缩短更换润滑油里程。

6.1.2 汽车走合期使用措施

1. 走合里程的规定

走合里程取决于表面加工精度、装配质量、润滑油的品质、运行条件和驾驶技术等。一般均按照汽车生产厂的规定。走合期里程不得少于 1 000 km，通常走合期里程为 1 000～2 500 km，见表 6-1，有的进口汽车规定走合期为 3 000 km。

表 6-1　几种车型的走合里程

车　　　型	CA1091	EQ1090	奥迪 100	桑塔纳	切诺基	南京依维柯
走合里程（km）	1 000	1 500～2 500	1 500	1 500	2 000	1 500

走合期大致可分为三个阶段。

第一阶段，走合初期。零件加工表面还比较粗糙，加工后的形状和装配位置都存在一定偏差，配合间隙也较小，零件磨损和机械损失很大，零件表面和润滑油的温度也很高。这一阶段最好空载行驶。

第二阶段，走合中期。走合 100～200 km 后，零件开始形成了较为光滑的工作表面，机械摩擦损失和产生的热量减少。

第三阶段，走合后期。走合 800～2 200 km 后，零件工作表面磨合过程逐渐结束，并形成了一层防止配合表面金属直接接触的油膜，进入了氧化磨耗过程。发动机的动力性、经济性和传动系统的机械效率逐渐达到正常，走合期结束。

2. 汽车在走合期的使用措施

为延长汽车使用寿命、提高车辆的可靠性和经济性，在汽车走合期内应采取相应措施，合理地使用汽车，应做到以下几点。

① 走合期减载。汽车走合期的载质量一般按其载质量标准减载 20%～25%，并禁止拖带挂车；半挂车按载质量标准减载 25%～50%。因为汽车载质量的大小直接影响机件寿命，载质量越大，发动机和底盘各部分受力也越大，引起润滑条件变差，影响磨合质量，所以，在走合期内必须适当减载。

② 走合期限速。载质量一定，车速越高，发动机和传动机件的负荷也越大。由于新车或大修车零件加工表面留下粗糙痕迹，润滑条件较差，若车速过高就容易发生拉缸、烧

瓦、差速器齿轮损坏等事故。因此，在走合期内不允许发动机转速过高，行驶速度过快。汽车行驶中应按汽车使用说明书的规定控制各挡位的车速，通常按各挡位最大车速下降25%～30%，汽车走合期速度的规定表6-2。

表6-2 汽车走合期速度的规定

汽车走合期速度的规定（一）			
挡　位	走合速度（km/h）		
	BJ212	EQ140	CA141
一	15	5	8
二	25	10	15
三	35	15	25
四		25	40
五		10	60
汽车走合期速度的规定（二）			
行驶里程（km）	载　荷	车　速	
0～200	空车	不超过发动机额定转速的50%	
200～800	额定负荷的50%	不超过发动机额定转速的50%	
800～1 500	额定负荷的75%	不超过发动机额定转速的75%	
1 500～2 500	满载	不超过发动机额定最高转速	

③ 选择优质燃料、润滑油。为了防止汽车在走合期中产生爆燃等不正常燃烧而加速机件磨损，应采用符合汽车发动机所需要的燃料。另外，由于各部分配合间隙较小，选用低黏度的优质润滑油使摩擦工作表面得到良好润滑。同时应按走合期有关规定及时更换润滑油。行驶中应注意润滑油的压力和温度，有异常情况及时排除。

④ 走合期的正确驾驶。驾驶员必须严格执行驾驶操作规程，保持发动机正常工作温度。走合期内严禁拆除发动机限违装置。走合期内，发动机启动后应低速运转，待水温升到50～60℃再起步，行驶中冷却水温应控制在80～90℃，启动时不要猛踩加速踏板，以免发动机转速升遍过快；行驶时，要适时换挡，注意选择良好路面以减少传动机件的振动和冲击；尽量减少汽车突然加速所引起的超负荷现象；避免紧急制动、长时间制动或使用发动机制动。在走合过程中，对汽车各部件的技术状况要及时检查、排除故障以减少磨损。

⑤ 加强走合期车辆的维护。为了提高汽车的走合质量，除严格按走合规定使用车辆外，还应加强对车辆维护，经常检查、紧固各部外露螺栓、螺母，注意各总成在运行中的声音和温度变化，及时进行调整。走合期车辆的维护包括走合前、走合中和走合后的维护。

走合前的维护是为了防止汽车出现事故和损坏，保证顺利地走合。主要内容有：清洗全车，检查各部位的连接及紧固情况；检查冷却系统的存水量，并检查冷却系各部位有无漏水现象；检查发动机、空气滤清器、变速器、后桥、转向器、制动器和各种助力器，视需要添加或更换油的数量和质量，并检查各部位有无漏油现象；检查变速器各挡位能否正确接合；检查转向机构各部位有无松旷和发卡的现象；检查电气设备、灯光和仪表工作是否正常，并检查蓄电池电液相对密度与液面高度；检查轮胎气压是否符合标准；检查制动效能是否符合要求，有无跑偏和发咬现象。如不符合要求，应查明原因及时排除故障。

走合中的维护，汽车行驶 500 km 左右时，应对汽车各部件技术状况开始发生变化的部分进行及时维护，以恢复其良好的技术状态，保证下阶段的顺利使用。其主要内容有：最初行驶 30~40 km 时，应检查变速器、分动器、前后驱动桥、轮毂和传动轴等处是否发热或有杂音，如发热、或有杂音应查明原因，予以调整或修理；清洗发动机润滑系统、更换润滑油和滤芯，润滑全车各润滑点；检查制动效能和各连接处、制动管路的密封程度，必要时加以调整和紧固；检查调整离合器踏板自由行程；检查并按规定扭矩和顺序拧紧汽缸盖及进、排气歧管螺栓、螺母和轮胎坚固螺母；走合 500 km 左右后，应在热车状态更换发动机润滑油，以免因未清洗干净的铁屑、脏物等堵塞油道、刮伤轴瓦。

走合期结束后的维护，应结合二级维护对汽车进行全面的检查、紧固、调整和润滑，使汽车达到良好的技术状态后投入正常的运行。其主要内容有：清洗润滑油道和集滤器，更换润滑油的细滤芯；测量汽缸压力，清除燃烧室内的积炭，视需要研磨气门；按规定顺序和要求分 2~3 次紧固汽缸盖螺栓。铝质缸盖在发动机冷态时旋紧，铸铁缸盖在发动机走热后，再检查汽缸盖螺栓的紧度，以防螺栓热膨胀后，造成汽缸盖密封不良，损坏汽缸垫；清洗变速器、驱动桥、转向器并更换润滑油；紧固前后悬挂的 U 形螺栓的螺母（满载时进行）；检查制动效能；检查与调整离合器踏板自由行程；检查、紧固与调整前桥转向机构的技术状况；按规定扭矩检查底盘和传动部分的各连接部分；检查并紧固车身、车厢各部的连接。

6.2 汽车在低温下的使用

汽车在低温条件下使用时，易出现发动机启动困难、总成磨损严重、润滑油消耗量增加、橡胶制品强度减弱、行车条件变坏等影响汽车正常使用的现象，为此，汽车使用者应掌握低温条件下汽车使用的特点，采取相应措施，对汽车进行保温、防冻，以保证汽车良好的使用性能，延长其使用寿命。

6.2.1 低温下汽车使用特点

1. 发动机低温启动困难

发动机低温启动困难的原因，主要是曲轴转动阻力矩增大、燃料雾化性变差、蓄电池工作能力降低等。一般气温在 -10~15℃时，发动机启动问题不大，当气温再低时，汽车冷车启动就有一定的困难；而当气温在 -40℃时，不经预热，发动机就无法启动。

① 曲轴转动阻力矩增大。因为随着温度的降低，发动机润滑油的黏度增大，从而增加了曲轴的旋转阻力矩，使发动机的启动转速下降，如图 6-2 所示。汽油机的汽油蒸发变差，对柴油机来说也因启动转速低，压缩终了的压力和温度降低，也造成启动困难。

② 燃料雾化性变差。由图 6-3 可知，随着温度的降低，汽油的黏度和密度都增大，当温度降到 -10℃时，汽油的黏度增大约 76%，密度提高 6%，这样汽油流动性变差，雾化

质量变差。由试验知：气温为0℃且进气流速为10 m/s时，只有31%的汽油蒸发；气温在 −12～0℃且进气流速为3～4 m/s时只有4%～10%的汽油蒸发。

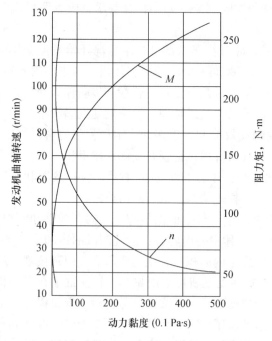

图 6-2　曲轴旋转阻力矩及转速与润滑油黏度的关系

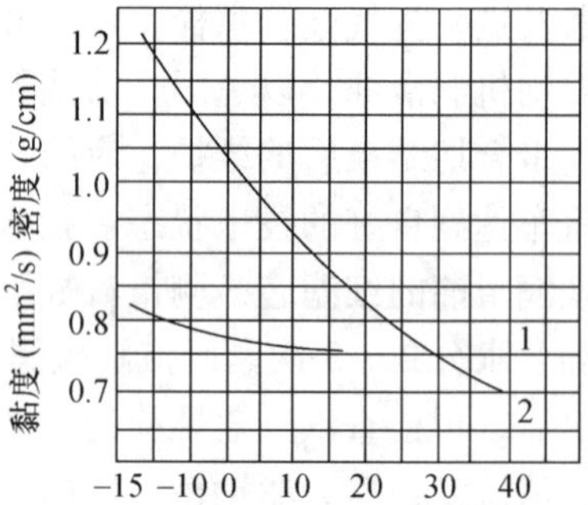

图 6-3　汽油的黏度、密度与温度的关系
1—相对密度曲线；2—黏度曲线

低温对于柴油机来说，也因压缩终点的压力和温度下降，造成启动困难，同时由于柴油的黏度增大（见图6-4），引起柴油雾化不良，使燃烧过程变坏，当温度进一步降低，使柴油的流动性逐渐丧失，造成供油量减少或供油中断，从而使发动机启动困难。

③ 蓄电池工作能力降低。随着温度的降低，电解液黏度增大，内阻增大，渗透能力下降，使蓄电池启动时的端电压明显下降，在低温启动时，需要的启动功率大，而蓄电池输出功率反而下降，如图6-5所示。当气温降到一定程度，启动机便不能带动发动机，达不到最低启动转速。图中曲线的交点即是蓄电池的低温启动的温度极限。同时，低温启动时，由于冷的可燃混气密度较大，而且电极间电阻增大，蓄电池端电压低，火花塞的跳火能量小，使点火强度减弱，也会导致发动机不易启动。

2. 低温时汽车总成磨损的严重

汽车在低温条件下使用，各部件的磨损均较严重，特别是发动机的磨损明显，研究表明：在发动机的使用周期内，50%的汽缸磨损发生在启动过程中，而冬季启动时占启动磨损的60%～70%。发动机的磨损不仅在冷启动过程中严重，而且启动后在达到正常工作温度之前，磨损强度一直也很大。如图6-6所示，表明了发动机汽缸壁磨损情况与缸壁温度的关系。

发动机低温启动时，汽缸壁磨损严重的主要原因有以下几点。

① 低温启动时，润滑油黏度大，流动性差，机油泵不能及时将润滑油压入各润滑表面，使汽缸壁和轴承等摩擦表面润滑条件恶化。

② 冷启动时，燃料雾化不良，大部分油分子以液态进入汽缸，稀释了润滑油，使其润滑作用降低。

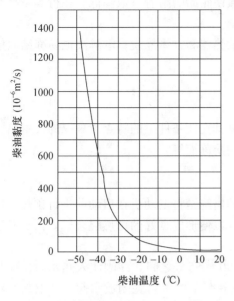

图 6-4　柴油的黏度与温度的关系

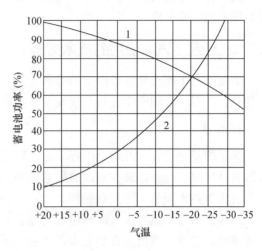

图 6-5　气温对蓄电池工作能力的影响

1—蓄电池供给的最大功率；2—必需的启动功率
（蓄电池功率的百分数）

③ 由于温度低，燃烧过程中的水蒸气凝结在汽缸壁上与硫的化合物氧化成酸性，引起腐蚀磨损，加剧汽缸壁的磨损。为此，在低温条件下应严控燃料中硫的成分。

④ 在低温时，由于曲轴主轴承及连杆轴承与轴颈的膨胀系数不同，使配合间隙变小，而且间隙不均匀，从而加剧磨损。

另外，传动系统各总成在低温条件下工作时，零件正常工作上升较慢，轴承和齿轮得不到充分的润滑，使零件磨损加快。据试验表明：当油温为 -5 ℃ 时，汽传动系统的磨损量是 35℃ 油温的 $10\sim12$ 倍。

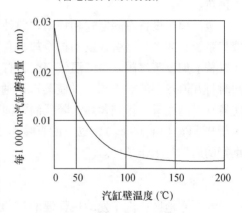

图 6-6　发动机汽缸壁磨损与缸壁温度的关系

3. 燃料消耗增大

在低温条件下使用，由于气温低，发动机温升时间长，燃料雾化不良，燃烧不良；再加上润滑油黏度大，摩擦损失大，使发动机输出功率下降，导致燃料消耗量增加。试验表明：当汽油机冷液温度自 80℃ 降到 60℃ 时，耗油量增加 3%；降到 40℃ 时；耗油量增加约 12%；降到 30℃ 时，耗油量增加约 25%。

4. 零件材料性能变差

在低温条件下，碳钢的冲击韧性下降，铸件变脆，焊缝易产生裂纹。汽车上的塑料、橡胶制品变硬而容易产生脆裂。

5. 行车条件变差

在低温条件下，道路变硬，常被冰雪覆盖，致使轮胎的附着系数降低。在行车中，制动距离增长，且车辆容易产生侧滑，影响行车安全。

此外，在低温条件下，冷却水易结冰而导致散热器和缸体冻裂；电解液也易冻结而使蓄电池不能正常工作。

6.2.2 低温下汽车使用的技术措施

为保证汽车能在低温条件下的可靠使用，根据其在此条件下的特点，采取的技术措施有预热、保温、合理使用燃料及润滑油、正确使用防冻液等。

1. 预热

为了使发动机在低温时启动容易，一般采用的措施是将发动机在启动前进行预热，使曲轴转动轻便，改善燃油在启动时的雾化和蒸发，以便形成良好的可燃混合气。预热发动机的方法有热水预热和蒸汽预热两种。

热水预热是把热水注入冷却系统，水温应在 90~95℃ 之间。在刚注入热水时，应打开放水阀，使冷水流出，直到流出的水温达到 30~40℃ 时，再关闭放水阀。一般热水注入 10~15 min 后，发动机水套里的水温与汽缸体的温度基本趋于一致后，启动发动机。此种方法简便易行，但只能使发动机汽缸得到预热，而曲轴、连杆轴承与曲轴箱机油还不能预热。

蒸汽预热设备有固定式和移动式两种，预热时将蒸汽导入散热器的下水管，然后进入冷却系统，或者直接引入发动机冷却水套。后者加热快，效果较好，蒸汽浪费少，但需要在缸盖上加设蒸汽阀。当气温较高时，打开缸体放水阀；气温较低（-30℃以下）时，需同时打开散热器的放水阀，以使蒸汽窜通。同时可以在曲轴箱内加设蒸汽管或散热容器，使发动机的润滑油得到预热，降低润滑油黏度，使发动机易于启动。预热的蒸汽压力不能大于 98 kPa（1 kgf/cm^2），也不能直接对准机件。发动机经蒸汽预热后再加热水，以保证良好的启动与工作条件。

2. 保温

在严寒地区，汽车发动机保温的目的就是尽量减少发动机传给周围冷空气的热量，使发动机保持在正常温度范围内正常工作，并随时可以出车。

在无车库条件下，一般主要对发动机保温，其次是蓄电池，只有在气温很低或承担某些特殊任务的车辆才进行油箱和驾驶室保温。常用的保温措施如下。

① 发动机的保温方法可采用百叶窗或改进风扇参数（叶片数目或角度），也可以降低风扇转速或使风扇不工作（装离合器）。后一种方法不但减少了热量耗散，而且还减少发动机的功率损失。关闭百叶窗可减小流经散热器的空气流，但由于气流阻力大，风扇消耗的功率略有增加。

② 汽车发动机罩采用保温套是保持发动机温度状况的重要措施。这种常见的保温方法可以使汽车在 -30℃ 左右的气温下工作时，发动机罩内温度保持在 20~35℃ 之间。停车后，也比无保温套的汽车发动机主要部位的冷却速度降低近 6 倍。保温材料可以是棉质或毡质的，前者保温性能要好一些。用很薄的乙烯基带来密封汽车发动机罩也取得了良好

的效果。

③ 发动机油底壳除了采用双层油底壳保温外，还可以在油底壳的内表面用一层玻璃纤维密封。

④ 对蓄电池保温。一般采用木质的保温箱。保温箱有的做成夹层，并在夹层中装有保温材料。

3. 合理使用燃料、润滑油

合理使用燃料与润滑油也是汽车在低温条件下的重要措施。低温下使用的燃料应具有良好的蒸发性、流动性、低硫含量，以利于低温启动和减少磨损。某些国家有专门牌号的冬季汽油和柴油，供汽车在严寒地区使用。

汽车进入冬季使用时，应对发动机、变速器、主减速器与转向器换用冬季润滑油（润滑脂），即黏度低的润滑油，轮毂轴承使用低滴点润滑脂。制动系换用冬季用制动液，减振器用冬季减振液。在寒冷地区发动机采用稠化机油。国产车用稠化机油有8、11、14号寒区稠化机油和8、14号严寒稠化机油，都具有低温黏度低和黏温特性好的性能。寒区稠化机油可在-35℃以上使用，严寒稠化机油可在-60℃以上气温条件使用。

4. 改善混合气的形成条件

低温启动发动机时，燃料的雾化和蒸发质量都很差，除了在启动时加注易燃燃料外，还有采用预热进气的方法，改善可燃混合气的形成条件。有的汽油机安装有预热塞，对没有预热塞的发动机，只要在启动前预热进气管，低温启动并不困难。而柴油机可加热空气滤清器、进气管道和吸气气流。将断电器的触点间隙调整为 0.30~0.40 mm，以增强火花强度，便于发动机启动。

5. 正确使用防冻液

在冬季，汽车发动机冷却系统可使用防冻液，防止冻裂机件，不必每天加水、放水，减轻劳动强度。特别是合理使用防冻液和专门的启动预热设备相配合，可大大地减少启动前的准备时间。

防冻液的使用性能用凝固点、沸点、传热性和热容量表示。为了保证防冻液在冷却系统中的流动性，要求其黏度要低。防冻液可以防止金属腐蚀、橡胶溶胀，并具有一定的化学稳定性。防冻液组成成分的主要性能见表6-3。

表6-3　防冻液组成成分的主要性能

成　分	凝固点（℃）	沸点（℃）	比热容 (kJ/(kg·℃))	70℃时热传导 (kJ/(cm·℃))
水	0	100.0	4.18	0.006699
甘油	-17.0	290.0	2.43	0.002763
乙醇	-117.0	78.5	2.43	0.001298
甲醇	-97.8	64.5	—	0.001817
乙二醇	-11.5~17.5	197.5	2.72	0.002512

为防止发动机冷却系统冰冻，一般在行车之后露天停放时要及时放尽冷却水或采用防冻液。常用的防冻液有乙二醇-水型、乙醇-水型和甘油-水型。三种防冻液的冰点与成分

比例见表6-4。其中乙醇-水型虽然流动性好，但易挥发需不断地加添乙醇，并且冰点在-40℃的乙醇-水型防冻液的乙醇含量在55%以上，容易燃烧。甘油-水型防冻液黏度较大，并且随着温度降低，黏度增大，影响发动机的冷却功能。常用的防冻液是乙二醇-水型防冻液，按其使用寿命分类可分为普通防冻液（AF）和长效防冻液（LLC）。普通防冻液仅用一冬，长效防冻液全年均可使用，后者因添加了有机磷酸盐等防锈、防腐蚀剂，所以可以长时间使用。此外，长效防冻液可使发动机冷却系统不易积垢，散热效果好。在使用防冻液时应注意下列几点。

① 在配制防冻液时，防冻液的冰点应比使用地区的最低气温低5℃。

② 加注前要仔细检查冷却系统的密封性，防止其泄漏。

③ 应在发动机熄火状态，待其温度降低后添加防冻液时，以免烫伤。同时只能加到冷却系统总容积的95%，以免升温后防冻液溢出。

④ 经常用密度计检查防冻液的成分。使用乙醇-水型防冻液时，由于乙醇蒸发快，应视需要添加适量乙醇和少量的水；乙二醇-水型和甘油-水型防冻液在使用中，只添加适量的水即可。

⑤ 不同类型的防冻液不能混装，以防变质。

⑥ 乙二醇有毒，在使用中应注意，防止溅上皮肤和浸入体内，防止对环境造成污染。

表6-4　三种防冻液的冰点与成分比例关系

冰点（℃）	乙醇-水型 （乙醇质量分数%）	甘油-水型 （甘油质量分数%）	乙二醇-水型 （乙二醇质量分数%）
-5	11.27	21	—
-10	19.54	32	28.4
-15	25.46	43	32.8
-20	30.65	51	38.5
-25	35.09	58	45.3
-30	40.56	64	47.8
-35	48.15	69	50.9
-40	55.11	73	54.7
-45	63.39	76	57.0
-50	70.06	—	59.9
优点	流动性好、价格便宜、配制简单	沸点高、挥发损失小、不易产生火灾	使用中及时补充水，调整其浓度，一般可用1~2年
缺点	沸点低、挥发损失大、冰点易升高、易燃	甘油降低、冰点的效果差，不经济	乙二醇有毒，在使用中防止吸入体内。配制时，每升要加入酸氢二钠2.5~3.5g和糊精1g，以防止冷却泵的腐蚀

6. 加强底盘部分的使用与保养

寒冷地区冰雪较多，车辆行驶的容易打滑，影响车辆行驶的安全和经济性，为此对下列机构应进行必要的保养和处理如下。

① 传力机件应润滑可靠，减少运动阻力。变速器、主减速器等应换用低黏度的润滑油，以减少传力机件中的功率损失。

② 应检查转向装置前轮定位角，以使车辆行驶稳定，操纵轻便。对操纵拉杆的球头应清洗污垢和润滑。

③ 对制动装置应作适当的调整，减少车辆制动时的侧滑，并保证制动可靠。

④ 调整发电机调节器，增大发电机充电电流。

⑤ 轮胎胎面花纹应保持良好，磨损严重时应进行更换。同时，在低温条件下，路面较滑，特别是在冰雪路面行驶时，应采取有效的防滑措施，必要时对轮胎应加装防滑链。

7. 其他预防措施

在低温条件下，制动液、减振液的黏度增大，甚至出现结晶，影响汽车行驶的安全性与平顺性。因此，在严寒地区应选用适于低温使用的制动液和减振液。

零件材料在低温下的物理机械性能将发生变化。例如，$-40 \sim -30℃$ 或更低时，碳钢的冲击韧性急剧下降，硅、锰钢制造的零件（如钢板弹簧、弹簧等）及铸件（汽缸盖、离合器壳、变速器壳等）也变脆。锡铅合金焊剂在 $-45℃$ 或更低时，容易产生裂纹或呈粉状从接头的地方脱落。汽车上的塑料制品在低温下变脆且易出现裂纹，并可能从基体上脱落。

在特别寒冷的情况下，轮胎橡胶硬化、变脆，受冲击载荷作用时易破裂。因此，在冬季行驶时，为了使轮胎升温和减少冲击，应在汽车起步后的头几公里以低速行驶，要缓慢起步及越过障碍物。

驾驶室与车厢的温度过低会影响驾驶员的劳动条件和乘客舒适感，风窗玻璃结霜会影响驾驶员的视野。现代汽车一般装有采暖设备，采暖设备一般是利用发动机冷却系统的热量、排气热量或独立的采暖设施。无采暖设备的汽车，可将经过散热器的热空气引入驾驶室及风窗玻璃上，以便采暖和除霜。另外，用30%饱和盐水加70%的甘油涂在风窗玻璃表面，可实现防霜、防雾。

6.3 汽车在高温下的使用

在我国炎热的南方和夏季的西北高原，汽车往往由于发动机过热，易出现发动机过热，燃烧不正常，发动机功率降低，润滑性能变差，供油系统产生气阻等现象，使其动力性、经经济性和行驶可行性变坏，影响汽车的正常运行。为此，汽车使用者应掌握高温条件下汽车使用的特点，采取相应措施以便合理地使用汽车。

6.3.1 高温下汽车使用的特点

1. 发动机功率降低

由于气温高，空气密度减小，充气系数下降，同时冷却系统散热效率低，冷却水易沸腾，致使发动机过热，从而使得发动机输出功率下降，使汽车行驶无力。另外，由于充气系数下降，混合气相对变浓，汽车废气中的有害物质（CO、HC、NO_x、碳烟）浓度增大，增加环境污染。

2. 燃烧不正常

大气温度高，进入汽缸的混合气温度也高，发动机整个工作循环的温度也高，而散热器的散热效率又低，使发动机处于过热状态，燃烧室内末端混合气接受热量多，加剧焰前反应，这就容易产生爆燃。另外，过热的发动机使积存于活塞顶部、燃烧室壁、气门顶部及火花塞上的积炭形成炽热点，易造成可燃混合气的早燃。这种不正常的燃烧，更加剧了发动机的过热现象，形成恶性循环，汽缸体和缸盖易产生热变形甚至裂纹，较为常见的是烧坏汽缸垫、气门及气门座。

3. 机油变质

发动机的机油在高温、高压下工作时，使机油的抗氧化安定性变坏，加剧了其热分解、氧化和聚合的过程。机油与燃烧不完全的产物、凝结的水蒸气以及进气中夹带的灰尘混合，引起机油变质。另外，由于机油温度高，黏度下降，使机油变稀，油性变差，机油压力降低，发动机零部件表面不易形成润滑油膜。同时，金属零件由于高温热膨胀较大，零件之间正常配合间隙变小。这些都加速机件磨损，严重影响发动机的使用寿命。

在我国西北高原，夏季炎热而干燥，空气中的灰尘很多。而湿热带的南方地区，空气中的水蒸气浓度大。这些灰尘和水蒸气通过进气系统或曲轴箱通风口等处进入发动机污染机油。

4. 发动机磨损加剧

由于发动机温度较高，进气终了的温度也高，容易产生爆燃。同时发动机温度高，使窜入汽缸中的润滑油在高温缺氧条件下生成积炭胶质和沉淀物，黏附在汽缸壁和其他零件的表面上，使导热性变差，积炭所形成炽热点，会引起表面点火、早燃或爆燃等，加剧零件的磨损；另外，同进由于温度较高，行驶时间过长，特别是汽车超载爬坡或高速行驶，机油温度更高，黏度变小，润滑油易氧化变质，使得润滑能力变差，磨损增加。

5. 供油系统易发生气阻

汽车在高温条件下行驶时，发动机罩内温度较高，供油系统受热后，部分汽油蒸发成气体状态存在于油管及汽油泵中，不仅增加了汽油的流动阻力，同时由于气体的可压缩性，汽油泵出油管中的油蒸气随着汽油泵的脉动压力不断地被压缩和膨胀，破坏了汽油泵在吸油行程中所形成的真空度，造成发动机供油不足甚至中断，严重时形成供油系统气阻。在炎热地区，特别是汽车满载爬坡或以低速长时间行驶时，更容易发生气阻。

6. 点火系工作不正常

汽车在高温环境中行驶时，因点火线圈过热而使高压火花减弱，容易出现发动机高速断火现象。严重时会烧坏点火线圈。环境温度升高，蓄电池的电化学反应加快，电解液蒸发快，极板易损坏，同时易产生过充电现象，影响蓄电池的使用寿命。

7. 汽车制动效能下降

汽车制动效能随着气温升高将有所下降。液压制动的汽车，制动液在高温下可能发生气阻现象。在频繁制动的情况下，制动液温度可达 100℃ 以上，易导致皮碗膨胀，制动液气阻，致使制动效能下降，影响行车安全。

8. 轮胎易爆裂

由于气温高、橡胶老化速度加快，强度减弱，行驶散热不良，轮胎内温度升高且气压增大，容易产生爆胎。

6.3.2 汽车在高温条件下使用的技术措施

在高温条件下使用汽车，针对其工作特点，常采取的措施如下。

1. 加强季节维护

① 加强冷却系的维护，提高冷却效果。每种汽车的冷却系统只能适应一定的使用条件。我国幅员辽阔，从严寒的北方到炎热的南方气候条件差异很大。在高温条件下使用时，需要在结构方面增大冷却系统的冷却强度，主要措施是：增加风扇叶片数、直径或叶片角度；提高风扇转速；采用形状过度圆滑的护风圈等；尽量使气流畅流、分布均匀、阻力小、没有热风回流现象以及散热器正面避免无风区，风扇对散热器的覆盖面积要大些。还可以采用通风良好的发动机罩、罩外吸气、冷却供油系统等办法减小吸入空气及燃料温度的变化。

保证有充足的冷却水，防止冷却水泄漏；检查节温器和水温表的工作情况；检查和调整风扇传动带的松紧程度；及时清除冷却系统中的水垢；在行车中，水箱开锅时，应及时停车自然降温，且注意不要熄火，防止发动机内部过热而发生拉缸事故。让发动机怠速工作，待发动机温度降低后，再熄火并缓慢加水，以防止发动机内部过热而发生拉缸，同时应防止水汽烫伤。

② 换用黏度较高的润滑油并适当缩短换油周期，以改善润滑条件。汽车在高温条件下连续使用，大型载货（客）汽车变速器和差速器的润滑油温度与发动机润滑油温度往往会超过120℃，如图6-7所示。由于温度过高从而会引起润滑油过早变质，在灰尘大的地区，应加强空气滤清器的维护。在条件允许的情况下，对于在酷热天连续行驶的车辆，要加装机油散热器和选用优质机油。应换用黏度较高的夏季齿轮润滑油并适当缩短换油周期。轮毂轴承换用滴点较高的润滑脂，并按规定周期进行检查维护。

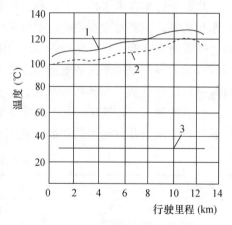

图6-7 汽车连续爬坡时，
传动系润滑油温度变化情况
1—夏季差速器油温；
2—差速器润滑油的温度；3—天气温度

③ 适当调整供油系统和点火系统。在高温条件下，因空气密度低，可适当减少供油量。同时，调整点火时刻，适当推迟点火提前角。在高温地区行驶的汽车，应适当调小充电电流，减少充电电流，检查调整蓄电池电解液密度，保持液面高度和通气孔畅通。点火系统的火花强度也会因气温升高，点火线圈发热而减弱，宜将点火线圈放在空气流通处。

④ 采用高沸点的制动液。液压制动系统的汽车，在经常制动情况下，制动液温度可达80～90℃，甚至到110℃。为了保证行车安全，防止防制动系统在高温下产生气阻，影响汽车的制动效能，应选用高沸点（不低于115～120℃）制动液。

2. 防止爆燃

根据发动机的压缩比选用相应辛烷值的汽油。当汽车使用的汽油牌号低于要求时，可安装爆燃限制器（如 CA141），同时保持发动机的正常工作温度；适当推迟点火提前角和加浓混合气；保证足够的点火能量，及时清除积炭。另外，由于发动机爆燃与发动机的进气温度有很大关系，从而可以改进气方式，降低进气温度，防止爆燃。例如，在夏季，东风 EQ-1040 型汽车满载拖挂行驶时，发动机罩下温度可达 60℃。如果把空气滤清器原进气缝隙密闭，另开进气口，用连接管通至水箱侧支撑板处，在支撑板上开口，即改进成前吸式空气滤清器，使进气不受发动机热辐射的影响。试验表明：在汽车满载拖挂（汽车列车总质量为 14 t）上坡行驶（坡度 8%）时，进气温度下降近 10℃，减少爆燃倾向。

3. 防止气阻

防止气阻的措施是在原车的基础上改善发动机的通风和散热，以免供油系统温度过高。常用的措施有：改变汽油泵的安装位置，使其通风和散热良好；在汽油泵周围加隔热板或采用滴水降温；改进汽油泵的结构，现代汽车汽油泵安装在燃油箱内、增加供油以及增设回油管路，均可有效地防治气阻；也可采用电动汽油泵防止气阻（因电动汽油泵不需用发动机驱动，可安装在不受热的位置）。若行车中发生了气阻，可用湿布使汽油泵冷却或将车停到阴凉处降温后继续使用。

4. 防止爆胎

高温下行车，由于外界气温高，轮胎散热慢，温度升高容易使其气压过高而爆胎。在汽车行驶时，应经常检查轮胎的温度和气压，保持规定的气压标准。在酷热地区中午行车时，还应适当降低车速，每行驶 40～50 km 应将车停于阴凉处，待轮胎温度自然降低后再继续行驶，不得中途采用放气或冷水浇泼轮胎的办法降低气压，以免加速轮胎的损坏。同时应特别注意重型车在转弯时减速，防止轮胎爆裂。

轮胎的最高工作速度有统一规定，见表 6-5。子午线轮胎胎侧注有速度符号。同一规格轮胎可能生产几种速度的产品，使用中不应超速行驶。

表 6-5 轮胎速度符号表

符号	C	D	E	F	G	J	K	L	M
km/h	60	65	70	80	90	100	110	120	130
符号	N	P	Q	R	S	T	U	H	V
km/h	140	150	160	170	180	190	200	210	240

汽车超载也是爆胎的重要原因之一。在炎热的夏季，地面温度高，轮胎因升温而使胎体强度下降。如果超载行驶，容易产生胎面脱胶和胎体爆破。轮胎的负荷能力是以速度为基础的，行驶速度提高，负荷能力应相应减少。轮胎负荷也有标记，例如桑塔纳 2000 型轿车的轮胎型号为 195/60R1485H。其中 H 表示速度符号（210 km/h），负荷指数为 85，相应的负荷为 515 kg。

轮胎气压与环境温度有关，胎侧上标注的气压是指常温下的轮胎气压。在汽车行驶过程中，轮胎气压随轮胎温度提高而相应上升。在检查轮胎气压时应注意：停驶后只有当胎里空气温度与环境温度平衡时所测得的轮胎气压才是较为准确的,仅凭轮胎外表温度来判断胎内空气温度是否冷却是很不准确的。一般在炎热夏季应在 4 h 以后测量轮胎气压,再根据需要进行补气。

5. 提高汽车的驾乘舒适性

在高温、强烈阳光的条件下行车,驾驶员劳动强度大,容易疲劳,同时影响乘客的舒适性,应加装空调设备、遮阳板。现代轿车和大型客车都安装有空调等设备,但很多货车没有安装空调设备,故对于货车,应加强驾驶室的通风和遮阳。在条件许可的情况下,最好早晚行车,行车中感到疲劳时,可用冷水洗面以保持清醒或停车休息,以免出现安全事故。

6. 检查电系的工况

经常检查蓄电池电解液的密度和液面高度,适当加注蒸馏水并保持通气孔畅通,适当调整发电机调节器,减小发动机的充电电流。

7. 车身维护

漆涂层和电镀层在湿热带地区试验结果表明,漆涂层的主要损坏是老化、褪色、失光、粉化、开裂和起泡等。电镀层的主要损坏是锈斑、脱皮以及锈蚀等。因此,在维修中,应注意喷漆前的除锈和采用耐腐蚀、耐磨性高的涂层,并加强外表养护作业。

6.4 汽车在高原和山区的使用

汽车在山区和高原行驶时,发动机动力性和燃料经济性下降,汽车制动效能降低。为了在高原和山区正常、安全行车,汽车使用者应掌握汽车在该条件下的使用特点并采取相应措施。

6.4.1 高原和山区条件下汽车使用的特点

1. 发动机动力性降低

随着海拔升高,气压逐渐降低,空气密度减小,发动机进气时,充气系数下降,发动机动力性降低。实验表明,海拔高度每增加 1 000 m,大气压力下降约 11.5%,空气密度约减小 9%,发动机功率下降约 12%,扭矩下降 11% 左右。海拔高度、大气压力、密度及温度的关系见表 6-6。

表 6-6 海拔高度、大气压力、密度及温度的关系

海拔高度 (m)	大气压力 (kPa)	气压比例	空气温度 (℃)	空气密度 (kg/m^3)	密度比	发动机功率 (%)
0	101.325	1	15	1.225 5	1	100
1 000	90.419	0.887	8.5	1.112 0	0.907 4	88.6
2 000	79.487	0.784 5	2	1.006	0.821 5	78.1
3 000	70.101	0.691 8	−4.5	0.909 4	0.742 1	68.5
4 000	61.635	0.608 2	−11	0.819 3	0.668 5	59.8
5 000	54.009	0.533	−17.5	0.736 3	0.600 8	51.7

海拔高度也影响汽车的加速性能，海拔每增高 1 000 m，加速时间和加速距离增长 50%，最高车速降低约 9%。随着海拔高度的增加，大气压力降低，进气管真空度下降，发动机转速也下降，使怠速不良。海拔每增高 1 000 m，怠速降低 50 r/min。

2. 燃料消耗增加

在高原行驶的汽车，由于空气密度下降，充气量将明显降低。随着海拔高度的增加，空燃比变小，混合气变浓，如不能进行修正，会使发动机油耗增大。电子控制燃油喷射发动机的控制单元可对空气状况（大气压力）进行修正。

由于大气压力降低，燃料蒸发性提高，就燃料蒸气压力、蒸馏特性而言，当大气压力从 101 kPa 降至 80 kPa（海拔高度约 2 000 m），相当于外界气温下降 8～10℃ 所造成的影响。因此，高原行车易产生气阻和渗漏等问题，致使油耗增大。同时，因发动机功率不足，汽车需经常以低挡行驶，也是引起油耗增大的原因之一。海拔高度与行驶油耗关系如图 6-8 所示。

3. 排气污染物受海拔高度影响

海拔高度对排气污染物的生成也有影响。由于海拔高度影响发动机的空燃比，空燃比的变化又导致排气成分浓度的改变，从而影响有害物质的排放量。图 6-9 显示出海拔高度与发动机排气中 CO、HC 和 NO_x 的关系。由图可以看出，CO、HC 排放浓度随海拔升高而增大，而 NO_x 的浓度则有所下降。

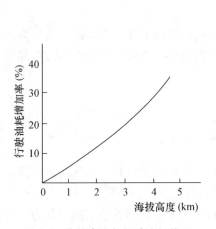

图 6-8　海拔高度与行驶油耗关系

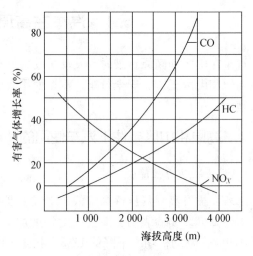

图 6-9　海拔高度与发动机排气中 CO、HC 和 NO_x 的关系

4. 润滑油易变质

由于发动机功率下降，且山区坡度长而陡，汽车经常在低挡大负荷下工作，发动机易过热，导致机油黏度下降且易氧化变质。燃烧不完全的混合气窜入曲轴箱，冲淡机油，也加剧润滑油的变质，从而影响润滑效果，加剧零部件的磨损。

5. 汽车制动效能减弱

山区坡度长而陡，汽车在下长坡时，需长时间地连续制动，产生大量热量，使制动器温度常达 300℃ 以上，而制动器一般工作温度不超过 200℃，温度过高时，使摩擦材料的性能减弱且摩擦系数明显降低,导致制动效能减弱,严重时可能烧毁制动蹄片,导致汽车丧失制动能力而引发安全事故。

6.4.2 高原山区条件使用汽车的措施

1. 提高发动机的动力性与济性的措施

① 提高发动机的压缩比。提高压缩比,不仅可以提高压缩终了汽缸内的温度与压力,加快燃烧速率,改善燃烧过程,减少热损失,而且可采用较稀的混合气,从而提高了发动机的动力性和燃油经济性。

发动机压缩比的选定与汽油的辛烷值有直接关系。汽油的辛烷值越高,爆燃倾向越小,压缩比就可以相应地选大一些。图 6-10 给出了燃料辛烷值与压缩比的关系。

随着海拔高度的增加,发动机的充气量下降,压缩终了的汽缸压力及温度相应降低,因此爆燃倾向减小,从而为提高压缩比创造了有利条件。

② 调整配气相位。将气门间隙调大,缩短气门开启时间,使配气相位变窄,有利于提高充气量,从而提高汽车的低速动力性。合理选择配气相位可以提高发动机的充气系数,改善发动机的动力性和燃油经济性。配气相位的确定,应与发动机的实际转速范围相适应。发动机的转速不同,进、排气门开、闭角对气流惯性的影响也不同,因而进、排气门开闭的最有利的角度应随之变化。在进、排气门开闭的四个时期

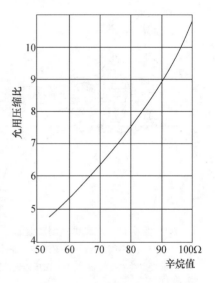

图 6-10 燃料辛烷值与压缩比的关系

中,进气迟关角和排气提前角影响最大。为了使凸轮轴的设计(凸轮线型和各凸轮间的夹角等)更为合理,应与发动机常用转速工况相适应,以提高充气量,改善汽车在高原地区的使用性能。

③ 调整点火系统和供油系统。随着海拔高度升高,发动机压缩终点的压力降低,火焰传播速度减慢。而空气稀薄使真空提前装置受到影响,所以将点火提前角略为提前 $1°\sim 2°$。还可以适当调整火花塞和断电器触点间隙,以使火花塞产生较强的火花。另外适当减小汽油比例但燃烧比较完全,热效率较高,发动机的经济性得到了提高。

④ 采用增压技术。柴油机由于无爆燃的限制,使用增压器比较合适。柴油机采用进气增压后(一般是废气涡轮增压),增加了充气量,压缩终点的压力和温度也相应提高,从而改善了发动机的动力性和经济性。汽油机增压,由于发动机工况复杂,易产生爆燃,对一般汽油车采用不多。日本已研制成功汽油机增压技术。在高原地区使用最理想的发动机为可变压缩比发动机,如美国的"汉福莱斯"发动机,但是该机结构复杂、价格高。

⑤ 采用含氧燃料。含氧燃料就是指在汽油中掺入乙醇、丙酮及其他含氧化合物。掺入的这些成分中都含有氧,在燃烧过程中,理论上必要的空气量减少,能补偿充气量不足的问题。试验表明:采用含氧较高的燃料,其作用随海拔高度的上升而增强。

2. 高原山区安全行车的措施

由于高原山区地形复杂，山高、坡陡而长、路窄、弯多且弯急，因此，应采取相应措施以确保行车安全。

① 利用发动机制动。汽车在下长坡时，需长时间连续制动，使得制动器温度升高，有的高达300℃以上，从而影响制动器的制动效果。为此可利用发动机制动协助汽车制动，发动机的转速越高，变速器挡位越低，则产生的制动力越大。一般下长坡利用发动机制动时，将变速器挂入在上坡时所用的挡位较为合适，禁止熄火空挡滑行。

② 采用辅助制动器。辅助制动器有电涡流、液体涡流和发动机排气制动等几种。前两种辅助制动器由于体积较大，结构复杂，多用于山区或矿用的重型汽车上，又称电力或液力下坡缓行器。发动机排气制动是一种有效而简便的措施，实际上是在发动机排气管内装一个片状阀门，在汽车使用发动机制动的同时将阀门关闭，以增大发动机的排气阻力，如图6-11所示。排气制动可保证各轮制动均匀，制动功率可达发动机有效功率的80%～90%。

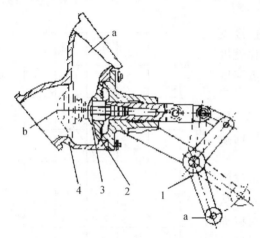

图6-11 汽车排气制动装置
1—臂；2—阀门；3—阀杆头；4—壳体
a—端接发动机排气歧管；b—端接排气消声器

③ 采用矿物油型制动液。液压制动的汽车多使用醇型制动液，极易挥发，在高原使用时，因制动频繁，温度较高，制动管路容易发生"气阻"现象，致使制动失灵，引发安全事故。而采用矿物油型制动液，具有制动压力传递迅速、制动效果好、不易挥发等特点，不易产生气阻现象，适合于高原及山区使用。但使用矿物油型制动液必须换用耐矿物油的橡胶密封件，以免腐蚀而造成泄漏。

④ 制动鼓采用淋水降温装置。在高原山区下长坡时，为了防止制动鼓过热，保持良好的制动效能，可采用制动鼓淋水降温装置，以降低制动鼓的温度。在下坡之前驾驶员提前把制动淋水开关打开，对制动鼓外圆淋水，进行冷却，防止摩擦片烧蚀。采用这种方法降温，虽然效果良好，但是需要有充足的水源，同时要根据行车实际情况运用恰当，否则会带来不良后果。

⑤ 改善灯光条件，确保夜间行车安全。由于高原山区路窄、弯多弯急，在夜间行车时，应加宽汽车前照灯的照射范围，便于驾驶员看清前方路况，前照灯最好采用能随转向传动机构及车架载荷变化而作相应转动的装置，即采用"智能车灯"。

另外，在高原和山区行车，爬长坡、陡坡时，注意提前换挡；风沙严重地区注意车辆的密封，加强发动机空气、机油和燃油滤清器保养工作；还应注意保持中速行驶，控制水温防止冷却水沸腾。如遇泥石流、公路塌方、山洪等现象，要仔细观察，发现可疑迹象要果断处理，尽快离开危险地带。同时还应防止轮胎气压过高而爆胎。对于初到高原地区的驾驶员，还应注意高原反应，注意休息并备带必要的药品。

6.5 汽车在恶劣道路条件下的使用

恶劣道路条件是指雨季翻浆土路、冬季冰雪道路、沙土道路、松软土路、草地、沼泽地和灌木林等路况较差或无路的情况。汽车经常在恶劣道路上行驶，为延长汽车使用寿命，必须了解汽车在恶劣道路条件下的使用特点及采取相应的技术措施。

6.5.1 恶劣道路条件下汽车使用特点

汽车在坏路和无路条件下的使用特点是，驱动轮与路面的附着力减小，车轮的滚动阻力增大。此外，还会有突出的障碍物影响汽车通过。

1. 汽车在松软和泥泞的土路行驶的特点

汽车在松软的土路行驶，路面被破坏形成车辙，滚动阻力增大，甚至陷车而无法行驶。在泥泞道路上行驶时，往往由于附着系数降低，轮胎的滚动阻力增大，引起轮打滑，使汽车的通过性变坏。附着程度的好坏主要取决于轮胎与路面的接触处变形后的相互摩擦情况。在干燥平坦的土路上，附着系数为 0.5~0.6。在不平整的低级道路上，由于减少了轮胎与路面的接触面积，附着系数下降。而当路面潮湿或泥泞时，其表面坑洼都被泥浆填满，阻碍了轮胎与路面间的接触，致使附着系数降低到 0.3~0.4 或更低。

2. 汽车在沙石路面行驶的特点

沙路表面松散，受压后变形大，嵌入轮胎花纹内的沙土在水平方向的抗剪切破坏能力差，使附着系数降低，轮胎的滚动阻力增大，沙路和流沙地容易使汽车打滑，特别在流沙地上，汽车车轮的滚动阻力系数可达 0.15~0.30 或更大，而驱动轮由于附着系数低产生空转，影响汽车的通过性能。

3. 汽车在积雪路面行驶的特点

积雪路面对汽车通过性的影响主要取决于雪的特性和厚度。雪层的密度越大，其承受的压力也越大，见表6-7。从表中可以看出，雪层密度越小，车轮附着系数下降，汽车行驶条件变差。雪层的厚度越大，汽车的通过性越差。经验表明：雪层厚度大于汽车离地间隙的 1.5 倍，其密度低于 450 kg/m^3 时，便不能行驶。

表 6-7 雪路在 -15~-10℃ 时的主要性能

雪的状态	雪的密度（kg/m^3）	车轮的滚动阻力系数	车轮的附着系数
中等密度的雪	250~350	0.10	0.10
密实的雪	350~450	0.05	0.20
非常密实的雪	500~600	0.03	0.30

4. 汽车在冰路上行驶的特点

汽车在冰路上行驶，车轮与冰面的附着系数非常小，在冬季冰滑的道路上，附着系数甚至降低到 0.1 以下。为了保证行车安全，在冰路上行车时，车速要低，行车间隔要大。在通过结冰河流时，需要检查冰的厚度和坚实状态，应按选定路线平稳匀速通过，中途不准换挡,不准使用紧急制动,不允许停车。途中发现冰层裂痕应及时避开绕路行驶。在气温低于0℃情况下,汽车沿冰封的渡口行驶时,冰层的最小厚度见表6-8。

表6-8 冰层的承重能力

汽车的总质量(t)	冰层厚度(cm) 气温 -20～-1℃	从渡口到对岸的最大距离(m)	
		海冰	河冰
3.5	25～34	16	19
≥10	42～46	24	26
≥40	80～100	3 838	

5. 汽车在坏路和无路条件下使用的特点

汽车在坏路和无路条件下使用,驱动轮与路面的附着力减小,车轮滚动阻力增大,路面上还有突出的障碍物影响汽车通过。汽车在这种路况下使用,燃料消耗量较大,比正常使用条件高出约35%。

6.5.2 汽车在恶劣道路条件使用的技术措施

1. 提高车轮与路面的附着力,防止车轮滑转

在汽车驱动轮上装防滑链是提高车轮与路面附着系数的有效措施,防滑链条有普通防滑链和履带链条。

① 普通防滑链。它是带齿的(如圆形、V形或刀形)链带,用专门的锁环装在轮胎上,如图6-12所示。轮胎应在装好防滑链后再充气,使其拉紧,防止行车时出现响声,链条与胎面距离10～20mm为宜。带齿的防滑链在冰雪路面和松软层不厚的土路上有良好的通过性。但在黏土路上当链齿塞满土时,使用效果则显著下降。

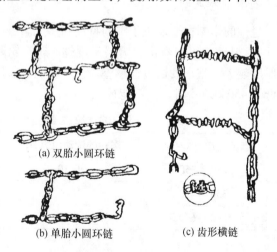

(a) 双胎小圆环链

(b) 单胎小圆环链 (c) 齿形横链

图6-12 普通防滑链

② 履带链。它有菱形的和直形两种,如图6-13所示。履带链能保证汽车在坏路上,甚至驱动轮陷入土或雪内仍可以通过,菱形履带链还具有防侧滑能力。

防滑链的缺点是链条较重，拆装不方便，汽车带上防滑链后，其动力性和经济性均下降，因而仅在克服困难道路时才使用。对于克服短而难行的无路地段时，可使用容易拆装的防滑块和防滑带，如图 6-14 所示。

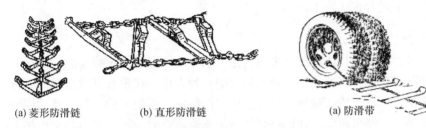

(a) 菱形防滑链　　　　(b) 直形防滑链　　　　(a) 防滑带　　　　(b) 防滑块

图 6-13　汽车用履带式防滑链　　　　图 6-14　汽车用防滑带和防滑块

2. 采用合理的驾驶方法

在劣质道路上行驶时，要选择好的行车线路，尽可能避开泥泞较深，滑度较大的路面。通过泥泞或翻浆路时，最好一鼓作气地通过，中途不换挡、不停车。如果被迫停车，再起步时也不能挂最低挡，轻踏加速踏板起步，使牵引力低于附着力，避免打滑。

松散道路附着系数很低，防止侧滑很重要，所以在驾驶时，使用制动要特别小心，尽量不用紧急制动，转向也不能过急，以免发生侧滑，尤其是坡道或急弯行驶更要注意降低车速，若一旦出现侧滑，首先要抬起加速踏板降低车速，在路面宽度允许的情况下，立即将转向盘向着车轮侧滑的方向转动，以防止继续侧滑或发生事故。

当车轮陷入泥泞道路空转打滑时，不可盲目加速强行驶出，以免越陷越深。

3. 合理地使用汽车轮胎

汽车轮胎对其通过性有很大影响，为了提高汽车通过性，必须正确选择轮胎气压、花纹、结构参数等，使汽车行驶阻力减小，而又获得较大的附着力。

汽车在松软道路上行驶时，轮胎单位面积的压力越大，滚动阻力就越大，汽车通过性就越差，所以降低轮胎气压，加大轮胎宽度，可改善行驶条件。当汽车打滑陷入泥泞路中时，为了减轻单位面积压力，可卸下运载货物。冰雪路面摩擦系数小，用一般轮胎行驶较困难，国外多使用具有特殊胎面花纹的雪地轮胎，雪地轮胎在冰雪道路上具有良好的制动性能，如图 6-15 所示。

另外，可使用调压胎。驾驶员可以在驾驶室内调节轮胎从正常气压降到极低的气压。这样轮胎的印痕面积可增大 2~3 倍，使汽车在松软和泥泞的道路上的行驶性能得到改善。

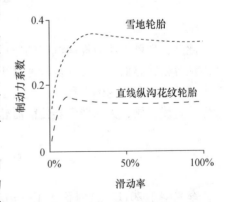

图 6-15　雪地制动力系数与滑动率的关系

轮胎胎面花纹可分为普通花纹、越野花纹和混合花纹，即纵向花纹、横向花纹和纵横混合花纹。越野花纹轮胎特点为：花纹横向排列、花纹沟槽深、凸出面积小，与地面抓着力大、抗刺扎和耐磨性好，适合在坏路和无路条件下使用。

在使用中,应注意轮胎的磨损情况,轮胎花纹的剩余深度是检查轮胎磨损的标准。因此,国际上都有规定,在轮胎花纹沟底部,轮胎生产厂家应当设计有磨损限度标志,每条胎有 4 个以上,在轮胎胎肩处设有相同数目的磨损限度标志位置的标志。磨损大的轮胎附着力小而且容易爆胎,不适合在坏路上使用。

4. 采用自救或他救的方法

当汽车陷入坑中时,可根据具体情况,采用其他车辆拖出的他救方法或自救的方法驶出陷坑。他救是指用其他车辆,将被陷汽车拉出陷坑的一种方法。在没有其他车辆时,可采用自救的方法驶出陷坑:若车桥未触地,可将土坑铲面斜面,再垫上碎石等,然后用汽车前进或后退的方法将汽车驶出陷坑;如果桥壳触地,车轮悬空时,可先在车轮下面垫上木板、树枝、碎石等,再以低挡驶出。如果驱动轮滑转,则也可如图 6-16 所示,将绳索一端固定在树干(或木桩)上,绞鼓装在汽车驱动轮上,汽车驱动轮转动时,如同绞盘一样将汽车驶出陷坑。

图 6-16 汽车的自救
1—绞鼓;2—绳;3—木桩

此外,驾驶方法对提高汽车的通过性也有很大作用。例如,汽车通过沙地、泥泞土路和雪地等松轮路面时,应降低车速(低速挡),以保证有较大的牵引力,同时减少了车轮对土壤的剪切和车轮陷入程度,提高了附着力。除降低车速外,还应避免换挡和加速并尽量保持直线行驶,因为转弯会使前后轮辙不重合而增加滚动阻力。

6.6 案 例

李先生于 2011 年 4 月份买了一辆新车,试为李先生制定一份车辆走合期的养护计划。具体养护计划如下。

1. 新车走合前应检查的项目

新车走合前的检查的项目按例行保养的项目进行。另外应检查各盛装工作液的部件及各连接部位有无渗漏情况。

2. 走合期应注意的事项

① 不许拆除化油器底部的限速片，应在初期 1 000 km 结束后结合初驶保养情况再将限速片拿掉。进口车一般没有加限速片，完全靠驾驶员控制车速。

② 发动机内应加注较稀（黏度小）的优质润滑油，并按规定间隔更换新油。

③ 起步先预热。冷车发动后，应使发动机在中速较低的速度下稳定运行数分钟，待水温升至 60℃ 时方可起步行驶。在发动机未走热前，不得高速运转。

④ 发动机走合时，冷车发动后必须先预热发动机，起步后要低速行驶，待各部传动件获得从充分润滑后方可用正常速度行驶。

⑤ 不要高速行驶，国产车一般规定在 40～70 km/h 以内；进口车一般规定在最初的 1 000 km 内。一般来说，磨合期的发动机转速应严格规定在 2 000～4 000 r/min 之间。

⑥ 避免负荷过重，载质量不得超过限定标准，一般按额定吨位减少 20%～30%，不得拖带挂车。

⑦ 尽可能选择平坦路面行驶，避免过大振动、冲撞或紧急制动，减少车身和动力系统的负荷。

⑧ 经常注意发动机的声响、温度和机油压力。

⑨ 尽量避免急促地、长期地使用行车制动器。"先离后刹"的做法是在磨合非常时期，并且在非常状况（紧急刹车）时采取的保护发动机的措施。当车辆度过了磨合期，从离合器保养方面讲，就应是"先刹后离"。

⑩ 换挡要及时恰当，避免高挡位低转速和低挡位高转速行驶。也不要长时间使用一个挡位。在各个挡位都不要使车速达到极限，各挡位每小时的车速要控制在顶速的 3/4 范围内。

⑪ 当行驶到 100～200 km 时，将发动机的汽缸和进、排气歧管螺栓按规定扭矩依次校紧一次。

⑫ 经常注意变速器、后桥壳、轮毂及制动鼓的温度，如有严重发热时，应找出原因，予以排除，这些检查工作在开始走合的第一天更应注意。

⑬ 当行驶到 500 km 时，发动机应在热车状态下更换一次润滑油。

⑭ 新车使用的机油不能低于厂家规定的标号。要尽量添加质量比较好的汽油（汽油标号不一定非常高，但一定要清洁）。不要添加抗磨损的油精，以免里程数已够而磨合不足。

⑮ 新车磨合期间应经常检查机油、冷却液、蓄电池电解液是否充足，发现缺少一定要及时补充。达到一定公里数后（在磨合期内或结束后）要及时到服务站进行车辆的检查、保养，更换机油、机滤等，并全面检查底盘系统。一般来讲是走 1 500 km 左右要换一次油。

3. 走合结束时的保养项目

走合结束后应做一次一级保养，除此之外还要做如下保养项目。

① 拆洗汽缸盖，检视汽缸壁有无窜油、拉毛、活塞偏磨等情况，并测量汽缸的圆柱度。

② 拆下机油盘，进行清洗并拆洗机油集滤器浮子总成，更换润滑油。

③ 检查轴瓦磨损情况并按规定扭矩扭紧曲轴连杆轴承螺栓。

④ 按标准调整进、排气门间隙。
⑤ 清洗、检查变速器、减速器、轮毂、转向机并更换润滑油。
⑥ 清洗更换全部齿轮油，并检视各齿轮的啮合情况。
⑦ 检查扭紧钢板弹簧 U 形螺栓螺母。
⑧ 拆除化油器底部的限速片。

学 习 训 练

1. 汽车在走合期内使用有何特点？在走合期如何正确使用汽车？
2. 低温条件对汽车发动机性能有何影响？
3. 改善发动机低温使用性能有哪些措施？
4. 在高温条件下，汽车使用有何特点？改善其使用性能应采取什么措施？
5. 高原条件对发动机性能有何影响？常采取什么措施来改善其使用性能？
6. 在高原山区条件下，汽车制动时应注意什么问题？
7. 汽车在泥泞路上行驶时，防止车轮滑转的方法有哪些？
8. 汽车陷入松软的泥坑中打滑时，驶出陷坑的措施有哪些？

第7章 汽车公害控制

学习目标

通过本章学习，能够正确分析汽车排放污染物、汽车噪声和汽车电波的危害、形成机理及影响因素；学会汽车排放污染物、噪声和汽车电波的控制技术，并能利用汽车排放、噪声和汽车电波的国家标准对车辆进行评价。

随着汽车社会保有量急剧增加，汽车排放污染已成为环境的主要公害，直接危害人类的健康和破坏生态平衡。因此，研究和降低汽车排放污染的问题，对节约能源，减少环境污染，造福人类有着重要意义。

汽车公害是指汽车行驶时，产生的损害人体健康和自然环境的现象。汽车公害主要包括排气污染（即排气公害）、交通噪声（即噪声公害）、电波干扰三个方面。

7.1 汽车排放污染控制

7.1.1 汽车排放污染及危害

汽车排放污染物的有害成分：对汽油发动机，主要有一氧化碳（CO）、碳氢化合物（HC）、氮氧化物（NO_x）、二氧化硫（SO_2）等；对柴油发动机，主要是碳烟。

1. 一氧化碳

一氧化碳（CO）是燃料中的碳在不完全燃烧下所生成的一种气体。

CO 是一种无色、无嗅的气体，它的相对密度是 0.967。CO 与人体红细胞中血红蛋白的亲和力为氧的 300 倍。当被人吸入后，CO 经肺部吸收进入血液，与人体血红蛋白亲和后形成碳氧血红蛋白，使血液的输氧能力大大下降。当进入血液中的 CO 达到一定浓度后，人体就会因缺氧而出现各种中毒症状，如头晕、恶心、四肢无力，严重时甚至昏迷不醒，直至死亡。CO 对人与环境的影响，见表 7-1。

表7-1 一氧化碳对人的影响

浓度（百万分率，$1/10^6$）	影响程度	浓度（百万分率，$1/10^6$）	影响程度
10	人开始慢性中毒	120	人在 1 h 内中毒
30	人在 4～6 h 内中毒	1 000	立即死亡
100	人立即头痛、恶心		

2. 碳氢化合物

碳氢化合物（HC）是指汽缸内的燃料或润滑油未经燃烧，或经分解而生成的碳和氢的化合物以及燃料蒸气。HC 对人的鼻、眼和呼吸道黏膜有刺激作用，可引起结膜炎、鼻炎、支气管炎等疾病。高浓度的 HC 对人体有一定的麻醉作用。

3. 氮氧化物

氮氧化物（NO_x）是汽缸内的氮在高温下被氧化生成的气体。汽车发动机排出的NO_x主要由NO和NO_2混合而成。NO毒性不大，但高浓度的NO能引起神经中枢障碍，且它很容易被氧化成剧毒的NO_x。NO_x是棕色气体，有特殊的刺激性臭味，能刺激人眼黏膜，引起结膜炎等疾病，被吸入肺部后，与肺部的水分结合生成可溶性硝酸，严重时会引起肺气肿。大气中的NO_x达5×10^{-6}时，就会对哮喘病患者有影响，若在$100 \sim 150 \times 10^{-6}$的高浓度下连续呼吸$30 \sim 60$ min，就会使人陷入危险状态。此外，即使是NO的浓度很低，也会对某些植物产生不良影响。

汽车尾气排放出来的NO_x和HC这两种物质，在紫外线作用下，会进行一系列的光化学反应，生出臭氧（O_3）和过氧化酰基硝酸盐（PAN）等光化过氧化产物，以及各种游离基、醛、酮等成分，形成一种毒性较大的浅蓝色烟雾，即光化学烟雾。这种光化学烟雾滞留在大气中，使人呼吸感到困难、头晕目眩、眼红咽痛甚至引起中枢神经的瘫痪、痉挛，并损害农作物。

光化学烟雾对人和环境的影响，见表7-2。

表7-2 光化学烟雾对人和环境的影响

浓度（$1/10^6$）	影响程度
0.02	在5 min内，10人中有9人能觉察到
0.03	在8 h内，灵敏度高的作物、树林受损害
$0.2 \sim 0.3$	人的肺机能减弱，胸部有闷感，眼睛红痛
$0.2 \sim 0.5$	$3 \sim 6$ h内，视力减弱
$0.1 \sim 1.0$	1 h内，呼吸紧张，气喘病恶化
$1 \sim 2$	2 h内，头痛、胸痛、肺活量减少、慢性中毒
$5 \sim 10$	全身疼痛、麻痹、肺水肿
$15 \sim 20$	小动物2 h内死亡
>50	人在1 h内死亡

4. 二氧化硫

二氧化硫（SO_2）有强烈的气味，当空气中SO_2浓度达10×10^6时，就可刺激咽喉与眼睛，达40 ppm时，会使人中毒。若大气中含SO_2过多，就会形成"酸雨"，损害生物，使土壤与水源酸化，影响自然界的生态平衡。以目前的石油炼制技术来看，已经能够控制车用燃油中硫的含量，这样就减少SO_2的排放。

5. 碳烟

碳烟是柴油机排放的主要有害成分之一。碳烟本身对人体健康的直接影响不大，对人体危害大的是炭粒上夹附着的二氧化硫（SO_2）和多环芳香烃、苯并芘等有害物质。它们不仅对人的呼吸系统有害，而且还会使人致癌。

7.1.2 控制排放污染的措施

关于汽车发动机排气的控制与净化问题，各国都进行了大量的研究工作，并采取了不少的技术措施。这些净化方法大致可分为发动机本身改进和增加排放净化装置。

1. 发动机本身的改进

从有害气体的生成机理出发，对发动机的燃烧方式本身进行改进，抑制其有害气体产生，被认为是治理汽车排气公害的根本方法。如采用汽油直接喷射，实现分层燃烧（稀薄燃烧发动机技术），不但可以减少排气污染，而且能提高燃料经济性，是汽油机中一种最有前途的净化方法。

混合气形成与燃烧的控制，对排放中有害气体的生成有着直接的联系，因此对那些混合气形成与燃烧影响大的因素进行最佳的调节与控制，也是一种机内净化的有效方法。其中包括对空燃比、点火时刻、进气温度随工况变化进行最佳调节与控制等。

此外，通过改变燃烧室的形状，减少燃烧室的面容比，提高燃烧室的壁面温度，减少点火提前角，增大点火能量等，都能减少有害气体的排放。采用多气门、可变配器相位和进气旋流等技术，优化燃烧室形状。

在对有害气体生成机理的研究中发现，降低 NO 和降低 HC、CO 所采取的措施往往是相互矛盾的，因而要求针对不同机型的主要矛盾，提出适当的治理措施。一般来讲，在汽油机上采取的措施，要兼顾各种有害成分的全面净化和发动机的性能。

采用车载诊断系统，对汽油车排放控制系统进行自动监控。

2. 增加排放净化装置

发动机本身的改进，尚不能符合排放的规定时，就要采用附加的净化处理装置。净化处理装置的种类比较多，有的是单独使用的，有的是两个装置同时结合起来使用的，以达到满意的净化效果，这里介绍几个净化装置。

（1）二次空气供给装置

二次空气供给装置（见图 7-1），是在排气管中利用燃烧后的高温，使废气中残留的 HC 和 CO 与空气混合后再燃烧，达到排气净化的目的。

（2）热反应器

热反应器（见图 7-2），也是一种用降低 HC 和 CO 排放量的后处理装置，它安装在发动机排气道的出口处，通常与二次空气供给装置一起使用。

二次空气与废气相混合初步燃烧后，进入内筒，又进入热反应器的心部，使其利用本身的余热而保持反应所需要的高温。足够大的反应器容积和气流的曲折途径，使其有足够的停留时间进行反应，使排气中 HC 和 CO 在反应器中再进行燃烧，从而进一步降低这两种成分的排放量。

（3）氧化催化反应器

氧化催化反应器中采用沉积在面容比很大的载体表面上的催化剂作为介质，发动机排出的气体在其间通过，使消除未燃 HC 和 CO 的再氧化反应能在较低的温度下更快进行，使排气中 HC、CO 与排气中的余氧结合，生成无害的 H_2O、CO_2，从而达到净化的目的。

一般用贵金属铂、钯或其氧化物作为催化剂，常用的催化剂载体材料是氧化铝，其外观、使用条件与三元催化反应器基本相同。

（4）三元催化反应器

由于氧化反应器对 NO_x 的净化毫无结果，NO_x 必须使用还原反应，将 NO_x 中的氧转入 HC、CO 中，生成 N_2、CO_2 和 H_2O。三元催化反应器不仅能促使 CO、HC 的氧化反应，也能促使 NO_x 的还原反应，从而使 CO、HC 和 NO_x 三种有害成分都得到净化。

图 7-3 表示了三元催化反应器的净化效率与空燃比的关系。由图可以看出，三元催化剂是在以理论空燃比为中心的某一狭小"窗口"内，同时具有氧化、还原反应，使 CO、HC 和 NO_x 净化率都较高。因此使用三元催化反应器时，必须装氧化器和空燃比反馈控制系统，通常与 ECU 控制系统结合在一起使用。

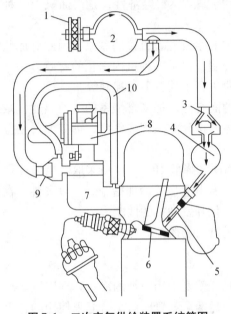

图 7-1　二次空气供给装置系统简图
1—空气滤清器；2—空气泵；3—空气分配管；
4—空气喷管；5—进气管；6—排气门；
7—回火防止阀；8—化油器；9—防止回火管；10—单向阀

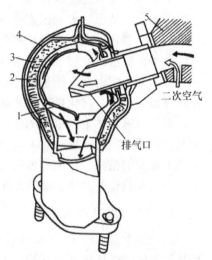

图 7-2　热反应器的结构简图
1—外壳；2—绝热材料；3—外筒；
4—内筒；5—汽缸盖

三元催化反应器中的催化剂是铂、铑。铂能促使 CO、HC 的氧化，铑能加速 NO_x 的还原。催化剂的表面活性作用是利用排气本身的热量激发的，其使用温度范围以转化开始温度为下限，以过热引起催化器故障的极限温度为上限。有害气体成分的开始转化温度需要超过 250℃，一般发动机启动 5 min 后，就能达到此下限温度。

汽车用的催化反应器主要是用铂、铑、钯等重金属制成的，它能够将汽油的未完全燃烧物转化为二氧化碳和水，把氮氧化物转化为氮气和氧气，减少了有害气体对环境的污染。但欧盟委员会的一项研究表明，车用催化反应器中的重金属会被逐渐侵蚀，使尾气中含有重金属微粒，造成环境的重金属污染。

（5）排气再循环（EGR）系统

排汽再循环系统是目前用于降低 NO_x 排放的一种有效措施。它是将一部分排气引入进气管与新混合气混合后进入汽缸燃

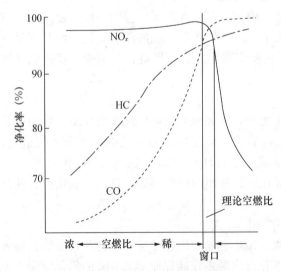

图 7-3　三元催化反应器的净化特性

烧，从而实现再循环，并对送入进气系统的排气进行最佳的控制。当新混合气和部分排气混合后，可使燃烧温度下降，这样就抑制了 NO_x 的生成。采用 EGR 系统，会使混合气的着火性能和发动机输出功率下降，因此，应选择 NO_x 排放量多的发动机工作范围，进行适量的控制。

(6) 曲轴箱强制通风装置（PCV）

曲轴箱强制通风装置的作用是将窜入曲轴箱内的混合气引入汽缸内燃烧掉。它有开式、屏蔽式和闭式三种形式。

开式换气装置（见图7-4）的换气过程是将曲轴箱的窜缸混合气引入气门室，用换气管把发动机罩盖上的出气口与发动机进气管上的进气口连接起来，将气门室的窜缸混合气吸入进气管。新鲜空气从曲轴箱加油口进入曲轴箱，以降低曲轴箱内窜缸混合气的浓度，保持曲轴箱压力平衡。但是，这种换气方式在发动机高负荷运转，曲轴箱内的窜气量大量增加时，将有少量窜气从曲轴箱机油加油口处倒流到大气中去，造成大气污染。

屏蔽式换气装置（见图7-5）的换气过程是将曲轴箱内的窜缸混合气引入气门室，再用换气管把气门室与空气滤清器连通，把气门室的窜气导入空气滤清器，然后吸入进气管进入燃烧室。

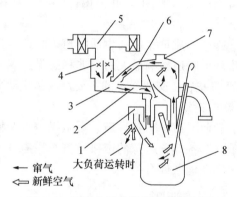

图 7-4　开式曲轴箱换气过程示意图

1—机油加油口；2—进气管；3—曲轴箱强制通风阀；
4—化油器；5—空气滤清器；
6—气门室；7—换气管；8—曲轴箱

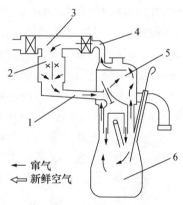

图 7-5　屏蔽式曲轴箱换气过程示意图

1—进气管；2—化油器；3—空气滤清器；
4—换气管；5—气门室；6—曲轴箱

闭式换气装置（见图7-6）是用一根换气管将气门室与进气管连通，在进气管负压的作用下，曲轴箱的窜气经气门室、换气管被吸入燃烧室。新鲜空气则通过空气滤清器与曲轴箱机油加油口的连接管进入曲轴箱。这种换气方式在发动机处于大负荷运转时，将有少量窜气从曲轴箱进入空气滤清器，但会被吸入进气管，不会造成大气污染。现代轿车发动机曲轴箱换气基本上都是采用这种形式。

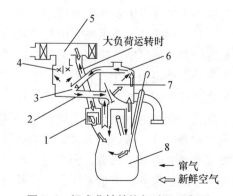

图 7-6　闭式曲轴箱换气过程示意图

1—机油加油口；2—进气管；3—曲轴箱强制通风阀；4—化油器；
5—空气滤清器；6—气门室；7—换气管；8—曲轴箱

3. 燃料的处理

作为前处理,对进入汽缸的燃料和空气进行处理,也是一种比较理想的净化措施,在不改变或较小改变发动机的情况下,改善排气成分。

目前的处理方法有使用无铅汽油、使用液体代用燃料或气体代用燃料等。

此外,采用燃油蒸发控制系统、高能电子点火和控制系统、车载诊断系统对汽油车排放控制系统进行自动监控;柴油车采用废气涡轮增压与中冷技术、电控可变进气涡流技术、发展电控柴油喷射系统、电控共轨喷射技术,以及采用微粒捕集器均可达到减少汽车排放的目的。

7.2 汽车噪声污染和控制

7.2.1 汽车噪声污染及危害

1. 汽车噪声

噪声通常是由不同振幅和频率组成的杂乱无章的嘈杂声,是指人们不需要并希望用一定措施加以控制和消除掉的声音总称。噪声属于声波(在可听范围内的声波,频率为 $20\sim20\,000\,Hz$),具有声波的一切特征。

城市环境噪声的主要来源有交通噪声、生产噪声、建筑噪声和生活噪声等。按声强随时间分布可分为稳定噪声和非稳定噪声,对城市环境噪声影响最大的是非稳态噪声。交通噪声是主要的非稳态噪声,可高达城市噪声的75%左右。交通噪声的主要声源是机动车辆(如汽车、电车、摩托车等),其中以汽车噪声影响最大。

汽车噪声包括发动机噪声、传动系统噪声、轮胎噪声、车身噪声、喇叭噪声以及特种车辆的警报噪声等,表7-3所示为某柴油机载重汽车各部分声源的声级。汽车噪声分为车内噪声和车外噪声。它们与汽车类型、运行工况和路面条件有关。

表7-3 柴油载重车各部分声源的声级

声源	发动机	排气	进气	冷却风扇	轮胎(88 km/h)	总和
声级(dB)	85	82	80	81	79	89

车内噪声主要是由于发动机及传动系统在运行中引起的车身振动和车身的孔缝透声而形成的。同时路面的凸凹不平也会引起车轮的振动,再通过悬架传至车身。当振幅大、振动频率低时,振动通过座椅传到乘员使身体感到不舒适;当振幅小、振动频率高时,车身各部分表面的振动也会产生车内噪声。空气与车身的冲击和摩擦,即风鸣声也会传到车内。汽车高速行驶时,如车身密封不好,将会产生很大的噪声。汽车的车厢不同于建筑房屋,其空间狭小而密封,会产生音响的"空洞现象",也就是所谓的"共鸣"。车内噪声关系到乘坐的舒适性,噪声过大会影响驾驶员的注意力,干扰乘坐者的语言交流。

车外噪声是交通噪声的重要公害源,车外噪声一般是 $60\sim90\,dB$(A)的中强度噪声,汽车的类型不同,车外噪声也不同。即使是同一种型号的汽车,其噪声的离散性也很大。

2. 噪声的评价

声波作用于大气使大气压强发生变化的变动量称为声压,单位是Pa。正常人刚能听到

的微弱声音的声压 2×10^{-5} Pa，称为人耳的听阈，也称作基准声压 p_0。将声压与基准声压比值的常用对数乘以规定倍数 20，所得的物理量定义为声压级。

为了能测出与人耳感觉相一致的响度级，理应使用"响度级计"来测量声音的强弱，但要设计和制造出对于不同频率的声音均具有与人耳感觉一致的仪器较为困难。目前采用参考等响曲线在声学测量仪中设置几个频率计权网络，利用它对高、中、低频的衰减不同（见图7-7）模拟人耳听觉。一般设有 A、B、C 三个计权网络，这样就将十几条等响曲线简化成三条，近似地模拟人耳的听觉。

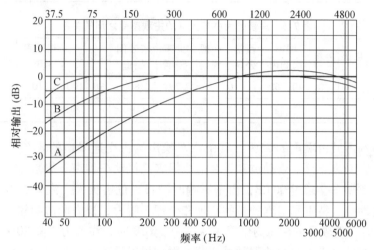

图 7-7　声级计计权网络的衰减曲线

所谓噪声级就是指在选定的计权网络下所测的声压级。例如，80 dB（A）是指在 A 挡计权网络下测得的声压级为 80 dB，称为噪声级 80 dB（A）。用 A 挡计权网络测得的噪声值也称 A 声级。A 挡计权网络是模拟人耳对 40 phon（响度级）等响曲线设计的，使被测噪声在人耳不敏感的低频声音段有较大的衰减（不敏感），中频衰减次之，高频不衰减甚至稍有放大（敏感）。因此，A 挡计权网络测得的噪声值比较符合人耳对噪声的感觉，在汽车和发动机噪声测试时，多采用 A 挡计权网络。B、C 挡计权网络分别是模拟 70 phon 和 100 phon 等响曲线设计的，各有不同的特性。

由于 A、B、C 三个计权网络的特性不同，故对所测得的分贝值必须指明所采取的计权网络，如 80 dB（A）、90 dB（C）等。

3. 汽车噪声的危害

噪声广泛地影响着人类的各种活动，使人产生不愉快情绪，睡眠受到干扰，工作受到妨碍，甚至引起人体生理机能变化和听力损害。总而言之，噪声影响心理，影响工作，影响睡眠，影响人体生理，影响听力。

噪声对人类和环境危害是严重的，白天室外 50 dB（A），夜间室外 35～40 dB（A）会使人产生烦躁感。如长时间在噪声很大的环境中会使人激动、发怒，甚至失去理智；高于 70 dB（A）的噪声还会使人易疲劳，影响工作效率，增加工作失误率；产生头晕、头痛、失眠、记忆力下降等各种病症。噪声对儿童身心健康和智力发展的影响尤其严重。

调查发现，心脏病和溃疡病的发展和恶化与噪声有着密切联系。有试验证明，50～70 dB（A）会引起交感神经的紧张反应和内分泌系统失调，导致心率加快、血压升高和消化系统机能变坏。表7-4是国际和我国的环境噪声标准。同时声音对人耳的影响见表7-5。

表7-4 环境噪声允许值 dB（A）

ISO 规定的环境噪声允许值		GB 规定的保证健康安宁的环境噪声允许值		
适用范围	噪声值	适用范围	理想值	极限值
寝室	20～50	睡眠	35	50
生活室	30～60	交谈思想	50	70
办公室	25～60	听力保护	75	90

表7-5 声音的大小与人耳的主观感受之间的关系

声源	听觉下限	耳语	静夜	城市房间内	百货公司	一般说话	大声说话	较吵闹街道	货车	很吵闹街道	柴油机	螺旋桨飞机
dB	0	10	20	30	40	50	60	70	80	90	100	110	120	130
听阈		极静		安静		较静		较吵闹		很吵闹		痛阈

交通噪声约占城市噪声的75%，其中汽车噪声约占交通噪声的85%。车外噪声造成环境公害，车内噪声直接对驾驶员和乘客造成损害。机动车噪声一般是70～85 dB的中等强度的噪声，重型车会超过90 dB，由于影响时间长，危害很大。汽车噪声的危害除与其他噪声具有共性外，特别是对驾驶员的心理和生理、听力、视力的影响较大。试验结果表明：在88 dB时，驾驶员的注意力下降10%；在90 dB时，注意力下降20%，直接关系到行车安全。汽车的高噪声，会使驾驶员疲劳，影响思维活动和精力集中，使驾驶员反应时间延长。噪声还能使驾驶员视觉产生异常变化，如眼睛区别光亮度的敏感性降低，识别弱光反应时间延长等。汽车噪声成为安全行车的隐形杀手。

4. 汽车噪声的分类及影响因素

汽车噪声主要来源于发动机、传动系统、轮胎以及车身干扰空气和喇叭声等。

（1）发动机噪声

发动机噪声包括燃烧、机械、进气、排气、冷却风扇等及其他部件发出的噪声。

1）燃烧噪声

燃烧噪声是发动机的主要噪声源。它是可燃混合气燃烧时，因压力急剧上升冲击活塞、汽缸盖、汽缸体、连杆等引起发动机结构振动而产生的。通常柴油机比汽油机有更大的燃烧噪声。一般来说，对于汽油机，半球形燃烧室燃烧速率大，噪声最大；而浴盆形燃烧室燃烧速率较低，噪声较小。对于柴油机，直喷式燃烧室中以开式噪声最大，半开式次之，而球形及斜置圆筒形燃烧室的噪声相对较小；在分隔式燃烧室中，涡流室与预燃室燃烧噪声都比较小。

燃烧噪声主要集中于速燃期，其次是缓燃期。在速燃期内，压力增长率大，形成的冲击强，产生较大的噪声。

汽车加速行驶时测出的发动机燃烧噪声要比发动机匀速运转时大。在加速之前发动机是以低负荷运转，燃烧室壁的温度低，当以满负荷加速时，其温度不可能上升得那样快，向燃烧室壁的传热损失自然要大，从而造成着火前的汽缸内的气体温度和压力下降，使着火延迟时间增大。着火延迟期明显增大，汽缸压力上升加快，产生较大噪声。

2）机械噪声

发动机机械噪声是指发动机运转时由于内部各零件之间的间隙引起撞击及内部作周期

性变化的作用力在零部件上产生的弹性变形所导致的表面振动而引起的噪声。机械噪声的分类见表7-6。

表7-6 机械噪声的分类表

	活塞组件	传动件	柴油供给系统	配气机构	其他
组成	活塞敲击声 活塞环摩擦声	正时齿轮撞击声 链传动噪声 传动带传动声	喷油泵噪声 喷油器噪声 喷油管内压力传递声	气门开、闭冲击声 配气机构冲击声 气门弹簧振动声	发电机噪声 空压机噪声 冷却器噪声 液压泵噪声
频率范围（kHz）	2～8	<4	>2	0.5～2	

活塞对汽缸壁的敲击，通常是发动机的最大机械噪声源。主要取决于汽缸的最大爆发压力和活塞与缸壁之间的间隙，所以这种噪声既与燃烧有关，又与发动机的具体结构有关。在使用过程中，活塞与缸壁的间隙、发动机转速、负荷以及汽缸的润滑条件是主要的影响因素。活塞敲击声随转速的增高而增大。最大爆发压力大，敲击也因之增大，噪声也增大，一般柴油机噪声高于汽油机。如果活塞与缸壁之间有足够的润滑油，润滑油有阻尼和吸声作用，可以降低活塞敲击噪声。

影响气门开、关噪声的主要因素是气门的运动速度，气门噪声与气门运动速度成正比。特别是在高速时气门的不规则运动，主要是由于惯性力过大，以致超出了气门弹簧的弹力而引起的。因此，控制惯性力所激发的振动，如合理设计凸轮线形，提高配气机构的刚度，减小配气机构零件的质量等，可减小配气机构间隙，减小气门尾部的撞击声；采用液压挺杆，因无气门间隙，可降低气门开、关噪声。

正时齿轮噪声的形成主要是在交变载荷下齿轮刚度周期性变化、齿轮制造误差和表面粗糙度以及曲轴扭转振动引起的转速变化和因驱动配气机构、喷油泵等引起载荷的周期性变化。由于这些原因而使齿轮振动产生噪声，同时通过轴、轴承以及汽缸体传到齿轮盖，使壳体激发出噪声。因此，影响齿轮噪声的因素包括齿轮本身的设计与加工以及齿轮室的结构。

喷油系统是柴油机的噪声源之一。喷油系统噪声主要由喷油泵、喷油器和高压油管系统的振动引起。其中，可分为流体性的噪声和机械性的噪声。流体性的噪声包括油泵压力脉动激发的噪声、空穴现象激发的噪声和喷油系统管道的共振声。机械噪声主要是喷油泵凸轮和滚动轮体之间的周期性冲击和摩擦声。此外，凸轮轴及轴承的振动、调速机构等也会产生噪声。喷油系统噪声随着发动机转速的不断提高，其噪声也相应增大，同时这些噪声的主要频率产生在人耳敏感的几千赫的高频区域，因此，它也是不可忽视的噪声源。

发动机的结构刚度对机械噪声也有影响。通过合理设计提高结构刚度，使其产生的振动频率与噪声最大频率不一致，避免产生共振，如在汽缸体侧壁合理加肋，可提高其固有频率，能使噪声下降2～3 dB（A）。

3）进、排气噪声

进、排气噪声是由于发动机在进、排气过程中的气体流动和气体压力波动导致振动而产生的噪声，它随发动机转速和负荷状态而改变。

进气噪声的主要频率范围在0.05～0.5 kHz，其主要成分为低频噪声。进气噪声随转速的提高而迅速增强，转速增加，吸入空气流速提高，同时在进气管入口处空气脉动的强度和频率也随着提高；进气噪声受负荷的影响不大，随负荷的增加稍有增加。

排气噪声的主要频率范围在 0.05～5 kHz 之间，对非增压发动机来说，排气噪声可高达 110～120 dB（A）（距排气口 1 m）。排气噪声随发动机排量、有效功率、有效扭矩以及平均有效压力与排气口面积的乘积的增大而增大。

在进、排气门噪声中，由于空气流动而产生的噪声，可分为周期性的进、排气噪声（脉动声）和涡流声（气流声）。

降低进、排气噪声主要措施是，使用消声效果好的消声器。但消声器的阻抗大，会使发动机的性能恶化，因此必须选用阻抗小而消声效果好的消声器。此外，在使用过程中，要注意进、排气系统的紧固和接头的密封状况，以减小表面辐射噪声和漏气噪声。

4）风扇噪声

风扇噪声是汽车最大噪声之一，特别是近年来，由于车内普遍安装了空调系统和排气净化装置，使发动机罩内的温度上升，冷却风扇负荷加大，噪声变得更为严重。风扇噪声主要是空气动力性噪声。它由旋转噪声和涡流声以及零部件的机械噪声所组成。风扇噪声与发动机转速有直接关系。

发动机的风扇噪声在低速运转时以涡流噪声占优势，高速时旋转噪声占优势。风扇噪声与风扇转速有很大关系，而风扇转速与发动机转速成正比，所以噪声与发动机转速有直接关系。据有关试验结果表明，发动机转速超过额定转速 10% 以后，风扇噪声会超过发动机本体的噪声。

风扇的机械振动噪声是由于气流引起的风扇、导向装置（护风圈）或散热器的振动，以及其他的外部振动激发的机械振动。

为了减小高速时发动机的风扇噪声和功率消耗，一些汽车使用了液力偶合器或变叶片扭角的风扇，也有些汽车采用水温感应电动离合风扇。在冷却条件满足的情况下，增加风扇直径、降低转速、改变风扇叶片材料、采用非金属材料，对降低噪声都有一定效果。例如，铸铝叶片比冲压钢板叶片的噪声小，一些有机合成材料（如玻璃钢、高强度尼龙等）做成的叶片，比金属叶片噪声小。

5）废气涡轮增压器噪声

废气涡轮增压器实质上也是一种风机，其噪声与风扇噪声构成有相似之处。但废气涡轮增压器的转速高得多，旋转噪声居支配地位，具有高频特性。废气涡轮增压器总的噪声水平一般较非增压柴油机高 2～3 dB（A）。

废气涡轮增压柴油机由于部分排气能量在涡轮增压器中转变为机械能，使涡轮出口的排气流比较平稳，因此排气噪声有所减弱，而进气噪声因进气压力升高而略有增加。

(2) 传动机构噪声

传动系统噪声是指在汽车行驶中，由于传动机构吸收来自路面的振动所引起的噪声，频率为 400～2 000 Hz。传动系统噪声包括变速器噪声、传动轴噪声以及驱动桥噪声，其中变速器是主要噪声源。

变速器噪声主要由齿轮振动噪声、轴承声响、润滑油搅拌声和发动机振动传播到变速器箱体而辐射出的噪声等组成。

变速器噪声的发生及传播途径如图 7-8 所示。齿轮振动噪声占变速器噪声的绝大部分。引起齿轮振动的内部原因是指在交变载荷的作用下引起的轮齿刚度周期性的变化和轮齿间的正常啮合关系遭到了破坏；外部原因是指由于发动机转速变化而引起的齿轮负荷的变化。

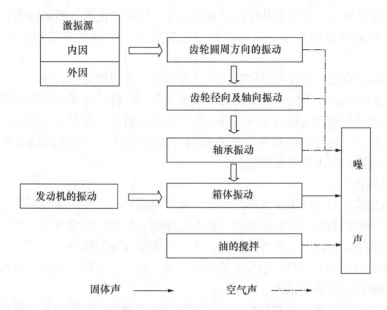

图 7-8　变速器噪声的发生及传播途径

由于齿轮箱是密封的，齿轮噪声直接以声波向外传播的仅是很少一部分，主要是齿轮振动通过轴、轴承，传到壳体上，形成壳体的振动，从而辐射出噪声。

齿轮的噪声主要有两种频率成分。高频噪声主要是基节的偏差引起齿轮在啮合与分离时产生撞击，每秒的啮合次数，就是啮合撞击所产生的噪声频率，是齿轮噪声的主要成分。齿轮传动装置产生共振时，会激发出强烈的噪声。例如，齿轮的啮合频率与齿轮本身的某阶固有频率相同时，就会产生共振噪声。

变速器噪声与变速器形式、挡位及大小等因素有关，并随着汽车行驶状态、速度、负荷的变化而变化。图 7-9 给出大型载货汽车六挡变速器的变速器噪声与转速的关系，试验是从中等转速到高转速急加速的情况下测定的。图 7-10 示出转速一定时变速器噪声与负荷的关系。

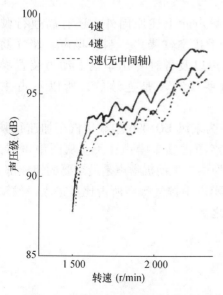

图 7-9　转速对变速器噪声的影响

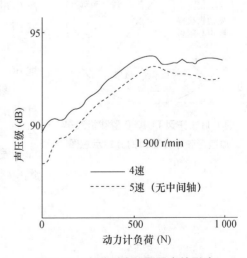

图 7-10　负荷对变速器噪声的影响

为了减小齿轮噪声，不仅要从设计、制造精度、加工方法等方面把因啮合而引起的撞击声和激振声降低到最低程度，还应在使用过程中注意齿轮的安装精度和啮合印迹的调整。

汽车传动轴噪声是由于发动机转矩波动、变速器及驱动桥等振动输入、万向节输入和输出转速转矩的不均衡性及传动轴本身的不平衡引起的。传动轴噪声扩散传播主要有两个途径。第一个途径是经传动轴的中间支撑、变速器和后桥传给车身及其部件，引起广泛的振动和噪声；第二个途径是经周围空气直接向外辐射噪声。一般传动轴噪声能量是很小的，在传动系统噪声中不占主要地位。

(3) 轮胎噪声

轮胎快速滚动时对其周围空气形成扰动，辐射出噪声。产生轮胎噪声最主要的因素是轮胎的花纹，当轮胎胎面与地面接触时，胎面受压缩、拉伸，形成泵气、吸气效应。这种泵吸效应在轮胎滚动过程中周期性地发生，在空气中形成辐射噪声。由于空气泵吸时的流速很高，这种噪声相当大，是轮胎噪声的主要成分。此外，车速、负荷、路面状况等使用因素，对轮胎噪声的影响也很大。

轮胎噪声与车速具有一定的线性关系，随着车速的提高，轮胎噪声也相应增大，这是因为轮胎花纹内的空气容积变化速度加快，"气泵"声增大；而胎面花纹承受的激振力也增大，振动声随之增大。

当车辆的负荷不同时，轮胎花纹的挤压作用也产生变化。随着载荷的增加，胎面花纹的变形增大，轮胎的胎肩逐渐接触地面，横向花纹便容易造成"空腔的封闭"而使噪声增大，而对纵向花纹轮胎则影响不大。轮胎气压增加，轮胎变形小，反之则变形增大。因此，对于齿形花纹轮胎来说，当气压高时噪声小，当气压低时噪声大。

路面状况对轮胎噪声的影响主要是路面的粗糙度和潮湿程度。资料表明，由于路面粗糙度不同所引起的轮胎噪声变化程度约 7 dB (A)；湿路面比干路面的噪声大 10 dB (A) 左右，其增大的程度随路面含水量而变化。湿路面的轮胎噪声主要是因为溅水造成的，和轮胎花纹的关系不大。

汽车的噪声除上述原因外，还有高速行驶时产生的车身干扰空气噪声、制动噪声、储气筒放气声、喇叭声以及各种专用车辆上动力装置噪声等。因为这些噪声不是连续的，所以不占主要地位。

图 7-11 为东风 EQ1090 型载货汽车加速行驶车外噪声各噪声源占整车噪声比重。从图中可看出，在汽车噪声源中，发动机噪声是最重要的组成部分，而在发动机噪声中排气噪声所占比重最大，发动机风扇噪声次之。

图 7-11 东风 EQ1090 型载货汽车加速行驶车外噪声的分布示意图

7.2.2 控制噪声污染的措施

1. 发动机噪声控制

（1）燃烧噪声控制措施

降低柴油机燃烧噪声的根本措施是降低压力增长率。而压力增长率取决于着火延迟期和在着火延迟期内形成的可燃混合气的数量和质量，因此可通过选用十六烷值高的燃料，合理组织喷油过程及选用良好的燃烧室来实现。具体措施如下。

① 采用隔热活塞以提高燃烧室壁温度，缩短滞燃期，降低空间雾化燃烧系统的直喷式柴油机的燃烧噪声。

② 提高压缩比和应用废气再循环技术也可降低柴油机的燃烧噪声。但压缩比主要决定了柴油机的机械负荷与热负荷水平。废气再循环技术通过降低汽缸最高压力，在抑制NO_x产生的同时，也降低了燃烧噪声。

③ 采用双弹簧盆诱发实现预喷。即将原本打算一个循环一次喷完的燃油分两次喷。第一次先喷入其中的小部分，提前在主喷之前就开始进行着火的预反应，这样可减少滞燃期内积聚的可燃混合气数量。这是降低直喷式柴油机燃烧噪声的最有效措施。

④ 共轨喷油系统是一种很有前途的直喷式轿车柴油机电子控制高压燃油喷射系统，它能减少滞燃期内喷入的燃油量，特别有利于降低燃烧噪声。

⑤ 采用增压。柴油机增压后进入汽缸的空气密度、温度和压力增加，从而改善了混合气的着火条件，使着火延迟期缩短。虽然最大爆发压力有所增加，但是其压力增长率和压力升高比变小，使柴油机运转平稳，噪声降低。此外，一般来说，涡轮增压柴油机最大额定功率的转速要比同样汽缸尺寸的非增压柴油机低，有利于降低燃烧噪声。

⑥ 燃烧室的选择和设计。对于分开式燃烧室，精确的喷油通道、扩大通道面积、控制喷射方向和预燃室进气涡流半径的优化，均能抑制预混合燃烧，促进扩散燃烧，从而降低由低负荷到高负荷较宽范围的燃烧噪声、燃烧消耗和碳烟排放。

对于直喷式燃烧室，可以通过合理设计，使其在保证足够的涡流下具有高紊动能，强化燃料与空气之间的扩散，以此来改善燃烧过程，实现柴油机低油耗、低噪声和低排放。

活塞顶燃烧室结构对燃烧噪声有很大影响。孔口较小、深度较深的，燃烧噪声就小得多，排放也明显较好。再加上缩口形，减噪效果就更好。因此，设计时在变动许可范围内，最好选用缩口并尽可能加深些的 ω 形燃烧室。

⑦ 减小供油提前角。供油提前角小，喷油时间延迟，汽缸内温度和压力在燃油喷入时较高，燃油一经喷入即雾化，瞬间达到着火点，缩短了滞燃期，最先喷入的燃油爆发燃烧。而后续喷入火焰中的燃油因氧气不足而不会立即燃烧，这样，由于初期燃烧的燃油量少，压力升高率低，可使燃烧噪声减少。大多数柴油机的燃烧噪声随供油提前角的减小而有所降低。

⑧ 选用十六烷值高的燃料，着火延迟期较短，从而影响在着火延迟期内形成的可燃混合气数量，使压力升高率降低和减小燃烧噪声。

（2）机械噪声控制措施

1）降低活塞敲击噪声的措施

① 采取活塞销孔偏置，即将活塞销孔适当地朝主推力面偏移 1~2 mm。

② 采用在活塞裙部开横向隔热槽，活塞销座镶调节钢件，裙部镶钢筒，采用椭圆锥

体裙等方式来减小活塞40℃冷态配缸间隙。

③ 增加缸套的刚度,不仅可以降低活塞的敲击声,也可以降低因活塞与缸壁摩擦而产生的噪声。为了增加缸套的刚度,可采用增加缸套厚度或加强肋的方法。

④ 改进活塞和汽缸壁之间的润滑状况,增加活塞敲击缸壁时的阻尼,也可以减小活塞敲击噪声。

2)降低传动齿轮噪声的措施

① 控制齿轮齿形,提高齿轮加工精度,减小齿轮啮合间隙,即降低齿轮啮合时相互撞击的能量,从而降低齿轮啮合传动噪声。

② 采用新材料,如高阻尼的工程塑料齿轮。采用工程塑料齿轮代替原钢制齿轮后,整机噪声降低约0.5 dB(A),效果明显。

③ 合理布置齿轮传动系位置,如将正时齿轮布置在飞轮端,可有效减少曲轴系扭振对齿轮振动的影响。

④ 采用正时齿形同步带传动代替正时齿轮转动,可明显降低噪声。

3)降低配气机构噪声的措施

① 良好的润滑能减少摩擦,降低摩擦噪声。推荐怠速时凸轮与挺柱间的最小油膜厚度2 mm,1 000 r/min时最小最小油膜厚度3 mm。凸轮转速越高,油膜越厚。所以内燃机高速运转时,配气机构的摩擦振动和噪声就不突出了。

② 减少气门间隙可减少摇臂与气门之间的撞击,但不能使气门间隙太小。采用液力挺柱可以从根本上消除气门间隙,降低噪声。近年来出现了气门液压驱动系统,其噪声更低。

③ 缩短推杆长度是减小系统质量、提高刚度的有效措施。顶置式凸轮轴取消了推杆,对减少噪声特别有利。

4)降低进、排气噪声的措施

① 合理设计通道和选用空气滤清器。合理设计进气管道和汽缸盖进气通道,减少进气系统内压力脉动的强度和气门通道处的涡流强度。

② 引进消声措施。

③ 从排气系统的设计方面入手,如合理设计排气管的长度与形状,以避免气流产生共振和减少涡流。

④ 废气涡轮增压器的应用可降低排气噪声,但最有效的方法还是采用高消声技术,使用低功率损耗和宽消声频率范围的排气消声器。

5)降低风扇噪声的措施

① 适当控制风扇转速,风扇噪声随转速的增长远比其他噪声大。在冷却要求已定的情况下,为降低转速,可在结构尺寸允许的范围内,适当加大风扇直径或者增加叶片数目,就能在保证冷却风量和风压的前提下降低转速。

② 采用叶片不均匀分布的钢板风扇,可降低风扇中那些突出的线状频谱成分,使噪声频谱较为平滑。

③ 用塑料风扇代替钢板风扇,能达到降低噪声和减少风扇消耗功率的效果,但目前成本还稍高于钢板风扇。国外中小功率发动机已普遍采用塑料风扇。还可以采用一种安装角可以变化的"柔性风扇",这种风扇叶片用很薄的钢板或塑料制造,当风扇转速提高后,由于空气动力的作用,叶片扭转变平(安装角变小),于是风扇消耗功率和噪声都减小;转速降低时,由于空气动力作用小,叶片的扭转变小,保证了足够的风量。

④ 在车用发动机上采用风扇自动离合器。实验表明,在汽车行驶中,需要风扇工作的时间一般不到10%。因此,不仅可以使发动机经常处在适宜温度下工作和减少功率消耗,同时还能达到降噪的效果。

⑤ 风扇和散热器系统的合理设计。合理布置和设计都能达到降低风扇转速的目的。

6) 降低喷油系统噪声的措施

喷油系统噪声主要是由于喷油泵和高压油管系统的振动所引起的。供油量对喷油泵噪声影响较小,为了减少喷油泵噪声,可提高喷油泵的刚性,采用单体系及选用损耗系数较大的材料做泵体,以减少因泵体振动而产生的噪声。

2. 传动机构噪声控制

(1) 降低齿轮噪声的措施

① 合理选择齿轮结构式和改进齿轮参数设计。对于圆柱齿轮来说,按噪声大小排列顺序为直齿、斜齿、人字形齿;对于圆锥齿轮来说,按噪声大小排列顺序为直齿、螺旋齿、双曲线齿。因此,从降低噪声的角度出发,宜优先选择降低噪声的齿轮结构。

涡轮参数的低噪声设计原则是,增加重叠系数,减小齿轮间的相对滑移和冲击,使齿轮工作过程平稳。为此,首先要选择大重叠系数的啮合副,但应注意重叠系数不宜过大,尤其是在齿轮精度不高的场合,多对轮齿同时啮合反而会加剧振动,增大噪声。其次选择齿宽的大小要适当,以保证齿隙大小合适。齿隙过大,齿轮工作时有较大冲击;而齿隙过小,轮齿啮合时排气速度增加,轮齿间容易发生干涉,都将使齿轮噪声水平上升。

齿轮设计时应注意限制其工作转速,以防止齿轮噪声过大。另外,齿轮设计时还可以从其他方面谋求降低噪声,例如,选取合适的辐板形式,设计适当的侧隙,在经常脱开、啮合的齿轮副中加设同步装置,选择高阻尼系数的齿轮材料等。

② 改进工艺提高加工精度。在一般情况下,提高齿轮制造精度,降低各种误差和轮齿表面粗糙度,均可有效减小齿轮噪声。精度降低一级,噪声增加 7～10dB。因此,在齿轮制造时,应根据工作要求、噪声极限值和制造成本,综合考虑并确定加工精度。

轮齿的不同成型方法会带来不同的精度,从而影响齿轮噪声。一般而言,磨齿、研齿能得到较高精度,其齿轮噪声较低。此外,热处理方法必须适当,以防止热处理后轮齿变形。

齿形修缘是改善齿轮受力状况,降低噪声的有效方法。由于齿轮工作时会产生变形,加之各种误差的影响,有可能造成一个齿轮的齿顶与另一个齿轮的齿面在进入啮合时发生干涉,形成顶撞和冲击。齿形修缘就是将齿顶干涉部分进行修整,以改善接触状况。

③ 正确安装及合理使用。安装齿轮时,必须满足精度要求,使两啮合齿轮的轴中心线平行度限制在允许范围内,各部位的间隙应适当调整。在齿轮使用时,要正确选用润滑油,保持齿轮合适的润滑状态,以减小齿间摩擦、吸收振动能量、降低工作噪声。

④ 齿轮阻尼减振措施。在齿轮基体上加装合适的阻尼减振材料,能有效抑制齿轮振动幅度,阻止其向外辐射噪声。实际中常采取的阻尼减振措施为:在齿轮轮缘处压入摩擦系数较大的材料制成的环(如铁铸环等),在轮辐上加装橡胶垫圈(如聚硫橡胶圈),在轮辐等噪声辐射的主要表面涂敷阻尼材料(如含铅最高的巴氏合金等),等等。

(2) 降低轴承噪声的措施

为了降低轴承噪声,在条件许可时,应优先选用球轴承。因为球轴承在理想工作状态下为点接触,其噪声水平较滚子轴承低得多。无论是哪种轴承,都必须提高轴承的制造精度和套圈刚度,尤其要提高对噪声影响较大的几何精度,以减少滚动体与滚道间的摩擦和冲击。在轴承安装时,首先要做到安放位置准确、安装方法正确;其次要调整好装配间隙并给予适当的预紧力,设计时应注意考虑到轴承的共振问题。使用时应保证良好的润滑和改善轴承的密封。此外,为了防止轴承噪声传播和振动向外传递,消除再生噪声,可以对轴承进行屏蔽,如在轴承外环上加装隔振衬套等。

(3) 降低变速器、驱动桥噪声的措施

为减少变速器的噪声,设计其结构应力求紧凑,以保证箱体有足够的刚度,避免共振。提高箱体刚度的常用措施有:增加壁厚,合理布置肋凹条、肋板,把箱壁内表面设计成弧形,转角采用大圆弧过滤等。提高箱体的密封性,减少通向外界的孔道数目和大小,可防止齿轮噪声直接向外传出,从而起到隔声作用。选择高内阻材料(如铸铁、塑料和层合板)制造箱体,例如用铸铁制的箱壳比用钢板焊接的箱壳噪声辐射要低,在壳体表面涂阻尼材料也可明显降低表面噪声。

对汽车变速器、分动器等进行隔振和屏蔽,也能有效阻止噪声的传播。

汽车驱动桥的噪声与变速器的噪声有许多相似之处,但驱动桥支持在悬架上,受簧上振动质量和扭转的作用以及路面不平的影响,会产生强烈的弯曲振动和扭转振动,特别是在共振情况下,会产生强烈的噪声。因此在设计和制造时,驱动桥应作振动计算和振动特性计算。例如,某汽车增加了后桥的弯曲刚度,在万向轴中装用橡胶减振元件并降低了主传动比后,避免了共振,其噪声下降了 $6 \sim 15\,dB$。

3. 轮胎噪声控制

改进轮胎结构尺寸,降低花纹接地宽度与轮胎直径的比值,便可大幅度降低轮胎噪声。花纹与花纹之间的沟槽宽度、位置、角度和形状,对轮胎噪声也有一定影响。花纹沟槽过宽或过窄,或者沟槽趋向于垂直胎壁情况下,轮胎噪声都有所增加。若采用变节距花纹,使沟槽在轮胎周向排列不均匀,即在胎面上配置两种以上不同节距的花纹,这样可使轮胎花纹噪声的突出峰值明显降低,特别是对于高速行驶的小客车、货车等车辆,降低轮胎噪声的效果更为显著。为了进一步降低轮胎噪声,还可在花纹构件间填入适当的软橡胶,或适当降低花纹刚度、合理组织花纹等。

合理选择和使用轮胎,也是降低轮胎噪声的一种途径。针对某一特定车型选择轮胎时,不仅要把牵引、抗滑、耐磨、耐撕裂及排水性列为考核指标,还要把低噪声列为重要指标加以考虑。根据汽车使用地区和使用条件的不同,应合理选择轮胎结构与花纹形式。在满足使用要求的条件下,应优先选用子午线轮胎和纵向花纹或近似于纵向花纹的轮胎,这样可降低轮胎噪声。以东风 EQ140 汽车为例,在平原条件下可以使用条形花纹子午线轮胎,轮胎噪声可降低 $2 \sim 8\,dB$。

控制轮胎噪声的传播途径是一种有效的降噪方法。在轮胎至车身的振动传播途径中,加入阻尼隔离材料,可减少轮胎振动向车身的传递,达到控制间接噪声的目的。对轮胎进行屏蔽或部分屏蔽,也能收到相当好的降噪效果,其关键是要设法减小屏蔽罩与地面的间距,以使噪声能在内部被吸收。试验表明,具有吸声设计的屏蔽罩能使轮胎在干燥路面上的行驶的噪声降低 10 dB(A)左右,在湿路面上行驶的噪声降低 5 dB(A),而无吸声作用的屏蔽罩(与地面间距为 4.2 m)可使轮胎噪声降低 3 dB(A)左右。然而,对轮胎近似全封闭可导致轮胎散热不良,而采用局部屏蔽方法不会影响轮胎散热。局部屏蔽就是在轮胎噪声的主要辐射点和主要传播方向上加以屏蔽,例如在横向花纹接地而后部加屏蔽罩。

在汽车使用中,应适时对轮胎相应机构、转向系统等进行调整,控制汽车行驶速度与加速度,均可降低轮胎噪声。

路面状况对轮胎噪声有较大影响,因此,为减小轮胎噪声,必须改善路面质量,减少弯道与坡道数量。对轮胎噪声而言,存在一个路面粗糙度最佳值,高于或低于该值时,都将使轮胎噪声增加。因此在公路建设时应合理确定公路面粗糙度。

在实际中若综合采用这几种降噪方法,则轮胎噪声可降低 13～15 dB(A),再进一步改进花纹设计,并使轮胎行驶在低噪声路面,则轮胎噪声能下降 20～25 dB(A)。

汽车定置噪声限制应符合 GB 16170—1996《汽车定置噪声限值》规定,见表7-7。

表 7-7 汽车定置噪声限值 (dB)

车辆类型	燃料种类		车辆出厂日期	
			1998 年 1 月 1 日以前	1998 年 1 月 1 日及以后
轿车	汽油		87	875
微型客车、货车	汽油		90	88
轻型客车、货车越野车	汽油	$nr \leq 4\,300$ r/min	94	92
		$nr > 4\,300$ r/min	97	95
	柴油		100	98
中型客车、货车、大型客车	汽油		97	95
	柴油		103	101
重型货车	$N \leq 147$ kW		101	99
	$N > 147$ kW		105	103

注:1. N 是指汽车发动机额定功率。
2. nr 是指发动机额定转速。

汽车加速行驶车外噪声应符合 GB 1495—2002《汽车加速行驶车外噪声限值及测量方法》限值规定,见表7-8。

表 7-8 汽车加速行驶车外噪声限值

汽车分类	噪声限值 dB(A)	
	第一阶段	第二阶段
	2002 年 10 月 1 日至 2004 年 12 月 30 日期间生产的汽车	2005 年 1 月 1 日以后生产的汽车
M_1	77	74
M_2 ($GVM \leq 3.5$ t),或 N_1 (GVM[①] ≤ 3.5 t): $GVM \leq 2$ t 2 t $< GVM \leq 3.5$ t	78 79	76 77
M_2 (3.5 t $< GVM \leq 5$ t),或 M_3 ($GVM > 5$ t): P[②] < 150 kW $P \geq 150$ kW	82 85	80 83

(续表)

汽车分类	噪声限值 dB (A)	
	第一阶段 2002年10月1日至 2004年12月30日 期间生产的汽车	第二阶段 2005年1月1日以后 生产的汽车
N_2 (3.5 t $< GM \leqslant$ 12 t),或 N_3 (GVM) $>$ 12 t):		
$P <$ 75 kW	83	81
75 kW $\leqslant P \leqslant$ 150 kW	86	83
$P \geqslant$ 150 kW	88	84

注：1. M_1、M_2 (GVM$\leqslant$3.5 t) 和 N_1 类汽车装用直喷式柴油机，其限值增加1 dB (A)。

2. 对于越野汽车，其 GVM$>$2 t 时：如果 $P <$ 150 kW，其限值增加 1 dB (A)；如果 $P \geqslant$ 150 kW，其限值增加 2 dB (A)。

3. M_1 类汽车，若其变速器前进挡多于四个，$P >$ 140 kW，P/GVM 之比大于 75 kW/t，并且用第三挡测试时其尾端出线的速度大于 61 km/h，则其限值增加 1 dB (A)。

① GVM——最大总质量 (t)。

② P——发动机额定功率 (kW)。

7.3 汽车电波污染控制

1. 汽车电波污染及危害

在汽车电器设备中有很多导线、线圈等电器元件，它们具有不同的电容和电感。而任何一个具有电感和电容的闭合回路都会形成振荡。因此，在汽车的电气设备中有很多的振荡回路。当火花放电时，就会产生高频振荡以电磁波的形式放射到空中，切割无线电、电视广播等通信设备的天线，从而引起干扰。在汽车的电器设备中，点火系统的干扰最为严重，此外还有发电机、调节器、刮水器以及灯开关等。

2. 控制电波污染的措施

电波公害虽然没有像排气公害和噪声公害对人们生活环境影响那么严重，但是被认为是涉及广泛的由汽车引起的污染，同样引起了人们的普遍重视。

控制电波公害主要是限制汽车点火系统产生的电波杂音强度。为此很多国家对汽车（或汽车发动机）点火系统的电波杂音强度制定了标准，表 7-9 为电波干扰允许值，在标准中还规定了测量仪器和测量方法。

测量标准规定的频率范围为 30～1 000 MHz 整个频段。不具备连续扫描的测量仪器，可测 45 Hz、65 Hz、90 Hz、150 Hz、180 Hz、220 Hz、300 Hz、450 Hz、600 Hz、750 Hz、900 Hz 11 个点来代替。测量结果以带宽为 120 kHz 时的 dBμV/m 表示。

对于不同带宽的测量仪器的转换系数为

$$x = x_1 + 20 \lg(120/D_1)$$

式中　x——加上不同带宽修正系数后的计算值（dBμV/m）；
　　　x_1——不同带宽的实际测量值（dBμV/m）；
　　　D_1——实测仪器的带宽（kHz）。

表7-9　电波干扰允许值

带宽	电波干扰允许值 L [dB (μV/m)]			测量仪类型
	30～75 MHz	75～400 MHz	400～1 000 MHz	
120 kHz	$L=34$	$L=34+15.13\lg(f/75)$	$L=45$	准峰值
1 kHz	$L=12$	$L=12+15.13\lg(f/75)$	$L=23$	峰值
1 MHz	$L=72$	$L=72+15.13\lg(f/75)$	$L=83$	峰值

7.4　中美日欧的排放标准

7.4.1　中国汽车排放标准

目前，世界汽车排放标准并立，分为欧洲标准体系、美国标准体系、日本标准体系。欧洲标准测试要求相对而言比较宽泛，是发展中国家大都沿用的汽车尾气排放体系。并且，由于我国的轿车车型大多从欧洲引进生产技术，中国大体上采用欧洲标准体系。目前，国产新车均标明发动机废弃排放达到的欧洲标准。

国家环保总局于2005年4月28日公布了相当于欧Ⅲ和欧Ⅳ的汽车排放中国标准。中国Ⅲ号标准的尾气污染物排放限值比我国目前现行的第Ⅱ阶段标准降低了30%，并于2007年7月1日起实施国Ⅲ标准。所谓国Ⅰ、国Ⅱ、国Ⅲ和国Ⅳ标准，是我们国家制定的汽车尾气排放阶段性限制标准，其准确定义为机动车尾气排放达到《轻型汽车污染物排放限值及测量方法（中国Ⅲ、Ⅳ阶段）》（GB 18352.3—2005）和《车用压燃式、气体燃料点燃式发动机与汽车排气污染物排放限值及测量方法（中国Ⅲ、Ⅳ、Ⅴ阶段）》（GB 17691—2005）中的第三阶段排放控制要求。国家第Ⅲ、Ⅳ阶段排放标准的主要技术内容与欧Ⅲ、欧Ⅳ排放标准相同，即各项试验的试验方法和限值都与欧Ⅲ、欧Ⅳ排放标准相同。表7-10为国Ⅰ～国Ⅳ排放标准。

表7-10　国Ⅰ～国Ⅳ排放标准

国Ⅰ形式认证排放限值				
车辆类别		基准质量 (RM)（kg）	限值（g/km）		
			CO	HC+NO$_x$	PM
第一类车		全部	2.72	0.97（1.36）	0.14（0.20）
第二类车	1级	RM≤1 250	2.72	0.97（1.36）	0.14（0.20）
	2级	1 250<RM≤1 700	5.17	1.40（1.96）	0.19（0.27）
	3级	RM>1 700	6.90	1.70（2.38）	0.25（0.35）

(续表)

国Ⅱ形式认证和生产一致性排放限值

车辆类别		基准质量 (RM)（kg）	限值（g/km）						
			CO		HC+NO$_x$			PM	
			汽油机	柴油机	汽油机	非直喷柴油机	直喷柴油机	非直喷柴油机	直喷柴油机
第一类车	—	全部	2.2	1.0	0.5	0.7	0.9	0.08	0.10
第二类车	1级	RM≤1250	2.2	1.0	0.5	0.7	0.9	0.08	0.10
	2级	1250<RM≤1700	4.0	1.25	0.6	1.0	1.3	0.12	0.14
	3级	1700<RM	5.0	1.5	0.7	1.2	1.6	0.17	0.20

国Ⅲ形式认证和生产一致性排放限值

车辆类别		基准质量 (RM)（kg）	限值（g/km）						
			CO		HC	NO$_x$		HC+NO$_x$	PM
			汽油机	柴油机	汽油机	汽油机	柴油机	柴油机	柴油机
第一类车	—	全部	2.3	0.64	0.2	0.15	0.50	0.56	0.05
第二类车	1级	RM≤1305	2.3	0.64	0.2	0.15	0.50	0.56	0.05
	2级	1305<RM≤1760	4.17	0.80	0.25	0.18	0.65	0.72	0.07
	3级	1760<RM	5.22	0.95	0.29	0.21	0.78	0.86	0.10

国Ⅳ形式认证和生产一致性排放限值

车辆类别		基准质量 (RM)（kg）	限值（g/km）						
			CO		HC	NO$_x$		HC+NO$_x$	PM
			汽油机	柴油机	汽油机	汽油机	柴油机	柴油机	柴油机
第一类车	—	全部	1.00	0.50	0.10	0.08	0.25	0.30	0.025
第二类车	1级	RM≤1305	1.00	0.50	0.10	0.08	0.25	0.30	0.025
	2级	1305<RM≤1760	1.81	0.63	0.13	0.10	0.33	0.39	0.04
	3级	1760<RM	2.27	0.74	0.16	0.11	0.39	0.46	0.06

北京市早在2005年12月30日起就率先对轻型汽油车和轻型燃气汽车以及重型柴油发动机和重型燃气发动机（重型汽车）实施了该标准。而且北京已从2008年的3月1日起，开始分两个阶段实行机动车排放的国Ⅳ标准。凡是注册登记北京牌照的轻型点燃式发动机汽车，即最大总质量3.5t以下的乘用和商用汽油车（即轻型汽油车），率先实施国Ⅳ标准。北京最快将于2012年推行国Ⅴ标准。

在"十二五"期间，我国将逐步健全包括汽车、摩托车、低速货车等的排放标准体系。目前欧盟已将车辆碳排放纳入标准体系当中，我国可能会在国Ⅴ标准当中将这一项列入其中。在汽车排放标准的实施方面，轻型汽车目前采用的是国Ⅲ标准，2011年将在全国范围内启动国Ⅳ标准。

7.4.2 美国汽车排放标准

美国是世界上最早执行排放法规的国家，也是排放控制指标种类最多、排放法规最严格的国家。美国的汽车排放法规分为联邦排放法规即环境保护署（EPA）排放法规和加利福尼亚州空气资源局（CARB）排放法规。联邦排放法规落后加利福尼亚州排放法规1～2年。独特的地理、历史和政治原因，使加州拥有了自己的排放法规，也使美国成为至今世界上唯一一个拥有两个排放法规的国家：联邦排放法规和加州排放法规。加州现在实施的排放标准，主要是对某一生产厂家在加州销售汽车的总体排放进行控制，从而鼓励汽车厂家研发柴油车和新能源汽车，以降低整体的排放平均数值。

为了减少全球气候变暖温室效应的危害，降低美国对外进口原油的依赖，美国总统奥巴马在美国众汽车巨头的支持下，于2009年5月发布了美国第一个针对汽车排放的政府管理制度。这是美国首次给各类汽车设定尾气排放标准。

新法规要求美国乘用车在2016年达到每加仑行驶35.5英里的水平，节约大约18亿桶原油。比现行每加仑25英里的标准提高了42%。同时也要求美国环保署（EPA）第一次规范排气管排放的标准等问题。

7.4.3 日本汽车排放标准

日本从1966年起开始控制汽车排放污染，对新车进行4工况检测，规定控制一氧化碳小于3%。1991年起新车采用10.15工况法试验，排放限值不变。1993年开始对所有柴油车排放进行控制。日本汽车排放法规限值有最高值和平均值两种，每一辆车的排放量不得超过最高值，平均值指每一季度测得的车辆的平均值不得超过排放法规规定的平均值限值。

为了降低乘用车、卡车及公共汽车等新车排放的NO_x（氮氧化物）及PM（粒子状物质），日本国土交通省加强了尾气排放规定，新规定从2009年10月起依次实行。

在柴油车方面，规定将NO_x降低40%～65%、PM降低53%～64%，基本上与汽油车达到相同水平。在汽油车方面，对于可能排放PM的、带NO_x吸附还原催化剂的直喷发动机汽车，将实施与柴油车同等水平的PM规定。由于不使用汽油、LPG、轻油的车辆的基准值与柴油车相同，所以将随着柴油车规定的强化而更加严格。

从加强规定带来的效果来看，如果适用对象车辆全都符合新规定，那么与以前符合2005年规定的车相比，NO_x将从27万t减少到10万t（约减少62%），PM将从3800t减少到1400t（约减少63%）。

7.4.4 欧洲汽车排放标准

欧洲标准是由欧洲经济委员会（ECE）的排放法规和欧共体（EC）的排放指令共同加以实现的，欧共体（EC）即是现在的欧盟（EU）。排放法规由ECE参与国自愿认可，排放指令是EEC或EU参与国强制实施的。欧洲经济委员会（ECE）从1960年颁布实施第1项ECE法规，至今已形成一百多项项包括安全、环保、节能三大领域的汽车排放法规体系。欧洲经济委员会从1970年开始以ECEW5法规的形式对轻型汽油车污染物排放和曲轴箱污染物排放进行控制，以后每隔 3～4 年修订加严一次。欧洲从 1992 年起开始实施欧Ⅰ（欧Ⅰ形式认证排放限值）、1996 年起开始实施欧Ⅱ（欧Ⅱ形式认证和生产一致性排放限值）、2000 年起开始实施欧Ⅲ（欧Ⅲ形式认证和生产一致性排放限值）、2005 年起开始实施欧Ⅳ（欧Ⅳ形式认证和生产一致性排放限值）、欧Ⅴ标准于 2009 年 9 月 1 日开始实施。根据这一标准，柴油轿车每公里氮氧化物的排放量不应超过 180 mg，比目前标准规定的排放量减少了 28%；颗粒物排放量则比目前标准规定的减少了 80%。届时，所有柴油轿车必须配备颗粒物滤网。不过，柴油 SUV 执行欧Ⅴ标准的时间将推迟至 2012 年 9 月。相对于欧Ⅴ标准，将于 2014 年 9 月实施的欧Ⅵ标准更加严格。根据欧Ⅵ标准，柴油轿车每公里氮氧化物的排放量不应超过 80 mg，比目前标准规定的排放量减少 68%。欧盟官员称，与欧Ⅴ标准相比，欧Ⅵ标准对人体健康的益处将增加 60%～90%。图 7-12 所示为欧洲汽车排放标准实施进程图。

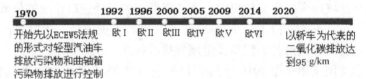

图 7-12　欧洲汽车排放标准实施进程图

学 习 训 练

1. 什么是汽车排放污染物？
2. 什么是光化学烟雾？
3. 汽车各种排放污染物的危害是什么？
4. 汽车各种排放污染物是怎样形成的？
5. 说明空燃比与汽油机排气污染物的关系。
6. 说明过量空气系数与直喷式柴油机排气污染物的关系。
7. 在用汽车排气污染物测试包括哪些项目？
8. 汽油车一般采用哪些排放控制技术？
9. 什么是三元催化转化器？其净化原理如何？
10. 柴油车一般采用哪些排放控制技术？
11. 在用汽车的排放控制技术主要有哪些？
12. 什么是噪声级？
13. 汽车噪声的危害有哪些？
14. 汽车噪声按其噪声源可分哪些种类？
15. 对在用汽车主要检验和控制哪些噪声？
16. 什么是定置噪声？控制汽车定置噪声的意义是什么？

第 8 章 汽车安全使用

学习目标

通过本章的学习，可熟知道路交通事故的原因和预防，机动车运行安全技术条件，汽车的安全行驶与日常维护，高速公路的安全行驶。能够正确分析道路交通事故的成因及各相关要素的影响；能够正确预防道路交通事故，并根据机动车的安全技术条件，对实际发生的道路交通事故进行分析评价。

8.1 道路交通事故危害及预防

交通事故是指行人、车辆在道路上行进或驻停时，因违反交通法规或其他原因发生人身伤亡、车辆及货物损失等的事件。也就是，凡车辆在道路上行驶或停放过程中发生碰撞、辗压、刮擦、翻车、失火、爆炸等情况，造成人员或牲畜伤亡、物资损失事件都称为交通事故。

8.1.1 道路交通事故原因、危害及预防

1. 道路交通事故的原因

交通事故是在特定的交通环境影响下，由于人、车、路、环境诸多要素配合失调发生的。

（1）人的原因

人既是交通事故的制造者，又是交通事故的受害者。同时，人是交通安全中的一个能动因素，所以人是交通安全的主体。人对交通事故形成的影响，主要表现以下几个方面。

① 自身的生理、心理状态不符合交通安全的要求。
② 自身违章行走、违章操作、违章装载、违章行驶等。
③ 对他人的交通动态及道路变化、气候变化、车况变化观察疏忽或措施不当等。

人为责任事故的发生，其原因是多方面的。其中有的是驾驶员思想麻痹，违章驾驶，操作失误等造成的；有的是因行人、非机动车驾驶者不遵守《道路交通管理条例》所造成的。从机动车驾驶方面来分析，驾驶员责任事故的发生主要是在行车过程中反应、分析和操作三个环节上出现了错误。

（2）车辆的原因

由于车辆技术状况不良引起的交通事故比例并不大，但这类事故一旦发生，其后果一般都是比较严重的。这类事故的起因通常是由于车辆的某种性能失效（如制动失效、转向失效）和车辆装载超高、超宽、超载及货物未拴牢固所致。另外，由于车辆长时间运行过程中对各种机件的反复交变作用，当超过一定的限度时，车辆也会突然发生故障而酿成交通事故。除此之外，由于一些单位维修制度不完善、不落实、车辆检验方法落后，致使一

些车辆常常因带"病"行驶而肇事，这也是车辆本身造成事故的原因。

（3）道路与环境的原因

道路与环境作为构成道路交通的基本要素，它们对交通安全的影响不容忽视。在某些情况下，它们可能成为导致交通事故发生的主要原因。

① 道路。道路线形几何要素的不合理以及各种不良的线形组合，往往是导致交通事故发生的重要原因。路面状况不良（如潮湿、覆雪、结冰等），使车轮与路面之间的附着系数下降，因而会影响汽车行驶的稳定性和制动性能。

此外，不同类型的道路，由于车道宽度、车道数、公路路肩、中央分隔带等设置的不同，对交通安全的影响也不同。

② 环境。交通流量的大小直接影响着驾驶员的心理紧张程度，也影响着交通事故的高低。在交通流量大时，由于车辆的相互干扰、互成障碍，常导致交通事故的发生。在交通流量小时，往往由于高速行驶而导致交通事故。

2. 道路交通事故的构成要素

道路交通事故的形成，必须具备以下六个要素。

① 车辆。车辆（包括各种机动车和非机动车）是交通事故的前提条件，也就指在当事方中，必有一方使用车辆。如无车辆则不认为是交通事故。比如，行人之间走路中发生的意外受伤或致死都不属于道路交通事故。

② 在道路上。这是交通事故的第二个特征，指事故发生的空间要在公路、城市街道和胡同（巷），以及公共广场、公共停车场等供车辆、行人通行的地方。厂矿、企业、机关、学校、住宅区内不具有公共使用性质的道路不在此列。

③ 在通行中。在通行中是指车辆在行驶或正在停放的过程中。如停车后装卸货物时发生的伤亡事故，不属于交通事故，而停车后溜车发生事故在公路上属于交通事故，在货场里则不算交通事故；停在路边的车，或坐在路边的人，被过往车辆碰撞，造成后果的，也是交通事故。

④ 发生事态。发生事态是指发生与道路交通有关的现象，如碰撞、碾压、刮擦、翻车、坠落、失火等；若没有交通事态，则不属于交通事故，如正常行驶的客车上乘车人因疾病突发而死亡等。

⑤ 造成事故的原因是人为的。这是指所造成的事故不是因为人力无法抗拒的自然原因，如地震、台风、洪水、泥石流、雪崩等原因造成的事故。行人自杀也是人力无法抗拒的，这些均不属于道路交通事故。

⑥ 后果。后果是指有以上特定条件又要有人、畜伤亡或车辆、物资的损失，没有后果或者这种后果未达到交通管理部门规定的标准，则不能称之为道路交通事故。

以上六种要素，可以作为鉴别道路交通事故的依据和必要条件。

3. 道路交通事故的危害及预防

近年来，由于我国汽车保有量的迅速增加，公路建设速度与汽车的发展又不相适应，高等级公路里程少，交通设施不完善，交通拥挤，人车混行；在城市里交通拥挤情况更加严重，交通事故逐年上升。例如，1995年全国道路交通管理部门共受理道路交通事故案件271 843起，交通事故造成死亡71 494人，伤159 308人，直接经济损失15.23亿元，分别比上年增加7.2%、7.7%、7%和14.2%。每万台机动车死亡率由上年的24.26下降至

21.96，但仍属世界上最高的国家之一。

由于道路交通事故具有随机性、突发性、社会性和危害性广的特点，一旦发生交通事故，不仅在经济上造成巨大损失，更重要的是给驾驶员和受害者及其家属在精神上造成巨大的痛苦。

道路交通事故是由人、车、路、交通环境诸多因素共同影响下的一个复杂交通事件，因此，解决交通安全问题，必须把"人车环境"三者作为一个有机整体来对待和处理。从谋求这一有机整体的平衡出发，来规划和协调解决其中各组成部分的结构、性能、行为等问题。治理交通安全，预防交通事故，可从以下几方面着手。

(1) 改善道路交通环境、改进汽车安全性能及结构

① 兴建有完善安全设施的新型公路，改建扩建现有道路，增设各种安全防护设施。

② 改进车辆结构性能，防止因车辆设计或制造上的缺陷而导致事故。一旦发生事故时，车辆应具有减轻乘员伤害程度的结构措施。

③ 加强车辆安全性能的检验及维护工作。认真做好出车前、行驶中和收车后的维护工作。发现异常或故障应及时排除，不开带病车。

(2) 提高人员素质、提升管理水平

① 制定完善的交通法规，强调依法治理交通，用交通法规和条例维持正常的交通秩序。

② 组织全国统一的交通管理指挥机构，完善交通管理体制，统一筹划，协调工作。

③ 加强驾驶人员的训练和管理，开展并强化交通安全教育，普及交通安全知识。

④ 采用科学的管理方法，提高管理人员的技术素质，实现交通管理技术的现代化。

8.1.2 道路交通法概述

1. 道路交通法

为了维护道路交通秩序，预防和减少交通事故，保护人身安全，保护公民、法人和其他组织的财产安全及其他合法权益，提高通行效率，我国制定了《中华人民共和国道路交通安全法》（以下简称道路交通法）作为我国道路安全方面的主要条例。要求中华人民共和国境内的车辆驾驶人、行人、乘车人以及与道路交通活动有关的单位和个人，应当遵守本条例。同时该条例要求县级以上地方各级人民政府应当建立健全道路交通安全工作协调机制，组织有关部门对城市建设项目进行交通影响评价，制定道路交通安全管理规划，确定管理目标，制订实施方案。

道路交通法主要从七个方面做出了系统而详细的规定，分别是车辆和驾驶人、道路通行条件、道路通行规定、交通事故处理、执法监督、法律责任以及一些补充说明。

2. 道路交通法的组成部分

(1) 车辆和驾驶人

国家对机动车实行登记制度，机动车经公安机关交通管理部门登记后，方可上道路行驶。尚未登记的机动车，需要临时上道路行驶的，应当取得临时通行牌证。准予登记的机动车应当符合机动车国家安全技术标准。申请机动车登记时，应当接受对该机动车的安全技术检验。但是，经国家机动车产品主管部门依据机动车国家安全技术标准认定的企业生产的机动车型，该车型的新车在出厂时经检验符合机动车国家安全技术标准，获得检验合

格证的，免予安全技术检验。驾驶机动车上道路行驶，应当悬挂机动车号牌，放置检验合格标志、保险标志，并随车携带机动车行驶证。机动车号牌应当按照规定悬挂并保持清晰、完整，不得故意遮挡、污损。任何单位和个人不得收缴、扣留机动车号牌。

驾驶机动车，应当依法取得机动车驾驶证。申请机动车驾驶证，应当符合国务院公安部门规定的驾驶许可条件，经考试合格后，由公安机关交通管理部门发给相应类别的机动车驾驶证。持有境外机动车驾驶证的人，符合国务院公安部门规定的驾驶许可条件，经公安机关交通管理部门考核合格的，可以发给中国的机动车驾驶证。驾驶人应当按照驾驶证载明的准驾车型驾驶机动车，驾驶机动车时，应当随身携带机动车驾驶证。公安机关交通管理部门以外的任何单位或者个人，不得收缴、扣留机动车驾驶证。

（2）道路通行条件

全国实行统一的道路交通信号，交通信号包括交通信号灯、交通标志、交通标线和交通警察的指挥。交通信号灯、交通标志、交通标线的设置应当符合道路交通安全、畅通的要求和国家标准，并保持清晰、醒目、准确、完好。根据通行需要，应当及时增设、调换、更新道路交通信号。增设、调换、更新限制性的道路交通信号，应当提前向社会公告，广泛进行宣传。

（3）道路通行规定

① 一般规定。机动车、非机动车实行右侧通行。根据道路条件和通行需要，道路划分为机动车道、非机动车道和人行道的，机动车、非机动车、行人实行分道通行。没有划分机动车道、非机动车道和人行道的，机动车在道路中间通行，非机动车和行人在道路两侧通行。道路划设专用车道的，在专用车道内，只准许规定的车辆通行，其他车辆不得进入专用车道内行驶。

② 机动车通行规定。机动车上道路行驶，不得超过限速标志标明的最高时速。在没有限速标志的路段，应当保持安全车速。夜间行驶或者在容易发生危险的路段行驶，以及遇有沙尘、冰雹、雨、雪、雾、结冰等气象条件时，应当降低行驶速度。

③ 非机动车通行规定。驾驶非机动车在道路上行驶应当遵守有关交通安全的规定。非机动车应当在非机动车道内行驶；在没有非机动车道的道路上，应当靠车行道的右侧行驶。

④ 行人和乘车人通行规定。行人应当在人行道内行走，没有人行道的靠路边行走。行人通过路口或者横过道路，应当走人行横道或者过街设施；通过有交通信号灯的人行横道，应当按照交通信号灯指示通行；通过没有交通信号灯、人行横道的路口，或者在没有过街设施的路段横过道路，应当在确认安全后通过。行人不得跨越、倚坐道路隔离设施，不得扒车、强行拦车或者实施妨碍道路交通安全的其他行为。

（4）交通事故处理

在道路上发生交通事故，车辆驾驶人应当立即停车，保护现场；造成人身伤亡的，车辆驾驶人应当立即抢救受伤人员，并迅速报告执勤的交通警察或者公安机关交通管理部门。因抢救受伤人员变动现场的，应当标明位置。乘车人、过往车辆驾驶人、过往行人应当予以协助。在道路上发生交通事故，未造成人身伤亡，当事人对事实及成因无争议的，可以即行撤离现场，恢复交通，自行协商处理损害赔偿事宜；不即行撤离现场的，应当迅速报告执勤的交通警察或者公安机关交通管理部门。

车辆发生交通事故后逃逸的，事故现场目击人员和其他知情人员应当向公安机关交通管理部门或者交通警察举报。举报属实的，公安机关交通管理部门应当给予奖励。

（5）执法监督

公安机关交通管理部门应当加强对交通警察的管理，提高交通警察的素质和管理道路交通的水平。公安机关交通管理部门应当对交通警察进行法制和交通安全管理业务培训、考核。交通警察经考核不合格的，不得上岗执行职务。任何单位和个人都有权对公安机关交通管理部门及其交通警察不严格执法以及违法违纪行为进行检举、控告，收到检举、控告的机关，应当依据职责及时查处。

（6）法律责任

公安机关交通管理部门及其交通警察对道路交通安全违法行为，应当及时纠正。对道路交通安全违法行为的处罚种类包括警告、罚款、暂扣或者吊销机动车驾驶证、拘留。

3. 条例简介

第五条 初次申领机动车号牌、行驶证的，应当向机动车所有人住所地的公安机关交通管理部门申请注册登记。申请机动车注册登记，应当交验机动车，并提交以下证明、凭证。

① 机动车所有人的身份证明。

② 购车发票等机动车来历证明。

③ 机动车整车出厂合格证明或者进口机动车进口凭证。

④ 车辆购置税完税证明或者免税凭证。

⑤ 机动车第三者责任强制保险凭证。

⑥ 法律、行政法规规定应当在机动车注册登记时提交的其他证明、凭证。

不属于国务院机动车产品主管部门规定免予安全技术检验的车型的，还应当提供机动车安全技术检验合格证明。

第十六条 机动车应当从注册登记之日起，按照下列期限进行安全技术检验。

① 营运载客汽车5年以内每年检验1次；超过5年的，每6个月检验1次。

② 载货汽车和大型、中型非营运载客汽车10年以内每年检验1次；超过10年的，每6个月检验1次。

③ 小型、微型非营运载客汽车6年以内每2年检验1次；超过6年的，每年检验1次；超过15年的，每6个月检验1次。

④ 摩托车4年以内每2年检验1次；超过4年的，每年检验1次。

⑤ 拖拉机和其他机动车每年检验1次。

营运机动车在规定检验期限内经安全技术检验合格的，不再重复进行安全技术检验。

应当给予记分的道路交通安全违法行为及其分值，由国务院公安部门根据道路交通安全违法行为的危害程度规定。公安机关交通管理部门应当提供记分查询方式供机动车驾驶人查询。

第二十三条 公安机关交通管理部门对机动车驾驶人的道路交通安全违法行为除给予行政处罚外，实行道路交通安全违法行为累积记分（以下简称记分）制度，记分周期为12个月。对在一个记分周期内记分达到12分的，由公安机关交通管理部门扣留其机动车驾驶证，该机动车驾驶人应当按照规定参加道路交通安全法律、法规的学习并接受考试。考试合格的，记分予以清除，发还机动车驾驶证；考试不合格的，继续参加学习和考试。

第二十四条 机动车驾驶人在一个记分周期内记分未达到12分，所处罚款已经缴纳的，记分予以清除；记分虽未达到12分，但尚有罚款未缴纳的，记分转入下一记分周期。

机动车驾驶人在一个记分周期内记分2次以上达到12分的，除按照第二十三条的规定扣留机动车驾驶证、参加学习、接受考试外，还应当接受驾驶技能考试。考试合格的，记分予以清除，发还机动车驾驶证；考试不合格的，继续参加学习和考试。

接受驾驶技能考试的，按照本人机动车驾驶证载明的最高准驾车型考试。

第三十条　交通标志分为指示标志、警告标志、禁令标志、指路标志、旅游区标志、道路施工安全标志和辅助标志。

道路交通标线分为指示标线、警告标线、禁止标线。

第三十八条　机动车信号灯和非机动车信号灯表示。

① 绿灯亮时，准许车辆通行，但转弯的车辆不得妨碍被放行的直行车辆、行人通行。

② 黄灯亮时，已越过停止线的车辆可以继续通行。

③ 红灯亮时，禁止车辆通行。

在未设置非机动车信号灯和人行横道信号灯的路口，非机动车和行人应当按照机动车信号灯的表示通行。

红灯亮时，右转弯的车辆在不妨碍被放行的车辆、行人通行的情况下，可以通行。

第四十五条　机动车在道路上行驶不得超过限速标志、标线标明的速度。在没有限速标志、标线的道路上，机动车不得超过下列最高行驶速度：

① 没有道路中心线的道路，城市道路为每小时30 km，公路为每小时40 km。

② 同方向只有1条机动车道的道路，城市道路为每小时50 km，公路为每小时70 km。

第四十九条　机动车在有禁止掉头或者禁止左转弯标志、标线的地点以及在铁路道口、人行横道、桥梁、急弯、陡坡、隧道或者容易发生危险的路段，不得掉头。

机动车在没有禁止掉头或者没有禁止左转弯标志、标线的地点可以掉头，但不得妨碍正常行驶的其他车辆和行人的通行。

第五十一条　机动车通过有交通信号灯控制的交叉路口，应当按照下列规定通行。

① 在划有导向车道的路口，按所需行进方向驶入导向车道。

② 准备进入环形路口的让已在路口内的机动车先行。

③ 向左转弯时，靠路口中心点左侧转弯。转弯时开启转向灯，夜间行驶开启近光灯。

④ 遇放行信号时，依次通过。

⑤ 遇停止信号时，依次停在停止线以外。没有停止线的，停在路口以外。

⑥ 向右转弯遇有同车道前车正在等候放行信号时，依次停车等候。

⑦ 在没有方向指示信号灯的交叉路口，转弯的机动车让直行的车辆、行人先行。相对方向行驶的右转弯机动车让左转弯车辆先行。

第五十四条　机动车载物不得超过机动车行驶证上核定的载质量，装载长度、宽度不得超出车厢，并应当遵守下列规定。

① 重型、中型载货汽车，半挂车载物，高度从地面起不得超过4 m，载运集装箱的车辆不得超过4.2 m。

② 其他载货的机动车载物，高度从地面起不得超过2.5 m。

③ 摩托车载物，高度从地面起不得超过1.5 m，长度不得超出车身0.2 m。两轮摩托车载物宽度左右各不得超出车把0.15 m；三轮摩托车载物宽度不得超过车身。

载客汽车除车身外部的行李架和内置的行李箱外，不得载货。载客汽车行李架载货，从车顶起高度不得超过0.5 m，从地面起高度不得超过4 m。

第七十五条　行人横过机动车道，应当从行人过街设施通过；没有行人过街设施的，应当从人行横道通过；没有人行横道的，应当观察来往车辆的情况，确认安全后直行通过，不得在车辆临近时突然加速横穿或者中途倒退、折返。

第八十八条　机动车发生交通事故，造成道路、供电、通信等设施损毁的，驾驶人应当报警等候处理，不得驶离。机动车可以移动的，应当将机动车移至不妨碍交通的地点。公安机关交通管理部门应当将事故有关情况通知有关部门。

第九十九条　公安机关交通管理部门及其交通警察办理机动车登记，发放号牌，对驾驶人考试、发证，处理道路交通安全违法行为，处理道路交通事故，应当严格遵守有关规定，不得越权执法，不得延迟履行职责，不得擅自改变处罚的种类和幅度。

第一百零三条　以欺骗、贿赂等不正当手段取得机动车登记或者驾驶许可的，收缴机动车登记证书、号牌、行驶证或者机动车驾驶证，撤销机动车登记或者机动车驾驶许可；申请人在 3 年内不得申请机动车登记或者机动车驾驶许可。

第一百一十三条　境外机动车入境行驶，应当向入境地的公安机关交通管理部门申请临时通行号牌、行驶证。临时通行号牌、行驶证应当根据行驶需要，载明有效日期和允许行驶的区域。

8.2　机动车运行安全技术条件

GB 7258—2004《机动车运行安全技术条件》是从 2004 年 10 月 1 日起开始实施的。该标准自实施之日起即代替 GB 7258—1997《机动车运行安全技术条件》。本标准规定了机动车的整车及主要总成、安全防护装置等有关运行安全的基本技术要求及检验方法。本标准还规定了机动车的环保要求及消防车、救护车、工程救险车和警车的附加要求。标准适用于在我国道路上行驶的所有机动车（轨道上运行的车辆除外），是机动车辆管理部门新车注册检查、在用车检查、事故车检查的技术依据，是车辆安全技术管理的最基本的技术性法规，是国家强制性标准。该标准的实施对于机动车辆的安全运行、减少道路交通事故、提高运输效益，会起到重要作用。

GB 7258—1997《机动车运行安全技术条件》由范围、规范性引用文件、术语和定义、整车、发动机、转向系统、制动系统、照明信号装置和其他电气设备、行驶系统、传动系统、车身、安全防护装置、消防车救护车、机动车环保要求等十四个部分组成。

8.2.1　整车运行安全技术条件

1. 车辆标志

在验车时，车辆管理部门需检查并登陆车辆的商标或厂标、型号标记、发动机功率、车辆的总质量、载质量、发动机及整车出厂编号等。对于运行车辆要核对车辆的牌号、发动机号码、整车出厂编号是否与原始登陆的号码一致。

① 商标或厂标。商标或厂标应在车身前部外表面的易见部位上，应至少装置一个能永久保持的商标或厂标。在车身外表面的易见部位上应装置能识别车型的标志。其车身前部是指车身长度二分之一以前的部位，并非指车身正前方。

② 产品标牌。产品标牌应固定在一个明显的、不受更换部件影响且使其能永久保持

的位置，其具体位置应在产品使用说明书中指明。永久保持的意思是指商标或厂标、标牌必须"以铆接、或焊接、或其破坏性操作不能拆除的方式固定在车辆上"。

③ 发动机型号标志。发动机型号应打印（或铸出）在汽缸体易见部位，出厂编号应打印在汽缸体易见且易于拓印部位，在出厂编号的两端应打印起止标记。

④ 整车型号与出厂编号标志。整车型号和出厂编号应打印在车架（对无车架的车辆为车身主要承载且不能拆卸的构件）易见且易于拓印的部位，其型号在前，出厂编号在后，且在出厂编号的两端应打印起止标记。

标准中规定对于"易于拓印的车辆识别号（VIN）可以代替整车型号和出厂编号"。车辆识别代号（VIN）是制造厂为了识别而给一辆车指定的一组定码，共17位码。打刻位置应尽量位于前部右侧，如受结构限制也可打刻在其他部位。其字母和数字的字高不应小于7.0 mm，深度不应小于0.3 mm；对于摩托车及轻便摩托车，打刻的车辆识别代号的字母和数字的字高不应小于5.0 mm，深度不应小于0.2 mm。

车辆识别代码由三部分组成，如图8-1所示。第一部分为世界汽车制造厂识别代号（WMI），由三位字码组成，它必须经过申请、批准和备案后方能使用；第二部分为车辆说明部分（VDS，车辆特征代码），由6位字码组成，通过它能识别车辆的一般特性；第三部分为车辆指示部分（VIS），由8位字码组成，其中第一位为指示年份的。年份代码是按表8-1的规定使用的。

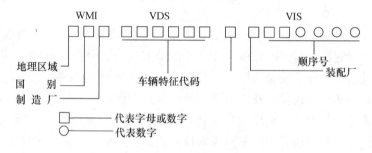

图8-1 车辆识别代码

表8-1 表示年份的字码

年份	代码	年份	代码	年份	代码	年份	代码
1971	1	1981	B	1991	M	2001	1
1972	2	1982	C	1992	N	2002	2
1973	3	1983	D	1993	P	2003	3
1974	4	1984	E	1994	R	2004	4
1975	5	1985	F	1995	S	2005	5
1976	6	1986	G	1996	T	2006	6
1977	7	1987	H	1997	V	2007	7
1978	8	1988	J	1998	W	2008	8
1979	9	1989	K	1999	X	2009	9
1980	A	1990	L	2000	Y	2010	A

注：车辆代码中仅能采用下列阿拉伯数字和大写英文字母（其中字母I、O、Q不能使用）：
数字——0 1 2 3 4 5 6 7 8 9。
字母——A B C D E F G H J K L M N P R S T U V W X Y Z。

2. 侧倾稳定角

车辆在空载、静态状态下,向左侧或右侧倾斜最大侧倾稳定角,见表 8-2。

表 8-2 机动车的最大侧倾稳定角

车辆类型			最大侧倾稳定角	驻车稳定角
三轮摩托车、三轮农用运输车			≥25°	—
双层客车			≥28°	—
总质量为车辆整备质量的 1.2 倍以下的车辆			≥30°	—
卧铺客车、总质量不小于整备质量的 1.2 倍的专用作业车和轮式专用机械车			≥32°	—
其他车辆(两轮摩托车及轻便摩托车除外)			≥35°	—
两轮摩托车、轻便摩托车	用撑杆支撑	向左	—	≥9°
		向右	—	≥5°
		向前	—	≥6°
	用停车架支撑	向左	—	≥8°
		向右	—	≥8°
		向前	—	≥8°

3. 渗漏检查

① 在发动机运转及停车时,水箱、水泵、缸体、缸盖、暖风装置及所有连接部位均不得有明显渗漏水现象。

② 机动车连续行驶 10 km 以上,停车 5 min 后观察,不得有明显渗漏油现象。

4. 车速表检查

车速表允许误差范围为 +20%~-5%。

5. 车辆外观检查

车辆外观应整洁,各零部件应完好,连接坚固、无缺损。车体应周正,外缘左右对称部位高度差不得大于 40 mm。两轮摩托车和轻便摩托车的方向把和导流板等左右对称的零部件离地面高度差不应大于 10 mm;正三轮摩托车的驾驶室和车厢等左右对称的零部件离地面高度差不应大于 20 mm。

6. 单车行驶稳定性

车辆直线行驶时,其前后轴中心的连线与行驶轨迹的中心线应一致。

7. 拖挂行驶稳定性

汽车列车在平坦、干燥的路面上直线行驶时,被牵引的车辆不得有明显偏摆。

8.2.2 发动机运行安全技术条件

发动机运行安全技术条件有以下几方面要求。

① 发动机动力性能良好,运转平稳,怠速稳定,无异响,机油压力正常。发动机功率不得低于原标定功率的 75%。

② 发动机应有良好的启动性能。汽车发动机应能由驾驶员在座位上启动。

③ 发动机不得有"回火"、"放炮"现象。

④ 柴油机停机装置必须灵活有效。

⑤ 发动机点火、燃料供给、润滑、冷却和排气等系统的机件应齐全,性能良好。

8.2.3 底盘相关系统运行安全技术条件

1. 转向系统运行安全技术条件

转向系统运行安全技术条件有以下几方面要求。

① 转向盘应转动灵活、操纵轻便、无阻滞现象。车轮在转向过程中,不得与其他部件有干涉现象。

② 转向轮转向后应有自动回正能力,以使机动车具有稳定的直线行驶能力。

③ 转向盘的最大自由转动量,应符合从中间位置向左或向右的转角为:最大设计车速大于或等于 100 km/h 的机动车不得大于 10°,最大设计车速小于 100 km/h 的机动车(三轮农用车除外)不得大于 15°。

④ 汽车(三轮汽车除外)应具有适度的不足转向特性。

⑤ 在平坦、硬实、干燥和清洁的道路上行驶时不得跑偏,其转向盘不得有摆振、路感不灵或其他异常现象。

⑥ 在平坦、硬实、干燥和清洁的水泥或沥青路面上,以 10 km/h 的速度在 5 s 之内沿螺旋线从直线行驶过渡到直径为 24 m 的圆周行驶,施加于转向盘外缘的最大切向力不得大于 245 N。

⑦ 机动车转向轴最大设计轴荷大于 4 000 kg 时,应采用转向助力装置。装有转向助力装置的机动车,行驶时其转向助力功能不允许出现时有时无的现象,当转向助力装置失效时,仍应具有用转向盘控制机动车的能力。装有电动转向助力装置的汽车,行驶时应保证转向助力装置的电能供应。

⑧ 最小转弯直径(以前外轮轨迹中心线为基准)不得大于 24 m,当转弯直径为 24 m 时,前转向轴和末轴的内轮差(以两内轮轨迹中心线计)不得大于 3.5 m。

⑨ 前轮定位值应符合规定标准:前轮的侧滑量不得超过 5 m/km。

⑩ 转向节及臂、转向横直拉杆及球销应无裂纹和损伤,并且球销不得松旷。维修时,横、直拉杆不得拼焊。

2. 制动系统运行安全技术条件

制动系统运行安全技术条件有以下几方面要求。

① 机动车应具有完好的行车制动系统、应急制动功能以及驻车制动装置(两轮、三轮摩托车和轻便摩托车除外),且行车制动的控制装置与驻车制动的控制装置应相互独立。

② 制动踏板的自由行程应符合规定标准。

③ 在产生最大制动作用时的踏板力,座位小于或等于 9 的载客汽车应不大于 500 N;其他车辆不大于 700 N。

④ 液压行车制动系统在达到规定的制动效能时,踏板行程(包括空行程)不得超过踏板全行程的 3/4,装有自动调整间隙装置的车辆制动器的踏板行程不得超过踏板全行程的 4/5,且座位数小于或等于 9 的载客汽车该行程不得超过 120 mm,其他类型的车辆不得超过 150 mm。

⑤ 液压制动系统不得因制动液对制动管路的腐蚀或由于发动机及其他热源影响,形成气阻而损坏行车制动系统的功能。

⑥ 应急制动时,必须在行车制动系统有一处管路失效的情况下,能在规定的距离内将车辆停住。应急制动应是可控制的,其布置应使驾驶员容易操作,驾驶员在座位上至少用一只手握住转向盘的情况下,就可以实现制动。它的控制装置可以与行车制动的控制装置结合,也可以与驻车制动的控制装置结合。

⑦ 驻车制动应能使机动车即使在没有驾驶员的情况下,也能停在上、下坡道上,驾驶员必须在座位上就可以实现驻车制动。驻车制动时,施加于操纵装置上的力:手操纵时,对于座位数小于或等于 9 的载客汽车应不大于 400 N,对于其他车辆应不大于 600 N;脚操纵时,对于座位数小于或等于 9 的载客汽车应不大于 500 N,对于其他车辆应不大于 700 N。

⑧ 驻车制动操纵装置必须有一定的储备行程,一般应在操纵装置全行程的 2/3 以内达到规定的制动性能;装有自动调节装置时,允许在全行程的 3/4 以内达到规定的制动效能;对于棘轮式制动操纵装置,要求来回拉动驻车操纵杆三次以内即可获得规定的驻车制动效能。

⑨ 弹簧储能制动装置可通过手动方式或利用通用工具来解除驻车制动状态。

⑩ 对采用气压制动的机动车辆,当气压升至 600 kPa 时,在不使用制动的情况下,停止空气压缩机 3 min 后,其气压的降低值应不超过 10 kPa。在气压为 600 kPa 的情况下,将制动踏板踏到底,待气压稳定后观察 3 min,单车气压降低值不得超过 20 kPa,列车不得超过 30 kPa。

⑪ 采用气压制动系统的车辆,发动机在 75% 的额定转速下,4 min(列车为 6 min,城市铰接公共汽车和无轨电车为 8 min)内气压表的指示气压应从零升至起步气压(未标起步气压者,按 400 kPa 计)。

⑫ 对于双管路或多管路制动系统的机动车辆,当部分管路失效时,其余部分制动效能仍能保持原规定值的 30% 以上。

⑬ 在车辆运行过程中,不应有自行制动现象。当挂车与牵引车意外脱离后,挂车应能自行制动,且牵引车的制动仍然有效。

⑭ 采用液压制动系统的车辆,当制动踏板压力最大时,保持 1 min,踏板不得有缓慢向底板移动现象。

⑮ 机动车在规定的初速度下的制动距离和制动稳定性要求应符合表 8-3 的规定。

表 8-3 制动距离和制动稳定性要求

机动车类型	制动初速度（km/h）	满载检验制动距离要求（m）	空载检验制动距离要求（m）	试验通道宽度（m）
三轮汽车	20	≤5.0		2.5
乘用车	50	≤20.0	≤19.0	2.5
总质量不大于 3 500 kg 的低速货车	30	≤9.0	≤8.0	2.5
其他总质量不大于 3 500 kg 的汽车	50	≤22.0	≤21.0	2.5
其他汽车、汽车列车	30	≤10.0	≤9.0	3.0
两轮摩托车	30	≤7.0		—
边三轮摩托车	30	≤8.0		2.5
正三轮摩托车	30	≤7.5		2.3
轻便摩托车	20	≤4.0		—
轮式拖拉机运输机组	20	≤6.5	≤6.0	3.0
手扶变型运输机	20	≤6.5		2.3

⑯ 在规定的初速度下，急踩制动时的平均减速度和制动稳定性应符合规定要求。且单车制动协调时间应不大于 0.6 s，列车制动协调时间应不大于 0.8 s。

⑰ 在空载状态下，驻车制动装置应能保证车辆在坡度为 20%（总质量为整备质量的 1.2 倍以下的车辆为 15%）、轮胎与路面间的附着系数不小于 0.7 的坡道上正反两个方向保持不动，其时间不少于 5 min。

⑱ 在试验台上测出的制动力应符合规定要求。在制动力增长全过程中，左右轮制动力差与该轴左右轮中制动力大者之比，对前轴不得大于 20%，对后轴不得大于 24%。制动协调时间单车不应大于 0.6 s，列车不应大于 0.8 s，各轮的阻滞力均不得大于该轴轴荷的 5%。驻车制动力的总和应不小于该车在测试状态下整车质量的 20%（对于总质量为整备质量 1.2 倍以上的车辆，此值为 15%）。

⑲ 汽车制动完全释放时间（从松开制动踏板到制动消除所需要的时间）不应大于 0.80 s。

3. 照明、信号装置和其他电气设备运行安全条件

照明、信号装置和其他电气设备运行安全技术条件有以下几方面要求。

① 机动车的灯具应安装牢靠、完好有效，不允许因机动车振动而松脱、损坏、失去作用或改变光照方向；所有灯光的开关应安装牢固、开关自如，不允许因机动车振动而自行开关。开关的位置应便于驾驶员操纵，除转向信号灯、危险警告信号及消防车、救护车、工程救险车和警车安装使用的标志灯具外，其他外部灯具不允许闪烁。

② 车辆的外部照明和信号装置的数量、位置、光色、最小几何可见角度等，应符合有关规定。

③ 机动车必须装置后反射器。挂车及车长大于 6 m 的机动车应安装侧反射器和侧标志

灯。反射器应与机动车牢固连接，且应能保证夜间在其正后方 150 m 处用汽车前照灯照射时，在照射位置就能确认其反射光。

④ 全挂车应在挂车前部的左右各装一只红色标志灯，其高度应比全挂车的前栏板高出 300～400 mm，距车厢外侧应小于 150 mm。

⑤ 机动车（手扶拖拉机运输机组除外）的前位灯、后位灯、示宽灯（若安装）、侧标志灯（若安装）、挂车标志灯（若安装）、牌照灯和仪表灯应能同时启闭，当前照灯关闭和发动机熄火时仍应能点亮。汽车和挂车的电路连接应保证前位灯、后位灯、示廓灯（若安装）、侧标志灯（若安装）和牌照灯只能同时打开或关闭，但当前位灯、后位灯、侧标志灯作为驻车灯使用（复合或混合）时，则上述情况不适用。

⑥ 机动车的前、后转向信号灯、危险报警闪光灯及制动灯白天距 100 m 可见；侧转向信号灯白天距 30 m 可见；前、后位灯、示宽灯和挂车标志灯夜间好天气距 300 m 可见；后牌照灯夜间好天气距 20 m 能看清牌照号码。制动灯应明显大于后位灯。

⑦ 前照灯光束照射位置与发光强度应符合规定要求。

⑧ 远近光变换装置的工作应良好、可靠。

⑨ 空载高为 3.0 m 以上的车辆均应安装示宽灯。

⑩ 仪表灯点亮时，应能照清楚仪表板上所有的仪表并不得眩目。

⑪ 危险报警闪光灯和转向信号灯的频率为 1.5 Hz±0.5 Hz，启动时间应不大于 1.5 s。

⑫ 机动车（手扶拖拉机运输机组除外）应设置具有连续发声功能的喇叭，其工作应可靠。机动车喇叭声级在距车前 2 m、离地高 1.2 m 处测量时，其值对发动机最大净功率为 7 kW 以下的摩托车及轻便摩托车为 80～112 dB（A），对其他机动车为 90～115 dB（A）。

⑬ 发电机技术性能应良好；蓄电池应能保持常态电压；电器导线应具有阻燃性能，所有电器导线均应捆扎成束、布置整齐、固定卡紧、接头牢固并有绝缘套，在导线穿越孔洞时应装设绝缘套管。

⑭ 车长大于 6 m 的客车应设置电源总开关，个别未经过电源总开关的线路（如危险警告信号线路）应设置保险装置。

4. 行驶系统运行安全技术条件

行驶系统运行安全技术条件有以下几方面要求。

① 轮胎外部尺寸、形状应符合规定要求。其中，乘用车、摩托车及轻便摩托车和挂车轮胎胎冠上花纹深度不允许小于 1.6 mm；其他机动车转向轮的胎冠花纹深度不允许小于 3.2 mm，其余轮胎胎冠花纹深度不允许小于 1.6 mm。轮胎胎面不允许因局部磨损而暴露出轮胎帘布层；轮胎不允许有影响使用的缺损、异常磨损和变形；轮胎的胎面和胎壁上不允许有长度超过 25 mm 或深度足以暴露出轮胎帘布层的破裂和割伤。

② 轮胎负荷不应超过该轮胎的额定负荷，充气压力应符合该轮胎承受负荷的规定压力。

③ 总质量小于或等于 4.5 t 的汽车，其车轮总成的横向摆动量和径向跳动量不得大于 5 mm，其他车辆不得大于 8 mm。

④ 轮胎螺母和半轴螺母应完整齐全，并应按规定力矩紧固。

⑤ 悬架系统各球关节的密封件不允许有切口或裂纹，稳定杆应连接可靠，结构件不允许有变形或残损；钢板弹簧不允许有裂纹和断片现象，同一轴上的弹簧形式和规格应相

同，其弹簧形式和规格应符合产品使用说明书中的规定；中心螺栓和U形螺栓应紧固、无裂纹且不允许拼焊；钢板弹簧卡箍不允许拼焊或残损。

⑥ 减振器应齐全有效，减振器不允许有明显渗漏油现象。

⑦ 车架不得有变形、锈蚀和裂纹，螺栓和铆钉不得缺少或松动。

⑧ 前、后桥不得有变形和裂纹。

⑨ 车桥与悬架之间的各种拉杆和导杆不得变形，各接头、衬套不得松旷和移位。

5. 传动系统运行安全技术条件

传动系统运行安全技术条件有以下几方面要求。

① 离合器应接合平稳、分离彻底，工作时不得有异响、抖动和不正常打滑等现象。离合器踏板自由行程应符合整车技术条件的有关规定。离合器彻底分离时，踏板力不应大于 300 N（拖拉机运输机组不大于 350 N），手握力不应大于 200 N。

② 换挡时齿轮应啮合灵便，互锁、自锁和倒挡锁装置应有效，不允许有乱挡和自行跳挡现象；运行中应无异响；换挡杆及其传动杆件不应与其他部件干涉。变速器、分动器、驱动桥工作应正常且无异响。

③ 传动轴在运转时不允许发生振抖和异响，中间轴承和万向节不允许有裂纹和松旷现象。发动机前置后驱动的客车的传动轴在车厢底板的下面沿纵向布置时，应有防止传动轴滑动连接（花键或其他类似装置）脱落或断裂等故障而引起危险的防护装置。

④ 驱动桥壳、桥管不允许有变形和裂纹，驱动桥工作应正常且不允许有异响。

8.2.4 车身运行安全技术条件

车身运行安全技术条件有以下几方面要求。

① 车身和驾驶室在车架上应安装牢固，并坚固耐用，覆盖件应无开裂和锈蚀。车身内、外部不应有任何可致人受伤的尖锐凸起物。

② 汽车驾驶室和乘客舱所用的内饰材料应采用阻燃材料。

③ 车门和车窗应启闭轻便，不允许有自行开启现象，门锁应牢固可靠。门窗应密封良好，无漏水现象。门窗玻璃应采用安全玻璃，且不允许张贴镜面反光遮阳膜。

④ 装有电动门窗的机动车，其控制装置应确保车窗玻璃在上升过程中能在任意位置可靠停住或遇障碍可自动下降。

⑤ 乘用车和客车的乘员座椅应合理分布。其中，客车同向座椅的座间距不允许小于650 mm，相向座椅的座间距不允许小于1 200 mm。客车应设置乘客通道，通道的宽度和高度应保证符合规定的通道测量装置能顺利通过。

⑥ 卧铺客车的卧铺应纵向布置（与机动车前进方向相同），卧铺宽度不应小于450 mm，卧铺纵向间距不应小于1 400 mm，相邻卧铺的横向间距不应小于350 mm，卧铺双层布置时上铺高不应小于780 mm、铺间高不应小于750 mm。

8.2.5 其他的安全技术条件

① 汽车安全带应可靠有效，安装位置应合理，固定点应有足够的强度。

② 机动车（挂车除外）应在左右至少各设置一面后视镜。汽车后视镜的性能和安装要求应符合规定，外后视镜的安装位置和角度应保证驾驶员能看清车身左右外侧、车后

50 m 以内的交通情况。

③ 车长不小于 6 m 的客车，如车身右侧仅有一个供乘客上下的车门时，应设置安全门或安全窗；长途客车和旅游客车应设置车顶安全出口；卧铺客车的卧铺布置为上、下双层时，侧窗布置应为上下双排。使用安全门时应保证不用其他器具即可将其向外推开。

④ 燃料箱及燃料管路应坚固并固定牢靠，不会因振动和冲击而损坏和漏油现象。

⑤ 消防车、救护车、工程抢险车和警车的车身颜色、标志灯应符合规定要求，其警报器音调声压应在 110～115 dB（A）之间。其他车辆未经批准，不准设置警报器和标志灯。

⑥ 汽车排气污染物排放应符合 GB 14761.1—1993～GB 14761.7—1993 的要求。

⑦ 客车车内噪声声级应不大于 82 dB（A），汽车驾驶员耳旁噪声声级应不大于 90 dB（A）。

有关机动车运行安全的具体技术条件请参阅 GB 7258—2004《机动车运行安全技术条件》（若有新标准时，则以其为依据）。

8.3 汽车安全行驶与日常维护

汽车安全运行的关键所在是安全驾驶，一辆技术性能完好的车辆能否充分发挥其应有作用，平安顺利完成运输任务，驾驶员是重要因素。汽车驾驶是一项涉及人、车及行驶环境（如道路、气候、交通条件等）的系统控制问题。在现代化的交通系统中，驾驶员要在保证一定速度的前提下完全合理地使用车辆，就必须具备一定的安全行车知识，诸如交通规则、交通心理学常识，车辆的行驶原理、安全性能、维护与检测诊断常识、事故原因及预防等等。只有具备上述条件，才能保证在复杂的交通环境中，正确理解和自觉遵守各项交通法规。并且，对应不同的运行条件，正确地选择合理的驾驶方法，准确把握车辆动态，及时发现并排除各种行车故障。此外，定期对车辆进行维护，以保持其技术状况的良好，从而达到安全运行的目的。

8.3.1 汽车安全行驶

汽车行驶过程中，所处的运行条件和交通环境总是经常变化的。安全行驶的核心内容就是通过驾驶员，对得到有效维护的、技术状况良好车辆进行合理的操纵，使车辆去适应这些变化，并有效地发挥其速度性能而不发生任何事故，圆满完成运输任务。

不管运行条件如何变化，驾驶过程的构成环节都是一样的。只有掌握每个环节驾驶操作要点，才能真正实现安全行车。

1. 车辆起步

上车前先检查汽车前后和车下是否有人或障碍物，货物是否装好，并观察周围环境和将要行驶方向的交通状况。在此基础上启动发动机，听查发动机运转情况，观察各仪表指示状况。待发动机温度达 40℃ 以上，确认各仪表指示也正常时，关好车门，系好安全带，挂上适当挡位，并通过后视镜察看后方有无来车等情况，然后鸣笛、放松驻车制动、缓抬离合器踏板、适当加油徐徐起步。对于手动变速器的车辆，空车可用二挡、重车用一挡起步；对于自动变速器的车辆，一般选 D 挡位起步。

如果是在上坡道上起步，应一只手握转向盘，另一只手握紧驻车制动，脚适当加油，另一脚缓抬离合器踏板，待离合器大部分已经接合时，立即放松手制动，使车辆徐徐起步。

如果在冰雪、泥泞的道路上起步，离合器踏板要抬得更缓。如驱动轮打滑空转，应垫沙土等或清除轮下冰雪、泥泞。

如果从慢车道上起步，要打开左转向信号灯，以引起后方车辆、行人注意。

2. 合理选择车速

在运距确定以后，汽车行驶速度越快，运行时间就越短，运输效率就高。但加快车辆行驶速度的前提是必须确保交通安全，所以我们应避免盲目开快车的现象，提倡安全行车。

车速的快慢是相对而言的，车速过快与安全行车的根本区别，不在于车速的快慢，而在于当时车速是否危及到行车安全。例如，一辆小轿车以 50 km/h 的速度行驶在道路宽阔、空闲、视线良好的路段，就不算快。而以 40 km/h 的速度行驶在弯道、交叉路口以及冰雪道路上，也算车速过快。因为后者危及到行车安全。因此，安全车速是根据不同的道路状况、交通环境，掌握适当的车速，在保证安全的前提下，该快就快，该慢就慢。

车速过快是指驾驶员不顾道路状况和交通环境，采用挤、抢、钻的方法，盲目开快车，一遇情况就紧急制动，猛转方向，当采取措施不及时就会发生事故。车速过快对车辆制动性能有很大影响。因为车速越快，制动距离也就越长，发生事故的可能性也就越高。另外，车速越快，车辆转弯时产生的离心力也就越大，使车辆所受侧向力也就越大，极易造成车辆侧滑甚至翻车。在凸凹不平的路段上车速过快，会由于剧烈的颠簸振动而使车辆悬挂机构、行驶机构、车架、轮胎等损坏，或发生故障而导致行车事故。

车速过快还会导致驾驶员不能全面正确地感知车内外的情况，车速越快驾驶员视力下降越多，而且驾驶员的视点也越快，视野范围就越窄，对近处周围的情况就难以觉察。而万一有情况时，采取处理措施时间也越短，再加上精神高度紧张带来的疲劳等，发生事故的可能性就越大。

车速过快时超车的机会相对增多，从而增加了道路上的交织点，扰乱了正常行驶的交通流，破坏了正常的交通秩序，使行车安全受到影响。可见，盲目开快车既不能提高平均车速，又极易发生事故。而遵章守法、准确判断交通状况、控制适当车速，既能确保安全行车，又能平安顺利地完成运输任务。

3. 车辆间的安全间距

车辆在行驶过程中和同车道内同向行驶的前车应保持一个适当的距离，在会车或超车过程中也要留出一定的侧向间距，这段距离就是安全距离。如果这种距离过小就有可能导致碰撞、挤擦其他车辆或行人的事故发生。但安全距离也不宜过大，间距过大会使道路上的通车量下降，尤其是大中城市，车辆行人十分拥挤，车速本来不高，安全距离过大会引起其他车辆的超车。在没有交通管理人员把守的交叉路口，行人会找留出间距较大的车辆前横穿马路，而导致行驶中断或堵塞，甚至引发事故。所以安全间距必须留得合适。

同方向行驶的前后车之间的安全间距实际主要取决于制动距离，而制动距离又和行驶速度有关，同时也和后车驾驶员采取制动措施的时间和方法有关。另外，前后两车制动减速度也有差异。所以，合适的安全间距基本上由后车速度、制动时的减速度和后车驾驶员反应时间来确定。常见车速下应留的安全间距见表8-4。

从表8-4可以看出，车辆速度在80 km/h以内时，时速多少公里，其跟车距离也应保持多少米。当然道路条件越滑（如下雨、冰雪路面等），上述跟车距离也应适当加大。

表8-4 常见车速下的安全间距

车速（km/h） 车距（m） 制动类型	10	20	30	40	50	60	70	80	备注
液压制动	9	12	15	18	21	24	27	30	$j_1 = j_2$
气压制动	9	13	16	20	23	27	31	34	
液压制动	9	15	22	30	40	51	64	79	$j_1 = 5 \text{ m/s}^2$
气压制动	10	16	23	32	43	55	68	83	$j_2 = 2.5 \text{ m/s}^2$

4. 会车和超车

车辆在行驶中，随时都会和对方来车交会或超越同向行驶的车辆（在允许超车的路段）。在会车和超车时，首先应注意保持适当的侧向安全间距，同时应正确估计和选择会车、超车的地点、路段和距离。

一般来说，车速越快，侧向安全间距应留得越大，如果拖带挂车，间距应该更大一些。在通常情况下，时速40 km/h以下时，侧向间距应保持0.75 m以上；时速40～70 km/h时，同向行驶的车辆侧向间距应保持1.0～1.4 m；异向行驶的车辆侧向间距应保持1.2～1.4 m；时速70 km/h以上时，侧向间距应不小于1.4 m。

超车是在高速行驶情况进行的，而且超车过程中，超越车一方要占中线或并向行驶。因此，极易发生事故。超车最要紧的是超车前驾驶员根据本车车速和加速性能及被超车辆的车速，正确判断超车所需要时间和超车距离，尤其要观察清楚将要超车的路段内交通情况。前方数百米范围内是否有对方来车，被超车辆的路线内是否有障碍物等。必须做到：前方、后方情况不明时不超车，前方不让不超车，影响对方来车行驶时不超车。同时应注意：准备超车时不要与被超车辆跟随太近，以防万一。超车过程中保持一定的安全间距。超越停在路边的机动车时，应减速鸣喇叭，以防停放的车辆车门突然打开或起步驶向车道。如果是公共汽车停靠站，应警惕从车前突然跑出横穿道路的行人。

5. 车辆调头和倒车时的安全

因调头、倒车不慎而发生碰撞、挤擦其他车辆、障碍物或行人的事故时有发生。尤其是大车或重车，由于后箱板较高或后视窗被货物遮挡，难以观察到车后情况，更易发生事故。因此，在调头、倒车时必须谨慎驾驶。在操作时应尽量选择道路宽阔、交通情况不繁杂的地段进行；事先观察好周围情况，选定进、退路线和目标；对后方情况看不清时，应有人在车下指挥；倒车时车速要慢，同时必须顾及前轮位置，应掌握"慢行车，快转向，多进少退"的方法。

6. 安全滑行

滑行是车辆驾驶过程中常用的一种具有预见性的、提前减速的操作方式。当车辆快要到停车地点或快要进入交叉路口时，利用滑行来提前减速，避免了紧急制动，可以减轻了各部机件的磨损。

正确、合理的滑行是利用滑行时的自然减速代替使用制动，从而达到预防交通事故、减少制动消耗、降低磨损和节油的目的。但若运用不合理，就会使磨损与油耗增加，甚至造成事故发生。滑行应在发动机不熄火和制动有效的条件下进行。在泥泞、积雪、结冰、陡坡、窄路、急转弯、傍山险路等道路上，以及在视线不好、装载危险品或特许装载超高、超长、超宽物品时，严禁滑行，以防发生意外事故。

8.3.2 车辆日常维护与安全

汽车的安全运行不但受运行条件、交通环境及驾驶员因素的影响，而且还与车辆的技术状况有关，良好的车辆技术状况是安全使用的基本保障。车辆的技术状况和道路条件、使用强度、运行材料等因素有关，但更重要的是对车辆的日常维护工作质量如何。

车辆经一定的行驶里程后，必造成各零部件松旷和磨损，使车辆技术状况变坏。不仅动力性、经济性要下降，其安全性也会下降。转向系统和制动系统各密封元件因老化而使油、气等渗漏，制动蹄摩擦片的磨损使制动间隙增大，从而导致转向和制动失灵。轮胎的过度磨损及气压、温度过高使它在行驶中易产生爆裂，导致行驶突然跑偏，甚至造成交通事故等。总之，车辆的日常维护工作对确保行驶安全、延长使用寿命、降低运行消耗有重要意义。日常维护是保持汽车正常状况的基础工作，由驾驶员负责完成。日常维护的好坏，直接影响到行车的安全。

为保证汽车的技术状况良好及行驶安全，驾驶员必须做到"三检"，即出车前、行车中、收车后检视车辆的安全机构及各部机件连接的紧固情况；保持"四清"，即保持机油滤清器、空气滤清器、燃油滤清器和蓄电池表面的清洁；防止"四漏"，即防止漏油、漏水、漏气和漏电；以保持车容整洁、车况良好。

其中，"三检"具体是指：行车前，检查车灯和转向信号灯工作是否可靠；检查制动装置工作是否良好，包括对制动器、制动液面以及制动尾灯的检查；检查燃油量；检查后视镜位置是否合适；检查前照灯、后尾灯、制动灯及车窗玻璃是否清洁；检查轮胎气压和轮胎状况是否正常；检查发动机润滑液面是否符合要求；检查刮水器和风窗玻璃清洗液面及工况是否符合要求；检查车辆外露部位螺栓螺母是否齐全；启动发动机，检查发动机运转是否正常，有无异响，各仪表、警告指示灯工作是否正常。

行车途中停车检查，发动机和底盘的工作情况是否正常；各种仪表工作是否有效、可靠；检查转向器、驻车制动器和离合器的工作是否正常可靠；检查轮胎气压，清除轮胎花纹中夹杂物；检查有无漏水、漏油、漏气现象；巡视全车外部，检查有无异常情况。

收车后，检查发动机运转是否正常，察听有无漏气之处；检查和补充燃油、机油、冷却水；按规定对润滑点进行检查和加润滑油（脂）；扭转机油滤器手柄3～4转；用手摸制动鼓是否发热或过烫；检查轮胎气压是否充足；气温在0℃以下时，冷却系统无防冻液的应将冷却液放净；严寒地区，应将蓄电池放入暖室内；关闭所有开关和按钮；检查并配齐随车工具及附件；清洁全车外部，打扫驾驶室和车厢；检视总泵制动液面是否符合规定；最后按下各车门开关按钮，拔下点火开关钥匙，关闭车门。车门关好后应再拉一下，看是否已锁上。

做好日常维护是保障行车安全的最基本、最重要的工作，要求驾驶员必须掌握一定的专业知识，维护作业时操作应按规范，内容应标准，确保人身安全。总之，车辆的日常维护就是要做到及时发现问题、迅速排除故障,正确补充润滑油和其他运行材料的消耗,车辆的日常维护和检查应着重于安全方面的内容。

8.4 高速公路的安全行驶

8.4.1 汽车在高速公路的行车特点

高速公路改变了人们的生活观念和质量,随着人民生活水平提高,汽车已经进入千家万户,对高速公路的依存度也越来越高,而且影响力越来越大。但就目前我国高速公路,在现有的通行道路中,有许多驾驶员,尤其是新手对高速公路构成、行车特点及行驶要求了解不多。

1. 高速公路构成

在高速公路上,车辆只能在规定的出入口进出,并设有平面交叉,其组成部分有车道、中央分隔带和交叉口的立交桥等。在互通式的立交桥处,设有出入口坡道,有的还设有变速车道。在高速公路上,还设有服务区、停车场、绿化带、护栏、信号标志、可变情报板、求救电话等设施。

2. 高速公路的行车特点

① 必须达到规定车速的机动车辆进入。机动车在高速公路上正常行驶时,最低时速不得低于 50 km。最高时速,小型客车不得高于 110 km;大型客车、货运汽车和摩托车不得高于 90 km。但遇有限速交通标志或者限速路面标记所示时速与上述规定不一致时,应当遵守标志或者标记的规定。另外,机动车在高速公路上正常行驶时,同一车道的后车与前车必须保持足够的行车间距。在正常情况下,当行驶时速 100 km 时,行车间距为 100 m 以上;时速 70 km 时,行车间距为 70 m 以上。遇大风、雪、雾天或者路面结冰时,应当减速行驶。

② 在中间设置分隔带。

③ 在交叉路口全部采用立体交叉。

④ 全部或局部控制出入,以减少纵向和横向干扰。

8.4.2 汽车在高速公路的行驶要求

1. 在收费口处的行驶要求

据统计,高速公路收费口附近是低速碰撞事故的多发区域。虽然在一般情况下因车速很低,这种事故不致造成重大损失,但事故引起的车辆损伤和驾驶员心理波动,对进入高速公路后的行车安全是不利的。为避免这种事故,在车辆驶入收费口及驶离收费口过程中,必须遵循以下行驶要求。

① 由一般道路驶向高速公路收费口时,要遵守限车规定(一般以不超过 40 km/h 为宜)。

② 事先作好交费准备,以免耽误时间。

③ 要注意收费口处设立的交通公告板上介绍的交通状况及天气变化等消息。

④ 收费站若有多个收费口,要根据收费口上的信号指示灯及车辆的多少提前选好通

行口。

⑤ 在收费口前不可临时变更行驶路线或超车、插队。
⑥ 进入收费口后,要在收费窗口处把车窗对正停稳,办完交费手续后迅速驶离。
⑦ 前排乘员应系好安全带。
⑧ 通过收费口后,要根据自己的目的地按照指示的方向和道路行驶。

2. 入口匝道的行驶要求

有些高速公路的收费口是直接与主干道相连的,有的收费口是通过匝道与主干道相连的。在通过有入口匝道的地方时,车速一般应不超过 40 km/h,有限速标志的应以不超过限速标志规定的车速行驶。因为有些入口的匝道被设计成回旋曲线,这种线型的匝道越接近干道曲率半径越小,如图 8-2 所示。如果在匝道上车速太快,当接近干道时(如图中 B 点)就会感到转弯困难,甚至有驶出路外的危险。这时若采取制动措施有可能导致翻车事故。因此应在图中 A 点适当减低车速,到达 B 点后再开始逐渐加速。

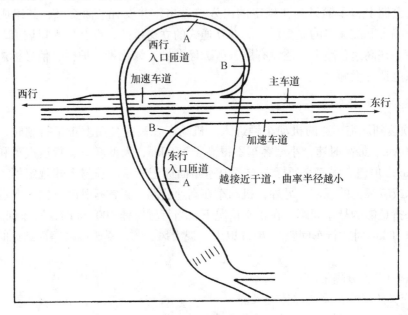

图 8-2　高速公路入口匝道

3. 由加速车道进入主车道的行驶要求

由入口匝道驶入干道时,绝不可立即转入主车道。必须预先在加速车道上使车辆尽快加速到接近规定的最低车速(70 km/h)后,才能进入主车道行驶。由加速车道进入主车道的行驶过程一般可分为以下几个步骤(见图 8-3)。

① 在驶入入口匝道与干道合流处的三角地带端部之前,打开左转向信号灯。
② 通过车内外后视镜或直接目视观察主车道上的车流动态。
③ 充分加速车辆,使车速尽快达到主车道规定的最低行驶的车速。
④ 再次观察主车道车流动态,在确保安全的条件下,平稳地转入主车道行驶。
⑤ 关闭左转向信号灯。

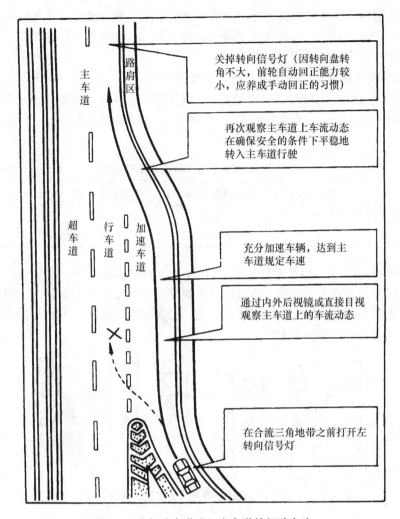

图 8-3 由加速车道进入主车道的行驶方法

4. 干道的行驶要求

① 在主车道内行驶,且稍靠向右侧。
② 弯道行驶时注意不要跨线越线。
③ 在上坡路段,速度慢的车辆要在爬坡车道内行驶。
④ 下长坡时利用发动机制动控制车速。
⑤ 途经高速公路入口处时,注意加速车道上准备进入的车辆。
⑥ 不得向车外丢弃烟头、空瓶子等杂物。
⑦ 避免疲劳驾驶。
⑧ 要严格遵守限速规定。
⑨ 要保持足够的安全车距。车速表上指示的车速值可作为安全车距的参考值(m)。

5. 安全超车的行驶要求

由于高速公路都设有专用的超车道,又不存在与对面来车相会的问题,这为安全超车提供了极为便利的条件。但是,在高速公路上行驶车辆的速度都很高,在超车时仍存在一定的危险性。据国外的统计资料表明,在超车过程中发生的与主车道的车辆接触事故占事故总数的2%~3%。因此,除非十分必要不应随意超车。在必须进行超车时,观察判断要准确,操作要果断,同时要注意以下事项。

① 从后视镜观察后方,确认后方的超车道无来车。

② 观察前方1 000~2 000 m以内的道路与车辆状况。在超车速度差小于20 km/h及前车的车速超过90 km/h时,关注的距离应适当延长。不同速度差与超车时间及超车距离见表8-5。

表8-5 速度差与超车时间及超车距离

速度差（km/h）	前车速度（km/h）	自车速度（km/h）	车间距离（m）	超车行驶距离（m）
10	90	100	100	2 100
20	80	100	80	850

③ 谨慎转入超车道。打开左转向信号灯3 s后,再转入超车道,以便后方的车辆能充分注意到自己的超车意图。变换车道前应再次观察前方与后方的车辆动态,确认安全后转入主车道。变换车道时,转向盘不可转得太急,转动量不可太大,否则易出现事故。在变换车道时易出现的事故如图8-4所示。

图8-4 变换车道可能会发生的事故

④ 在超车道上行驶时,其车速也不得超过最高限制车速。

⑤ 谨慎返回主车道。在超过被超车辆50 m后,保护其车速,打开右转向信号灯3 s后,再驶回主车道,如图8-5所示。同样,返回主车道时,转向盘不可转得太急,转动量不可过大。

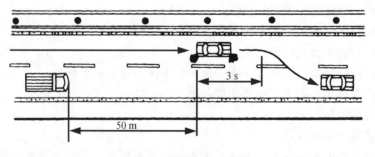

图8-5 谨慎返回主车道

6. 紧急停车的行驶要求

在高速公路行驶中,如果车辆发生故障需要临时停车检修时,必须提前开启右转向信号灯驶离行车道,将车停在紧急停车带或右侧路肩上,禁止将车停在行车道。停车时,驾驶员必须立即开启危险报警闪光灯,并在行驶方向的后方 100 m 处设置故障车警告标志,夜间还必须同时开启示宽灯和尾灯。驾驶员和乘车人必须迅速转移到右侧路肩上或者紧急停车带内,并立即报告交通警察。

7. 驶离高速公路后的行驶要求

驶出收费处后,最好能稍停片刻或先慢行一段距离(视个人具体情况而定),调整一下心态,待适应后再正常行驶。因为长时间在高速行驶形成的速度错觉还要延续一段时间。在这段时间内,驾驶员仍有可能错误估计自己的车速,导致在一般道路上违章超速行驶,增加了发生事故的危险性。所以,在进入一般道路后,仍须按照车速表来控制车速,不要过分信赖自己的主观感觉。

在普通公路上,如果尚未彻底消除高速公路行车心态,势必不适应道路交通状况的变化,是很容易发生交通事故的,这在长期的行车实践已被证明,应引起足够的重视。

8. 《道路交通法》对高速公路的行驶要求

① 高速公路应当标明车道的行驶速度,最高车速不得超过每小时 120 km,最低车速不得低于每小时 60 km。在高速公路上行驶的小型载客汽车最高车速不得超过每小时 120 km,其他机动车不得超过每小时 100 km,摩托车不得超过每小时 80 km。

同方向有 2 条车道的,左侧车道的最低车速为每小时 100 km;同方向有 3 条以上车道的,最左侧车道的最低车速为每小时 110 km,中间车道的最低车速为每小时 90 km。道路限速标志标明的车速与上述车道行驶车速的规定不一致的,按照道路限速标志标明的车速行驶。

② 机动车从匝道驶入高速公路,应当开启左转向信号灯,在不妨碍已在高速公路内的机动车正常行驶的情况下驶入车道。机动车驶离高速公路时,应当开启右转向信号灯,驶入减速车道,降低车速后驶离。

③ 机动车在高速公路上行驶,车速超过每小时 100 km 时,应当与同车道前车保持 100 m 以上的距离,车速低于每小时 100 km 时,与同车道前车距离可以适当缩短,但最小距离不得少于 50 m。

④ 机动车在高速公路上行驶,遇有雾、雨、雪、沙尘、冰雹等低能见度气象条件时,应当遵守下列规定:

a. 能见度小于 200 m 时,开启雾灯、近光灯、示廓灯和前后位灯,车速不得超过每小时 60 km,与同车道前车保持 100 m 以上的距离。

b. 能见度小于 100 m 时,开启雾灯、近光灯、示廓灯、前后位灯和危险报警闪光灯,车速不得超过每小时 40 km,与同车道前车保持 50 m 以上的距离。

c. 能见度小于 50 m 时,开启雾灯、近光灯、示廓灯、前后位灯和危险报警闪光灯,车速不得超过每小时 20 km,并从最近的出口尽快驶离高速公路。

遇有前款规定情形时,高速公路管理部门应当通过显示屏等方式发布速度限制、保持车距等提示信息。

⑤ 机动车在高速公路上行驶,不得有下列行为:

a. 倒车、逆行、穿越中央分隔带掉头或者在车道内停车。

b. 在匝道、加速车道或者减速车道上超车。

c. 骑、轧车行道分界线或者在路肩上行驶。

d. 非紧急情况时在应急车道行驶或者停车。

⑥ 在高速公路上行驶的载货汽车车厢不得载人，两轮摩托车在高速公路行驶时不得载人。

⑦ 机动车通过施工作业路段时，应当注意警示标志，减速行驶。

⑧ 城市快速路的道路交通安全管理，参照本节的规定执行。

对于高速公路、城市快速路的道路交通安全管理工作，省、自治区、直辖市人民政府公安机关交通管理部门可以指定设区的市人民政府公安机关交通管理部门或者相当于同级的公安机关交通管理部门承担。

学 习 训 练

1. 叙述交通事故的定义。
2. 构成交通事故的要素有哪些？引发交通事故的原因有哪些？
3. GB 7258—2004《机动车运行安全技术条件》由哪几部分组成？
4. 叙述车辆识别代码的组成。
5. 简述发动机的运行安全技术条件的主要内容。
6. 简述转向系统的运行安全技术条件的主要内容。
7. 简述行驶系统的运行安全技术条件的主要内容。
8. 简述传动系统的运行安全技术条件的主要内容。
9. 简述制动系统的运行安全技术条件的主要内容。
10. 汽车安全行驶包括哪几方面内容？
11. 简述汽车在高速公路的行车特点。
12. 简述在高速公路上安全超车的行驶要求。
13. 简述在高速公路上紧急停车的行驶要求。

第 9 章　汽车更新与评估

学习目标

通过本章的学习，学生应能解释汽车使用寿命的涵义、分类，影响汽车经济使用寿命的因素，会计算汽车经济使用寿命，能分析汽车经济使用寿命的影响因素，能说明汽车无形损耗和有形损耗之间的关系，能利用旧车评估的主要方法进行旧车价格的简单评估，汽车损耗以及汽车评估等基本内容。

9.1　汽车使用寿命

汽车使用寿命是指从汽车初次注册登记日开始计算，到不再能够被利用为止，所经历的总使用时间或总行驶里程。其中，机动车的总使用时间既包括其工作时间也包括停驶时间。汽车不再能够被利用的判断标准有四个，即国家汽车报废（法律规定）标准、技术性标准、经济性标准和合理性标准等。并据此引入了汽车规定使用寿命、汽车技术使用寿命、汽车经济使用寿命和汽车合理使用寿命。

研究汽车的使用寿命及其计算方法，是确定旧车剩余使用寿命，进行旧车鉴定估价的基本依据。

9.1.1　汽车寿命分类

1. 汽车规定使用寿命

汽车使用寿命是指从汽车初次注册登记日开始计算，到达到国家《汽车报废标准》以及各地制定的有关报废规定、报废标准，持续累计的总使用时间或总行驶里程。其中，汽车的总使用时间或总行驶里程按照国家《汽车报废标准》的规定计算，如果总使用时间以年计算，则汽车的规定使用寿命又称作规定使用年限。如果汽车虽未到报废年限，但因交通事故或车辆超负荷使用造成发动机或底盘严重损坏，经检验不符合国家《机动车运行安全技术条件》规定的汽车安全、尾气排放要求，那么此时便也是汽车规定使用寿命结束的时刻。因此，一辆汽车的规定使用寿命可能会短于国家规定的汽车报废年限。

2. 汽车技术使用寿命

汽车技术使用寿命是指从汽车初次注册登记日开始计算，到其主要零部件技术状态超出技术规范，而不能继续修理时为止的总使用时间或总行驶里程。汽车主要零部件超出技术规范，是指零部件因长期工作不可避免地发生老化、磨损和松动，其结构上的工作尺寸、配合间隙超过技术规范所规定的极限尺寸；汽车的性能如安全性、动力性、尾气污染排放量、燃油经济性和润料消耗量等以变得极度恶劣，无法进行修复改进，或修复改进成本太高。

汽车的技术使用寿命，主要取决于各部分总成的设计水平、制造装配质量和合理使用与维护。汽车维护工作做得越好，汽车的技术使用寿命则会延长，但汽车的维修费用也会日益增加。汽车达到技术使用寿命时，应对车辆进行报废处理，其零部件也不能再作配件使用，一般车辆的使用寿命平均为10年左右。

3. 汽车的经济使用寿命

汽车的经济使用寿命是指从汽车初次注册登记日开始计算，到因使用或营运成本太高、经济性变差而无法实现预期收益时为止的总使用时间或总行驶里程。所谓使用或营运成本太高、经济性变差是指通过全面的使用成本核算和经济分析，确认车辆的总使用成本已足够地接近其营运毛收入，不能再为车辆拥有者带来理想程度的经济效益的时刻。

车辆的使用成本包括购车支出、日常维修保养费用、折旧费用、大修费用、零部件（如轮胎和刹车片等）更换费用、管理费用、人员劳务开支、燃油和润料费用以及牌照、保险、养路费和各种规费、杂费等。

4. 汽车的合理使用寿命

汽车的合理使用寿命是指从汽车初次注册登记日开始计算，在到达经济使用寿命后，因为更新资金和更新车型来源等因素制约，将营运车辆又继续使用一段时间后的总使用年数或总行驶里程。即汽车虽已达到了经济使用寿命，是否立即更新，还要考虑更新汽车的来源，更新资金等因素，视具体情况而定。为此，国家根据上述情况制定出汽车更新的技术政策，在考虑国民经济的可能并加以修正，规定车辆的更新期限。

汽车技术使用寿命、经济使用寿命和合理使用寿命三者的关系可表达为

技术使用寿命＞合理使用寿命≥经济使用寿命。

9.1.2 影响经济寿命的因素

汽车经济使用寿命是汽车经济效益最佳时的使用年限。更新车辆，应以经济使用寿命为依据。因此，研究汽车的使用寿命，主要是研究汽车的经济使用寿命。

据研究资料表明，在一辆汽车的整个使用时期内，汽车的制造费用平均占其全部使用期总费用的15%，而汽车的使用、维护修理费用则占总费用的85%左右。所以现代汽车的经济使用寿命的长短，很重要的一点就是在汽车设计、制造时，必须充分预测到车辆投入使用后可能需要的维修费用。如果汽车在长期使用中，能保持其使用维修费用低，则其经济使用寿命将较长，反之则缩短。

许多国家的汽车使用期限完全按经济规律确定，除考虑车辆本身的运行费用增长外，还考虑新车型性能的改进和价格下降等因素，各国制定的汽车使用期限各不相同，表9-1列出几个国家的载货汽车的平均经济使用寿命。

表9-1 主要国家的载重汽车的平均经济使用寿命

国　别	美国	日本	德国	法国	英国	意大利
平均经济使用寿命（年）	10.3	7.5	11.5	12.1	10.6	11.2

1. 汽车经济使用寿命的主要评定指标

汽车的经济使用寿命的主要评定指标有年限、行驶里程、使用年限和大修次数。

① 年限。年限是指汽车从开始投入运行到报废的年数。确定年限除考虑运行时间外，还考虑车辆停驶期间的自然损耗等问题。这种评定方法虽然较简单，但是不能真实地反映

汽车的使用强度和使用条件，会造成同年限的车辆技术状况差别很大。

② 行驶里程。汽车行驶里程是指汽车从开始投入运行到报废期间总的累计行驶里程数。这种评定方法反映了汽车的真实使用强度，但不能反映出运行条件和停驶期间的自然损耗。由于各种车辆的运行件差异较大，年平均行驶里程相差很大，因此使用年限虽然大致相同，但是累计行驶里程相差很大。在汽车运输企业中，大多数以行驶里程作为评定车辆各项指标的基数。

③ 使用年限。使用年限是指汽车总的行驶里程与年平均行驶里程之比所得的年限，即

$$T = \frac{L_c}{L_a} \tag{9-1}$$

式中　T——折算年限（使用年限，年）；

　　　L_c——总的累计行驶里程（km）；

　　　L_a——年平均行驶里程（km/年）。

年平均行驶里程是用统计方法确定的，与车辆的技术状态、完好率、平均技术速度和道路条件等因素有关。我国城市和市郊运输车辆年平均行驶里程一般为 4 万 km 左右，长途货车为 5 万 km 左右。对于使用中的营运汽车，虽然车辆的使用条件不同，年平均行驶里程的差异较大，但车辆的年平均使用强度基本相同，因此，按折算年限基本上可以在全国范围内取得统一指标。社会零散车辆的管理水平、使用水平、维修水平一般都比较低，使用强度相差较大，年平均行驶里程也不相同，其使用年限也不相同，所以这些车辆又不能按专业运输车辆的指标要求，应相对于专业运输企业车辆的使用寿命作适当的修正。这种使用年限的评定方法，既反映了车辆的使用情况和强度，又包括了运行条件和停驶期间车辆的自然损耗。

④ 大修次数。汽车在使用过程中，当动力性和经济性下降到一定程度，已无法用正常的维护和小修方法使其恢复正常技术状况时，就要进行大修。

运输企业部门除用里程为评定指标外，也可用大修次数作为评定指标。汽车报废之前，需考虑买新车的费用加旧车未折完的损失和大修费用加经济费用的损失，来预测截止到某次大修最为经济合算。

对我国来说，采用使用年限这个指标比采用行驶里程更为合理些，因为我国地域广阔、地理、气候、道路条件差异较大，管理水平也有高低。有些省市，即使是相同的使用年限，而车辆总行驶里程不同，车辆技术状况也大不相同。因此，交通专业运输车辆，以使用年限和行驶里程作为汽车使用寿命的考核指标，而以使用年限为主。

2. 影响汽车经济使用寿命的因素

在确定汽车经济使用寿命时，应从提高经济效益的观点来分析汽车的运输成本，进而分析影响汽车经济使用寿命的因素。汽车运输成本 C 一般包括：

$$C = C_1 + C_2 + C_3 + C_4 + C_5 + C_6 + C_7 + C_8 + C_9 \tag{9-2}$$

式中　C_1——燃料费用；

　　　C_2——维护、小修费用；

　　　C_3——大修费用；

　　　C_4——基本折旧费；

　　　C_5——轮胎费用；

C_6——驾驶员工资费用；

C_7——管理费用；

C_8——养路费用；

C_9——其他费用。

式中，$C_5 \sim C_9$ 是与汽车经济使用寿命无关的因素，C_4 当使用寿命确定后，基本上是一个定值。只有 C_1、C_2、C_3 是随行驶里程（或使用年限）的增长、车况的下降而增加，因此对汽车经济使用寿命影响的主要因素有主要有燃料费用 C_1、维修费用 C_2 和大修费用 C_3，另外汽车的经济使用寿命还受到使用强度和使用条件等因素影响。

① 燃料费用。根据行车试验，燃料费与行驶里程的变化关系曲线如图9-1 所示，从图中可以看出，燃料费用随车辆行驶里程的增加而增加。其主要原因是汽车随着行驶里程的增加，技术状况逐渐变坏，其主要性能不断地下降，导致燃料消耗也不断地增加。

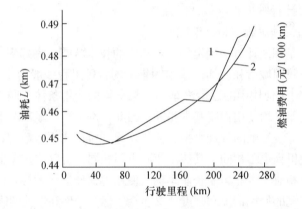

图 9-1　燃料费用与行驶里程的关系曲线

1—实际使用数值曲线；2—理论曲线

② 维修费用。维修费用是指汽车在使用过程中，各级维护费用及日常小修费用的总和。它主要由维修过程中实际消耗配件费、材料费用和工时费确定。车辆行驶里程增加，各级维护业中的日常作业项目和附加小修项目逐渐增多，其费用也随之增加，其变化关系如图9-2 所示。

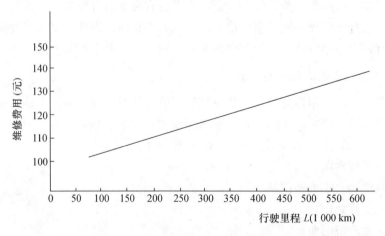

图 9-2　汽车行驶里程与维修费用的关系

③ 大修费用。大修费用就是指车辆在进行大修时所用的费用。汽车在使用过程中，当动力性和经济性下降到一定程度时，就必须进行大修，以恢复其正常技术状况。根据调查统计资料表明，随行驶里程（或年限）的增长，大修费用逐渐增加。一般来说，第二次大修的费用平均约为第一次大修费用的 1.5 倍，第三次大修的费用约为第二次大修费用的 2 倍。同时大修间隔里程也逐渐缩短。

④ 使用强度。车辆在不同部门使用，其使用强度、管理和维修水平是不同的，对于专业交通运输车辆、社会专业运输车辆、社会零散运输车辆和城市公交车，其使用强度各不相同，使用强度大的车辆（如专业运输车辆，包括货车、客车等），其经济使用寿命（年限）较短，对于使用强度较小的车辆，其经济使用寿命（年限）相对较长。

⑤ 使用条件。使用条件对汽车经济使用寿命的影响主要表现在道路条件、气候条件等的影响。我国各地自然条件相差较大，各地的道路条件也不相同。道路条件影响车辆的技术速度，导致汽车在不同道路行驶的年平均行驶里程也各不相同。另外，如气温、高原山区、风沙等自然条件对汽车的经济使用寿命也有较大的影响。

9.2 汽车损耗

汽车在使用期限内，随着行驶里程的增加，其使用性能和经济指标均有明显下降的现象称为"劣化"，劣化理论是汽车更新的理论依据。通过对在用车辆的调查，可知汽车经济使用寿命的劣化过程，主要受到车辆有形损耗和无形损耗的影响。其中，车辆有形损耗引起车辆的实体性贬值，而车辆的无形损耗则决定着车辆的功能性贬值、经济性贬值和营运性贬值。

9.2.1 有形损耗

有形损耗是指车辆由于自然力的作用而在实物状态的损耗和技术性能上的劣化，通俗地讲，就是指车辆在使用中由自身的原因使其产生的消耗。

汽车发生在使用过程中的有形损耗主要是机件配合副的磨损、基础件的变形、零件的疲劳破坏等。这类损耗发展到一定程度，就使得维修费用、运行材料费用增高，运输效率降低，若继续使用，则经济上将受到影响。汽车的有形损耗又可分为两种，一种是消除性的有形损耗，即通过相应的维修措施可以周期性地消除的损耗，如汽车通过各级维护及小修可以消除各种因失调或损伤而造成的运行故障，通过大修可以恢复各总成及整车的使用性能；另一种是不能消除性的有形损耗，即不能通过维护及修理消除的损耗，如零件的老化、疲劳等。汽车发生在闲置过程中的无形损耗主要是零部件生锈、车身漆面及橡胶件老化，或缺乏正确的管理制度导致管理不善引起的其他损失等。有形损耗与使用时间和使用强度成正比，而无形损耗在一定程度上与闲置时间成正比。

汽车的有形损耗反映了其使用价值降低。车辆的有形损耗发展到完全损耗的期限，受很多因素影响。一方面，材料性能改善，加工技术和加工质量提高以及结构可靠性改善等，使汽车的耐久性提高，同时采用正确的维护与计划修理可避免零件出现过度磨损，可大大推迟有形损耗的期限；另一方面，车辆高度的自动化管理，可减少车辆的停歇时间，提高行程利用率，同时也提高了车辆的使用强度，又会加快有形损耗的速度，使之提前发展到完全损耗的期限。

9.2.2 无形损耗

汽车的无形损耗是指由于与车辆本身的实物状态和技术状况无关的外部原因导致的车辆价值损耗。通俗地讲，就是指车辆外部原因使其变得不值钱了。导致车辆无形损耗的外部原因包括科学技术进步和生产力水平的提高、市场供需关系的变化、国家经济政策的变化调整等。车辆的价值并不取决于最初的生产耗费，而是取决于再生产所用的生产耗费，在技术进步的同时，这种生产耗费也是不断下降的。无形损耗分为两种形式。

① 无形损耗是因相同结构车辆再生产价值的降低，而产生现有车辆价值的贬值。由于汽车生产技术的进步、生产工艺不断改进，成本不断降低，劳动生产效率不断提高，使生产该车辆的社会必要劳动耗费降低，从而使车辆发生贬值，但车辆的结构、动力性和经济性未变，不涉及它的使用价值。因此车辆在第一种无形损耗时，不产生提前更换现用车辆的需要，对车辆的使用寿命没有实质性的影响。由于技术进步，车辆本身价值降低的速度比修理价值降低速度快，因此有可能出现修理费用超过合理限度的情况，即从修理角度出发，有可能使车辆的使用寿命缩短。

② 无形损耗是指不断出现结构、性能更完善的新车型，而使现有车辆贬值。其主要特征是它引起旧车型的局部或全部使用价值的损失，其结果是使旧车型在有形损耗发展到无形损耗之前，就出现新车型代替现有车型的必要，即产生车辆更新问题。这种更换的经济合理性，不取决于出现相同用途的新型车辆这一事实，而是取决于现有车辆的贬值程度以及在生产中继续使用旧车型时的经济效益下降的程度。

9.2.3 有形损耗和无形损耗的关系

通过以上车辆劣化过程的分析，可以看出车辆有形损耗和无形损耗在经济后果上是相同的，都会引起车辆原始价值降低；不同之处在于，有形损耗严重时，常常在修复之前可使车辆不能正常运行而停驶，而无形损耗不影响车辆的正常运行。从表面上看，推迟有形损耗对提高车辆的耐久性具有重要意义，但必须注意到增加耐久性是有经济界限的，而这个界限取决于车辆的无形损耗期。通常将车辆的理想方案设计为"无维修设计"，即有形损耗和无形损耗相互接近，这只是理想状况，实际上难做到。

① 车辆已达到完全有形损耗，而它的无形损耗期还未到来，这时需研究对该车进行大修是否合理，否则，可更换同车型的新车。

② 无形损耗期早于有形损耗期，是继续使用原有车辆还是用新车型更换尚未折旧完的现用车，需要用将经济性和可能性相结合进行分析，才能做出正确结论。

9.3 汽车更新

确定车辆的更新时刻，是企业及各经济组织管理决策中的重要问题之一。当一辆车已损耗到不能使用且不宜大修时，换用一辆相同性能的车辆是一种得简单的替换，这种替换没有明确的经济分析作依据。随着技术的进步，我国运输企业更多地以效能更高、结构更加完善的先进车型，代替物理上不能使用和经济上不宜继续使用的车辆。更换的规模越大、时间把握越好，汽车运输业的劳动生产效率提高程度也就越大。所以在提高生产效率的同时，要考虑车辆的使用效益，就必须研究车辆的"最佳更换时机"，并以此制定车辆的更新方案。汽车使用寿命和更新时刻通常以使用年限作为计量指标,使用里程作为参考指标。

9.3.1 汽车经济使用寿命的确定方法

确定车辆的经济使用寿命的原则是:使车辆的一次性投资和各年度经营费用的总和达到最小。其方法有低劣化数值法、判定大修与更新界限法、应用现值及资本回收系数估算法、面值法、模式法和折旧法。根据汽车经济使用寿命影响因素的理论分析和各种计算方法的实际验算,通常用低劣化数值法进行计算。

汽车的低劣化是指随着使用里程的增加,汽车的损耗加剧,其主要技术性能下降,燃料费、维护费、大修费也随之增加的现象。汽车低劣化的程度主要取决于低劣化的增长强度 b。增长强度 b 是通过燃料费、维护费和修理费与行驶里程进行一元线性回归计算后求出的,即

$$b = \frac{\sum XY - \dfrac{\sum X \cdot \sum Y}{n}}{\sum_{i=1}^{n} X^2 - \dfrac{(\sum X)^2}{n}} \tag{9-3}$$

式中 b——低劣化增长强度(元/$(10^3 \text{km})^2$);
X——行驶里程(10^3km);
Y——燃料费、维护费、大修费的总和(元/10^3km);
n——统计数据的分组数。

汽车在整个使用过程中,性能不断下降,消耗不断上升,从低劣理论可知,在低劣化过程中总是存在一个经济效益最佳点,因此,以经济效益最佳点来确定汽车的使用寿命和更新期限,如图9-3所示。

车辆使用费用的最小值是其他的最佳更新时机。以行驶里程为量标,计算出最佳的更新里程,折算确定最佳使用年限,即经济使用寿命。汽车的经济使用寿命里程和折算的使用年限为

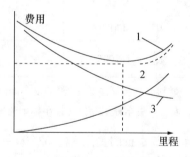

图9-3 寿命周期的确定
1—总费用;2—运行费用;3—折旧费用

$$L = \sqrt{\frac{2 \times K_0}{b}} \tag{9-4}$$

$$T = \frac{L}{\bar{L}} \tag{9-5}$$

式中 L——汽车的经济使用寿命(10^3km);
T——经济使用寿命里程折算的使用年限(年);
$\bar{L}$——年平均行驶里程(10^3km);
K_0——基本折旧费用(元/10^3km)。

例1 某运输公司对东风 EQ1091 型汽车的使用数据进行统计分析,见表9-2。其中,EQ1091 型汽车销售价格为6.2万元,7个轮胎计7560元,残值按500元计算,试确定其经济使用寿命。

表9-2 某EQ1091型汽车使用数据统计表

里程段 D (1000 km)	平均累计里程 X (1000 km)	维护费 Y_1 (元/1000 km)	大修费 Y_2 (元/1000 km)	大修费 Y_2 (元/1000 km)	燃料折算系数[①] C (t)	总费用 $Y=Y_1+Y_2+Y_3\times C$[②]
0~10	89	1 236.41	0	158.43	3.33	1 763.98
10~15	116.47	1 232.42	0	156.10	3.33	1 752.23
20~25	241.67	1 288.65	324.01	166.03	3.33	2 165.54
25~30	266.07	1 311.50	338.02	170.27	3.33	2 216.52
30~35	337.47	1 416.38	358.44	179.78	3.33	2 373.49
45~50	481.80	1 436.26	399.47	167.36	3.33	2 393.04
50~55	524.04	1 554.77	415.48	176.99	3.33	2 559.63
55~60	569.79	1 584.04	434.20	187.23	3.33	2 641.72
60~65	619.43	1 601.56	468.32	194.27	3.33	2 716.83
65~70	669.61	1 571.21	447.53	190.69	3.33	2 683.74
70~75	719.32	1 624.59	504.95	192.86	3.33	2 771.76
75~80	768.52	1 640.10	510.26	194.88	3.33	2 799.31
$\sum X$	5 403.19				$\sum Y$	28 837.79
$\overline{X}$	450.27				$\overline{Y}$	2 403.15
$\sum X^2$	3 036 095.03				$\sum XY$	13 899 747.73

① 燃料费的折算系数是把1000车km燃料费折算成1000km燃料费;
② C = (主车标记吨位 + 挂车标记吨位 × 拖挂率) × 实载率。

解:基本折旧费用 $K_0 = 62\,000 - 7\,560 - 500 = 53\,940$ (元)

低劣化数值的增长强度 b:

$$b = \frac{\sum XY - \dfrac{\sum X \cdot \sum Y}{n}}{\sum_{i=1}^{n} X^2 - \dfrac{(\sum X)^2}{n}} = 1.517 \text{ 元}/(10^3 \text{ km})^2$$

则经济使用里程为

$$L = \sqrt{\frac{2 \times K_0}{b}} = \sqrt{\frac{2 \times 53\,940}{1.517}} = 267 \ (10^3 \text{km})$$

若该公司的汽车年平均行驶里程为 $\overline{L} = 33.5$ (10^3km),则其经济使用寿命年限为

$$T = \frac{L}{\overline{L}} = \frac{267}{33.5} \approx 8 (\text{年})$$

另外,也可采用列表法求出经济寿命年限。车辆年度经营费用增长强度 $\lambda = b \cdot \overline{L}^2 = 1702$ 元,计算结果见表9-3。

表 9-3 列表计算法

使用年限 (T)	车辆费用（元） (K_0/T)	年均低劣化值（元） ($\lambda T/2$)	每年合计费用（元）
1	53 940	851	54 791
2	26 970	1 702	28 672
3	17 980	2 553	20 533
4	13 485	3 404	16 889
5	10 788	4 255	15 043
6	8 990	5 106	14 096
7	7 705.7	5 957	13 662.7
8*	6 742.5	6 808	13 550.5
9	5 993.3	7 659	13 652.3
10	5 394	8 510	13 904

从列表明细可见，当车辆 8 年时年总费用最低，因此，其经济使用寿命年限为 8 年。

9.3.2 汽车经济使用寿命系数的确定

汽车的使用寿命除取决于使用时间（里程）外，还受到使用强度和使用条件的影响。我国各地的地理、气候条件相差较大，故汽车的运行条件相差也较大，同一车型的汽车的经济使用寿命全国也不一样。因此，应根据具体情况对计算所确定的结果进行修正。主要应考虑的因素有车辆不同服务对象和使用条件的影响。

由于车辆的使用部门不同，其管理与维修水平差异不同，所以不能完全按照交通专业运输车辆的计算方法来确定其经济使用寿命，而应根据具体情况，参考专业运输车辆的经济使用寿命，对使用年限进行修正；我国各省的气候、道路等自然条件各不相同，城乡交通差异较大，有的地区使用条件较为恶劣，对汽车的经济使用寿命影响很大，为此应根据汽车的使用条件对其经济使用寿命进行修正。根据统计资料和使用经验综合分析，修正系数的确定见表 9-4。

表 9-4 使用寿命修正系数

车 型	好 路	坏 路	特殊使用条件	城市运输
解放、黄河	1.1～1.3	0.85～0.95	0.8～0.9	0.9（货车）

国外货运汽车的使用寿命主要是经济使用寿命，明显受到技术经济形势的制约，平均使用寿命为 7～8 年，重型货车使用年限长一些，轻型货车进入极限状态就一般不经大修就注销更新。

9.4 汽车评估

旧车评估是指由从事旧车鉴定评估业务的专业人员，按照特定的目的，遵循国家法律法规或行业公允的标准和程序，运用科学的分析计算方法，在充分掌握市场行情和价格走势的情况下，对旧车进行证件和手续检查、技术鉴定、估算价格，并以自身的商业信誉和专业知识设法让买卖双方接受的旧车价格估算过程。因此，旧车价格评估过程包括四大环节，即车辆证件和手续检查、车辆技术状况鉴定、估算价格并出具车辆鉴定评估报告。

9.4.1　汽车评估的基本流程

1. 汽车评估的特点

① 旧车价格评估以技术鉴定为基础。机动车辆的新旧程度主要是指其技术状况的好坏和技术性能的优劣，而这些只有通过技术鉴定手段才能加以评判。机动车辆在长期的使用中，由于运动零件的相互摩擦和各种静、动载荷以及自然力的作用，使之处于不断的磨损和变形过程中。随着使用里程和使用年数的增加，车辆的有形损耗、无形损耗加剧，其损耗程度的大小，因使用强度、使用条件、维修水平的不同而相差很大，这些差异只有通过专业的技术鉴定才能细分出来。因此，评估车辆的实物状态和整车性能指标以及各项贬值参数，并据此估算车辆的残值，车辆的技术检测结果和技术鉴定结论都是不可替代的最基本的评估依据。

② 旧车价格评估以单辆为评估对象。由于旧车车型繁多，同型号的配置也不尽相同，车辆价格的变化范围大，便宜的可能只有两三万元，贵的可能高达几十万元。为了保证评估结果的客观性和准确性，对于单位价值大的车辆，一般都是对每一辆车单独进行价格评估的。为了简化价格评估工作程序，节省时间，对于以产权转让为目的，单位价值小的车辆，也可采取"提篮作价"的一揽子评估方式。

③ 旧车价格评估需考虑手续等费用。由于国家对车辆实行户籍管理，使用税费附加值高。因此，对旧车进行价格评估时，除了估算其实体价值以外，还要考虑由户籍管理手续和各种使用税费构成的支出。

2. 汽车评估的基本依据

旧车价格评估理论和方法的建立必须具有充分的法律法规和科学依据，这样才能正确地指导旧车价格评估工作，得出合理的评估结论。其主要依据包括以下几点。

① 理论依据。旧车价格评估的理论依据是资产评估学，基本的评估标准和计算方法由机器设备等有形资产评估理论发展而来，其具体操作方法应符合国家规定。

② 政策法规依据。旧车价格评估工作政策性强，依据的主要政策法规有《国有资产评估管理办法》、《国有资产评估管理办法实施细则》、《汽车报废标准》、《二手车流通管理办法》等，同时也要遵守各地政府为加强管理而制定的一些特殊规定。

③ 旧车价格依据。旧车价格依据包括历史依据和现时依据。历史依据是指旧车的账面原值、净值等资料，它具有一定的参考价值，但不能作为估价的直接依据；现时依据是指评估是以基准日的

3. 汽车评估的基本流程

汽车评估基本流程是指对具体的评估车辆，从接受立项、受理委托到完成评估任务，出具鉴定评估报告的全过程的具体步骤和工作环节。汽车交易市场发生的汽车评估业务一般可分为下列四个阶段。

① 前期准备工作阶段。旧车价格评估的前期准备工作主要包括业务接待、实地考察、签订估价委托协议书。根据价格评估的要求，向委托方收集有关资料、了解情况是鉴定估价专业人员本身需要做的准备工作。

② 现场工作阶段。现场工作阶段的主要任务是检查手续、核查实物、验证委托人提供的资料、鉴定车辆技术状况。

③ 评定估算阶段。评定估算阶段一方面要继续收集所欠缺的资料，另一方面对所收集的数据资料进行筛选整理；根据评估目的选择适用的估价标准和评估方法，本着客观、公正的原则对车辆进行评定估算，确定评估结果。

④ 自查及撰写鉴定评估报告阶段。这一阶段主要是对整个评估过程进行自查，对价格评估的依据和参数进行全面核对，在核对无误的基础上，撰写鉴定评估说明和报告，最后登记造册归档。

9.4.2 旧机动车评估的主要方法

我国对旧机动车评估还没有统一的标准，旧机动车评估的方法主要参照资产评估的方法，主要按照以下四种方法进行：现行市价法、重置成本法、收益现值法、清算价格法。

1. 现行市价法

现行市价法又称市场法、市场价格比较法，是指通过比较被评估车辆与最近售出类似车辆的异同，并将类似车辆的市场价格进行调整，从而确定被评估车辆价值的一种评估方法。现行市价法是最直接、最简单的一种评估方法。

（1）现行市价法基本原理

通过市场调查选择一个或几个与评估车辆相同或类似的车辆作为参照物，分析参照物的构造、功能、性能、新旧程度、地区差别、交易条件及成交价格等，并与评估车辆一一对照比较，找出两者的差别及差别所反映在价格上的差额，经过调整，计算出旧机动车辆的价格。

（2）现行市价法应用的前提条件

① 需要有一个充分发育、活跃的旧机动车交易市场，有充分的参照物可取。

② 参照物及其与被评估车辆有可比较的指标、技术参数等资料是可收集到的，并且价值影响因素明确，可以量化。

（3）采用现行市价法评估的步骤

① 考察鉴定被评估车辆。收集被评估车辆的资料，包括车辆的类别、名称、型号等。了解车辆的用途、目前的使用情况，并对车辆的性能、新旧程度等作必要的技术鉴定，以获得被评估车辆的主要参数，为市场数据资料的搜集及参照物的选择提供依据。

② 选择参照物。按照可比性原则选取参照物，参照物的选择一般应在两个以上。车辆的可比性因素主要包括类别、型号、用途、结构、性能、新旧程度、成交数量、成交时间、付款方式等。

③ 对被评估车辆和参照物之间的差异进行比较、量化和调整。被评估车辆与参照物之间的各种可比因素，尽可能地予以量化、调整。具体包括销售时间差异的量化、车辆性能差异的量化、新旧程度差异的量化、销售数量、付款方式差异的量化。

④ 汇总各因素差异量化值，求出车辆的评估值。对上述各差异因素量化值进行汇总，

给出车辆的评估值。以数学表达式表示为

$$被评估车辆的价值 = 参照物现行市价 \times \sum 差异量 \quad (9\text{-}6)$$

$$或被评估车辆的价值 = 参照物现行市价 \times 差异调整系数 \quad (9\text{-}7)$$

（4）采用现行市价法的优缺点

① 优点。能够客观反映旧机动车辆目前的市场情况，其评估的参数、指标，直接从市场获得，评估值能反映市场现实价格；结果易于被各方面理解和接受。

② 缺点。需要公开及活跃的市场作为基础，然而我国旧机动车市场还只是刚刚建立，发育不完全，不完善，寻找参照物有一定的困难；可比因素多而复杂，即使是同一个生产厂家生产的同一型号的产品，同一天登记，由不同的车主使用，其使用强度、使用条件、维护水平等多种因素作用，其实体损耗、新旧程度都各不相同。

（5）现行市价法的适用范围

现行市价法要求评估人员经验丰富，熟悉车辆的评估鉴定程序、鉴定方法和市场交易情况，那么采用现行市价法评估时间会很短，因此，特别适合应用于成批收购、鉴定和典当。单件收购估价时，还可以讨价还价，达成双方都能接受的交易价格。

2. 重置成本法

（1）重置成本法的基本原理

重置成本法是指在现时市场条件下，用重新购置一辆与被评估车辆相同或基本相同的新车的最低价格，减去被评估车辆的实体性贬值后的差额作为其现时市场价值的一种评估方法。重置成本法的理论基础是资产评估的重置成本标准。

（2）重置成本法的计算公式

$$评估值 = 重置成本 \times 成新率 \quad (9\text{-}8)$$

其中，重置成本是购买一辆全新的与被评估车辆相同的车辆所支付的最低金额。旧机动车成新率是表示旧机动车的功能或使用价值占全新机动车的功能或使用价值的比率。

（3）采用重置成本法的优缺点

① 优点。能够充分地考虑了车辆的各方面损耗，反映了车辆市场价格的变化，评估结果更趋于公平合理，在不易估算车辆未来收益，或难以在市场上找到可类比对象的情况下可广泛应用；采用成新率的计算形式可将车辆情况更好地表征出来，评估结果更加被信任。

② 缺点。评估工作量较大，确定车辆成新率时主观因素影响较大；对极少数进口车辆或已停产车辆不易查询重置成本价格，因此难于计算出准确价格。

（4）重置成本法的适用范围

重置成本法是流动资产评估中最重要的方法之一，适用于价格变动较大，处于各种形态的流动资产的评估。而汽车价格波动大，正是我国现阶段汽车市场的一个主要特征。在旧车价格评估的实践中，车辆的重置成本被约定为在现时条件下，购买一辆与被评估车辆在型号、规格、动力性能和用途等完全相同或基本相同的新车的最低金额。

3. 收益现值法

收益现值法是将被评估的车辆在剩余寿命期内预期收益，折现为评估基准日的现值，借此来确定车辆价值的一种评估方法。现值即为车辆的评估值，现值的确定依赖于未来预期收益。

(1) 收益现值法的基本原理

从原理上讲，收益现值法是基于这样的事实，即人们之所以占有某车辆，主要是考虑这辆车能为自己带来一定的收益。如果某车辆的预期收益小，车辆的价格就不可能高；反之车辆的价格肯定就高。投资者投资购买车辆时，一般要进行可行性分析，其预计的内部回报率只有在超过评估时的折现率时才肯支付货币额来购买车辆。应该注意的是，运用收益现值法进行评估时，是以车辆投入使用后连续获利为基础的。在机动车的交易中，人们购买的目的往往不是在于车辆本身，而是车辆获利的能力。

(2) 采用收益现值法评估的步骤

① 调查了解营运车辆的经营行情、营运车辆的消费结构。

② 充分调查了解被评估车辆的情况和技术状况。

③ 根据调查了解的结果，预测车辆的预期收益，确定折现率。

④ 将预期收益折现处理，确定旧机动车评估值。

(3) 采用收益现值法的优缺点

① 优点。与投资决策相结合，容易被交易双方接受；能真实和较准确地反映车辆本金化的价格。

② 缺点。预期收益额预测难度大，受较强的主观判断和未来不可预见因素的影响。

(4) 收益现值法的适用范围

该方法较适用于投资营运的车辆。

4. 清算价格法

清算价格法是在企业由于破产或其他原因，要求在一定期限内将车辆变现的情况下，评估车辆在企业清算之日预期出售时的清算价格的一种评估方法。清算价格法的理论基础是资产评估的清算价格标准。

(1) 清算价格法的基本原理

清算价格法是从车辆资产债权人的角度出发，以车辆资产快速变现为目的，在非正常市场条件下对车辆的快速变现价格进行评估。因此，清算价格往往明显低于正常的现时市场交易价格。这是由于企业被迫停业或破产，急于将车辆在规定的期限内拍卖或出售。

(2) 评估清算价格的计算方法

① 现行市价折扣法。现行市价折扣法的基本思路是：首先在旧车交易市场上寻找一个与被清算车辆相同或类似的参照物，查询参照物的成交价格，然后根据快速变现原则估算一个适当的折扣率，以折扣率与参照物成交价格的乘积作为清算价格。

② 模拟拍卖法。模拟拍卖法也称为意向询价法，是根据向被清理车辆的潜在购买者询价的方法取得市场报价信息，最后经评估人员分析确定其清算价格的一种方法。

③ 竞价法。竞价法是指由法院按照破产清算的法定程序，或由卖方根据评估结果提出一个拍卖底价，在公开市场上由买方竞争出价，谁出的价格高就卖给谁。

(3) 清算价格法的适用范围

① 企业破产。当企业或个人因经营不善造成严重亏损，不能清偿到期债务时，企业应依法宣告破产，法院以其全部财产依法清偿其所欠的债务，不足部分不再清偿。

② 资产抵押。资产抵押是以所有者资产作抵押物进行融资的经济行为，是合同当事

人一方用自己的财产如机动车辆向对方保证履行合同义务的一种担保形式。提供财产的一方为抵押人,接受抵押财产的一方为抵押权人。抵押人不履行合同时,抵押权人有权将抵押财产在法律允许的范围内变卖,从变卖抵押物价款中优先受偿。

③ 停业清理。停业清理是指企业由于经营不善导致严重亏损,已临近破产边缘或因其他原因将无法继续经营下去,为弄清企业财务现状,对全部财产包括机动车辆进行清点、整理和查核,为破产清算或继续经营的决策提供依据,以及因资产损毁、报废而进行清理、拆除等的经济行为。

④ 个人无还贷能力。个人无力归还银行购车贷款,或以自己的车辆作为抵押物进行借贷而无力还贷时,车辆被迫拍卖出售以填补未还贷款额。

9.4.3　旧机动车的收购与销售定价

我国的二手车行业经过这几年的发展,现在已经成为汽车流通环节中非常重要的一环,它对促进我国汽车行业的发展、提高汽车产业对经济增长的拉动作用作出了重要的贡献。2005年北京二手车的销量增幅首次超过了新车的销量增幅,这对发展中的中国二手车市场来说不能不说是个惊喜。在目前的中国,买车对普通家庭来说还不是件如同买日用品那般容易的事情,相对来说买车还是种豪华的消费,人们在进行这种消费时还是要谨慎得多。因此,随着二手车市场的发展,二手车鉴定评估也得到了长足的进步。我国已经依法建立了一批二手车鉴定评估机构,"二手车鉴定评估师"已被列为我国六类评估师之一。

1. 旧机动车的评估收购流程

旧机动车收购即对社会上的旧机动车进行统一的收购,以免旧机动车的浪费。要开展旧机动车的收购,首先就要建立起一个旧机动车的质量认证和价格评估体系。通过该体系对每一辆欲收购的旧机动车进行统一的质量认证和价格评估,从而以统一的价格标准收购符合质量要求的旧机动车。

能否成功发挥旧机动车收购功能的关键在于是否能建立起一个旧机动车的收购网络。这个网络可以由散点的旧机动车社会回收站和固定的大批量旧机动车的收购点两部分组成。前者主要是针对私车用户的待更新的旧机动车而设。而后者则是针对成批定期的旧机动车单位收购而设,如据调查上海的出租车公司,会平均两至三年对其出租车进行一次大更新,这些开了两年左右的出租车在性能等方面尚还良好,但行驶公里数很高,出租车每日的高行驶公里数使这些车的维修和保养费用太高,而私人用户则不存在24 h的开车问题,因而已存在了出租车淘汰成二手私家车的可能性。由此可以随出租公司的出租车更新期定期、大批量地对这些车加以收购。

正规二手车公司的评估收购流程如下。

① 客户来店之后,评估师热情欢迎。

② 评估师邀请客户上座,并出示名片与客户进行简单交流。

③ 车外检查,评估师开始对车辆进行包括外观、发动机舱在内的多项检查。

④ 车内检查,评估师对车辆进行包括内饰、仪表等进行检查并填写评估单。

⑤ 3~5 min,评估结束,评估师将评估单递交到二手车公司定价中心,公司对车辆信息核对并给出评估价格。

⑥ 在客户休息区,评估师为客户进行车辆报价,并再次进行沟通,客户从到店到得

到评估报告和价格,整个过程不超过 15 min。

2. 旧机动车的销售定价

旧机动车的销售定价方法是企业为实现其定价目的所采用的具体方法。根据企业的定价目标,价格的计算方法有成本导向定价、需求导向定价和竞争导向定价。旧机动车销售最终价格的确定,还需要进行购买双方的协商和市场规律的遵循。

学 习 训 练

1. 汽车使用寿命的定义是什么?分为哪几类?
2. 汽车经济使用寿命的评定指标有哪些?
3. 影响汽车经济使用寿命的主要因素有哪些?
4. 汽车损耗包含哪些方面?
5. 汽车经济使用寿命如何确定?为什么要对其进行修正?
6. 汽车使用寿命延长是否越长越好?为什么?
7. 旧机动车评估的常用方法有哪些?
8. 现行市价法应用的前提条件有哪些?重置成本法的基本原理和计算公式是什么?
9. 通过本任务的学习,学生应学会汽车使用寿命及损耗的相关理论知识点,并能利用旧机动车评估的主要方法进行汽车的评估。表 9-5 给出一辆二手奥迪 A6 L 的相关参数及车辆情况,要求学生以 2010 年 8 月为评估日期,利用现行市价法和重置成本法进行该车的评估,并最后给出评估价格。

表 9-5　二手奥迪 A6 L-2.4

车辆信息					
原购车价格(元)	480 000			现销售价格(元)	44 860
车辆型号	奥迪 A6 L-2.4	排气量(L)	2.4	车辆产地	长春
变速器形式	无级/手动一体式	车身颜色	黑	行驶里程(km)	39 700
首次登记日期	2005.12.5	使用性质	私用	内饰颜色	灰
销售信息					
有无牌照	有	养路费日期	有效期内	车辆保险	2010.12
车况说明	良好			年检日期	2010.12
配置信息					
基本配置	双氙气大灯,大灯清洗装置,天窗,电动座椅,桃木内饰				
舒适装备	豪华舒适型自动空调(在后座可遥控操作 MMI),华格纳真皮座椅,座椅加热,腰部支撑				
技术装备	定速巡航,智能钥匙,电动调节转向柱,座椅记忆,ESP				
娱乐装备	BOSE 环绕声音响,电视接收系统,6 碟 CD				
其他装备	蓝牙电话,带换挡功能的多功能真皮转向盘				

（续表）

专家点评（建议成新率为45%～55%）

1. 车辆养护良好，保养记录齐全

2. 车辆在质保期内，享受一汽大众原厂质保

3. 车辆配有双氙气大灯，ESP电子行车稳定系统，提高行车的安全性

4. 配有全新无级/手动一体式变速器，节省油耗的同时，排放可达欧洲四号标准

5. BOSE环绕音响，电视接收系统，提供顶级视听享受

第 10 章 车辆基础管理

学习目标

通过本章的学习，学生可熟知车辆技术管理的目的、任务及基本原则；车辆技术档案主要内容及其管理要求；车辆技术状况分级与评定，包括车辆技术状况变化及影响因素、变化规律；车辆的技术经济定额指标；车辆停驶、封存与租赁；车辆改装、改造的意义及规定；车辆报废的条件及报废车辆的处理等内容。

10.1 车辆技术管理概述

车辆技术管理是指对运输车辆实行择优选配、正确使用、定期检测、强制维护、视情修理、合理改造、适时更新和报废的全过程综合性管理。

车辆技术管理的根本目的，就是为交通、运输、生产提供安全、优质、高效、低耗、及时、舒适的运输力，保证车辆运行安全，确保车辆使用的良性循环，使运输车辆获得最佳的经济效益和社会效益。车辆技术管理应依靠科技进步，采取现代化管理方法，建立车辆质量监控体系，推广检测诊断和计算机应用等先进技术，提高车辆管理水平和技术水平。

10.1.1 车辆技术管理的任务

车辆技术管理的基本任务如下。

① 制定车辆技术管理的制度和贯彻有关技术标准、规范、工艺和操作规程。

② 采取有效技术措施，提高车辆的使用技术，保证车辆经常处于良好的技术状况。

③ 依靠科技进步，采用现代化管理方法，总结交流推广先进经验，大力节约运行和维修材料，保证达到各项技术经济定额指标的要求，降低运输和生产成本。

④ 积极采用新技术、新工艺、新材料、新设备（包括检测设备），加强科学研究和技术革新。

⑤ 建立和健全车辆的技术档案制度，保证技术档案的记录及时、准确、完整。

⑥ 加强职工安全、法制教育和专业技术培训，提高职工素质，确保行车安全，搞好环境保护。

10.1.2 车辆技术管理的基本原则

车辆技术管理的基本原则是：预防为主和技术与经济相结合的原则。汽车运输业技术管理坚持预防为主，技术与经济相结合，专业管理与群众管理相结合，对运输设备择优选配，正确使用，定期检测，强制维护，视情修理，合理改造，适时更新与报废，努力提高车辆的管理水平和保持其良好的技术状况。

① 预防为主。预防为主是车辆技术管理的基本原则。只有做好事前的预防性工作，

才能使车辆经常保持良好的技术状况,降低消耗,尽量减少故障频率,保证交通、生产安全,充分发挥车辆的效能,延长其使用寿命。它要求技术管理部门不但要考察技术管理工作的情况,还要分析其经济效益,即与财务部门和经营管理部门密切合作,在保持车辆技术状况的前提下,制定规章制度,提出实施方案,使技术与经济有机地结合起来,从而提高经济效益。

② 择优选配。择优选配是指车辆在购置前首先考虑运输市场的具体情况和运行条件,合理确定各种不同车型的最佳配比关系,满足实际使用的需要。购置车辆时,要考虑车辆的适应性、可靠性、经济性及维修方便性等因素,选购性能好、质量高、价格低的车辆。"择优选配"车辆的过程,就是技术与经济相结合的过程,它不但给运输单位创造有利的经营条件,同时也为充分发挥车辆的运输效率打下良好的基础,给车辆管理和运输市场管理创造有利条件。

③ 正确使用。正确使用是指车辆在使用过程中一定要根据车辆性能、结构和运行条件等,掌握车辆的操作和使用规程,正确使用。车辆使用的方式,直接影响车辆技术状况、效能的发挥、运行消耗以及安全生产。使用过程中要避免超载、超负荷运行,加强车辆的维护。为了改变车辆使用中盲目追求效益的短期行为,运输企业必须将"正确使用"作为重要环节来抓。

④ 定期检测。定期检测是运用现代化的检测手段和检测设备,定期正确判断车辆的技术状况。它一方面是对所有从事运输的车辆视其类型、新旧程度、使用条件和使用强度等制定定期检测制度,使其在行驶一定里程或时间后,按时进行综合性能检测,以达到掌握和控制车辆技术状况的目的。另一方面是定期检测结合车辆的维护定期进行,以此确定维护附加作业项目,掌握车辆技术状况变化规律,同时通过对车辆的检测诊断和技术鉴定,确定车辆是否需要大修,以便实行视情修理。实行定期检测,建立车辆质量监控体系是保持车辆技术状况良好、减少行车事故、提高车辆维修质量、降低维修费用的重要手段;是促进维修技术发展、实现视情修理的重要保证;是贯彻预防为主和技术与经济相结合原则的重要环节。

⑤ 强制维护。强制维护是在预防维护的基础上,对车辆按规定的行驶里程或时间间隔,必须按期进行的维护。这种以预防为主的维护在执行时,应结合状态检测,确定附加维护作业项目,以便及时发现和消除故障、隐患,防止车辆早期损坏。

⑥ 视情修理。视情修理是车辆经过检测诊断和技术鉴定,根据需要确定修理时间和项目。它既可以防止延误修理而造成技术状况恶化,又可以避免提前修理造成浪费。只有对车辆进行定期检测,才能实现以技术状况为基础的修理方式,而检测诊断技术是实现视情修理的重要保证。视情修理体现了技术与经济相结合的原则,反映了维修技术的发展方向。

⑦ 合理改造、适时更新和报废。车辆的合理改造、适时更新和报废是提高运输装备质量和经济效益的重要手段。车辆改装、改造前必须进行技术经济论证,以达到技术上可靠和经济上合理的目的;对在用车辆按照提高经济效益、社会效益和环境效益的原则,在适当时候进行合理改造,用新车辆或用高效率、低消耗、性能先进的车辆予以更换;对型号陈旧、性能低劣、物料消耗严重、维修费用过高的车辆,再继续使用下去,既不经济又不安全,应适时进行报废处理。

10.1.3 车辆技术管理的职责范围

交通部归口管理全国汽车运输业车辆技术管理工作；各省、自治区、直辖市交通厅（局）或其授权的所属公路运输管理部门归口管理本地区汽车运输业车辆技术管理工作；各汽车运输单位负责本单位车辆的技术管理工作。根据分级管理的原则，确定各级机构车辆技术管理的职责，各级机构必须严格履行其职责，保证车辆技术管理落到实处。

1. 交通部车辆技术管理的主要职责

① 贯彻执行国家有关车辆技术管理的方针、政策、规章和制度。
② 依法制定全国运输车辆技术管理的方针、政策、规章和制度。
③ 负责全国运输车辆技术管理工作的组织领导、监督检查和协调服务。
④ 组织交流和推广车辆技术管理的先进经验和现代化管理方法。

2. 省、自治区、直辖市交通厅车辆技术管理的主要职责

① 贯彻执行国家和上级有关车辆技术管理工作的方针、政策、规章和制度，并组织实施。
② 依法制定本地区有关运输车辆技术管理的规章、制度、定额和措施，组织领导本地区的车辆技术管理工作，监督检查各地执行情况，发现问题及时解决，在遇有重大问题时应向交通部报告。
③ 对本地区运输车辆技术管理工作进行组织领导、监督检查和协调服务，编制本地区行业管理规划。
④ 组织安全、法制教育和专业技术培训，提高车辆技术管理人员、技工、驾驶员的素质。
⑤ 推广现代化管理方法和先进经验，开展爱车、节油、环保等竞赛活动和各种咨询服务。

交通厅要将车辆技术管理工作纳入公路运输行业管理范围，充分发挥公路运输管理部门在行业管理方面的作用，并督促各级公路运输管理部门建立健全车辆技术管理机构，加强其技术管理方面的力量。

3. 地（市）交通局车辆技术管理的主要职责

① 贯彻执行国家和上级有关车辆技术管理的方针、政策、规章和制度，并组织实施。
② 负责本辖区内的各类技术培训及考核工作，会同当地劳动部门，按照有关规定开展技术等级评定和发证工作。
③ 推广车辆使用、维护、检测的新技术、新工艺、新产品、新材料以及现代化管理方法的先进经验，开展各种技术咨询和技术服务。
④ 负责对辖区车辆技术管理部门及车辆检测单位的各项管理工作的组织、业务领导、协调、监督检查。

4. 县级交通局车辆技术管理的主要职责

① 贯彻执行国家和上级有关车辆技术管理的方针、政策、规章制度，并组织实施。
② 负责对辖区拥有车辆的单位和个人的车辆维修、改装、检测进行管理、指导、监

督和协调服务。

③ 推广车辆使用、维护、检测新技术、新工艺、新产品、新材料，开展各种技术咨询和技术服务。

④ 对辖区内运输车辆技术状况和车辆维修及改装等质量进行监督和鉴定。

5. 运输单位车辆技术管理的主要职责

① 贯彻执行交通运输管理部门和上级发布的有关车辆技术管理的各项方针、政策、规章和制度。

② 制定本单位车辆技术管理的规章和制度，以及车辆技术管理目标和考核指标，并负责实施。

③ 大、中型运输单位，应建立由总工程师负责的车辆技术管理系统。小型运输单位要有一名副经理（副厂长）负责车辆技术管理工作。所属车间和车队应配备一定数量的专职技术管理人员，分别负责车辆各项技术管理工作。

④ 建立健全车辆技术管理的各级岗位责任制，明确车辆技术管理人员的职责和权限，充分发挥他们的作用，保持队伍的相对稳定。

⑤ 正确处理运输生产和技术管理的关系，保持运输车辆技术状况良好。

⑥ 正确使用车辆更新改造资金和大修理基金。

⑦ 推广现代化管理方法，应用新技术、新工艺和新材料。

⑧ 组织职工安全、法制教育和专业技术培训，提高职工素质。

⑨ 开展各种群众性爱车、节油、节胎等专业技术竞赛活动，总结推广先进经验。

各省、自治区、直辖市交通厅（局）或其授权的所属公路运输管理部门归口管理本地区汽车运输业车辆技术管理工作；各汽车运输单位负责本单位车辆的技术管理工作。

10.2 车辆技术档案

车辆技术档案是指车辆从新车购置到报废整个使用过程中，记载车辆基本情况、主要性能、运行使用情况、主要部件更换情况、检测和维修记录以及事故处理等有关车辆资料的历史档案。这种档案对了解车辆性能、技术状况及掌握车辆使用、维修规律，为车辆维修、改造和配件储备提供技术数据和科学依据，也为科学评价技术管理水平提供了依据，为汽车制造厂提高制造质量提供了反馈信息。

1. 车辆技术档案的建立

各运输单位和个人必须对每辆车分别建立车辆技术档案，记载及时、完整和准确，不得任意更改。车辆技术档案的格式由各省、自治区、直辖市交通厅（局）统一制订，以使其内容和格式做到统一，便于管理。车辆技术档案应作为发放、审核营运证的依据之一。交通运输管理部门要督促指导运输单位和个人建立车辆技术档案。对未建档案或档案不完整的车辆，交通运输管理部门应不予发放营运证。

车辆技术档案一般由车队负责建立，由车队的车管技术人员负责填写和管理。为了适应总成互换修理，车辆技术档案也可按总成设卡，随总成使用归入车辆技术档案内。车辆在检测、维修、改造时，必须随带技术档案进行相关项目的填写。车辆办理过户手续时，应完整移交技术档案，接收车辆单位或个人应注意查收车辆技术档案。车辆被批准报废后,车管技术员办完报废处理手续并记入技术档案中,然后将技术档案上交有关部门保存。

2. 车辆技术档案的内容

车辆技术档案的内容,由各省、自治区、直辖市交通厅(局)根据本地区和企业的具体情况制定,其主要内容见表10-1。

表 10-1 车辆技术档案的内容

序号	项目	主要内容
1	车辆基本情况和主要性能	记录车辆的装备、技术性能和规格、总成改装和变动情况等
2	运行使用情况	记录车辆的行驶里程、运输周转量、燃料消耗、轮胎使用、车辆机件故障等情况等
3	主要部件更换情况	记录车辆在使用过程中,汽车发动机、离合器、变速器、制动器、转向器等主要部件的更换情况
4	检测维修情况	记录检测的内容、结果、时间,故障或隐患的部位、原因、解决对策和历次维修情况以及各主要总成的技术状况
5	事故处理情况	记录车辆机件事故发生的情况、原因、损失、解决对策和处理情况等

3. 车辆技术档案的管理

车辆技术档案一般由车管技术员负责填写和管理,企业技术管理部门应定期进行检查。对车辆技术档案管理的要求有以下几方面。

(1)记载应做到"及时、完整和准确"。"及时"就是指档案中规定的内容,要按时记载,不得拖延。"完整"就是要按规定内容和项目要求,一项不漏地记载齐全,不留空白。"准确"就是要一丝不苟地、实事求是地记录,使其真实可靠。

(2)专人负责,职责分明。车队的车管技术员是技术档案的具体负责人,负责填写、执行和保管,并负全部责任。

(3)技术档案随车移交,车辆报废后应上交相关部门。

10.3 车辆技术状况分级与评定

汽车从投入使用开始,随着行驶里程的增加和外界条件的不断变化,其技术状况将会不断的恶化。具体可表现为汽车的动力性下降、经济性变差、可靠性降低和排放污染加剧等。因此,必须研究汽车技术状况变化的规律以及引起变化的原因,只有掌握其变化的客观规律,才能合理地使用和组织汽车技术维护,保持汽车技术状况的良好。

10.3.1 车辆技术状况变化及影响因素

1. 车辆技术状况变化对运用性能的影响

汽车的运用性能主要包括动力性、经济性、使用方便性、行驶安全性、使用可靠性等。随着汽车行驶里程的增加,其技术状况将逐渐恶化,从而导致汽车实际运用性能的下降。

汽车运用性能下降导致其运输生产率下降，运输成本增加。所以，使用技术状况不好的汽车，经济效益会很差；同时，增加对环境的污染，并因可靠性的下降等甚至会造成事故。表 10-2 为载货汽车随使用时间增加，生产率和维修工作量的变化情况。

表 10-2　汽车运输生产率、维修工作量和运输成本随行驶里程变化关系

工作时间（年）	运输生产率（%）	维修工作量	运输成本（%）
1	100	100	100
4	70～80	150～170	130～150
8	55～60	200～215	150～170
12	45～50	250～300	170～200

由表 10-2 可以看出，使用了 12 年的汽车与新车相比，其生产率下降了 50%～55%，而维修工作量和运输成本分别增加了 150%～200%、70%～100%。这是由于汽车技术状况恶化，导致了汽车的实际运用性能下降的结果。

汽车各项运用性能随使用时间（里程）增加而下降，汽车使用时间越长，使用性能的下降越多。因此，在估计汽车性能时，一定要充分考虑汽车的使用时间。在用汽车的实际性能，是由汽车总的使用时间或总的行驶里程确定的平均质量指标。从图 10-1 曲线可知，汽车实际运用性能 3 是从汽车初始性能 1 开始，随着使用时间 t 的延长（即使用强度的大小）而变化的。汽车的初始性能取决于汽车产品的制造质量；汽车的实际运用性能取决于汽车的结构、制造工艺、可靠性、运用条件与运输工作情况等多方面因素。从汽车运用方面来看，可以通过合理运用来影响汽车的实际运用性能（如图中的曲线 4）由于合理运用的作用，可以使汽车实际运用性能提高到图中曲线 5 所示。这是需要依靠有一定技术专长的人员和汽车技术状况管理组织等手段来保证汽车的工作能力。在运用过程中，按运用时间（或行驶里程）经常测量、记录汽车运用性能的变化情况，这是技术管理的一项基础工作。

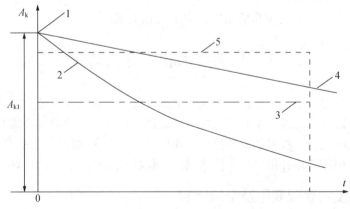

图 10-1　汽车运用性能随时间变化的情况

1—汽车初始性能；2—汽车运用性能随时间变化的情况；3—汽车实际运用性能；
4—汽车合理运用对性能的影响；5—通过合理运用可以提高的实际运用性能

此外，还有汽车可靠性问题。可靠性这项性能指标适合于对任何产品的评价。对于汽车来说，它是指在用汽车在运用期限内，其运用性能达到规定指标范围的情况。汽车可靠的运用范围指标可根据相应文件（如标准、规则、技术条件等）和结合实际经验来制定。汽车可靠性，一般是用在规定的运用条件下，汽车运用性能变化的程度来进行完整性和定量评价的。因此，汽车的可靠性不仅与设计制造有关，还和运用有关，合理的运用（如正确驾驶、合理装载等），对保证汽车可靠性具有良好的作用。

2. 车辆技术状况变化原因

（1）车辆技术状况变化的典型特征

随着行驶里程的增加，汽车的技术状况将逐渐恶化，致使汽车的动力性、经济性和可靠性下降。汽车上述性能的变化相应地会有不同的典型外在特征，其中主要有以下几方面。

① 汽车最高行驶速度降低。
② 加速时间和加速距离增加。
③ 最大爬坡能力下降。
④ 牵引能力下降，以至于最终不能拖挂。
⑤ 燃料与润滑油消耗量增加。
⑥ 制动迟缓、失灵。
⑦ 转向沉重、摆振。
⑧ 行驶中出现振抖、摇摆或异常声响。
⑨ 排烟增多或有异常气味。
⑩ 运行中因技术故障而停歇的时间增多。

（2）汽车技术状况变化的原因

① 磨损。配合件的配合表面之间相互摩擦所导致的零件损耗。
② 腐蚀。因化学或电化学反应所导致的零件损耗。
③ 穴蚀。长期工作在流动的介质环境下，由于频繁的高频振动和冲击而使零件产生的损耗。
④ 疲劳。长期在交变载荷作用下而使零件产生的损耗。
⑤ 变形。在外载荷、振动、冲击、温度、残余内应力等作用下，而使零件产生的形状及位置关系的变化。
⑥ 老化。橡胶及塑料等非金属零件和电气元器件因长时间工作而出现零件的理化性质变化，甚至功能的失效。

使用中由于偶然事故等因素也会造成的零件损伤，请参考有关汽车维修的书，这里不再详述。上述原因致使零件原有的尺寸、几何形状及表面状态发生了改变，破坏了零件之间的配合特性和正确位置，从而引起汽车技术状况变坏。

3. 影响汽车技术状况的因素

汽车零件的磨损和老化是汽车运行过程中技术状况变化的主要原因，而影响汽车零件磨损和老化的因素很多，其中主要有汽车的结构和使用因素。使用因素有运行条件、燃料和润滑材料的品质、合理运用程度等。

(1) 汽车的结构

汽车的结构设计与制造工艺的合理性和零件材料选择是否适当,是提高汽车技术性能和使用寿命的重要途径。如设计与制造工艺不合理或零件材料选择不当,在汽车使用过程中,会因为已有的故障隐患,而经常出现同一故障现象。

(2) 运行条件

① 气候条件。汽车各总成在工作过程中,都有一个最佳的热工况区,如发动机最佳热工况的冷却水温为 70~90℃。发动机以最佳热工况运行,零件磨损最小,环境温度每变动 1℃,将使缸体水套温度变化 0.09~0.25℃(见图 10-2)。汽车的故障率也与环境温度有关(见图 10-3),在环境温度变化的范围内,总是存在一个故障最低的大气温度区,环境温度高于或低于这个温度,都导致汽车故障增加。

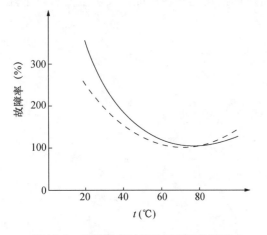

图 10-2 环境温度对发动机磨损的影响　　　　图 10-3 环境温度对汽车故障率的影响

在气温低的条件下,润滑油的黏度大,流动性比较差。发动机启动时,润滑油到达润滑表面的时间长,使机件的磨损加剧。在低温条件下,燃油的雾化性比较差,并以液滴状态进入汽缸,吸附在缸壁上,冲刷缸壁上的润滑油膜,导致汽缸磨损加剧。试验表明,在 -15℃ 的条件下启动发动机,润滑油需 2 min 才能到达主轴承;在 5℃ 时启动发动机并走热一次,汽缸磨损程度相当于汽车行驶 30~40 km 时的磨损量;而在 -18℃ 时启动发动机并走热一次,汽缸磨损程度相当于汽车行驶 200~250 km 时的磨损量。

另外,非金属元件在低温时,更易出现硬化、开裂、弹性下降或降低零件的结构强度等现象。

气温过高时,发动机散热性能变差,造成发动机过热,使润滑油黏度降低,机油压力减小,并加速机油氧化变质,导致机件磨损严重;高温易产生爆燃和早燃,加速发动机的磨损;气温高还易使发动机供油系统产生"气阻",使车辆启动困难,工作可靠性下降;气温过高,还会使轮胎出现爆裂现象。

② 道路状况的影响。道路条件是影响汽车技术状况的重要因素。道路的质量决定了汽车的运行情况(如车辆运行中的速度范围、发动机转速控制范围、车辆的装载、操纵次数等),从而也决定了汽车总成、零件的磨损进程。

在坏路上行驶的汽车,其主要总成的使用寿命明显下降,汽车技术状况很快变坏。因为在坏路上行驶的车辆平均技术速度很低,但发动机转速很高,而且负荷较大,汽缸内平均压力很高,因而汽缸、活塞组件磨损严重。所以,经常在坏路行驶的汽车,其发动机的大修间隔里程将缩短32%。汽车在崎岖不平的道路上行驶时,车身垂直弹起的加速度可达$20\sim30\ m/s^2$,对汽车技术状况影响很大。尤其是底盘部分总成结构,往往遭到直接的破坏或损伤,燃油消耗将增加30%~50%,轮胎磨损将增大两倍左右。由于操作次数的增加,离合器、变速器、制动蹄和鼓等元件摩擦磨损增大而导致使用期限缩短30%~40%。行驶试验表明:悬挂弹簧片在良好的干线公路上行驶里程可达$15\times10^4\ km$,而在无路条件下行驶时,其行驶里程下降近10倍。

③ 交通环境。仅有好的路面条件,而没有良好的交通环境,汽车也不能有良好的运行工况。目前,我国交通环境并不理想,尤其是在城市,由于混合交通,车多路窄,交通流量大,交叉路口多,汽车难以以最佳工况运行。在同样路面条件下,货车在城市行驶速度较郊区要降低50%~52%,发动机曲轴平均转速要增加30%~36%,换挡次数要增加2~2.5倍,制动消耗的能量增加7~7.5倍。显然,在这种工况下运行,将加速汽车技术状况的恶化进程。

(3) 燃料和润滑油料品质的影响

① 汽油品质的影响。汽油的蒸发性、馏分温度、辛烷值和含硫量直接影响着汽车的使用性能。

a. 馏分温度。90%馏分温度和干馏点的高低,表示汽油中所含重质馏分的多少。它们和发动机的油耗率及磨损速度有密切关系。这两个温度值越高,说明汽油中不易挥发、雾化和燃烧的重质馏分就越多。重质馏分不易挥发而以油滴状态进入汽缸,冲刷缸壁上的油膜,窜入曲轴箱稀释润滑油,使润滑条件变差,从而加剧零件的磨损。

b. 辛烷值。辛烷值的高低表示汽油抵抗爆燃能力的大小。如果选用汽油的辛烷值和该车的压缩比不相适应,就会产生爆燃。爆燃产生的高压冲击波和高温气体,使汽缸表面的润滑油膜受到严重破坏,从而使润滑条件变坏;同时高温气体使发动机产生过热现象。长时间爆燃会使连杆变形、气门烧蚀、火花塞绝缘损坏、活塞与汽缸磨损急剧增大,甚至使轴瓦合金脱落。

c. 含硫量。燃料中的硫在燃烧后生成二氧化硫,当缸壁温度较低时,空气中的水蒸气在缸壁上凝结成水,与二氧化硫反应生成亚硫酸,对金属有强烈的腐蚀作用,造成发动机腐蚀磨损。含硫量越多,发动机的磨损量就越大。

② 柴油品质的影响。柴油中的重质馏分过多,将造成燃烧不完全而形成炭粒,汽缸磨损增加。另外,重质馏分容易堵塞喷油器的喷孔,影响发动机的正常工作。

柴油十六烷值的高低对发动机工作的平稳性有很大影响。如果选择不当,柴油机会产生工作粗暴现象,增加发动机的载荷,加剧机件磨损。柴油的十六烷值过低,柴油的自燃点过高,着火滞后期长,易产生工作粗暴。同时,也加大了发动机的热负荷,这将加剧发动机磨损。如十六烷值过高,则柴油蒸发性差,凝固点高,低温流动性差,使发动机冷启动困难。

柴油的黏度必须适宜。黏度大,则柴油的低温流动性和雾化性变差,燃烧不完全,积炭和排黑烟增多;黏度小,则柴油不能良好地存于喷油泵和喷油器偶件的配合间隙内,使润滑作用下降,导致磨损增加。

柴油含硫量由0.1%增加到0.5%时,柴油机汽缸和活塞环的磨损量将增加20%~25%。

③ 润滑油品质的影响。润滑油对汽车技术状况影响较大的性能指标是润滑油的黏度、抗氧化安定性。

a. 黏度。润滑油的黏度应和发动机转速、磨损状况及气候条件相适应。如果黏度大，润滑油流动困难，特别是低温时，会使发动机启动困难。而且启动时润滑油到达零件工作表面所需的时间长，润滑条件变坏，使发动机的磨损增加。如果黏度小，润滑油的流动性好，但油压比较低，造成供油不足，使零件工作表面容易出现边界摩擦或半干摩擦，同样会使发动机的磨损增加。

b. 油性。润滑油的油性好，说明润滑油吸附金属表面的能力强，对减缓配合件在边界摩擦或半干摩擦状态下的磨损起着重要作用。

c. 氧化安定性。如果润滑油的氧化安定性差，在使用过程中，润滑油在氧和热的作用下就会形成糊状物、胶状沉积物或积炭。糊状物或胶状物导热性能不良，黏附在活塞环上会降低其活动性，甚至引起活塞环卡死，使汽缸刮伤。沉积物严重时，会影响润滑油在油道、油管以及机油滤清器的通过能力，破坏润滑系统的正常工作。积炭也是热的不良导体，且硬度较高，当燃烧室和活塞顶覆盖了积炭后，发动机的散热性就会变差，容易产生爆燃，加速零件的磨损。

(4) 汽车的合理运用程度

使用条件对汽车技术状况的影响主要表现在驾驶技术、载质量和速度的合理利用方面。实践表明，车辆使用寿命的长短和技术状况的好坏，与使用情况有着密切的关系。

① 驾驶操作的影响。驾驶操作直接影响零件使用寿命。一个技术素质良好的优秀驾驶员在驾驶过程中，经常采用诸如冷摇慢转、预热升温、轻踏缓抬、均匀中速、平稳行驶、及时换挡、正确滑行、控制温度等一系列正确合理的操作方法。并能根据道路情况正确地选择行驶路线和车速，使车辆经常处于较有利的工作状态，从而使车辆技术性能良好，延长使用寿命。

另外，现代汽车采用了大量的新技术，对使用条件的要求更加苛刻。如装有电动转子式汽油泵的汽车，油箱内的燃油严禁用尽，以防烧坏汽油泵；装有氧传感器的汽车绝不能使用含铅汽油；转向系统和制动系统带有液力和真空助力装置的汽车，在高速运行中不准熄火滑行等。因此，要求驾驶员不但要有高超的驾驶技术，还要有较全面的技术素质。能正确、合理地检查、调整、维护车辆，否则，车辆的技术状况就难以得到保障。

② 装载情况。车辆合理运用的重要方面之一是正确选择装载量。汽车的装载量应按制造厂规定的额定标准来控制，不应超载。当装载超过规定载质量时，各总成都在超负荷状况下工作，发动机工作不稳定性加大，单位行驶里程的发动机转速增高，冷却系统和润滑系统工作温度过高，这都导致发动机磨损量增大，如图 10-4 所示。有些中吨位汽车动力性较好，后备功率也高，当装载超过额定载荷 10% 左右时，其使用性能外表看来并没太大影响，在眼前利润的促使下，有些车主便将车辆在超载状况下运行，这对车辆是十分有害的。如果车辆动力性好，可以按制造厂规定实行拖挂运输，并应遵循拖挂运输的基本原则和使用规律，以求最低运输成本和最大经济效益。

③ 行驶速度。汽车行驶速度对发动机磨损的影响是很明显的。当载质量一定时，行驶速度对发动机磨损的影响，如图 10-5 所示。若汽车行驶速度过高时，发动机处于高转速下运转，活塞的平均移动速度增高，汽缸磨损也相应增大；高速行驶时，制动次数相对增多，而且常需紧急制动，所以车轮制动器的磨损也增加。汽车低速行驶时，由于润滑系统条件变差，因而磨损同样也会增大。

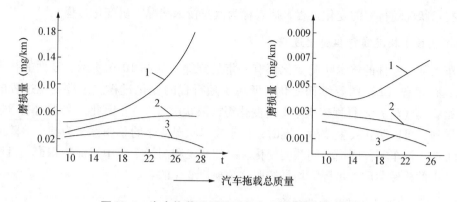

图 10-4 汽车拖载总质量对各主要总成磨损的影响
1—发动机磨损量；2—变速器的磨损量；3—主减速器的磨损量

(5) 汽车维修质量对技术状况的影响

汽车维修质量对于合理使用汽车，延长使用寿命和保持原有使用性能有着至关重要的作用。维修质量是影响汽车技术状况的重要因素。

汽车维修质量的好坏，主要取决于以下几方面的因素。

① 维修人员的技术素质。现代汽车结构越来越复杂，新装置、新技术、新工艺应用日渐增多，现代汽车已成为集机械、液压、电子、自动控制

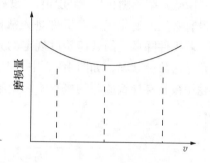

图 10-5 行驶速度对发动机磨损的影响

及传感技术为一体的综合性科技产品。汽车维修工作的技术含量越来越高，相应的技术标准、技术要求越来越严。另一方面，汽车的可靠性却越来越好，故障发生率的下降，使用同一项工作的重复性也降低，一旦汽车出现问题，可为借鉴的经验太少，这些都要求从事汽车维修的工作人员应有较高的技术素质和更为严谨的工作作风。

② 先进的设备。汽车维修作业是依靠一定的设备辅助以人力才得以完成的。要准确分析故障原因，确定维修作业的具体内容，对损伤零件进行修复，都离不开必要的专用设备。

③ 配件的质量。当前汽车配件市场十分活跃，而质量参差不齐，尤其是冒牌配件的质量差、可靠性更差。现代汽车维修技术中将废旧件、损坏件修复后，再装车使用的比例日渐减少，而更换新件的比例明显上升，因而汽车配件的质量就显得更为重要。

为了规范行业市场秩序，确保汽车维修质量，目前大型的品牌汽车制造企业全面实施自营或委托代理的售后服务体系，在一定程度上避免了假冒汽车配件对车辆维修质量的负面影响。

10.3.2 车辆技术状况变化规律

车辆技术状况变化规律是指汽车技术状况与行驶里程或行驶时间的关系。

车辆技术状况变化规律按发生的过程，可分成两大类：一类是变化过程具有确定的形式，即具有必然的变化规律，其变化过程可以用一个（或 n 个）确定的时间（t）函数来描述；另一类是变化过程没有确定的变化形式，对其变化过程独立地重复进行多次观察所得的结果是不相同的，呈现出不确定性，但大量重复观察的结果又具有统计规律。前者称

为汽车技术状况随行程的变化过程,后者称为汽车技术状况随机变化过程。

1. 车辆技术状况随行程变化过程

汽车大部分零件的技术状况变化都有一定的规律,如图 10-6 所示。零件的技术状况(y)随运行里程(L)的延续而变化,即属于随行程的变化过程。这类变化过程的特点是:初始状况(E_n)随行程依次单调地变化至极限状况(E_0)。因此,在原则上通过及时的维修措施,可以防止发生故障,同时,由于技术状况变化的单调性又为预测故障的发生提供了可能。汽车零件磨损、间隙的变化、冷却系统和润滑系统中沉淀物积聚、机油消耗率及机油中的机械杂质含量等,均是按照这个规律变化的。

2. 车辆技术状况的随机变化过程

汽车技术状况随机变化过程受汽车使用条件、驾驶员的操作水平、机件材质的不均匀性、隐蔽缺陷等随机因素的影响,没有确定的变化形式,技术状况参数的变化率和变化特性没有必然的变化规律。机件进入故障状况的行程是一个随机变量,与故障前的状况无关。若机件随承受的载荷超过规定的允许标准,容易产生损伤,损伤量迅速超过极限值,导致进入故障状况,如图 10-7 中 B 所示。进入故障状况的概率与汽车过去的工作无关,如轮胎被扎穿导致故障的概率不因轮胎的新旧而异。

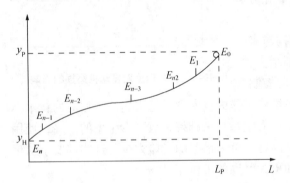

图 10-6 车辆技术状况随行程的变化过程

E_n,E_{n-1},…,E_2,E_1—工作能力状况;E_0—故障状况

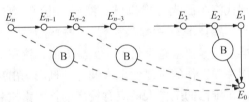

图 10-7 车辆车技术状况随机变化过程

E_n,E_{n-1},…,E_2,E_1—工作能力状况;E_0—故障状况

技术状况参数的这种跃变性是随机变化过程的特点,汽车状况达到极限数值的行程将是各种各样的,如图 10-8(a)中的 L_{p1},L_{p2},…,L_{pn}。而在同一行程,汽车技术状况也不是处在同一水平,而是存在明显差异,如图 10-8(b)所示。

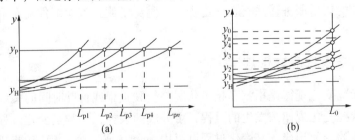

图 10-8 车辆技术状况的变异

y_P—状况参数的极值;y_a—状况参数的允许值;y_H—状况参数的名义值

由于汽车技术状况的随机变化过程，不可避免地会引起定期的诊断、检验和维修作业超前或滞后进行。只有掌握汽车技术状况随机变化的规律，才能精确制订汽车检测、诊断和维修作业的周期，确定作业工作量及备件的需要量，提高维修效益，延长汽车的使用寿命。

10.3.3 车辆技术状况分级与评定

1. 车辆技术状况等级划分

汽车经过一段的使用以后，技术状况将发生变化，变化的程度随行驶里程、运行条件、使用强度、维修质量的不同而各有差异。为了及时掌握汽车的状况，采用相应技术措施，合理地组织安排运输能力，正确地编制车辆维修计划。各运输企业应定期对其汽车性能进行综合评定、核定其技术状况，并根据国家有关标准将车辆技术状况划分等级，以便于车辆的合理运用和科学管理。

按照中华人民共和国交通部1990年3月颁布的《汽车运输业车辆技术管理规定》，运行车辆技术状况等级按下列条件划分。

（1）一级（完好车）

新车行驶到第一次定额大修间隔里程的2/3和第二次定额大修间隔里程的2/3以前，汽车各主要总成的基础件和主要零部件紧固可靠，技术性能良好；发动机运转稳定，无异响，动力性能良好，燃润料消耗不超过定额指标，废气排放、噪声符合国家标准；各项装备齐全、完好，在运行中无任何保留条件。

概括起来，一级车的标准有三条。

① 车辆技术性能良好，各项主要技术指标符合定额要求。

② 车辆行驶里程必须是在其相应定额大修间隔里程的2/3以内。如第一次大修间隔里程定额为18万km，第二次大修间隔里程定额为12万km，则处于第一次大修间隔里程12万km以内，第二次大修间隔里程8万km以内的车辆才可作为一级车。

③ 车辆状况良好，能随时行驶参加运输生产。

同时符合上述三项条件的车辆核为一级车，只要有一项达不到要求的不能核为一级车。从这个规定可看出，一级车不仅受车辆的技术状况和性能的定性指标制约，还受到车辆行驶里程即新旧程度定量指标制约。因为新车或第一次大修后的汽车，其行驶里程超过其相应定额大修间隔里程的2/3以上，其技术状况和性能必然随里程增加而下降，虽其下降程度未低于上述规定的技术性能要求，也不能列入一级车。

（2）二级（基本完好车）

车辆主要技术性能和状况或行驶里程低于完好车的要求，但符合（GB 7258—2004）《机动车运行安全技术条件》的规定，能随时参加运输。

（3）三级（需修车）

送大修前最后一次二级维护后的车辆和正在大修或待更新尚在行驶的车辆。

符合下列条件之一者，列为三级车。

① 凡技术状况和性能较差，不再计划做二级维护作业，即将送大修，但仍在行驶的车辆。

② 正在大修的车辆。

③ 技术状况和性能变差，预计近期更新，但仍在行驶的车辆。

(4) 四级（停驶车）

预计在短期内不能修复或无修复价值的车辆列为四级车。四级车的含义是指已不能行驶，短期内不能修复或无修复价值，但又尚未报废的车辆。

车辆技术等级评定后，要综合计算本单位全部车辆的平均技术等级：

$$车辆平均技术等级 = \frac{(1 \times 一级车数) + (2 \times 二级车数)}{各级车数总和} + \frac{(3 \times 三级车数) + (4 \times 四级车数)}{各级车数总和}$$

车辆平均技术等级是汽车运输企业的主要技术、经济定额指标之一。它标志着企业全部车辆的平均技术状况，体现了企业对车辆的技术管理水平、车辆装备的素质等情况。运行车辆的技术等级评定后，其结果应归入车辆技术档案中。

2. 车辆技术状况等级的评定标准

车辆技术状况是随着行驶里程和大修次数的增加而逐渐变差的。为了及时掌握车况，合理组织运输生产，有计划地安排与组织维修工作，降低运输消耗，防止发生有损国家利益的短期行为，不断提高装备的整体技术状况。各省、自治区、直辖市交通管理部门应制定车辆技术状况评定制度，并负责车辆技术状况等级评定的组织和管理，运输单位应按国家有关规定做好车辆技术状况等级的评定工作。

评定车辆技术状况等级的依据是《汽车技术等级评定标准》（JT/T 198—2004）。该标准适合于总质量 26 t 以下（含 26 t）的汽车和总质量 45 t 以下（含 45 t）的汽车列车（该标准从 1995 年 7 月 1 日执行）。

车辆技术状况等级的评定，至少每半年进行一次。评定的内容主要是汽车的动力性、燃料经济性、制动性、转向操纵性、前照灯、喇叭、噪声、废气排放、汽车防雨密封性、整车外观等。

对上述内容评定时，按其具体评定项目的重要程度分为"关键项"和"一般项"。

汽车的技术等级评定采用汽车使用年限，关键项和项次合格率来衡量，分为一级车、二级车、三级车三个等级（四级车因为是停驶车，不用此标准评定）。

项次合格率计算方法为

$$B = \frac{N}{M} \times 100\%$$

式中　B——项次合格率；

　　　N——检测合格的项次之和；

　　　M——检测的项次数之和。

汽车技术等级分级的方法如下：

① 一级车。使用年限在 7 年以内；关键项分级的项目达到一级，关键项不分级的项目为合格；项次合格率大于等于 90%；在运行中无任何保留条件。

② 二级车。使用年限超过 7 年；关键项分级的项目达到二级以上，关键项不分级的项目为合格；项次合格率大于等于 80%；在运行中无任何保留条件。

③ 三级车。凡达不到二级车技术等级标准的汽车均为三级车。

汽车的技术等级除应达到上述标准的规定外，同时还必须符合《汽车运输业车辆技术管理规定》（交通部 13 号令）中有关车辆技术等级划分的条款。

对车辆技术状况评定内容进行评定时，应检测的项目及技术要求，参见 JT/T 198—95

《汽车技术等级评定标准》。

10.4 车辆技术经济定额与管理

技术经济定额是运输企业和维修业主在一定的生产条件下进行生产时所应遵守或达到的限额,是实行经济核算、分析经济效益和考核经营管理水平的依据。合理制订、及时掌握和考核这些定额指标的完成情况,认真分析并采取技术组织措施,有助于提高车辆管理水平和技术状况,降低运输成本,提高经济效益。

10.4.1 技术经济定额指标

技术经济定额指标是车辆管理的主要内容之一,运输车辆主管部门、运输和维修业户都必须加强技术经济定额指标的管理。交通部1990年颁布的《汽车运输业车辆技术管理规定》中规定,汽车运输企业的主要技术、经济定额和指标有行车燃料消耗定额、轮胎行驶里程定额、轮胎翻新率、车辆平均技术等级、完好率、车辆维护与小修费用定额、车辆大修间隔里程定额、发动机大修间隔里程定额、车辆大修费用定额、车辆新度系数、小修频率共计11项。前五项在前面已介绍,现将继续介绍其他项目。

1. 车辆维护与小修费用定额

车辆维护与小修费用定额是指车辆每行驶一定里程,维护与小修耗用的工时和物料费用的限额,按车型、车别和维护级别等分别鉴定。对由于机械事故或交通肇事造成的车辆,各总成需修理或更换的费用应按事故费处理,不列入小修费用。

2. 车辆大修间隔里程定额

车辆大修间隔里程定额是指新车到大修、或大修与大修之间所行驶的里程限额,按车型、车别和使用条件等分别制定。汽车行驶里程达到大修间隔里程定额时,可进行技术鉴定,在技术允许、经济上合理的条件下,可规定补充行驶里程定额。

3. 发动机大修间隔里程定额

发动机大修间隔里程定额是指新发动机到大修,或大修到大修之间所使用的里程限额,在制定定额时应按车辆类别和使用燃料类别分别制定。

4. 车辆大修费用定额

车辆大修费用定额是指车辆大修所耗工时和物料总费用的限额,应按车辆类别和形式分别制定。它是考核经营管理水平的一项综合性定额。

5. 车辆新度系数

车辆新度系数是综合评价运输单位车辆新旧程度,保持运输生产力和后劲的一项重要指标。车辆新度系数可按式(10-1)确定:

$$F = \frac{C_g}{C_y} \tag{10-1}$$

式中　F——车辆新度系数;

　　　C_g——年末单位全部运输车辆固定资产净值;

C_y——年末单位全部运输车辆固定资产原值。

一般来说，运输单位车辆新度系数逐年呈自然下降状态，对它的数值要求应稍有下降，保值或增值应视单位的具体情况而定，一般不低于0.52。

6. 小修频率

小修频率是指每1 000 km发生小修的次数（不包括各级维护作业中的小修）。

10.4.2 技术经济定额的制定与修订

1. 技术经济定额的制定

技术经济定额由省、自治区、直辖市交通局组织制定和修订，实行分级管理。各运输单位可根据上级部门颁发的技术经济定额，制定本单位的技术经济定额。各级车辆技术管理部门应配备专职管理人员，明确各自的职责，进行有效的管理。

制定技术经济定额时，应根据国民经济发展的方针、政策和当地运输业的具体情况，重点考虑使用环境及条件、人员技术素质以及当地不同隶属关系，专门从事客货运输的大、中型企业的平均先进水平等。

技术经济定额制定得是否合理，反映一个企业生产技术水平与科学管理水平的高低。定额制定得合理，可以促进企业改善经营管理，提高经济效益。制定技术经济定额常用的方法有三面统筹法、比例法和系数法。

① 三面统筹法。三面统筹法是适当地选择专业运输单位先进面、总体平均面和落后面的比例制定出平均先进定额的一种方法。平均先进定额为

$$A = A_1 \cdot Q_1 + A_2 \cdot Q_2 + A_3 \cdot Q_3 \tag{10-2}$$

式中　A——平均先进定额；

　　　A_1——先进面上的平均定额；

　　　A_2——总体面上的平均定额；

　　　A_3——落后面上的平均定额；

　　　Q_1——先进面所占百分比，约30%；

　　　Q_2——总体平均面所占百分比，约50%；

　　　Q_3——落后面所占百分比，约20%。

三面统筹法适用于制定工时消耗定额、材料消耗定额等，特点是定额比较稳妥，能够从总体出发，照顾后进。使用时要注意先进面、总体平均面和落后面各占的比例不能相差太悬殊。若对计算出的平均先进定额不满意，可调整先进面、总体平均面和落后面的比例，重新确定定额。

② 比例法。比例法是把最先进的水平、最可靠的水平和最保守的水平，按1:4:1的比例进行平均计算，公式如下：

$$A = \frac{A_4 + 4 \cdot A_5 + A_6}{6} \tag{10-3}$$

式中　A_4——最先进水平的平均定额；

　　　A_5——最可靠水平的平均定额；

　　　A_6——最保守水平的平均定额。

比例法适用于制定增长性定额，如车辆在修间隔、车辆维修质量等；不适用于降低性

定额，如大修工时和物料消耗定额。

③ 系数法。系数法是在平均定额的基础上，根据年度计划指标，确定一个相应的增减系数来进行计算，计算式为

$$A = A_2(1 + \delta) \tag{10-4}$$

式中 δ——系数。

2. 技术经济定额的修订

技术经济定额一经制定，应有严肃性且保持相对稳定，但随着使用条件的改善和技术进步，一定时期内可作必要的修订，以保证定额的合理性。例如，车辆检测技术和维修机械化程度的提高，车辆维修工时缩短，运行材料及汽车配件价格的调整，都会影响维修费用的大小，因此，应及时修改相应的技术经济定额。

技术经济定额的修订，应不失时机，认真慎重地进行，经主管部门批准后予以实行。

10.4.3 技术经济定额的考核

车辆技术管理部门在制定技术经济定额指标的考核办法时，必须注意与计划、财务、劳资、材料等部门密切配合，以保证和促进定额指标的完成。

各运输单位和个人应将技术经济定额指标实现的情况按期统计，按规定报送当地交通运输管理部门。技术经济定额指标的考核应分类进行，如对驾驶员考核油耗、维护与小修费用、轮胎行驶里程等；对维修工考核维护与小修费用、大修费用、大修间隔里程等；对车队长考核车辆完好率、平均技术等级、车辆维护与小修费用、轮胎行驶里程等；对经理（厂长）考核车辆完好率、平均技术等级、车辆新度系数等。车辆完好率、平均技术等级、车辆新度系数这三项指标是综合体现运输企业技术管理水平、技术装备素质和企业发展后劲的主要指标。考核这些指标，对运输企业保持生产持续、稳定、协调发展，克服车辆使用的短期行为有着重大意义，有利于实现运输车辆运力新增和车辆不断更新的良性循环。

10.5 车辆停驶、封存与租赁

车辆停驶、封存和租赁是车辆技术管理的一项经常性工作，也是关系到保护好运力、避免运力浪费的一项重要的工作。

1. 车辆停驶

凡部分总成的部件严重损坏，在较长时间内配件无法解决又不符合报废条件的车辆，或车型老旧无配件供应但尚有改造价值的车辆，由车辆使用管理单位作出技术鉴定，按车型、数量、停驶原因和日期上报企业主管部门批准停驶。

经批准停驶的车辆，应指定专人负责妥善保管，并积极创造条件修复，以恢复运力。车辆在停驶期间，应选择适当地点集中停放且与完好车分开，原车机件不得拆借、丢失。停驶车辆的车辆牌照，行驶证必须由市车管所收回保存；停驶每次限三个月内，超过三个月必须报市车管所审批。

停驶车辆在恢复行驶前，应进行一次维护作业，经车辆安全性检测合格后，复驶车辆必须向车管部门领取《复驶证明》，到市车管所取回行驶证及车辆牌照后，才能参加营运。

2. 车辆封存

凡技术状况良好，因运力过剩、驾驶员不足、燃料短缺等非技术性原因需要较长时间（半年以上）停驶的车辆，按规定办理审批手续并报上级主管部门备案后可作封存处理。封存期间不进行效率指标考核，但一定要作好停驶技术处理，妥善保管，定期做必要的维护，保持车况良好。启封使用时，要进行一次认真的维护作业，经检查合格后方可参与运行。

营运车辆的停驶与封存情况，应记录在车辆技术档案和维修卡上，停驶、封存车的维修卡，要交回公路运管部门，否则不予办理有关手续。

3. 车辆租赁

随着改革开放形势的发展，运输单位出现了车辆租赁的情况。加强租赁车辆的管理，对保持其良好技术状况具有重要作用。车辆租赁期限一般不宜过短，以一个大修周期为宜。在车辆租赁期间，应按规定填写车辆技术档案，认真执行强制维护、视情修理制度，保持车况良好。租赁车辆的技术档案、技术经济指标完成情况和技术状况等级情况（包括租赁期满后的车况要求）等考核内容，由出租和承租双方同时记录和考核，应在鉴定租赁协议时予以明确。

10.6 车辆的改装与改造

车辆的改装、改造是提高运输装备技术素质和取得良好经济效益的重要手段。符合"技术上可靠、经济上合理的原则"的车辆改装、改造，将对充分发挥车辆效率，改善车辆技术状况和提高经济效益起到积极的促进作用。

1. 车辆的改装

车辆技术改装是指为适应运输的需要，经过设计、计算、试验，将原车型改制成其他用途车辆的过程。例如经过设计、计算、试验后，将在用货车改制成罐式车、箱式车或其他专用车。车辆改装必须满足两个条件：一是必须改变原车型的用途，二是必须经设计计算、试验后进行改制。两条缺一不可，否则就不能算为车辆改装。

改装汽车有两种基本类型：一是厂家的改装，使用的是经国家鉴定合格的零配件，对原车重新设计、改装；二是消费者自己或委托汽车改装公司在已购买汽车（主要是轿车和越野汽车等）的基础上，做一些外形、内饰和性能的改装。

车辆改装的目的是为了适应运输需要，提高运输效率，降低运行消耗。改装封闭式、半封闭式车厢，根据有关文件，要先经当地车管所同意，再定点改装。

2. 车辆的改造

车辆技术改造是指为改善车辆性能或延长其使用寿命，经过设计、计算、试验，改变原车辆的零部件或总成的过程。例如经过设计、计算和试验，对已行驶多年的旧车、进口车，由于配件不能供应或经济性差，可改变其个别总成、主要零件等来延长使用寿命，或将原车辆的发动机换装其他型号的发动机，或换装高压缩比的汽缸盖等零件，提高其动力性，以增加车辆的装载质量，改善性能等。所谓车辆改造必须满足两个条件：一是必须改变车辆的部分结构，以达到改善其技术性能或技术状况的目的；二是必须有设计、计算和试验等程序。

车辆技术改造的主要目的是为了延长车辆使用寿命，或用先进的技术取代旧技术，使车辆经过改造后性能有所提高，消耗有所下降，经济效益提高。

车辆改装和改造必须事前进行技术经济论证，只有在通过对改装、改造方案的定性、定量分析，说明其技术上是可行的，经济上是合理之后，才能进行车辆的改装和改造。

对营业性质的运输车辆提出改装和改造的单位，应将改装、改造方案及数量报交通运输管理部门审批。交通运输管理部门应对运输市场是否需要，改装、改造的数量是否合适，设计方案是否符合技术上可靠及经济上合理的原则，受理车辆改装、改造的单位在技术上是否具备相应的条件等内容进行审查。审查合格批准后，运输单位方能进行改装或改造。一般性技术改进，运输单位可自行决定。

改装和主要总成改造后的车辆，必须经一定的道路里程试验或综合性能测试，检验实际效果，发现存在的问题，然后加以改进，最后由主管部门组织专家进行技术鉴定，认定达到设计目标及满足使用要求，方能成批生产或出厂。车辆改装完工后，应到车辆监理部门办理车辆变更手续。

非营运车辆的改装、改造，只需报交通运输管理部门及公安交通管理部门备案即可。

改装、改造车辆应有计划、有步骤地进行，改装后的车辆车型应尽可能向运输单位原有车型靠拢，一般不应增加车型和车辆自重。对更换车辆总成的需提供合法的总成来历凭证，发动机和车架（车身）不得同时更换，更换时要回收原发动机或车身，更换的间隔时间不得少于一年。车辆改造不可过多地改变原车结构，特别是进口车，在索赔期内不得进行改装、改造。另外，在分析和评价技术改造项目的经济效益时，也要考虑其所带来的社会效益，如对汽车排放污染、噪声方面的改造，可能会增加运输单位的费用，但社会效益好，也要积极进行。车辆改装、改造情况应记录在车辆技术档案上。

10.7 车辆的折旧、更新与报废

运输企业为了实现高产、优质、安全、低耗，提高运输服务质量，应采用技术先进、材质优良、性能优越、款式新颖的汽车，同时应加速更新老旧的车辆，进一步提高质量和经济效益。此外，汽车又是运输企业固定资产的一个重要组成部分，提取折旧率的高低及维护费率的大小都会直接影响企业的经济效益。因此研究合理的汽车折旧率、车辆更新等，对汽车运输企业具有重要的意义。

10.7.1 车辆的折旧

车辆折旧的方法一般有两种，一种是以汽车行驶的总里程为依据的折旧法，另一种是以使用年限为依据的折旧法。折旧里程或折旧年限不同，其每年提取的折旧费用也就不同。采用不同的车辆折旧率对运输单位的经济效益具有不同程度的影响，而且还关系到企业的发展后劲。

车辆折旧基金必须严格按照国家规定提取，专款专用。折旧基金只能用于车辆的更新改造和技术进步，不得挪作他用。国家有关部门规定的车辆折旧里程是提取车辆基本折旧基金的依据，也是车辆报废的依据之一，但不是车辆报废的标准。

10.7.2 车辆的更新

车辆更新是以新车辆或高效率、低消耗、性能先进的车辆更换在用车辆的过程。它是运输单位维持再生产和扩大再生产的基本手段之一,是降低运行消耗,提高经济效益的重要措施。车辆更新包含了四个方面的含义。

第一,用同类型新车辆替换在用车辆,如用同类型新解放或东风汽车替换在用的老解放车或东风汽车等。

第二,用高效率、低消耗、性能先进的汽车或大吨位车辆替换性能差或小吨位的在用车辆。

第三,在用车辆尚未达到报废程度,但性能较差而被替换。

第四,在用车辆已达报废条件而被替换。

1. 车辆更新的原则

车辆更新的原则是:提高经济效益和社会效益。原则上讲,车辆应按照经济寿命进行更新,但还要视国情而定,考虑到更新车的来源、更新资金、车辆保有量以及折旧率和成本等因素。

车辆更新实际上是对运输单位车辆配置的调整。车辆更新不仅仅是以新换旧和原有车型的重复,更重要的是保持和提高运输单位的生产力,降低运行消耗。至于更新的车辆是原车型还是新车型,要根据市场情况、货(客)源的变化情况及管理人员、驾驶员、维修工的培训、维修设备更换等相关因素的变化情况来决定。车辆更新还应与改装、改造结合起来,使原有车辆具有以前不曾有的高效率、低消耗和先进的性能,这样做有时比购置全新车辆能更廉价地实现高效、低耗。

运输单位应组织有关人员进行研究和论证,提出车辆更新的最佳使用年限。运输单位可根据运输市场、汽车市场的动态和本单位的车辆构成情况,结合最佳更新年限,编制车辆更新规划和年度计划,并积极组织落实,以保证运输车辆经常处于高效、低耗的良好技术状况。交通运输管理部门要根据具体情况,督促运输单位和个体运输户的车辆及时更新。

2. 我国汽车更新的技术条件

我国规定凡是符合下列条件之一者,应进行更新。

① 燃料消耗高于原生产厂规定20%者。

② 行驶里程达50万km,经过三次大修者。

③ 大修费达到汽车原值的1/2者。

④ 老旧,无配件来源者。

尽管国家规定的汽车更新时间不完全等于汽车的经济使用寿命,但符合国情,是制止陈旧车辆无限期使用的最有效措施。

3. 更新后旧车辆的处理

更新下来的运输车辆,运输单位可根据国家有关规定进行处理,处理后的变价收入应用于车辆更新、改造,不得挪作他用。如果被更新下来的运输车辆未达到报废条件,可移作他用或转让出售,譬如用于使用强度较低的非专业运输车辆、或按值论价出售给外单位、或出租给外单位。如果属于报废车辆的更新,应按报废车辆处理,不得转让或移作他用。

10.7.3 车辆的报废

车辆经过长期使用后,车型老旧,性能低劣,物料超耗严重,维修费用过高,继续使用不经济、不安全、经济效益降低。因此,车辆使用后期必然导致报废。车辆报废应严格掌握车辆报废的技术条件,任何提早报废必然造成运力的浪费,过迟报废则增加运输成本,影响运力更新,也不符合经济原则。随着汽车保有量的迅速增加,交通安全、环境污染等问题日益突出,世界各国都针对本国情况制定了加强汽车管理、强制汽车报废、促进汽车更新等有关政策。

国家实施汽车强制报废制度,依照《报废汽车回收管理办法》和《汽车贸易政策》的规定,报废汽车是一种特殊的商品,报废汽车所有人应当将报废汽车及时交售给具有合法资格的报废汽车回收拆解企业。任何单位或者个人不得将报废汽车出售、赠予或者以其他方式转让给非报废机动车回收企业的单位或者个人。国际鼓励老旧汽车报废更新,并制定了老旧汽车报废更新补贴资金管理办法,符合有关规定的报废汽车所有人可申请相应的资金补贴。

1. 汽车的报废条件

我国 1997 年修订后的新《汽车报废标准》包括汽车行驶里程、使用年限、安全、节能、环保等内容。凡在我国境内注册的民用汽车,满足下列条件之一者应当报废。

① 轻、微型载货汽车(含越野型)、矿山作业专用车累计行驶 30 万 km,重、中型载货汽车(含越野型)累计行驶 40 万 km,特大、大中、轻微型客车(含越野型)、轿车累计行驶 50 万 km,其他车辆累计行驶 45 万 km。

② 轻、微型载货汽车(含越野型)、带拖挂的载货汽车、矿山作业专用车及各类出租汽车使用 8 年或其他车辆使用 10 年。

③ 因各种原因造成车辆严重损坏或技术状况低劣,无法修复的。

④ 车型淘汰,已无配件来源的。

⑤ 汽车经长期使用,耗油量超过国家定型车出厂标准规定值之 15% 的。

⑥ 经修理和调整仍达不到国家对机动车运行安全技术条件要求的。

⑦ 经修理和调整或采用排气污染控制技术后,排放污染物仍超过国家规定的汽车排放标准的。

除 19 座以下出租车和轻、微型载货汽车(含越野型)外,对达到上述使用年限的客、货车辆,经公安车辆管理部门依据国家机动车安全排放有关规定严格检验,性能符合规定的,可延缓报废,但延长期不得超过第二条规定年限的一半。对于吊车、消防车、钻探车等从事专门作业的车辆,还可根据实际使用和检验情况,再延长使用年限。所有延长使用年限的车辆,都需按公安部规定增加检验次数,不符合国家有关汽车安全排放规定的应当强制报废。

有关汽车报废标准分类说明的主要内容见表 10-3。

表 10-3 汽车报废标准分类说明

项　目	各类汽车报废标准		
按行驶里程计算	1. 总质量 1.8t 以下载货汽车（含越野型）、矿山作业专用车累计行驶 30 万 km		
	2. 总质量 1.8t 以上的载货汽车累计行驶 40 万 km		
	3. 特大、中、轻、微型客车（含越野车）累计行驶 50 万 km		
	4. 装配多缸柴油机的四轮农用运输车，累计行驶达 25 万 km		
	5. 其他车辆累计行驶 45 万 km		
按使用年限计算	不予延长使用年限	8 年	1. 总质量 1.8t（含 1.8t）以下的微型载货汽车
			2. 1998 年 7 月 6 日前使用期已满 8 年的总质量 1.8t 以上、6t 以下（含 6t）的轻型载货汽车
			3. 带拖挂的载货汽车
			4. 营运客车 19 座（含 19 座）以下
			5. 矿山作业专用车
		15 年	大型拖拉机（方向盘式），到达报废年限后，不予延长
	可申请延长使用年限	10 年	1. 1990 年 7 月 7 日后注册登记的总质量 1.8t 以上、6t 以下（含 6t）的轻型汽车。到报废年限后，经检验合格，可延长使用年限，但最长不得超过 5 年
			2. 总质量 6t 以上的载货汽车。到达报废年限后，经检验合格，可延长使用年限，但最长不得超过 4 年
			3. 旅游载客汽车。到达报废年限后，经检验合格，可延长使用年限，但最长不得超过 10 年
			4. 9 座以上的非运载客汽车。达到报废年限后，经检验合格，可延长使用年限，但最长不得超过 10 年
			5. 20 座以上（含 20 座）营运客车。到达报废年限后，经检验合格，可延长使用年限，但最多不得超过 4 年
			6. 其他汽车
按使用年限计算	可申请延长使用年限	15 年	9 座（含 9 座）以下非营运载客汽车（乘用车）。到达报废年限后，经检验合格，可延长使用年限，超过 20 年的，每年需检验 4 次。对延长年限没有强制性的规定
		6 年	三轮农用运输车、装配单缸柴油机的四轮农用运输车。到达报废年限后，经检验合格，可延长使用年限，但最长不得超过 3 年
		9 年	装配多缸柴油机的四轮农用运输车。到达报废年限后，经检验合格，可延长使用年限，但最长不得超过 3 年

运输单位或个人的运输车辆凡符合上述报废条件时，可提出报废申请，由其主管部门鉴定、审批，并报交通运输管理部门备案。

达到报废条件的车辆一律应强制予以报废。需要报废的运输车辆，由主管部门或委托有条件的单位组织技术鉴定，技术鉴定应实事求是，认真执行。

对需要报废而尚未批准的车辆,要妥善保管,严禁拆卸或挪用其任何零件和总成。报废车辆不得转让或移作他用,严禁用报废车辆的总成或零件拼装车辆。凡经批准报废的车辆,要在车辆技术档案上记录报废的原因、批准文号、车辆折旧(净值)等项内容,交通运输管理部门应及时吊销营运证,收回维修卡。

2. 报废汽车的回收

为了规范报废汽车回收活动,加强对报废汽车回收的管理,保障道路交通秩序和人民生命财产安全,保护环境,防止报废汽车整车和拼装车(指使用报废汽车发动机、转向器、变速器、前后桥、车架等五大总成以及其他零配件组装的机动车)流入市场,我国于2001年制定了《报废汽车回收管理办法》并实施。

(1) 监管体制

国家经济贸易委员会负责全国报废汽车回收(拆解)监督管理工作,并实行分级负责;国务院公安、工商、监察等有关部门在各自的职责范围内对报废汽车回收拆解依法实行监督管理工作。经济贸易管理部门、公安部门、工商行政管理部门、监察部门等各部门相互协作配合,各行其责。

(2) 报废汽车回收企业

为了制止市场出现的报废汽车回收秩序混乱、非法拼装车泛滥情况,加强对报废汽车回收企业的管理,规范报废汽车回收活动,国家对报废汽车回收业实行特种行业管理,对报废汽车回收企业实行资格认定制度。除取得报废汽车回收企业资格认定的外,任何单位和个人不得从事报废汽车回收活动。报废汽车回收企业应具备的条件。

① 符合国家经贸委《报废汽车回收企业总量控制方案》(国经贸资源[2001]773号)规定。

② 符合公安部《废旧金属收购业治安管理办法》和《机动车修理业、报废汽车回收业治安管理办法》规定要求。

③ 符合《公司法》的规定要求。

④ 注册资本不低于50万元人民币,依照税法规定为一般纳税人,原一般纳税人享受国家免征增值税优惠政策,仍视为一般纳税人。

⑤ 拆解场地面积不低于$5\,000\,m^2$,不允许按分散场地计算;租赁的场地,租期不能少于15年。

⑥ 具有一定的机械化程度和规模,如吊装、运输、剪切、打包、氧割、非金属处理、消防设施等必要设备。

⑦ 年回收拆解能力不低于500辆。

⑧ 正式从业人员(签订劳动合同)不少于20人,其中专业技术人员不少于5人。报废汽车回收拆解专业技术人员比例要逐步提高,所有从业人员要通过系统专业培训,做到持证上岗。引导企业尽快完成企业内工人考核向职业技能鉴定社会化管理过渡。

⑨ 没有出售报废汽车、报废"五大总成"、拼装车等违法经营行为记录。

⑩ 符合国家规定的环境保护标准。

根据以上的规定,报废机动车回收企业严禁从事下列活动:明知是盗窃、抢劫所得机动车而予以拆解、改装、拼装、倒卖;回收没有公安交通管理部门出具的《机动车报废证明》的机动车;利用报废机动车拼装整车。

3. 车辆报废处理过程

① 车辆所有人凭驾驶证、行车执照、车辆注册户口及待报废汽车至具有合法资质的机动车报废站。

② 机动车报废站凭公安交通管理部门出具的《机动车报废证明》收购报废汽车。

③ 机动车报废站登记包括车主姓名、送车人姓名、居民身份证号码、车牌号、车型代码、车架号、车身颜色收车人姓名等信息。

④ 机动车报废站向报废机动车拥有单位或个人出具《报废汽车回收证明》，报给予相应的汽车残值。

⑤ 报废汽车拥有单位或个人凭《报废汽车回收证明》，向汽车注册登记的公安机关办理注销登记，同时根据报废更新补贴资金，若更新汽车还可申请相应的资金补贴。

学 习 训 练

1. 车辆技术管理的基本原则是什么？
2. 车辆技术档案包括哪些主要内容？
3. 简述车辆技术档案的管理要求。
4. 技术经济主要定额指标有哪些？
5. 车辆改造与车辆改装有什么区别？
6. 车辆更新的定义及其含义是什么？
7. 我国车辆报废的条件是什么？

附录　车辆技术档案

编号：_____

车　辆　技　术　档　案

车牌号码：_____

车辆类别：_____

车辆型号：_____

建档日期：_____

车辆基本情况登记表

车辆号牌信息	车牌号码	颜色	注册（变更）日期	
车牌号码				粘贴初次或变更《道路运输证》时，车辆正面偏右侧45度角的3寸彩色照片
牌号变更1				
牌号变更2				
牌号变更3				
业户信息	初次登记	名称变更1	名称变更2	名称变更3
车主名称				

车辆技术参数表

车辆类型		厂牌型号		出厂日期/产地		/国产/进口
VIN（或车架）号		底盘厂牌型号		客车类型等级		
车辆外廓尺寸	长：宽：高：	总质量		座/铺位排列		2+2/2+1/1+1+1/1+1
核定载质量/乘员数		核定牵引总质量		kg	车轴数/驱动轴数	/
发动机厂牌型号		发动机号码		燃料种类		
发动机功率	kW	发动机排量	L	排放标准		/国Ⅱ/国Ⅲ
驱动形式		轮胎数/规格		前照灯制式		
变速器形式	自动/手动/手自动一体化	缓速器	电磁式/液力式	转向器		动力转向/非动力转向

说明：请填写或选择车辆技术各参数中有关内容，符合的请在选择项后以"√"表示。

车辆维修登记表

维修日期	维修类别	小修/二级维护主要附加作业内容/大修/总成修理内容	维修单位	登记人签名

说明：1. 车辆维修类别栏应填小修、一级维护、二级维护、大修或总成修理；
　　　2. 说明：主要部件是指客车车身、货车驾驶室和货厢、发动机、离合器、变速等。

车辆主要总成部件更换登记表

更换日期	更换主要部件名称、型号（规格）及厂名	维修单位	登记人签名

车辆等级评定登记表

检测评定日期	行驶里程记录	其他检测/二级维护竣工质量检测	车辆技术等级	客车类型及等级	检测评定单位	登记人签名

说明：其他检测是指年度安全检测及各种监督检测。

车辆变更登记表

变更日期	变更原因	变更事项	登记人签名

说明：本表适用于除车主名称、道路运输证号和车牌号码以外的变更事项的登记。

车辆使用记录

时间	行驶里程（km）	间隔里程（km）	燃油消耗（L）	燃油与定额比（L/100 km）			使用单位	司机姓名
				定额	余	亏		

车辆交通事故登记表

事故发生日期	事故发生地点	事故性质	事故责任	事故种类及车辆损坏情况	企业直接经济损失（元）	登记人

说明：1. 事故性质是指特大事故、重大事故、一般事故或轻微事故；
2. 事故责任是指全部责任、主要责任、同等责任、次要责任或无责任；
3. 事故种类是指人为事故、机械事故。

参 考 文 献

[1] 刘锐. 汽车使用与技术管理 [M]. 北京：人民交通出版社，2001.
[2] 高延龄. 汽车运用工程（第二版）[M]. 北京：人民交通出版社，2001.
[3] 邹小明. 汽车使用与技术管理专门化 [M]. 北京：人民交通出版社，2003.
[4] 周翼翔. 汽车检测与诊断 [M]. 北京：中国农业出版社，2004.
[5] 高延龄. 汽车运用工程 [M]. 北京：人民交通出版社，1999.
[6] 戴冠军. 汽车维修工程 [M]. 北京：人民交通出版社，2000.
[7] 交通部. 汽车运输业车辆技术管理规定. 1990.
[8] 中华人民共和国国务院. 报废汽车回收管理办法 [M]. 北京：中国法制出版社，2001.
[9] 郎全栋，曹晓光. 汽车使用技术 [M]. 北京：高等教育出版社，2003.
[10] 杨柏青，王凤军. 汽车使用与技术管理 [M]. 北京：北京大学出版社，2005.